1645

Eine Arbeitsgemeinschaft der Verlage

Böhlau Verlag · Köln · Weimar · Wien
Verlag Barbara Budrich · Opladen · Farmington Hills
facultas.wuv · Wien
Wilhelm Fink · München
A. Francke Verlag · Tübingen und Basel
Haupt Verlag · Bern · Stuttgart · Wien
Julius Klinkhardt Verlagsbuchhandlung · Bad Heilbrunn
Lucius & Lucius Verlagsgesellschaft · Stuttgart
Mohr Siebeck · Tübingen
C. F. Müller Verlag · Heidelberg
Orell Füssli Verlag · Zürich
Verlag Recht und Wirtschaft · Frankfurt am Main
Ernst Reinhardt Verlag · München · Basel
Ferdinand Schöningh · Paderborn · München · Wien · Zürich
Eugen Ulmer Verlag · Stuttgart
UVK Verlagsgesellschaft · Konstanz
Vandenhoeck & Ruprecht · Göttingen
vdf Hochschulverlag AG an der ETH Zürich

Konrad Bundschuh

Heilpädagogische Psychologie

4., überarbeitete, erweiterte und neu gestaltete Auflage

Mit 13 Abbildungen, 2 Tabellen und 83 Lernfragen

Ernst Reinhardt Verlag München Basel

Prof. Dr. phil. *Konrad Bundschuh*, Dipl.-Psychologe, Lehrer an Regel- und Förderschulen. Lehrtätigkeit am Lehrstuhl Sonderpädagogik I der Universität Würzburg in den Fächern Sonderpädagogik und Sonderpädagogische Psychologie. Seit 1993 Ordinarius und Inhaber des Lehrstuhls für Verhaltensgestörtenpädagogik und Geistigbehindertenpädagogik am Institut für Sonderpädagogik der Ludwig-Maximilians-Universität München.

Vom Autor außerdem im Ernst Reinhardt Verlag als UTB lieferbar: „Einführung in die Sonderpädagogische Diagnostik" (ISBN 978-3-8252-0999-5).

Bibliografische Information der Deutschen Nationalbibliothek

Die Deutsche Nationalbibliothek verzeichnet diese Publikation in der Deutschen Nationalbibliografie; detaillierte bibliografische Daten sind im Internet über <http://dnb.d-nb.de> abrufbar.

UTB-ISBN 978-3-8252-1645-0
ISBN 978-3-497-02033-1
4. Auflage

Einbandgestaltung: Atelier Reichert, Stuttgart
Satz: Arnold & Domnick, Leipzig
Druck: Friedrich Pustet, Regensburg

Printed in Germany
ISBN 978-3-8252-1645-0 (UTB-Bestellnummer)

Ernst Reinhardt Verlag, Kemnatenstr. 46, D-80639 München
Net: www.reinhardt-verlag.de E-Mail: info@reinhardt-verlag.de

Inhalt

Hinweise zur Benutzung dieses Lehrbuches

Zur schnelleren Orientierung werden in den Randspalten Piktogramme benutzt, die folgende Bedeutung haben:

 Literaturempfehlung

 Begriffserklärung, Definition

 Pro und Contra, Kritik

 Beispiel

 Forschungen, Studien

 Fragen zur Wiederholung am Ende des Kapitels

Für meine Eltern

Vorwort zur vierten Auflage

In den vergangenen Jahren hat sich gerade der Bereich Heilpädagogische Psychologie derart dynamisch entwickelt, dass sich inhaltliche und didaktische Veränderungen bzw. Ergänzungen als sinnvoll und notwendig erwiesen.

Auch zahlreiche positive Rückmeldungen zu den bisherigen Auflagen dieses Buches bestätigen den Bedarf dieser interdisziplinär angelegten „Heilpädagogischen Psychologie". Aktuelle Forschungsergebnisse, neuere Entwicklungen und Veränderungen sowie Herausforderungen hinsichtlich der heilpädagogischen Grundlegung, Entwicklungspsychologie, Lernen, Förderdiagnostik, Therapien und sozialpsychologische Fragestellungen werden berücksichtigt, Inhalte und wissenschaftliche Literatur entsprechend eingebracht.

Neu in die Konzeption aufgenommen wird eine lernprozessorientierte Vorgehensweise, d. h. den einzelnen Kapiteln werden inhaltlich curriculare Schwerpunkte vorangestellt, am Ende der jeweiligen Kapitel finden sich Impulse bzw. Lernfragen. Somit dient die Neuauflage nicht nur der inhaltlichen Aktualisierung, sondern auch der besseren Strukturierung des doch mittlerweile umfangreichen Buches.

Kapitel 4, das sich vor allem mit Fragen des Lernens im sonder- und heilpädagogischen Arbeitsfeld unter besonderer Berücksichtigung neurobiologischer und -psychologischer Erkenntnisse auch im Kontext Emotionalität beschäftigt, wurde ergänzt und aktualisiert.

Auch Kapitel 5 mit Basisüberlegungen und Aussagen über neuere Entwicklungen im Bereich Förderdiagnostik wurde im Hinblick auf den Aspekt Beratung und Fragen der Kompetenzorientierung erweitert.

Insgesamt betrachtet wurden die Ausführungen inhaltlich aktualisiert und mit neuerer Literatur ergänzt.

Für eine möglichst produktive Arbeit mit der vorliegenden Neuauflage wird auf die Lernfragen am Ende eines jeden Abschnittes sowie auf die jeweiligen Zeichen am Rande der einzelnen Abschnitte verwiesen. Die meisten Lernfragen ermöglichen die Wiederholung des dargestellten Inhaltes. Die Kontrolle der Lösungen kann durch eine fokussierte wiederholte Lektüre des Textes erfolgen. Viele Fragen regen auch zu einer selbstständigen Stellungnahme und Diskussion an.

Die Schlüsselbegriffe am Rande der jeweiligen Ausführungen bieten eine fokussierte Wahrnehmung wichtiger Aussagen und ermöglichen eine individuelle Art, den Lernstoff strukturiert aufzunehmen.

Die einzelnen Kapitel – Grundlagen aus den Bereichen Heilpädagogische Psychologie, Entwicklung, Lernen, Förderdiagnostik, Therapien, Sozialwissenschaften – bauen von der Systematik her aufeinander auf und stehen auch in einer bestimmten Reihenfolge, die quasi einen „roten Faden" beim Lesen ermöglichen soll. Je nach Interessenschwerpunkt können aber auch einzelne Kapitel für sich bearbeitet werden, wobei insbesondere auf die Querverbindungen am Ende der einzelnen Kapitel im Hinblick auf Vernetzung verwiesen wird.

Meinem Assistenten, Herrn Sonderpädagogen und Schulpsychologen Sebastian Reiter M.A. sowie Herrn Florian Fickenscher danke ich sehr für die guten Hinweise und Anregungen, allgemein für die Mitwirkung im Rahmen der Aktualisierung dieses Buches.

Auch in dieser Neuauflage umfassen Personen- und Berufsbezeichnungen weibliche und männliche Personen.

München, im Juli 2008   Konrad Bundschuh

Vorwort zur ersten Auflage

Seit mehreren Jahren trage ich mich mit dem Gedanken, ein Buch über grundlegende Fragen und Probleme Heilpädagogischer Psychologie zu schreiben. Anfängliche Zweifel, ob eine solche Schrift im Hinblick auf die Komplexität der Problematik und die vielen Unsicherheiten im gegenwärtigen sonder- oder heilpädagogischen Arbeitsfeld realisierbar sei, wichen der Überzeugung, dass es wichtig ist, dieses Buch meinem Verständnis und meiner Überzeugung entsprechend in wissenschaftlicher Form zu verfassen. Diese Schrift hat sich die Aufgabe gestellt, Probleme anzusprechen und sie nicht einfach durch wissenschaftliche Terminologie oder „theoretische Wendungen" zu neutralisieren und zu nivellieren. Wissenschaftlich bedeutet hier auch das Bemühen um Weiterentwicklung von Problemen und Fragen, um Öffnung im Sinne der Verbesserung der Situation von Menschen in Not, Veränderung festgefahrener Strukturen, Neuorientierung.

Dieses Buch möchte auch provozieren. Insofern erweist sich der Inhalt als nicht bequem für Personen, die in unserem Bildungswesen mit der Überzeugung tätig sind, es sei gut und aktuell im Hinblick auf Fragen der Erziehung, der Bildung, speziell des Lernens, der gemeinsamen Unterrichtung von Kindern mit und ohne Behinderung. Bildungsfachleute übersehen oft die vielen Fragen, Probleme und Nöte von Kindern und Eltern im Zusammenhang mit dem Erziehungs- und Unterrichtsgeschehen im Grundschulbereich bis hin zu den Gymnasien. Bildungsfachleute sind häufig nicht in der Lage, sich die subjektive Betroffenheit der Eltern vorzustellen, die sich immer wieder mit der Erfahrung der Lernprobleme ihrer Kinder, mit einer speziellen Behinderung, mit den zahlreichen behindernden Bedingungen in der Alltagswelt konfrontiert sehen. Selbst im Rahmen der Aufnahme in die Schule wird die schockartige Erfahrung der Behinderung, schlichtweg der Ausgrenzung neu belebt, wenn die Türe der Schule, die eigentlich eine Schule für alle Kinder sein sollte, verschlossen bleibt.

Wo ergibt sich die Perspektive für das Kind, das Eltern für das Leben erziehen möchten? Wenn Erziehungs- und Bildungsfragen eng mit der Weitergabe des Lebens von einer Generation zur anderen verbunden sind, bedürfen sie im Zusammenhang mit mehrfach veränderten Situationen – Kind mit einer Behinderung, zukünftiges Leben in einer sich ständig wandelnden Situation – der permanenten kritischen

Reflexion. Erziehung und Integration verlangen den Erfahrungsraum menschlicher Zuwendung und nicht der Ausgrenzung. Bildung des Menschen als Person und Mitglied der Gesellschaft fordert ganzheitliche Bildung, in der sich nicht nur die intellektuellen, sondern auch die emotionalen und sozialen Möglichkeiten des Menschen entwickeln können. Lernen wird hier auch nicht ausschließlich im Sinne eines kognitiven Lernprozesses verstanden, vielmehr im Hinblick auf Lebens- und Handlungsfähigkeit in zukünftigen Lebenssituationen.

Menschen mit Behinderungen leisten in unserer Gesellschaft Bedeutsames. Die so häufig als „schwach" und „hilflos" Bezeichneten tragen zur Weckung und Freilegung tiefer menschlicher Kräfte und damit zur Sinnerfahrung bei. Menschen mit Behinderungen sorgen dafür, dass sich nicht alles Streben in Richtung Leistung, Effektivität und Perfektion verdichtet. Sie provozieren vielmehr die Frage nach dem Wesen des Menschen in seiner Lebenswirklichkeit auch unter dem Aspekt des Bedroht-Seins von Behinderung immer wieder neu.

Eine Herausforderung stellten die zahlreichen Impulse und Fragen der Studierenden der Sonderpädagogik an der Universität Würzburg dar. Die Diskussion und die Zusammenarbeit mit Studentinnen und Studenten, die immer wieder äußerten, dass es keine aktuelle Schrift zum Problembereich der Heilpädagogischen Psychologie gebe, und mich drängten, meine Gedanken zu publizieren, haben zu einer kritischen und mit Zweifeln behafteten Einstellung gegenüber der Sonderpädagogik geführt.

Frau Karin Klein danke ich sehr für Anregungen zu Kapitel 7, für die Mithilfe beim Entwurf von Skizzen sowie bei Schreib- und Korrekturarbeiten. Danken möchte ich auch meinem Kollegen, Herrn Dipl. Psych. Dr. Alfred Fries, für Literaturhinweise im Zusammenhang mit sozialpsychologischen Fragestellungen, Herrn Michael Wagner für die kritische Durchsicht meiner Ausführungen über Piaget sowie für Korrekturarbeiten.

Ohne das Verständnis meiner Frau und unserer Kinder Carolin, Laura und Anne wäre dieses Buch zum jetzigen Zeitpunkt nicht geschrieben worden.

Würzburg, im Juni 1991   Konrad Bundschuh

Einleitung

Durch den immer umfangreicheren Einbezug psychologischer Inhalte in das sonder- und heilpädagogische Arbeitsfeld und die damit verbundenen Herausforderungen hat die Heilpädagogische Psychologie in den vergangenen Jahren weiter an Bedeutung gewonnen. Es besteht die Notwendigkeit, eine Informationsbasis zu schaffen. Gefragt ist auch Orientierungswissen nicht nur im Zusammenhang mit der Zunahme wissenschaftlicher Fragen und Erkenntnisse, sondern auch im Hinblick auf Wert- und Sinnorientierung im Kontext sonder- und heilpädagogischen Denkens und Handelns. Angesichts der doch über 7 % Kinder und Jugendlichen, die – im Zusammenhang mit vorgegebenen Curricula in den allgemeinen Schulen – hohen bis sehr hohen Förderbedarf und weiteren ca. 20 %, die einen zeitweiligen Förderbedarf in den Bereichen Lernen, soziale und emotionale Entwicklung aufweisen, wird die strukturierte und systematische Darstellung psychologischer Teildisziplinen und der damit verbundenen Handlungsfelder notwendig.

Ein wichtiges Motiv für dieses Buch liegt also in der Notwendigkeit, eine Grundlage für eine kritische Auseinandersetzung angesichts wachsender Probleme zu schaffen. Entwicklung, Lernen, Diagnostik, therapiewirksame Prozesse, soziale Problemstellungen und das Zusammenleben von Menschen mit und ohne Behinderung bilden die Brennpunkte im Bereich Sonder- und Heilpädagogik, integriert in die Frage nach bestmöglicher Erziehung, Förderung und Unterrichtung.

Die Defektorientiertheit traditioneller sonderpädagogischer Ansätze könnte zur Grenze der Erziehung von Kindern mit Behinderungen werden, vielleicht die Legitimation für die langfristige Aufnahme in eine mehr oder weniger gut geführte Institution oder Einrichtung bedeuten. Wie sicher erweisen sich schon die Diagnosen von Ärzten, Psychologen, Lehrern und Sonderschullehrern hinsichtlich einer bestimmten Ätiologie oder eines Erscheinungsbildes? Was wissen wir wirklich genau über die organischen und sonstigen Bedingungen, die z.B. für geistige Behinderung, Lernbehinderung, Teilleistungsstörung oder Autismus als verantwortlich gelten? Sind solche Diagnosen nicht häufig geradezu fixiert auf die Behinderung mit dem Ziel einer noch exakteren, differenzierteren, fokussierteren Beschreibung ohne Berücksichtigung des ganzen Kindes und seiner Familie mit all den

Sorgen und Nöten in einer problemvollen Situation? Ging nicht aus Theorien und damit zusammenhängenden Diagnosen z. B. die ganz spezielle Konzeption „geistige Behinderung", „Lernbehinderung" sowie „Behinderung" im Allgemeinen hervor? Die im Gefolge des Deutschen Bildungsrates entstandenen Publikationen der 1970er Jahre, speziell Handbücher mit ihren zahlreichen und unübersehbaren Systematisierungsversuchen über „Behinderte" mit ihren Auswirkungen auf wissenschaftliches Denken, Lehre und die Praxis, haben es nicht gerade gefördert, Menschen mit Behinderungen und ihre unmittelbaren Bezugspersonen zu Handlungs- und Aktivitätsträgern ihrer eigenen Belange, d. h. autonom werden zu lassen. Insofern wirken traditionelle Aussagen im Zusammenhang mit Behinderungen im wissenschaftlichen Bereich auch kontraproduktiv.

Der Verfasser der vorliegenden Schrift wurde speziell im Verlauf seines „sonderpädagogischen Werdeganges" immer wieder in Situationen gebracht, in denen er sich mit der gängigen Terminologie und nahezu gleichlautenden Systematisierungsversuchen auseinanderzusetzen hatte, so z. B. in Prüfungen, „Behinderte" und „Nichtbehinderte" in differenzierter Form voneinander abzugrenzen. Diese mit solchen Erfahrungen angereicherte Biographie wirkt sich möglicherweise im Hinblick auf die hier angesprochenen Kinder, Jugendlichen und Erwachsenen bis in die Gegenwart hinein aus. Solche „Lernerfahrungen" haben viele sowohl im wissenschaftlichen als auch im praktischen Arbeitsfeld tätige Personen geprägt.

Insofern ergeben sich gerade für Wissenschaftler der Gegenwart Aufforderung und Notwendigkeit zur Befreiung von einer verengten defektspezifischen Sichtweise und die Aufforderung zur Suche nach einer neuen Wahrnehmung von Kindern mit Behinderungen in Richtung Ressourcen, Kompetenzen, Möglichkeiten und Können. Befreiung tut Not, will man die Fragen und Probleme wieder ursprünglich und neu zugleich sehen.

Wissenschaft des Aufbruchs

Sonderpädagogik war einst die Wissenschaft des Aufbruchs, der Unruhe, – der eingestandenen – ungelösten und an sich häufig unlösbaren Probleme einer menschlichen Wirklichkeit. Sie stand damit der Wirklichkeit einer von Zerstörung und Zerfall bedrohten, noch von Menschen bevölkerten Umwelt, dem Leben näher als manche anderen – „unanfechtbaren" – Wissenschaften, die in nahezu atemberaubendem Tempo und mit präzisesten Technologien die Welt, und damit den Menschen, perfektionieren möchten. Sie verdrängen dabei ihre eigene Vergänglichkeit, haben aber in Wirklichkeit durch ihre Perfektion den Hebel für die totale Zerstörung bereits angesetzt. Die Millionen Kin-

der, die täglich hungern, verhungern, an heilbaren Krankheiten sterben, keine Schulen besuchen können, in Deutschland auch die Zunahme von Ängsten und der drastische Anstieg von Armut, sind der
eigentliche Ausdruck des Behindert-Seins von Menschen.

Erst wenn wir sogenannten „Nichtbehinderten" lernen, den Aspekt
der Menschlichkeit, des Gestört- und Behindert-Seins sowie Vulnerabilität allgemein als zum Wesen des Menschen gehörend zu begreifen,
unsere zahlreichen Behinderungen und Grenzen bewusst wahrzunehmen, können wir den Weg zum Kind und zum Menschen mit seinen
speziellen Schwierigkeiten in seiner besonderen Situation finden.

Erweist sich in einer Zeit, in der das Selbstverständnis der Sonder-
oder Behindertenpädagogik in eine Krise geraten ist, eine Publikation
zur Heilpädagogischen Psychologie als sinnvoll? Sonder- und Heilpädagogische Psychologie markierte bisher wie ein roter Faden sonder-
und behindertenspezifische Publikationen, bestimmte die Argumenta-
tion zahlreicher wissenschaftlicher Diskussionen, wurde jedoch erst in
den 1990er Jahren explizit thematisiert.

Durch den vielfältigen Einbezug psychologischer Inhalte in das   **Interdisziplinarität**
sonderpädagogische Arbeitsfeld hat die Heilpädagogische Psycholo-
gie nach einem Aufschwung unter Heinrich Paul Hanselmann und
Paul Moor in den vergangenen Jahren weiter an Bedeutung gewonnen. Sie ist zu einem interdisziplinären Teilbereich der Sonder- und
Heilpädagogik geworden. Der gegenwärtige Mangel an wissenschaftlichen Publikationen zu diesem Bereich besteht vielleicht deshalb,
weil es schwerfällt, der Interdisziplinarität, Multidimensionalität und
Komplexität der Heilpädagogischen Psychologie gerecht zu werden.
Es verwundert, dass trotz der Tatsache des vielfältigen Einbezugs und
der Verankerung des Faches „Sonderpädagogische Psychologie",
„Heilpädagogische Psychologie", oder „Psychologie der Behinderten" in den Ausbildungs- und Prüfungsordnungen für Sonder- und
Heilpädagogen nur wenige wissenschaftliche Publikationen zu diesem Wissenszweig im deutschen Sprachraum vorliegen.

Ihre Legitimation erfährt die Heilpädagogische Psychologie vor al-   **Legitimation**
lem auch aus der Situation in Not geratener Kinder, die sich nicht nur
auf das speziell sonderpädagogische oder heilpädagogische Arbeitsfeld erstreckt. Heilpädagogische Psychologie bezieht demnach auch
Kinder in ihren Aufgabenbereich ein, die im gegenwärtigen Regelschulsystem durch einseitiges Leistungsdenken und daraus hervorgehendem sozialen und emotionalen Druck in ihren psychisch-emotio-
nalen, sozialen und kognitiven Möglichkeiten bedroht sind. So leiden
schätzungsweise in der Grund- und Hauptschule des Regelschulsys-

tems mehr als 20 % aller Schüler an Lern-, Leistungs- und Verhaltensstörungen, hervorgerufen durch ein viel zu rigides lehrer- und lehr-
planorientiertes Erziehungs- und Unterrichtswesen. Diese Kinder
befinden sich im Gefahrenbereich, leben ständig mit der Erfahrung,
als Schul-Versager zu gelten. Weil in der Schule aber vor allem Leistung wahrgenommen wird, geraten Kinder mit Leistungs-Versagen
und sonstigen Störungen leicht ins pädagogische Abseits oder „Niemandsland".

Erziehung und Unterricht im Bereich gegenwärtiger Regelschulen
vollziehen sich häufig in einer Weise, als hätten Piaget, Montessori,
Rogers und Klafki nie existiert. Entscheidungsspielraum und Mitspracherecht von Eltern und Kindern erweisen sich im Hinblick auf Lehr-
plan- und Unterrichtsgestaltung, auf Erziehungsfragen schlechthin als
gering. Dem Wunsch vieler Eltern nach integrativer Unterrichtung
ihrer Kinder wird in den meisten Bundesländern Deutschlands nur in
begrenztem Maße entsprochen. Die eigentlich Betroffenen, Eltern von
Kindern mit und ohne Behinderung, werden auch in einer Demokratie
nicht gefragt, wie Schule heute sein könnte. Dort, wo demokratisches
Leben und Denken, Demokratie als solche beginnen sollte, wird sie in
viel zu geringem Maße gelebt. Es fehlt eine Schule mit einer echten
Wahlmöglichkeit für Eltern und Kinder.

Der Ausdruck „Heilpädagogische Psychologie" wird dem Terminus „Sonderpädagogische Psychologie" im Zusammenhang mit dem
weniger diskriminierenden Charakter des Begriffes „Heilpädagogik"
an sich vorgezogen. Es fehlt das Attribut „Besonderung". „Heilpädagogik" weist auch aus historischen Gründen deutlich auf den pädagogischen Auftrag hin. Angestrebt wird eine kind- und kinderorientierte
Sichtweise, die das Können, Vermögen, schlechthin die Möglichkeiten, Ressourcen und Kompetenzen der betroffenen Kinder intendiert
und vor allem eine Analyse behindernder Bedingungen und Verhältnisse anstrebt. Es geht nicht um Heilung, sondern um Erhellung und
Verbesserung einer Situation, um Ermöglichung eines „erfüllten Lebens" (Moor 1994).

Inhaltlich gesehen wird in diesem Buch zunächst die Bedeutung
Heilpädagogischer Psychologie in Theorie und Praxis der Sonder- und
Heilpädagogik dargestellt, wobei eine kritische Auseinandersetzung
mit wissenschaftlichen Problemen der Sonderpädagogik erfolgt, soweit sie sich für das Verständnis der vorliegenden Schrift als bedeutsam erweist. Des Weiteren werden fünf umfangreiche grundlegende
Bereiche thematisiert, die im Rahmen komplexer Prozesse im son-
der- und heilpädagogischen Arbeitsfeld eine zentrale Rolle spielen:

Entwicklung, Lernen, Förderdiagnostik, Therapien und sozialpsychologische bzw. soziologische Fragestellungen.

- Entwicklung: Nur auf der Basis grundlegender Kenntnisse über Entwicklungsvorgänge und -prozesse wird ein Erkennen und Verstehen der Probleme eines Kindes mit Entwicklungsverzögerung möglich. Vor allem wird die überragende Bedeutung exogener Bedingungen, speziell der Lernvorgänge im Zusammenhang mit dem Werden der kindlichen Persönlichkeit, deutlich.
- Lernen: In engem Kontext mit der entwicklungspsychologischen Fragestellung steht die Frage nach dem Lernen. Informationen über neurophysiologische und neuropsychologische Prozesse im Hinblick auf Gedächtnis, Übertragung und Verarbeitung von Lernprozessen im Netzwerk Gehirn folgen. Vor allem die Bedeutung von Emotionalität und Motivation bei Lernvorgängen wird auch auf der Basis neurobiologischer Erkenntnisse begründet und hervorgehoben. Schließlich werden in kompakter Form Verursachungsmomente von Lern- und Wahrnehmungsstörungen angeführt sowie Folgerungen für eine basale Lernförderung gezogen.
- Förderdiagnostik: Diagnostik im heilpädagogischen Arbeitsfeld orientiert sich an den Prinzipien der Förderdiagnostik. Gerade Kinder mit Entwicklungsverzögerungen sehen sich im Verlauf ihrer Personagenese zahlreichen behindernden Prozessen durch eine an sich speziell für Menschen ohne Behinderung konzipierte Umwelt ausgesetzt. Diese behindernden Bedingungen und Verhältnisse gilt es zu diagnostizieren und zu analysieren mit dem Ziel der Neutralisierung und Veränderung im Hinblick auf die spezifischen Bedürfnisse und Möglichkeiten des Kindes mit einer Behinderung. Förderdiagnostische Prozesse haben unter Berücksichtigung der Notsituation eines Kindes im Rahmen anthropologischer, pädagogischer, sozialer, didaktischer und therapeutischer Prinzipien ihre Legitimation. Verstehen und Kompetenzorientierung geben die Richtung an.
- Therapien: Psychische Störungen spielen im Rahmen der vorliegenden Problematik relativ häufig eine Rolle. Insofern werden Möglichkeiten der Begegnung durch psychotherapeutische Ansätze angesprochen. Ein Grundlagenwissen über tiefenpsychologische, verhaltenstherapeutische, klientenzentrierte und gestalttherapeutische Ansätze wird vermittelt, Möglichkeiten und Grenzen im Rahmen der Probleme im sonder- und heilpädagogischen Arbeitsfeld werden diskutiert. Keine „Patentlösungen" werden aufgezeigt, nicht „Heilung" kann in erster Linie intendiert werden, sondern Hilfe und Unterstützung zur Identitätsfindung, Stärkung der Persönlichkeit und Erweiterung der Handlungsfähigkeit. Auch wenn hierfür viel zu wenig Raum zur Verfügung steht, wird der Versuch einer Vermittlung von Grundlagen sowie eine kritische Beleuchtung wesentlicher Therapieformen im Hinblick auf Fragen und Probleme im heilpädagogischen Arbeitsfeld unternommen.
- Sozialpsychologische Fragen: Die Betrachtung sozialer Fragen im Kontext sozialpsychologischer bzw. soziologischer Problemstellungen im Rahmen heilpädagogischer Arbeit dient der Bewusstmachung und Verdeutlichung alltäglicher Prozesse wie sie in der Gesellschaft, beim Laien wie beim Wis-

senschaftler gleichermaßen, in vorurteilsbildender Weise ablaufen können. Einzelvorgänge und Zusammenhänge mehr oder weniger bewusster Art werden in die Überlegungen einbezogen, ins Bewusstsein gerückt. Nichtbeachtung des Kindes mit einer Behinderung und verengte, einseitige, starre, schlichtweg vorurteilsbildende Wahrnehmung können gleichermaßen „leise Euthanasie" bedeuten.

Die Kapitel 3 bis 7 beinhalten ihrer Struktur nach vor allem

didaktischer Aufbau

- *allgemeine Lernziele* zu Beginn der Kapitel;
- *Begründungen*, d. h., es geht um die Frage, welche Bedeutung und Aufgabe den entsprechenden Bereichen – Entwicklung, Lernen, Förderdiagnostik, Therapien, Sozialpsychologie – im Zusammenhang mit behindernden Bedingungen, beeinträchtigten Verhältnissen und speziellen Erziehungsbedürfnissen zukommt;
- *Grundlageninformationen*, wobei Akzente gesetzt werden müssen. Im Hinblick auf das sehr umfangreiche Material, das dem Verfasser insbesondere zu den Bereichen Entwicklung, Lernen, Therapien und Sozialpsychologie in Form eigener Manuskripte vorliegt, fällt die Auswahl schwer. Möglicherweise erscheinen hierzu noch Einzelpublikationen. Der Problembereich pädagogischer Diagnostik/Förderdiagnostik wird nur knapp eingebracht, weil es hierzu bereits einschlägige Publikationen des Verfassers gibt;
- *kritische Diskussion und Reflexion*, wobei Möglichkeiten der Anwendung in Theorie und Praxis, des Transfers psychologischer Erkenntnisse auf den heilpädagogischen Bereich einbezogen wurden;
- *Querverbindungen zwischen Entwicklung, Lernen, Diagnose, Therapien und sozialen Prozessen* zeigen am Ende eines jeden Kapitels die enge Verzahnung zwischen diesen Bereichen im Sinne strukturierter Zusammenhänge auf. Das Netzwerk Heilpädagogische Psychologie lässt sich so leichter erschließen. Die Subsysteme können durch diese Übersichten besser in das Gesamtsystem integriert werden. Gerichtet sind alle diese Überlegungen auf das Kind in der Notsituation, schlechthin auf den Menschen mit einer Behinderung. Intendiert ist die Erweiterung von Handlungsmöglichkeiten, Verbesserung der Gesamtsituation, vielleicht gelingt auch die Vermittlung von mehr Lebenssinn;
- *zusammenfassende Fragen* zur Wiederholung am Ende der Kapitel.

Zahlreiche an sich spezifisch psychologische Begrifflichkeiten, wie z. B. „Verhalten", „Prognose", „Entwicklung", „Reifung", „Lernen", „Diagnose", finden in diesem Buch in erweiterter, z. T. neuer Bedeutung Eingang. Viele Begriffe werden im Kontext heilpädagogischer Fragestellungen in einem neuen Licht gesehen und verstanden.

Terminologie und Etikettierung

Es sollten vor allem Pauschalisierungen, Diskriminierungen, Vorurteilsbildung vermieden werden, wie sie häufig auch in sonderpädagogischen Publikationen vorgekommen sind. Die Etikettierung eines

Kindes als „behindert" stellt eine Reduktion der Komplexität kindlicher Persönlichkeit dar, die Gefahr der Gleichsetzung eines Menschen mit einem mehr oder weniger dominanten Merkmal seiner körperlichen, geistigen oder emotional-affektiven (seelischen) Identität. Möglicherweise beeinträchtigt die so reduzierte Persönlichkeit via Definitionsprozess als Vorgang von außen und Identifikation als Prozess von innen die gesamte Entwicklung eines Menschen mit einer Behinderung. Historisch betrachtet war die spezifische Kennzeichnung einer differenziellen Behinderung, wie z. b. „geistigbehindert", „lernbehindert", „verhaltensgestört", „gehörlos"... ein pauschalisierender Vorgang mit generalisierender und kumulierender Tendenz. Er verstellte die Möglichkeit einer vorurteilsfreien Wahrnehmung. Die „Grenz-Linie" zwischen „behindert" und „nichtbehindert" ist eine Fiktion. Solange man den Behinderungsbegriff unter Berücksichtigung mehrerer Bedeutungszusammenhänge weder klar bejahen noch verneinen kann, sollte man vielleicht auf solche Differenzierungsversuche – zumindest im wissenschaftlichen Kontext – ganz verzichten, um prophylaktisch der Gefahr einer zusätzlichen Gefährdung von Kindern zu begegnen.

Dieses Buch stellt den Versuch einer systematischen Behandlung vielfältiger Problemstellungen Heilpädagogischer Psychologie im gegenwärtigen Arbeitsfeld dar, wobei bezüglich der Inhalte und der Umfänglichkeit ihrer Bearbeitung Akzente gesetzt, eine Auswahl getroffen werden musste. Besonders schwer fielen die Entscheidungen im Zusammenhang mit Lernen und Therapieansätzen, vor allem aber bezüglich entwicklungspsychologischer Fragestellungen, speziell zu Piagets genetischer Erkenntnistheorie und damit verbundenen Begrifflichkeiten. Zum Bereich Förderdiagnostik wird hier ein im Hinblick auf das Kind mit speziellen Förderungsbedürfnissen notwendiger Grundriss unter Berücksichtigung der Herausforderungen dieses Jahrtausends aufgezeigt.

1 Die Bedeutung der Heilpädagogischen Psychologie

Lernziele

1. Unterschiede und Gemeinsamkeiten von Sonderpädagogik und Allgemeiner Pädagogik,

2. multidimensionale Verflechtung der Heilpädagogischen Psychologie,

3. Komplexität, theoretische Aspekte und praktische Probleme der Heilpädagogischen Psychologie – aufgezeigt anhand von Fallbeispielen,

4. Relevanz der Heilpädagogischen Psychologie im Rahmen der schulischen Lebenswelten bzw. Wirklichkeiten,

5. kritische Diskussion zentraler Begriffe (z.B. Integration, Inklusion ...) und deren Realisierung im Hinblick auf Erziehung und Unterricht / Schule.

Arbeitsfeld

Die Bedeutung der Heilpädagogischen Psychologie ergibt sich unmittelbar aus dem praktischen Arbeitsfeld der Sonder- und Heilpädagogik. Dieses Arbeitsfeld erstreckt sich auf alle Kinder und Jugendliche – an sich auch Erwachsene –, bei denen erschwerte Erziehungs-, Lern- und Bildungsbedingungen vorliegen, d. h. auf alle Personen mit mehr oder weniger gravierenden Störungen oder Behinderungen (Lern-, Sinnes- und Verhaltensbeeinträchtigungen, soziale Beeinträchtigungen, speziell auch Personen mit Lernbehinderung, geistiger Behinderung, Verhaltensauffälligkeiten, Körperbehinderung sowie Blinde, Gehörlose, Sprachgestörte). Es liegt ein hoher bis sehr hoher Förderbedarf vor.

Die Diskussion der vergangenen 30 Jahre, die aktuelle Situation und die weniger starke begriffliche Belastetheit sprechen dafür, dem Ausdruck „Heilpädagogische Psychologie" den Vorzug vor „Sonderpädagogische Psychologie" zu geben. Obwohl zahlreiche im sonder-

pädagogischen Bereich tätige Wissenschaftler den Begriff „Sonderpädagogik" täglich in Universitäten und in nahezu unüberschaubaren
Publikationen gebrauchen, verbinden sich mit „Sonderpädagogik"
und den damit implizierten Inhalten auch Unbehagen, Zweifel und
Skepsis. Die alljährlichen Tagungen der Dozenten der Sonderpädagogik deutschsprachiger Länder lassen Anzeichen erkennen, die auf einen Identitätsverlust, möglicherweise sogar auf eine Selbstauflösung
dieses Faches hindeuten (Speck 1990, 38–48).

Die folgenden Impulse konzentrieren sich zunächst auf die Proble-   **Begriff „Sonder-**
matik, die sich mit dem **Begriff „Sonderpädagogik"** verbindet: **pädagogik"**

- Gibt es überhaupt eine Sonderpädagogik, oder handelt es sich hierbei nicht
  schlichtweg um „Pädagogik ... und nichts anderes" (Moor 1974, 273)?
- Stellt „Sonderpädagogik" möglicherweise inhaltlich und begrifflich eine
  diskriminierende Einengung des eigentlich Gemeinten dar?
- Steckt die Sonderpädagogik überhaupt vor allem durch die jahrzehnte-
  lange Betonung der separierenden Erziehung und Unterrichtung in einer
  Legitimationskrise, befindet sie sich in der Selbstauflösung, kann sie der
  Kritik von verschiedenen Seiten standhalten?
- Benötigt man den Begriff „Sonderpädagogik", das Adjektiv „sonderpäd-
  agogisch", wenn „sonderpädagogisches" Denken und Handeln nicht einfach kinderorientiertes Denken und Handeln bedeuten?

Dieses Buch steht im Dienste des in Probleme, ja in Not geratenen
Kindes, des pädagogischen Geschehens schlechthin, orientiert sich
an den speziellen Bedürfnissen von Kindern, die im Rahmen von Erziehung und Unterricht als „lern-, leistungs-, verhaltensgestört" oder
„behindert" bezeichnet werden, die im Zusammenhang mit – teilweise – separierender Erziehung in Kindergärten und Schulen erzogen
und gefördert werden. Sie bezieht also Kinder mit – wie auch immer bedingten – „Lernstörungen" im Regelschulsystem ebenso ein
wie Kinder, die in Förderschulen/-einrichtungen unterrichtet und
erzogen werden und dort als entwicklungsverzögert, beeinträchtigt,
behindert gelten. Die Frage nach der Integration wird seit Jahren mit
unterschiedlichen Akzenten diskutiert und inzwischen auch in die Praxis umgesetzt (Wocken et al. 1988; Bundschuh et al. 2007a, 136 ff,
141 ff). Die Frage nach der Integration, also nach der integrierten Unterrichtung im Regelschulsystem, sollte von den jeweils Betroffenen,
also den Eltern und den Schülern, möglichst autonom unter Einbezug
entsprechender Fachberatung beantwortet und entschieden werden.

Der Begriff **„Heilpädagogik"** hat insbesondere in pädagogischer   **Begriff „Heil-**
und medizinischer, aber auch in soziologischer, sozialpädagogischer   **pädagogik"**
und theologischer Hinsicht eine bewegte Geschichte, deren Verlauf

hier nur angedeutet werden kann. Unter **historischem Aspekt** lässt sich dreierlei kurz anmerken:

(1) Der Begriff „Heilpädagogik" ist 1861 durch die Pädagogen Georgens und Deinhardt eingeführt worden. Sie gründeten 1857 in Baden bei Wien die „Heilpflege- und Erziehungsanstalt Levana" für geistig zurückgebliebene und auch verwahrloste Kinder. Arzt und Pädagoge sollten hier eine Arbeitsgemeinschaft bilden, medizinische Behandlung und pädagogisches Wirken sollten die Aufgabe begleiten und ergänzen. Mittel und Methoden hat die Heilpädagogik aus dem Bereich der allgemeinen Erziehung zu gewinnen, wobei es hier um verfeinertes und gründliches Bewusstsein für das hilfsbedürftige Kind, um „Modificationen", pädagogisches Helfen geht. Für Georgens und Deinhardt ist Heilpädagogik auch in der allgemeinen Erziehung enthalten, die es bisweilen mit körperlichen und geistigen Störungen, mit krankhaften Neigungen, Verwahrlosung und Verwilderung zu tun hat. Bereits damals spielte die Frage nach den gesellschaftlichen Bedingungen und Ursachen für Kinderprobleme eine Rolle.

(2) Hans Asperger gilt als einer der ersten Kinder- und Jugendpsychiater. In seiner 1952 erschienenen „Heilpädagogik" betont er:

„Wir lieben diesen Ausdruck Heilpädagogik. Es liegt darin das Bekenntnis, daß nur das Pädagogische, im weitesten Sinn freilich, imstande ist, einen Menschen wirklich zum Besseren zu verändern, aus den verschiedenen Entwicklungsmöglichkeiten des Kindes durch überlegene Menschenführung die beste auszuwählen." (Asperger 1952, 5)

(3) „Heilpädagogik" wird heute ganz allgemein als „Theorie und Praxis der Erziehung unter erschwerten personalen und sozialen Bedingungen" verstanden (Meinertz et al. 1987, 14; Klein et al. 1999, 18f). Häufig wird Heilpädagogik synonym zu „Sonderpädagogik", „Behindertenpädagogik", „Spezialpädagogik", „Orthopädagogik", „Rehabilitationspädagogik" u. a. verwendet. Während in den zuletzt genannten Termini im Zusammenhang mit Behinderung auch die Besonderung betont wird, sehen wir im Begriff „Heilpädagogik" bzw. im Adjektiv „heilpädagogisch" weniger Abgrenzung, Festlegung, Separierung, auch ein weniger an Möglichkeit und Gefahr für definitorischen Abusus. Heilpädagogik impliziert mehr Offenheit.

Für den Schweizer Heilpädagogen Emil E. Kobi befassen sich Heilerziehung und Heilpädagogik mit

> „Problemen der Erziehung und Bildung in menschlichen Beziehungs- und
> Lernverhältnissen, welche durch Behinderung eine Beeinträchtigung erfah-
> ren, die nach Art und Ausmaß als so schwerwiegend gilt, dass sie den kon-
> ventionellen Erziehungs- und Bildungsrahmen sprengt" (Kobi 1993, 18).

Für Kobi steht am „Anfang der Heilpädagogik … nicht einfach das
Faktum ‚Behinderung‘, sondern das menschliche Subjekt" (S. 34).

Mit Ferdinand Klein geht es „um ein ganzheitliches Wahrnehmen **ganzheitliches**
und Verstehen des Menschen" (Klein et al. 1999, 16). Er fragt mit den **Wahrnehmen und**
Schweizer Heilpädagogen und Erziehungswissenschaftlern Heinrich **Verstehen**
Hanselmann (1885–1960) und Paul Moor (1899–1977) primär nach

- „dem Menschen mit seinen Schwierigkeiten (und nicht nach den Schwierigkeiten des Menschen),
- dem Menschen in seiner Ganzheit, der auffallende Symptome hat (und
  nicht nach dem auffälligen Menschen) und
- nach der Wirklichkeit heilpädagogischen Helfens (und nicht nach dem Begriff des heilpädagogischen Helfens).

> Der einzelne Mensch in seiner Einmaligkeit und Einzigartigkeit steht also im
> Zentrum des Wahrnehmens und Verstehens: seine Individualität, sein unver-
> sehrter innerer Kern" (Klein et al. 1999, 16).

In dieser Schrift geht es primär um Kinder und Jugendliche, die in **Kinder und Jugend-**
vorschulischen, schulischen, außer- und nachschulischen Handlungs- **liche in Problemsitu-**
feldern aufgrund von Erziehungsfehlern, institutionellem Zwang und **ationen**
Druck und auch gesellschaftlichen Bedingungen in Probleme, ja in
Not geraten sind. Insofern gibt es auch hier keinen zureichenden
Grund für eine strenge Unterscheidung von Heilpädagogik im Sinne
von Theorie, Lehre, Wissenschaft und Heilerziehung als Praxis. Die
Bezeichnung „Heilerziehung" könnte missverständliche Assoziationen wecken und findet hier deshalb keine Verwendung. Es geht

> „um ein behutsames erzieherisches Beeinflussen des Kindes in seiner soma-
> topsychischen Ganzheit mit all seinen Schwierigkeiten auf der Basis guter
> zwischenmenschlicher Beziehungen. Das Anbahnen, Entwickeln und Vertie-
> fen des erzieherischen Verhältnisses und seine Realisierung in der dialogisch-
> helfenden Beziehungsgestaltung wird bedeutsam. Die Frage nach dem Sinn
> (Sinnbezug, Sinnerfüllung) stellt sich immer wieder. – Hier handelt es sich
> um eine Erziehung, die ein Mehr in quantitativer und qualitativer Hinsicht

bedeutet: Es müssen stets mehr Gesichtspunkte bedacht, miteinander in Beziehung gebracht werden und dabei muss vertiefter, genauer und sorgfältiger überlegt, geprüft, geplant und gehandelt werden, um den Störungen und (drohenden) Zusammenbrüchen im erzieherischen Feld wirksam begegnen zu können. – Das alles meint heilpädagogisches Denken und Handeln. Darüber hinaus zeichnet den Heilpädagogen eine innere Haltung aus, die sein Tun und Denken trägt, gerade dann, wenn sich nicht gleich Lösungen finden und Erfolge einstellen. In der Heilpädagogik stellt sich die pädagogische Frage verschärft und radikal" (Meinertz et al. 1987, 15; Klein et al. 1999, 19).

Andreas Möckel hebt in seiner „Geschichte der Heilpädagogik" (2007, 24) hervor, dass der Pädagogik durch die Heilpädagogik neue Arten von Institutionen und Einrichtungen zugewachsen sind, die nicht nur die Wirklichkeit von Kindern mit Behinderung, sondern die gesamte Schullandschaft verändert haben. „Die Heilpädagogik hat nicht nur Kindern geholfen, sondern mit der Zeit auch die Vorstellung von Behinderung revolutionär verändert." (S. 25)

Es geht im Rahmen der vorliegenden Publikation nicht um eine umfassende Darstellung der Geschichte der Heilpädagogik, vielmehr um eine kurze Begründung für die Wahl des zentralen Ausdrucks „Heilpädagogische Psychologie" anstelle von „Sonderpädagogische Psychologie" auch aus dem historischen Verständnis von Heilpädagogik:

● Heilpädagogik weist auf die enge Verbindung zur Pädagogik hin, denn „Heilpädagogik ist Pädagogik und nichts anderes!" (Moor 1974);
● der Begriff „Heilpädagogik" akzentuiert das pädagogische Moment, hebt den pädagogischen Auftrag hervor;
● er enthält nicht explizit den Aspekt der separaten Erziehung, der Besonderung.

In der Wortzusammensetzung Heilpädagogik wird mit Klein et al. (1999, 22) und Speck „die Chance und Aufgabe verdeutlicht, von Zerteilung (Dysfunktion, Isolation) bedrohten Lebens durch eine entsprechende Erziehung in sinnvolle Zusammenhänge zu führen". Mit dem **Orientierungsbegriff Heilpädagogik** soll insbesondere zum Ausdruck kommen:

● die anthropologisch ganzheitliche Orientierung einer Erziehung, die einer drohenden personalen und sozialen Desintegration zu begegnen und (ganzheitlichen) Lebenssinn zu erschließen hat,
● das komplementäre Ergänzungsverhältnis zwischen allgemeiner und spezieller Pädagogik und
● die kooperative Ergänzungsbedürftigkeit zwischen spezieller Pädagogik und Nachbardisziplinen.

Heilpädagogik wird demnach als „Pädagogik unter dem Aspekt spezieller Erziehungserfordernisse beim Vorliegen von Entwicklungs- und Beziehungshindernissen (Behinderungen und sozialen Benachteiligungen) gesehen" (Speck 2003, 20).

Der Ausdruck „Heilpädagogische Psychologie" wird hier auch verwendet im Sinne von „kinderorientierte Psychologie". Dazu gehört ein Menschenbild, das jedes Kind in seiner Eigenart und Einzigartigkeit akzeptiert und ernst nimmt, eine pädagogisch-philosophische Orientierung, die, ausgehend von den individuellen Möglichkeiten sowie konkreten Lebensbedingungen des Kindes, vor allem seine ureigenen Möglichkeiten, Ressourcen und Kompetenzen unterstützt und fördert und nicht primär sein Anpassungsverhalten.

1.1 Heilpädagogische Psychologie als multidimensionaler Wissenschaftsbereich im Arbeitsfeld der Sonder- und Heilpädagogik

Im Rahmen sonder- und heilpädagogischer Handlungs- und Denkprozesse wurde schon immer die Frage nach dem *Woher*, also nach den Ursachen von Störungen und Behinderungen, gestellt. Der Bedingungshintergrund für die Entstehung von Erziehungserschwernissen wurde beleuchtet und hinterfragt. Die Entwicklungspsychologie in Verbindung mit der Medizin ermöglicht Aussagen zu den prä-, peri- und postnatalen, den vorschulischen und schulischen Verursachungsmomenten (Ätiologien) von Beeinträchtigungen und deren Auswirkungen auf die Entwicklung, das Lernen und Verhalten von Kindern, auf die Sozialisation und Personalisation des Menschen schlechthin.

Frage nach Ursachen

Neuere wissenschaftliche Ansätze, die sich mit dem Entwicklungsgeschehen beschäftigen, heben immer wieder – beeinflusst durch Sozialpsychologie und Soziologie – das Prozesshafte, die Dialektik hervor, d. h. die wechselseitig sich beeinflussenden Veränderungen zwischen Kind, sozialer und materialer Umwelt, etwa zwischen Kind, Mutter, Vater und Geschwistern im engeren Sinne. Untersucht wird von Frühpädagogen, Soziologen, Sozialpsychologen und Sozialpädagogen etwa die Frage, wie sich die Behinderungen eines Kindes, die Problematik einer möglichen Ablehnung des Kindes auf die Interaktionen mit der Mutter auswirken und wie Problemen und Missverständnissen besser begegnet werden kann. Es interessiert also die Frage nach der sozialen Umwelt, den Erziehungs- und Bezugspersonen. Damit wird neben der Entwicklungspsychologie vor allem die Sozialpsychologie angesprochen. Folgt man Untersuchungen zu den Familien von Kindern mit Lernbehinderung, so scheint diese „Behindertengruppe" vor allem auf dem Hintergrund ungünstiger sozialer, kultureller und ökonomischer Bedingungen entstanden zu sein (Begemann 1970; Weiß 1994).

Milieueinflüsse

Auch bei ca. 20 % der Kinder, die eine Förderschule mit dem Förderschwerpunkt geistige Entwicklung besuchen, dürften Milieufaktoren für das Erscheinungsbild „geistige Behinderung" ursächlich sein.

Frage nach Therapie

Liegen erst einmal psychische, physisch / organische oder lernspezifische Störungen und Beeinträchtigungen vor, wird der Ruf nach spezieller Behandlung laut. Kinder sollen gefördert, ggf. therapiert werden. Der Therapiebereich hat im pädagogisch-sonderpädagogischen Arbeitsfeld geradezu eine Inflation erfahren. Es wird viel von Spiel-, Mal-, Musik-, Arbeits-, von Unterrichtstherapie, schlechthin von pädagogischer Therapie gesprochen. Ziel- und aufgabenorientiert finden sich Bezeichnungen wie Sozial-, Milieu-, Verhaltens-, Psycho-, Lern-, Sprach-, Legastheniker-, Sexual-, Eltern- und Familientherapie. Im Felde der Sonder- und Heilpädagogik gibt es so etwas wie einen „Urschrei nach Therapie" (Bach 1980, 9).

förderungsorientierte Diagnostik

Wie aber kommt man zu den Informationen über die Entwicklung, das Lernverhalten, die sozialen Bezüge, über die zu therapierenden Bereiche? Man stößt dabei auf eine Methode, auf einen Tätigkeitsbereich der Psychologen, der ebenso starke Faszination wie Ablehnung hervorruft. Er spielt aber immer wieder eine Rolle im Zusammenhang mit Kindern, bei denen Lernvorgänge erschwert sind: Es handelt sich hierbei um die sonderpädagogische Diagnostik, besser die förderungsorientierte Diagnostik, die sich in der Praxis zumeist als Prozess- bzw. Begleitdiagnostik versteht, d. h. als eine den Lernprozess begleitende Diagnostik. Es handelt sich um eine aus der psychologischen Diagnostik abgeleitete Diagnostik, deren Anfänge im heilpädagogischen Bereich um 1900 liegen und auch mit den Namen der französischen Wissenschaftler Binet und Simon verbunden ist (Bundschuh 2005, 22–29). Seit Mitte der 1970er Jahre hat sich diese Vorgehensweise deutlich von den Ansätzen traditioneller Diagnostik entfernt, sogar distanziert und stärker in Richtung Kind und Lernprozess modifiziert, sich zu einer Förderungsdiagnostik entwickelt, die sich an den Möglichkeiten, Problemen und Bedürfnissen des in Not geratenen Kindes orientiert (Bundschuh 1985; 2007a).

Es könnte bisher vielleicht der Eindruck entstanden sein, als exis- **interdisziplinäre**
tierten die hier angesprochenen Bereiche (Entwicklungspsychologie, **Vernetzung**
Förderdiagnostik, Sozialpsychologie/Soziologie, Therapien, Lernpsychologie) relativ separat, ganz speziell, als trage jeder seine Funktion in sich. Eine solche Sichtweise entspräche nicht den Fakten, die
sich aus dem Aufgabengebiet ergeben. Vielmehr muss man von einer
Vernetzung, einer unter ganzheitlichem Aspekt zu sehenden Integration der Wissenschafts- und Aufgabenfelder sprechen. Jeder dieser
Bereiche lebt und existiert primär durch die enge Verbindung mit den
anderen Gebieten. Mit der Heilpädagogischen Psychologie verbindet
sich ein interdisziplinäres Handlungsfeld. Die Schwerpunkte ergeben
sich aus der Besonderheit der jeweiligen Frage- und Problemstellung
im praktischen Arbeitsfeld. Der Sonder- oder Heilpädagoge wird quasi als oberster Kybernetiker und Koordinator bestimmen, welchen Bereichen er je nach Problemlage und Gesamtsituation die dominierende
Rolle zuweist. Den Sonder- oder Heilpädagogen können wir in der Tat
als Vermittler zwischen dem Problemkind, den Eltern, Erziehungspersonen und wissenschaftlichen Disziplinen (Didaktik, Pädagogik, Psychologie…), aber auch als Vermittler und Koordinator zwischen den
angesprochenen Ebenen bezeichnen.

Heilpädagogische Psychologie basiert also auf Erkenntnissen der
Entwicklungspsychologie, Pädagogischen Psychologie, Sozialpsycho-
logie/Soziologie, Lernpsychologie, der Pädagogischen/Heilpädago-
gischen Diagnostik oder Förderdiagnostik und Klinischen Psychologie
(Therapien). Heilpädagogische Psychologie beruht ferner auf den Erkenntnissen der Heil- bzw. Sonderpädagogik (s. Abb. 1).

Sehr viele Erkenntnisse z. B. über Wahrnehmung, Motorik, Spra- **teilhabende Wissen-**
che, Entwicklung allgemein und speziell Entwicklung des Nervensys- **schaften**
tems werden auch aus der Medizin, der Neuropsychologie und -phy-
siologie abgerufen, auf den sonderpädagogischen Bereich transferiert,
fließen in das Aufgabenfeld der Heilpädagogischen Psychologie ein.

„Jeder bringt von seiner Wissenschaft her den ihm möglichen Beitrag zur
Lösung des Problems … Die einzelne Fachkompetenz mündet … ein in ein gemeinsames Fragen und Suchen für das leib-seelisch-soziale Wohl des Kindes.
Bei diesem fachlichen Austausch entsteht eine kooperative Fachkompetenz
auf neuem Niveau, welche die somatischen, psychischen und sozialen Bedingungen der Beeinträchtigung beachtet." (Klein et al. 1999, 24)

Klein und Mitarbeiter sprechen von „teilhabenden Wissenschaften".
Die Heilpädagogische Psychologie umfasst in Theorie und Praxis die
psychologischen Aufgaben- und Problemstellungen aller Personen,

**Fokus kindliche
Bedürfnisse**

deren Erziehung, Personalisation und Sozialisation im Zusammenhang mit Beeinträchtigungen unter erschwerenden Bedingungen erfolgt. Die Heilpädagogische Psychologie leitet ihre Legitimation aus der Bedürfnis- und Notsituation von Kindern und Erwachsenen ab, steht immer im Dienste der Erziehung, des Erziehungsgeschehens. Die Heilpädagogische Psychologie folgte unter historischem Aspekt zumeist einem sonderpädagogisch-allgemeinpädagogischen „Anruf". Es wird die gegenwärtige und zukünftige Aufgabe der Heilpädagogischen Psychologie weiterhin darin bestehen, „Anrufe" von Kindern wahrzunehmen, die sich aus pädagogischen Notsituationen ergeben. Abbildung 1 verdeutlicht die Aspekte der Multidimensionalität und Komplexität Heilpädagogischer Psychologie.

Die hier aufgezeigten Bereiche Heilpädagogischer Psychologie haben als Zielrichtung stets das Kind mit seinen speziellen Nöten und Bedürfnissen im Auge. Diese Bereiche werden im Zusammenhang mit heilpädagogischen Aufgabenstellungen hinterfragt bezüglich

- Prophylaxe/Prävention (Vorbeugung, Vorsorge, Verhütung von Lern-, Verhaltensstörungen und Behinderungen),
- verstehen (So-Sein der Kinder, Konflikte und Probleme der Eltern),
- erklären von Zusammenhängen aus den Bedingungen (gegenwärtige Problemlage aus der Biographie und der damit verbundenen ungünstigen [sozialen] Beeinflussung) und
- Beratung/Förderung/Therapie (Hilfe für eine bestmögliche Entfaltung des Kindes).

Heilpädagogische Psychologie steht somit unmittelbar im Dienst des Erziehungsgeschehens. Die Skizze deutet auch die **Querverbindungen** zwischen den psychologischen Bereichen und damit die Komplexität Heilpädagogischer Psychologie an. Die Heilpädagogische Psychologie stellt einen Wissenschaftsbereich dar, der Erkenntnisse der Psychologie, insbesondere der Entwicklungs- und Sozialpsychologie, der Pädagogischen Diagnostik, der Klinischen Psychologie sowie der Lernpsychologie auf das Arbeitsfeld der Sonderpädagogik transferiert. Dadurch soll auf der Basis förderdiagnostischer Prozesse (Heilpädagogischer Diagnostik) mit der Intention des Verstehens eine bessere Aussage und Information über Ursachen (Ätiologien/Bedingungshintergründe), Erscheinungsweisen (Phänomene) und Förderung (Lernen/Therapien) bei vorliegenden erschwerten Erziehungs- und Lernprozessen erreicht werden, als dies auf der Basis einer rein pädagogischen Fragestellung möglich wäre.

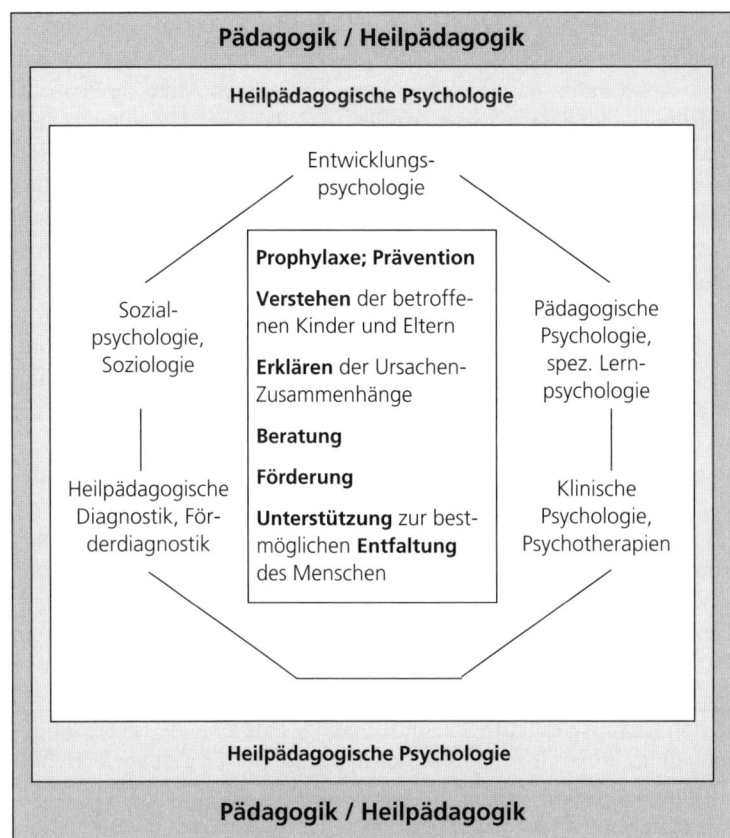

Abb. 1: Querverbindungen, Verflechtungen und Vernetzungen Heilpädagogischer Psychologie

1.2 Die Komplexität Heilpädagogischer Psychologie und das wissenschaftstheoretische Dilemma

In höchstem Maße schwierig, ja problematisch scheint es zu sein, wissenschaftlich vertretbare, gleichzeitig allgemeingültige Aussagen zum Problembereich Sonder- und Heilpädagogik zu formulieren, insbesondere zu den Kindern mit Beeinträchtigungen (Störungen, Behinderungen), mit speziellen Erziehungsbedürfnissen, die im Rahmen dieser Überlegungen intendiert sind. Keine Frage, jeder Mensch erweist sich aufgrund seiner Anlage, der Umwelteinflüsse sozialer und materialer Art, von seiner Eigendynamik her, schlichtweg im Zusammenhang mit seiner Persönlichkeit als einmalig.

**Entwicklungs-
vorgänge**

Dennoch scheint es bei der Entwicklung des Menschen ohne Behinderung so etwas wie eine gemeinsame Streubreite zu geben. Es spricht z. B. vieles dafür, dass in einem ganz bestimmten Altersbereich Entwicklungsvorgänge erwartet werden, die als „normal" gelten. Quer- und Längsschnittuntersuchungen, deren Ergebnisse sich dann in Entwicklungskurven und -tabellen niederschlagen, dokumentieren, dass es so etwas wie eine „altersadäquate Entwicklung" gibt, d. h., dass in einem ganz bestimmten Lebensalter, gewisse Lern- und Verhaltensprozesse erwartet werden (z. B. Laufen lernen zwischen dem 10. und 15. Lebensmonat, Lallphase etwa mit 6 Monaten, erste sinnvolle Worte, mit ca. 15 Monaten sogenannte „Einwortsätze", Wunschäußerungen…). Es gibt aber Entwicklungsvorgänge bei Kindern, die völlig anders verlaufen, bei denen nahezu nichts Prognostisches zutrifft, die nicht mehr im Bereich der Erwartungen, der Streubreite der Entwicklungsnorm liegen. Relativ rasch spricht man dann von „Abweichungen", „Beeinträchtigung der Entwicklung", „Entwicklungsstörungen", „Entwicklungsverzögerungen", von „behinderten Entwicklungen", von „behinderten Menschen", von „Menschen mit Behinderungen" – wobei hier die Frage nach den Ursachen für diese gestörten bzw. behinderten Entwicklungen vernachlässigt wird. Der Mensch stellt ein Phänomen mit unendlich vielen Freiheitsgraden und Möglichkeiten der Entwicklung des Verhaltens dar.

Populärwissenschaftliche und wissenschaftliche Aussagen allgemeingültiger Art über den Menschen mit Beeinträchtigungen (Behinderungen, Störungen) scheitern zum einen an der durchgängig unterschiedlichen Art und Weise der Phänomene dieser Behinderungen. Es gibt nämlich nicht den oder die Menschen mit geistiger Behinderung schlechthin mit absolut gleichen Verhaltensweisen oder gar Kennzeichen, es gibt nicht die Erziehungsschwierigen, die Menschen mit Lernbehinderung, die Teilleistungsgestörten…, bestenfalls die individuelle Entwicklung dieses oder jenen Kindes mit geistiger Behinderung, Lernbehinderung, Körperbehinderung usw. Angesprochen ist hierbei das Problem der Heterogenität und der multifaktoriellen Bedingtheit der angeführten Phänomene, die als „Behinderungen" bezeichnet werden. „Der Personenkreis, das ‚Behindertenspezifische', war letztlich ungeklärt geblieben." (Speck 2003, 76)

**Beispiel „Lernbehin-
derung"**

Dieses Dilemma kann am Beispiel „Lernbehinderung" oder „Lernbehinderte" verdeutlicht werden. Zu diesem Problembereich gibt es zahlreiche Publikationen, die zu keinem Konsens oder wissenschaftlich haltbaren Konzept führen.

„Das Wort ‚Lernbehinderung' oder ‚Lernbehinderte' ist weder in der Pädagogik noch in der Psychologie, Soziologie, Psychiatrie oder einer sonstigen
Wissenschaft klar umschrieben und definiert. Es bezeichnet vielmehr ein Ar-
beitskonzept, das sich in den letzten zehn Jahren im Erziehungsbereich zunehmend durchgesetzt und in den gegenwärtigen Schulbestimmungen allgemein Anerkennung gefunden hat." (Kanter 1974, 117)

So hatte in den 1960er Jahren der Begriff der „Lernbehinderung" eine
Ausdehnung erfahren, durch die er als Kriterium für eine pauschale
institutionelle Besonderung zweifelhaft wurde (in den Städten wurde
er z. T. dreimal so häufig attestiert wie auf dem Land) (Speck 2003,
76). Insofern erweist es sich als zutreffend, wenn der Begriff „Lernbehinderung" als „euphemistisch", „relational", „diffamierend", „sim-
plifizierend", „fixierend" und schließlich „pauschalierend" (Baier
1980, 12–41) bezeichnet wird.

   Zum anderen muss die Möglichkeit der Aussagen über Menschen   **Relativierung durch**
mit Behinderungen am nahezu durchgängigen Informationsdefizit   **Informationsdefizit**
über diese Menschen scheitern. Das Wissen, speziell das wissenschaftliche Wissen bezüglich der Phänomene „Störung" bzw. „Behinderung" (Bundschuh 2005, 38 ff) erweist sich als gering, es erscheint eher approximativ, nur annäherungsweise „richtig" zu sein.
Möglicherweise um diesem Dilemma zu begegnen, folgte ebenfalls
in den 1960er Jahren die weitere Ausdifferenzierung, die Aufspaltung
in Sonderpädagogiken mit dem Resultat der fortschreitenden Spezia-
lisierung und Fortschritten in technologischer Hinsicht. Spezialisten
erweisen sich aber nur für Teilbereiche zuständig. Keinesfalls hat es
die Sonder- oder Heilpädagogik nur mit Einfach-Behinderungen zu
tun, die Realität ist doch das „mehrfachbehinderte" Kind.

   Zusammenfassung: Es lässt sich also konstatieren, dass der Mensch
allgemein und Menschen mit Behinderungen in besonderer Weise
nicht hinreichend erforscht sind und unter dem versuchsweise generalisierenden Aspekt auch nicht erforscht werden können. Die jeweilige Biographie und die daraus hervorgehende individuelle Situation
divergieren nämlich, dominieren vielleicht sogar im Vergleich zum
Allgemeinen (Generalisierenden). Der Mensch als solcher wird wohl
auch niemals hinreichend wissenschaftlich erforschbar sein. Das wis-
senschaftstheoretische Dilemma in Form einer allgemeinen Verunsicherung existiert weiter. Das Ganze der Wirklichkeit besteht eben
nicht nur aus Teilen, es stellt mehr als die Summe seiner Teile dar
(Gestaltpsychologie). Insofern erweist sich die begriffliche Fassung
mit „*komplex*" als zutreffend.

Sonder- und Heilpädagogik als spezielle Pädagogik steht – wie kaum ein anderer wissenschaftlicher Bereich mit vergleichbarem Handlungsbezug – im Schnittpunkt verschiedener, konkurrierender Theorie- und Handlungsansätze. Will sie die Pädagogik mit integrativem Anspruch sein, muss sie sich um fruchtbare Synthesen solcher Teilansätze bemühen, soweit diese mehr Menschlichkeit versprechen. Sie muss sich auch bereitfinden, in einen offenen Austausch auch divergierender Ansätze zu treten. Eine Sonder- und Heilpädagogik, die diesen offenen Diskurs nicht suchte, sondern in die kompromisslose, radikale Konfrontation ginge, machte sich in ihrem Integrationsversprechen unglaubwürdig.

Wir müssen offensichtlich gerade in unserem Wissenschaftsbereich lernen, mit Widersprüchen zusammenzuleben. Es gibt nicht den „typischen" lern-, geistig- oder körperbehinderten, ebenso wenig den blinden, gehörlosen, sprachgestörten oder verhaltensgestörten Schüler. Jeder Mensch mit einer Störung oder Behinderung erweist sich als ein „Einzelfall", besser ausgedrückt – so wie jeder Mensch – als einmalig. Eine Vielzahl von Faktoren und Bedingungen bestimmt das Aufwachsen und damit die Entwicklung eines Menschen in einer ganz konkreten soziokulturellen und sozioökonomischen Lebenswelt sowie die jeweils aktuelle Lebens- und Lernsituation. Wenn sich also Heilpädagogische Psychologie mit diesen heterogenen Phänomenen beschäftigt, muss sie mit Komplexität rechnen. Jeder Lehrer, der an Förderschulen und in Diagnose- und Förderklassen unterrichtet, wird dies bestätigen: Nicht nur die Schülerschaft an sich ist heterogen und komplex, vielmehr erweist sich bereits jeder einzelne Schüler als höchst komplex. Die mögliche Lösung des Problems ist nicht in sogenannten „allgemein gültigen wissenschaftlichen Aussagen" zu suchen, vielmehr muss die unmittelbare Wirklichkeit und Erfahrung der Einzelnen (Betroffenen) stärker ins Spiel gebracht werden. Dies gilt gleichermaßen für Menschen mit Behinderungen und „Experten", die mit Menschen mit Behinderungen arbeiten.

Komplexität und Multidimensionalität Heilpädagogischer Psychologie werden in der folgenden Falldarstellung transparent (Begemann 1984, 20 ff; das „reale Beispiel" Begemanns wird in verkürzter Form und veränderter Reihenfolge wiedergegeben):

1. Das Jugendamt berichtet: M. ist das jüngste Kind von zehn (ein Kind starb kurz nach der Geburt), die im Zeitraum von 1953 bis 1966 geboren wurden. Der Vater (geb. 1929) verdiente als (ungelernter) Gipser recht gut. Den gesamten Verdienst gab er seiner Frau zur Finanzierung des Haushaltes. Die Mutter (geb. 1928) konnte angeblich nicht wirtschaften. Sie galt als „Dorfschlampe". Sie schickte die Kinder nur unregelmäßig zur Schule. Sie wurden deshalb oft vom Ordnungsamt geholt. In der Schule wurden die Kinder morgens gewaschen und in saubere Kleidung gesteckt, die sie bei Schulschluss – mittags – wieder ausziehen mussten.

Die Familie B. (11 Personen) wohnte in einem Anbau eines dörflichen Gemeindehauses: zwei Zimmer und Küche mit je 10 m² Fläche, die Toilette war auf dem Hof, in der Küche war der Wasserhahn. Alle Personen schliefen auf Matratzen, die auf dem Boden lagen. Die Ausstattung der Wohnung war dürftig: Herd, Küchentisch, sechs Stühle, eine Schlafcouch, zwei Kleider- und ein Küchenschrank, ein Radio, keine Zeitung, kein Fernseher, kaum Spielzeug.

M. wurde wie seine Geschwister in der Wohnung geboren. Die Geburt dauerte lange. Die Hebamme kam erst sehr spät. M. war nach der Geburt ganz blau. Die Nabelschnur hatte sich um seinen Hals gewickelt. Ansonsten berichtete die Mutter keine Besonderheiten frühkindlicher Entwicklung. Mit wachsender Kinderzahl kamen auch finanzielle Schwierigkeiten. Bei häufig auftretenden Streitereien bezog Herr B. von seiner körperlich überlegenen Frau Prügel. Als er aufgrund einer Magenoperation Frührentner wurde (1965), begann er zu trinken (Alkoholiker) und hielt sich kaum noch zu Hause auf. Frau B. lief seit 1968 oft von ihrer Familie fort zu ihrer Mutter. Die älteren Kinder versorgten unterdessen die Geschwister. Die älteren Mädchen verdienten als Gelegenheitsprostituierte Geld und brachten ihre Freier mit ins Haus. Erst 1973 wurde den Eltern das Sorgerecht entzogen; alle unverheirateten Kinder kamen in ein Heim. Sie wurden als unterernährt und klein beurteilt, besondere Krankheiten wurden nicht festgestellt.

2. Aus der Vorgeschichte ist bekannt: Zum Zeitpunkt der Umschulung (August 1974) war M. mit acht leiblichen Geschwistern in einem Kinderheim untergebracht. Seinen Eltern war 1973 das Sorgerecht entzogen worden. Fünf Geschwister besuchten die Schule für Geistigbehinderte, vier die Schule für Lernbehinderte, davon war eine Schwester schon in Frankreich verheiratet. Bei Eintritt ins Heim waren die Kinder verlaust, besaßen keine Schuhe, ihre Kleidung war total zerlumpt. M. konnte sich im Heim nur schwer einordnen. Er war gegenüber Kindern und Erwachsenen aggressiv. Er stahl Geld und kaufte sich davon Süßigkeiten. Er wollte sich nicht waschen und weigerte sich, in die Grundschule zu gehen. (Es war nicht mehr die, in die er vor 2 Monaten eingeschult worden war.) M. war kaum satt zu kriegen. Er aß meist doppelte Portionen. Er schläft mit einem Teddy im Arm. Die Erzieherinnen des Heimes sind ausländische Nonnen, die nur gebrochen Deutsch sprechen. – Bei der Umschulung wurde M. mit dem HAWIK getestet. Er erreichte einen IQ von 79 (VB 70–88). Das entspricht einem Prozentrang von 9 (2,2–20). Sein Ergebnis ist demnach besser als das von den 9 % der Altersgleichen aus der Eichstichprobe des Tests.

3. Die Heimleitung berichtet: Nach dem Tod der Mutter (47) wird M. zur Adoption freigegeben. Ein kinderloses Ehepaar (62 und 55) ist bereit. Die Adoption scheitert nach mehreren Versuchen, da M. ihnen immer wieder davonläuft und ins Heim zurückkehrt. Der Vater besucht seine Kinder nicht im Heim. Die Schwester der Mutter, die ein größeres Friseurgeschäft leitet, kommt in größeren Abständen, lehnt es aber ab, die Kinder zu sich einzuladen. Der Bruder der Mutter ist Architekt. Er lehnt jeden Kontakt zu M. und seinen Geschwistern ab. Er hat die Familie B., auch als seine Schwester noch lebte, streng gemieden und in keiner Weise unterstützt. – M. lebt in einer gemischten Gruppe von acht Kindern, die von vier Erzieherinnen betreut werden. Unter den Erzieherinnen des Heimes besteht eine große Fluktuation.

4. Im Gutachten steht: M. lebt mit seiner Schwester A., die ein Jahr älter ist, als Pflegekind in der Familie B., die selber drei Kinder hat: Ein Mädchen (13) und zwei Jungen (8 und 6). Der Pflegevater ist Kfz-Mechaniker, die Pflegemutter hat eine Halbtagsbeschäftigung als Putzfrau aufgegeben, um sich ganz den Kindern widmen zu können. Das Pflegegeld gleicht ihren Verdienstausfall aus. Die Familie bewohnt ein eigenes neu gebautes, geräumiges Einfamilienhaus mit großem Garten. Die Sonderschullehrer haben die gute Mitarbeit von M. hervorgehoben. Seine Leistungen in Sport, Werken und Bildnerischem Gestalten werden mit „gut" bewertet. Bei Tests, Schulleistungen und Spielen zeigt sich M. hoch motiviert, durchgehend konzentriert, aber langsam im Arbeitstempo. Im Intelligenztest (HAWIK) erreicht er mit IQ = 92 (VB 83–101) bei 95-prozentiger Wahrscheinlichkeit einen Prozentrang zwischen 12 und 53. D.h., seine Testleistungen waren im günstigsten Fall besser als die von 53 %, im ungünstigsten Fall besser als die von 12 % seiner Altersgruppe aus der Standardisierungspopulation einzuschätzen. Im Frostig-Entwicklungstest der visuellen Wahrnehmung erreicht er unterdurchschnittliche Bewertungen seiner visuomotorischen Leistungen.

5. Der Klassenlehrer beschreibt: M. löst Additionen im Zahlenraum bis 100 durch Zählen unter Zuhilfenahme der Finger, Subtraktionen gelingen so nur selten, Ergänzungen werden als Additionen gelöst, Multiplikationen beherrscht er noch nicht. Einfache, im Unterricht oft behandelte Worte kann M. aus einer kleinen Anzahl von Wortbildern herausfinden, sinnentnehmend kann er fremde (neue) Worte oder Sätze nicht erlesen. In der Rechtschreibung versucht M. Wörter so zu schreiben, wie er sie spricht. Nur wenige Wörter werden sicher geschrieben. M. fehlte in den vier Schuljahren selten, insgesamt 23 Tage.

6. Ein Studierender berichtet: M. (10,7) ist im Mai 1977 Schüler der vierten Lernstufe / Klasse (UIII) einer Schule für Lernbehinderte. Er befindet sich im vierten Schulbesuchsjahr (Schuljahr 1976/77). Wegen ungenügender Leistungen im Lesen, Schreiben und Rechnen wurde er nach einem Jahr in der ersten Klasse der Grundschule im August 1974 in die UI der Schule für Lernbehinderte eingeschult. Sein Leistungsstand in der UIII gilt als befriedigend. Seine Leistungen in der Schulleistungstestbatterie SBL 2 sind   gemessen an den Leistungen von Grundschülern in der zweiten Hälfte der zweiten Klasse – recht niedrig. Sie sind im Rechnen nur besser als die schlechtesten 9 %, im Lesen nur besser als die schlechtesten 8 % und in der Rechtschreibung nur besser als die schlechtesten 8 % der Vergleichsgruppe (2. Klasse Grundschule), obwohl er schon vier Jahre beschult wurde.

Als multidimensional erweist sich diese Falldarstellung, weil nahezu alle Wissenschaftsbereiche, die hier angeführt wurden (Entwicklungs-

und Sozialpsychologie, heilpädagogische Förderdiagnostik, Lernpsychologie, Klinische Psychologie und Pädagogische Psychologie im Allgemeinen; s. Kap. 1.1) in mehr oder weniger hohem Maße tangiert werden. Die Komplexität dieses „realen Beispiels" ergibt sich aus dem unterschiedlichen Erscheinungsbild, wie z. B. Intelligenz und Schulleistung sowie Verhalten in verschiedenen Situationen, etwa im Elternhaus, in der Schule, in Heimen, gegenüber Bezugspersonen. Unter pädagogischem Aspekt und im Verständnis Heilpädagogischer Psychologie kann man den Schüler M. nur „ganzheitlich" sehen, d. h. im Rahmen der engen Vernetzung und Verbindung von problembehafteten Lebens- und Erziehungsbedingungen, die sein „Werden" stets beeinflussten, und aktuellem, gegenwärtigem So-Sein in seiner jetzigen Situation.

Mit großer Wahrscheinlichkeit lässt sich bei jedem Kind, das in einer Sonder- oder Förderschule, in einem Förderzentrum oder in einem Heim erzogen und unterrichtet wird, ein eigenes, unter individuellen Bedingungen entstandenes (Schüler-)Schicksal beobachten und erkennen, mit dem sich erschwerte Erziehungs- und Lernbedingungen verbinden. Der Versuch Bleidicks (1977), Behinderung, speziell Lernbehinderung, unter dem Aspekt des Paradigmas in vier Kategorien zu fassen, kann zwar eine Strukturierungshilfe darstellen, wird jedoch dem Phänomen Behinderung in seiner Heterogenität und Komplexität nicht gerecht.

Mit vier Sätzen wird Behinderung gekennzeichnet, die auch in dieser reduzierten Phänomenkennzeichnung als **Beleg für die Komplexität und Multidimensionalität** Heilpädagogischer Psychologie gelten können (Bleidick 1977, 208–214):

Paradigmata des Behinderungsbegriffs

- „Behinderung ist ein medizinisch faßbarer Sachverhalt: Behinderung als *medizinische Kategorie*
- Behinderung ist eine Zuschreibung von sozialen Erwartungshaltungen: Behinderung als *Etikett*
- Behinderung als Systemerzeugnis schulischer Leistungsdifferenzierung: Behinderung als *Systemfolge*
- Behinderung ist durch die Gesellschaft gemacht: Behinderung als *Gesellschaftsprodukt.*"

Vier unterschiedliche Behinderungsbegriffe, gleichzeitig konkurrierende Erklärungsmodelle und Paradigmata des Phänomens Behinderung hat Bleidick hier vorgestellt, wobei er von den zahlenmäßig dominierenden „Lernbehinderten" ausgeht.

Im ersten **„individual-theoretischen Paradigma"** wird Behinderung als „medizinische Kategorie" im Sinne eines medizinisch fassbaren Sachverhaltes gesehen. Die Behinderung resultiert im Zusammenhang mit dem Beispiel „perinatale Hirnschädigung" aus einer medizinisch mehr oder minder nachweisbaren, zumindest aber immer wahrscheinlichen und postulierten Schädigung als unausweichliche Folgebeeinträchtigung.

Dem zweiten **„interaktionstheoretischen Paradigma"** zufolge ist Behinderung ein Etikett, die Folge einer Zuschreibung sozialer Erwartungshaltungen. Der Mensch mit einer Lernbehinderung beispielsweise sei vielfach bereits durch familiäre Etikettierung belastet und habe nichts anderes als eine „deviante Karriere" zu erwarten.

Im Beispiel stammt Eckehard P. aus einer Arbeiterfamilie mit fünf Kindern. Ein älterer Bruder besucht die Schule für Lernbehinderte. Der Junge wurde einmal wegen Schulunreife zurückgestellt und nach dem ersten Schuljahr zur Überprüfung auf Sonderschulbedürftigkeit gemeldet. Obwohl er im HAWIK einen IQ von 96 erreicht, wird er später nach der zweiten Klasse Grundschule wegen schlechter Leistungen in Mathematik, Lesen und Rechtschreiben mit dem Vermerk im Grundschulbericht, er sei nicht genügend begabt, um in der Grundschule mitkommen zu können, in die dritte Klasse der Schule für Lernbehinderte umgeschult. Der Vater hat keinen Hauptschulabschluss, der Bruder besucht bereits die Sonderschule. E. selbst kommt häufig zu spät, er hat im Jahr vor der Aufnahme in die Sonderschule 51 Tage gefehlt, davon 22 unentschuldigt.

Daran, dass bei den „schlechten Schülern" aus „ständig zugeschriebenen und damit erwarteten Eigenschaften […] schließlich tatsächliche im Sinne der self-fulfilling prophecy" (Bleidick 1977, 212) würden, seien wesentlich die Lehrer beteiligt (Höhn 1980). Die implizite Persönlichkeitstheorie des Lehrers und das Wissen um die Herkunft des Schülers (Familie) bieten den Erklärungshintergrund für schlechte Leistungen und Verhaltensstörungen. Generalisiert bedeutet dieser *labeling approach*, dass nicht der Schüler versagt, sondern die Schule als definierende und identifizierende Institution.

Das dritte **„systemtheoretische Paradigma"** betrachtet Behinderung als Systemerzeugnis schulischer Leistungsdifferenzierung. Nicht mehr der Lehrer hat es diesem Paradigma zufolge in der Hand, ob ein Schüler in einen Etikettierungsprozess hineingerät, vielmehr wird hier der Spielraum des Lehrers selbst als eingeengt durch seine Weisungsgebundenheit gegenüber dem Schulsystem gesehen. Am Beispiel des Schülers Karl-Heinz M. (Bleidick 1977, 213), das für „Behinderung als Systemfolge" gilt, werden gleichzeitig wiederum die Relationalität, Komplexität und Multidimensionalität von „Behinderung" deutlich:

„Karl-Heinz M., einziges Kind eines Verkaufsangestellten und seiner berufs-
tätigen Ehefrau, wurde rechtzeitig eingeschult. Im ersten Jahr versäumte er
wegen mehrerer Kinderkrankheiten 61 Tage und wurde nur mit Bedenken in
die zweite Klasse genommen, da ‚er im Lesen noch keine Grundlagen und im
Anfangsmathematikunterricht erhebliche Schwierigkeiten in der Mengenbe-
zeichnung' habe. Im zweiten Schuljahr wechselte die Lehrkraft dreimal. K.-H.
wird mit Deutsch 5 und Mathematik 4 versetzt. Bei der Elternbesprechung
der Klasse wird jedoch eingeräumt, daß die Beurteilung aller Schüler ‚in An-
betracht der Umstände wohl etwas großzügig' erfolgt sei. Im nächsten Jahr
wird der Junge nicht versetzt. Überdies wechseln die Eltern, da sich der Vater
beruflich verändert, den Wohnort. In der neuen Schule verändern sich die Leistungsschwierigkeiten, so daß mit den Noten Deutsch 5/6 und Mathematik
4 wiederum keine Versetzung in Klasse 4 ausgesprochen werden kann. Der
bei der Meldung zur Schule für Lernbehinderte erstattete Bericht spricht davon, daß das Lesen immer noch unsicher sei, im Rechtschreiben fehle jegliche
Grundlage (Zensur 6), im Rechnen könne sich der Schüler nicht konzentrieren.
Die Umschulung in die Schule für Lernbehinderte wird mit der Begründung
abgelehnt, bei einem HAWIK-IQ von 94 und im Prinzip ausreichender Rechen-
fähigkeit könnten die großenteils durch ‚äußere Umstände' bedingten Minderleistungen im Deutschen nicht die Sonderschulbedürftigkeit begründen.
Darauf ordnet die Schulverwaltung eine ‚probeweise' Versetzung in Klasse 4
an. Am Ende des Schuljahres haben sich die Leistungen in Bezug auf den Abstand zum Klassendurchschnitt nicht gebessert. Von den 37 Schülern wechseln
jetzt 28 in Gymnasium und Realschule. Da der Eintritt in die Hauptschule nicht
ausgesprochen werden kann, stimmen die Eltern einer Überweisung in die
Schule für Lernbehinderte zu. K.-H. kommt dort in Klasse 4. Nach einem Jahr
kann er wegen durchgängig guter Leistungen in Klasse 6 aufsteigen. Er gehört
jetzt zu den besten Schülern. Es wird erwogen, ihm bei weiterhin erfolgreicher
Beschulung die Gelegenheit zum nachträglichen Erwerb des Hauptschulab-
schlusses oder der Rückführung zur Hauptschule bereitzustellen."

Karl-Heinz M. ist ein „Opfer der Schule". Merkmale und Interessenla-
ge des Schulsystems werden in einen kausalen Zusammenhang mit der
sogenannten „Lern-Behinderung" gebracht: Krankheiten des Schülers
und Wechsel von Lehrern können sich derart häufen, dass daraus resultierende Leistungsrückstände nicht mehr im Normalschulsystem
aufgefangen werden können. Erst die Selektion und Überweisung der
am meisten betroffenen Schüler auf Sonderschulen stabilisiere und
erhalte das System wieder. „Damit kann man systemtheoretisch formal die Zweckstruktur eines sozialen Systems – hier die Schule – neu
bestimmen. Ihr Sinn ist die Reduktion von Komplexität." (Bleidick
1977, 214)
    Hierbei wird eine system-, aber keine schülerorientierte „Lösung"
angestrebt und vollzogen, die am eigentlichen Sinn von Pädagogik
vorbeigeht und das System verabsolutiert. „Ein System kann sich eine

äußerst komplexe Umwelt dadurch vereinfachen, daß es verschiedene Umweltteile unterscheidet und je verschieden behandelt." (Luhmann 1973, 202) Das System wird durch Vereinfachung wieder handlungsfähig, bzw. es bleibt handlungsfähig. Auch der Schüler wird bei Entstehung einer – wie auch immer bedingten – Lernbarriere ohne den Aufwand pädagogisch-didaktischen Bemühens auf eine „reduzierte Lernstufe" gebracht, um wieder lernfähig zu sein. Die Regelschule versucht sich durch „Komplexitätsreduktion" ihre Aufgabe zu erleichtern. „Handlungsrationalität wird in Systemrationalität überführt. Das pädagogische Verhalten des Lehrers erscheint im Lichte rationaler Handlung ‚irrational'; er handelt aber so, weil Systembedingungen sein Verhalten erzwingen." (Bleidick 1977, 217f)

Das vierte **„gesellschaftstheoretische Paradigma"** ist dadurch gekennzeichnet, dass „die politökonomisch analysierten Zustände der Gesellschaft direkt mit der sozialen Benachteiligung von Bevölkerungsgruppen und somit der ‚sozialbedingten' Behinderung ursächlich in Verbindung gebracht werden" (Bleidick 1977, 218). Das hier verkürzt aufgezeigte Fallbeispiel dient der Verdeutlichung:

Peter S. ist viertes von acht Kindern einer dem städtischen Sozialamt bekannten Familie, die in drei Jahren viermal in verschiedenen Obdachlosenlagern und sogenannten städtischen „Schlichtwohnungen" untergebracht war. Der Vater ist ungelernter Arbeiter und arbeitslos, die Mutter und die älteste Tochter arbeiten unregelmäßig als Raumpflegerinnen. Die zehnköpfige Familie lebt in einer 2,5-Zimmerwohnung. Da die Leistungen von Peter im Lesen und Rechnen laut Grundschulgutachten „keinerlei Ansätze" zeigten, erfolgte nach Zurückstellung vom Schulbesuch und nach dem ersten Schulbesuchsjahr die Umschulung in die Schule für Lernbehinderte, die der Vater mit der Begründung forderte, dass ja schon drei Geschwister auf die Hilfsschule gingen und Peter „auch nicht besser mitkommen" werde.

Behinderung wird dabei als Gesellschaftsprodukt, durch die Gesellschaft verursacht gesehen. „Das Existentwerden von Behinderung ist […] abhängig von den sozioökonomischen Bedingungen der Gesellschaft." (Jantzen 1973, 156)

Bei Betrachtung dieser Paradigmen und den aufgezeigten Beispielen kann man Behinderung als „mehrperspektivischen Begriff" (Bleidick 1977, 220) bezeichnen. Es sei jedoch betont, dass Behinderung als medizinischer, sozialpsychologischer, systemtheoretischer oder politökonomischer Begriff jeweils nur einen begrenzten Erklärungsansatz darstellt, der in Wirklichkeit die Komplexität des Sachverhaltes Behinderung nicht in den Griff bekommt. Bleidick relativiert auch folgerichtig die einzelnen, in sich oftmals absolut gesehenen Ansätze zu bloßen Zugangsweisen der Betrachtung, „deren systemimmanente Teilrichtigkeiten zusammen so etwas wie eine multifaktorielle Betrachtungsweise des Phänomens Behindertsein abgeben mögen". Oder, wie es an anderer Stelle knapp formuliert wird: „Jeder Satz ist fortan nur teilrichtig: organische Defekte führen zur Behinderung; die Lehrerpersönlichkeit macht Behinderte; das Schulsystem bringt Behinderte hervor; die Gesellschaft produziert Behinderte." (Bleidick 1977, 223) Zu Recht kann man sagen: Es gibt keinen „richtigen" Begriff von Behinderung, der die Komplexität dieses Phänomens umfasst und gleichzeitig ohne die **Gefahr der Diskriminierung und Vorurteilsbildung** verwendet werden kann.

1.3 Heilpädagogische Psychologie und herausfordernde schulische Erziehungs- und Lernwirklichkeit

Die Erziehungswirklichkeit von Kindern in Familien, im Zusammenhang mit alleinerziehenden Müttern oder Vätern, in Heimen oder im Rahmen sonstiger Erziehungsverhältnisse einigermaßen adäquat zu beschreiben, erscheint unmöglich. Zu vielfältig sind die Verhaltensweisen von Personen, die mit der Erziehung von Kindern betraut sind. Eltern lieben in der Regel ihre Kinder, versuchen sie – aus ihrer Sicht – in bestmöglicher Weise zu erziehen, wobei Erziehung stets auch unter dem Aspekt der Möglichkeiten und vielfältigen Grenzen gesehen werden muss. Die Erziehungswirklichkeit im Zusammenhang mit Schulen lässt sich eher bis zu einem gewissen Grade und unter bestimmten Aspekten beschreiben.

Erziehungswirklichkeit

Die Situation von Kindern, speziell von Kindern im Regelschulsystem, ist teilweise gekennzeichnet von Schülerproblemen wie Verhaltensauffälligkeiten, Erziehungsschwierigkeiten, Lern- und Leistungsstörungen, psychosomatischen Störungen (Essstörungen, Kopf- und Bauchschmerzen, Tics, Obstipation, Magenbeschwerden, Einschlafschwierigkeiten …) und Abhängigkeit von Medikamenten, Drogen und Alkohol. Angesprochen wird die Wirklichkeit des Lebens von Kindern in Schule und Unterricht (insbesondere der Regelschule) unter Einbezug von Auswirkungen auf die Familien oder Erziehungsberechtigten.

Der Ausdruck „Erziehung in der Schule" wird hier weit gefasst, er schließt pädagogische und didaktische Überlegungen ein. Mit dieser Problematik verbindet sich zunächst die Frage nach dem Verhältnis, genauer, nach dem Gefälle zwischen Schulwirklichkeit und edukandenorientierter Erziehung und damit nach den Bedingungen des Lernens. Es gilt ferner zu untersuchen, welche Konzeption von Schulwirklichkeit vorliegen muss, damit Schülernöte und -leid auf ein Mindestmaß reduziert werden können. Es stellt sich die Frage, ob die Heilpädagogische Psychologie einen Beitrag für ein besseres Verstehen dieser Kinder leisten und zu einer Verbesserung der Situation beitragen kann.

Die Impulse für die folgenden Überlegungen kommen nicht nur von wissenschaftlicher Seite, sondern auch aus tagtäglichen Erfahrungen mit der Praxis. Bedeutsam sind vor allem aber die Nöte und Probleme der Kinder und der Eltern von Kindern mit Lernstörungen und -problemen leichter und schwerer Art in der gegenwärtigen Regelschule. Ausgangspunkt ist die Situation der Schüler, die im Alter von sechs bis zehn Jahren dem Abstraktionsniveau des Unterrichts der Grundschule nicht folgen, sich noch nicht gegen eine von der Verhaltensmodifikation gepriesene psychologische Kriegsführung und Unterdrückung zur Wehr setzen können. Gewünscht wird vom Grundschullehrer eigentlich das „pflegeleichte" und „voll funktionierende Kind".

Verbreitung sonderpädagogischer Erkenntnisse

Kaum kann man erleben, dass bei Lernstörungen und vielfältigen Gefährdungen eines Schülers Pädagogen zu Rate gezogen werden. Eher konsultiert der Regelschullehrer Kinderärzte, Psychiater und Psychologen (Schulpsychologen), weil ja die pädagogischen Maßnahmen im Arbeitsfeld Schule nicht immer zu Erfolgen führen. Pädagogische, speziell sonder- und heilpädagogische sowie -psychologische Erkenntnisse erreichen ca. ein Viertel der Kinder nicht, die in der Regelschule als lern-, leistungs- oder verhaltensgestört gelten: Kinder, die hinsichtlich der Entfaltung ihrer Persönlichkeit im Zusammenhang mit permanenten Frustrationserlebnissen und Ängsten gefährdet sind, bedürfen dringend individueller Unterstützung und Hilfe, weil sie kaum den Notenbereich vier bis sechs unterschreiten. Diese Kinder gelten zwar als „lern- und leistungsgestört" und „gefährdet", vielleicht sogar als „behindert" (Bach 1995, 9 ff), werden jedoch zumeist nicht hinreichend im Regelschulbereich oder im Arbeitsfeld der Sonder- und Heilpädagogik gefördert – sie befinden sich quasi im „Grenzbereich" oder sogar im „Niemandsland" der Schulwirklichkeit. Auch die „mobilen Dienste" erreichen sie nicht immer. Es ist eine Naivität zu glauben, die Grund- und Hauptschulen seien Förderschulen und könnten sich an den Bedürfnissen von Kindern orientieren. Diese Lebenswelt ist für Schüler empirisch in dem Sinne, dass sie der sinnlichen Wahrnehmung unmittelbar gegeben ist und offensteht.

„Sie ist jedoch nicht empirisch im Sinne von bloßer Faktizität sensorisch ge-
bundener Erfahrung von Tatsachen, denn die Sachverhalte der Lebenspraxis
sind symbolisch ‚vorinterpretierte Sachverhalte', es sind ‚Tatsachen zweiter
Ordnung'. Von daher ist die Erfahrung dieser Praxis nicht rein sensorisch fixiert, sondern es ist eine kommunikative Erfahrung wechselseitig aufeinander
bezogen handelnder Subjekte." (Gröschke 1997, 82)

Für den Schüler mit Lernproblemen erweist sich die Schule als eine
Wirklichkeit, die Prozesse zwischen ihm, Lehrern, Mitschülern, Lerngegenstand und im weiteren Sinne Eltern als überfordernd, in höchstem Maße belastend erscheinen lassen. Vorinterpretierte Sachverhalte
(Lehrplan) und Normen, Erwartungen und Einstellungen tragen dazu
bei, dass die eigene Subjektivität und Wirklichkeit des Schülers – mit
einem mehr oder weniger hohen individuellen Förderbedarf – im kommunikativen Unterrichtsprozess nicht zur Geltung kommen können.

1.3.1 Überfordernde Prozesse und Vorgänge im Bereich der Schule mit kumulierender und progredienter Tendenz

Nach Thalmanns bekannter Untersuchung zur Problematik der Verhaltensstörungen gelten ca. 50 % der sieben- bis zehnjährigen Kinder
einer Altersstufe als mäßig bis stark symptombelastet (1974, 74). Es
gibt sogar Experten, die von mehr als 50 % Verhaltensgestörten ausgehen. Die vom Kultusministerium Rheinland-Pfalz durchgeführten
Untersuchungen zu „Verhaltensauffälligkeiten in der Schule" (1984,
96 ff) ergeben bei Grundschülern in den Bereichen Ungenauigkeit,
motorische Unruhe, Unkonzentriertheit bei mehr als 16 % der Schüler
in „belastender" oder „ausgeprägter Intensität" Auffälligkeiten. Pro-
zentzahlen über Verhaltensstörungen sagen allerdings wenig aus. Es
gibt im Hinblick auf Definitions-, Diagnose- und Beurteilungsproble-
me bzw. -unsicherheiten sowie Prozesshaftigkeit und Veränderbarkeit
von Verhaltensstörungen keine verlässlichen Daten über die Häufigkeit ihres Auftretens (Bach 1995, 143; Myschker 2005, 72–80; Bundschuh 2002, 25 ff).

Zahlreiche Publikationen zur Problematik „Lernstörungen" (z. B.
Schwarzer 1980; Sander 1981; Zielinski 1998; Betz/Breuninger 1998,
Heimlich 2007, 181 ff; Bundschuh 2007b, 189 f) sowie die neuesten
Statistiken zum Alkohol- und Drogenkonsum angehender Jugendlicher belegen die Lern- und Verhaltensprobleme sowie die mit schulischen Nöten verbundenen psychischen Probleme von Kindern. Hierzu
gehören auch über 15 % der Kinder, die es wagen, im Altersbereich
von sechs bis zehn Jahren ein individuelles Schlaf-, Ess- oder Bewe-

gungsverhalten zu äußern, die zappelig sind oder den Leistungsvorstellungen ihrer Eltern oder Lehrer nicht entsprechen und mit Psychopharmaka behandelt werden. In Hamburg erhielten 17,3 % der Kinder im Alter von fünf bis sieben Jahren, vor allem im Zusammenhang mit Schul- und Erziehungsproblemen, Psychopharmaka (Voß 1991, 9f). Jutta Hartmann führt in einem Beitrag über „massenhaft ignoriertes Schülerleid" aus, dass jeder zehnte Schüler behandlungsbedürftige psychiatrische Auffälligkeiten zeige (Hartmann 1987, 48).

kontinuierliche Misserfolgserfahrungen Man muss bei Betrachtung des Leistungsbereiches im Regelschulsystem mit großer Wahrscheinlichkeit von 20 bis 30 % an Schülern ausgehen, die notenmäßig im Zusammenhang mit Probearbeiten im Bereich vier bis sechs liegen. D. h. diese Schüler erfahren nahezu tagtäglich, dass ihre schulische Leistungsfähigkeit lediglich als „ausreichend", „mangelhaft" oder „ungenügend" bezeichnet wird, den erwünschten Bereich der Notenskala erreichen sie zumindest in den Schwerpunktfächern quasi nie. Wie sich solche Erfahrungen mit kumulierender und progredienter Tendenz auf die gesamte Persönlichkeitsentwicklung und die Entwicklung des Selbstbildes auswirken, lässt sich bis zu einem gewissen Grade einschätzen. Im wissenschaftlichen Bereich wird dieses Phänomen auch als „Teufelskreis Lernstörung" beschrieben (Betz/Breuninger 1998). Nicht nur diese Gruppe von Schülern erfährt ein permanentes Schülerleid, auch die als „hoch begabt" bezeichneten Kinder scheinen sich im Regelschulsystem nicht wohlzufühlen. Bei ihnen treten z. T. ähnliche Symptome wie bei den „Schulversagern" auf, die von Leistungsstörungen bis zu Verhaltensstörungen mit psychischen Auffälligkeiten reichen.

1.3.2 Auswirkungen überfordernder schulischer Wirklichkeit auf Kinder

In zunächst vierfacher Weise wirkt sich eine überfordernde schulische Wirklichkeit aus:

- Abkoppelung vom Leistungsniveau der übrigen Klasse mit progredienter und kumulierender Tendenz.
- Distanz zum Lehrer, der häufig Leistungsversagen, schlechte schulische Leistungen attestiert.

„Daß beides, das aggressive Verhalten so gut wie das regressive, typische Reaktionen auf Überforderung und Mißerfolg sind, wird nur selten klar gesehen, so wie überhaupt, Faulheit, Unaufmerksamkeit und schlechtes Verhalten in der Regel einseitig als Ursachen des schu-

> lischen Mißerfolgs betrachtet werden, während übersehen wird, daß
> sie ebensogut seine Folgen sein können." (Höhn 1980, 105f)
>
> Wenn es zutrifft, dass vor allem die Regelschullehrer „ein ausgeprägt
> negatives Stereotyp des schlechten Schülers" (ebd.) haben, wird diese
> Wahrnehmung dem Schüler mit Problemen im Unterricht nicht verbor-
> gen bleiben.
>
> ● Gefahr der Distanz zur Klasse als soziale Gruppe, denn es spricht
>   vieles dafür, dass dem „schlechten Schüler" von seinen Mitschülern
>   ein ganzes Bündel negativer Eigenschaften zugeschrieben wird, die
>   nicht mehr mit dem Schulversagen zusammenhängen. „Er ist ein
>   schlechter Kamerad, unartig, böse und frech, unordentlich und sogar
>   schmutzig." (Höhn 1980, 230) Solche Schüler werden leicht in eine
>   Außenseiterrolle gedrängt (s. hierzu unter Kap. 7.3.2 die Ausführun-
>   gen über „Einstellung" und „Vorurteil").
> ● Probleme mit den Eltern bzw. Erziehungsberechtigten, die in der Re-
>   gel mindestens durchschnittliche oder befriedigende Leistungen von
>   ihren Kindern erwarten.

Die Wahrscheinlichkeit für ein lern-, leistungs- und/oder erziehungs-
schwieriges Kind, zur schulischen Leistung der übrigen Klasse, zum
Lehrer, zu den Mitschülern und möglicherweise auch zu den Eltern in
Distanz zu geraten, wird hier mit dem Begriff **Isolation** (Jantzen 1980a,  **Isolation**
128–132; 1980b, 70) beschrieben. Er ist dialektisch zu verstehen: Zu
nächst allgemein als Dialektik zwischen innen und außen, d. h. als
Isolation im dialektischen Verhältnis zwischen dem Subjekt in seiner
psychischen Verfassung (innen) und der es umgebenden schulischen
Realität (außen). Diese Isolation kann analog zur mehr äußerlichen Beschreibung unter Berücksichtigung der Betroffenheit des Subjekts in
unterschiedlicher Qualität in fünffacher Weise begriffen werden als

1. soziale Isolation, hervorgehend aus der Distanz zur sozialen Gruppe der Klasse und zum Lehrer, von dem ein Schüler eigentlich Anerkennung erwartet;

2. geistige bzw. *kognitive Isolation* insofern, als der leistungsschwa-
che/-gestörte Schüler dem Unterrichtsstoff nicht mehr oder überhaupt
nicht folgen kann, die Wahrnehmung von Unterricht im Allgemeinen
und dem Lerngegenstand im Besonderen von Aversion gekennzeichnet ist und als verzerrt bezeichnet werden kann, sein individuelles
Lernvermögen sich nur ungenügend oder gar nicht mehr auf den angebotenen Lerngegenstand, z. B. im Fach Mathematik, Rechtschreiben,
Lesen, Sachunterricht einstellen kann;

3. emotionale Isolation, weil das Unterrichtsgeschehen sich mit dem Gefühl der ständigen Frustration verbindet, aus dem kognitiven Nichtkönnen Unlust, Vermeidungstendenzen, Enttäuschung, Freudlosigkeit, emotionale Labilität hervorgehen. Als Folge könnten multiple Verhaltensstörungen entstehen, die in Form von „Untersteuerung", „Übersteuerung", „Fehlsteuerung" auftreten (Bach 1995, 140);

4. familiale Isolation, weil ein Kind eigentlich seinen Eltern Freude bereiten möchte, jedoch seitens der Eltern eher Enttäuschung wahrnimmt.

Diese Isolationsempfindungen und -prozesse, die einzeln und insgesamt in unterschiedlicher Qualität auftreten können, bewirken – global betrachtet – Isolation von Anerkennung. Akzeptanz, Anerkennung und Geborgenheit gelten als psychologische Grundbedürfnisse (Maslow 2005, 62f), deren hinreichende Befriedigung eine notwendige Bedingung für eine positiv selbstbestimmte Persönlichkeitsentfaltung des jungen Menschen darstellt. Wir können demnach diese Form der Isolation aus dem Wechselverhältnis beider Seiten, also zwischen Subjekt und schulischer Wirklichkeit, als inadäquate Form begreifen, die Handeln und Tätigkeit infolge überfordernder schulischer Bedingungen hemmt und einschränkt, den permanent Leistungsversagen empfindenden Schüler quasi psychisch „verkrüppelt", statt ihn an der Reichhaltigkeit menschlicher Entwicklung teilhaben zu lassen.

Isolation als Prozess   Diese Art von Isolation ist nicht an irgendwelchen inneren Eigenschaften von Kindern, Schülern oder Individuen festzumachen, sie ist über das Insgesamt unterrichtlicher Prozesse zu begreifen. Isolation meint hier ein Verhältnis und kein Ding, nicht etwas Additives, vielmehr etwas Prozesshaftes. Dieses Verhältnis zwischen Kind und schulischer Wirklichkeit unterliegt also einem Wandel entsprechend der Veränderung der ins Verhältnis eingebrachten Prozesse. Die Bedingungen der Isolation bewirken, sofern diese Art von Isolation nicht adäquat aufgefangen wird, dass andere, bisher „normale Bedingungen" wie Spiel, Kameraden, Freundeskreis auf der Objektseite, Lebensfreude, Freude am Handeln, Wohlbefinden auf der Subjektseite via kognitiver und sozialer Barrieren und Grenzen nunmehr zu isolierenden Faktoren werden. Für alle isolierenden Bedingungen gilt: Sie leiten ein verändertes Verhältnis zwischen Subjekt (Schüler) und schulischer Wirklichkeit (reale schulische Gegebenheiten) ein. Isolierende Bedingungen wirken wie eine Stoffwechselstörung im Lernprozess. Der Lern- oder Aneignungsprozess strukturiert sich um. Dies be-

deutet, dass Lernen nicht mehr die „Zone der nächsten Entwicklung" (Wygotski 1993, 237) erreicht und aufhört, als dynamischer Prozess im Sinne der Bereicherung zu existieren. Es entsteht eine mehr oder weniger starke Lernbarriere, die das jeweilige Kind in seiner subjektiven Betroffenheit als Grenze wahrnimmt – es droht der gänzliche Zusammenbruch dieses wichtigen Lern- und Erziehungsfeldes. Bei einer Zusammenschau dieser großen Streubreite von Problemen im Kontext mit Schulen stellen sich die folgenden Fragen:
Wäre es nicht nötig und möglich,

- für alle diese Kinder, die als „beeinträchtigt" (Bach 1995, l0f) gelten,
- für Kinder, die in der Regelschule als „verhaltensgestört" und/oder „lerngestört" bezeichnet werden,
- für alle Kinder und auch Eltern, die mit der Konzeption der bisherigen Regelschule aus pädagogischen Gründen nicht einverstanden sind,

eine Pädagogik mit einer entsprechenden Didaktik anzustreben, die allen Kindern mit oder ohne Lern- und Verhaltensproblemen gerecht wird, also ein edukandenorientiertes Konzept der Erziehung und Unterrichtung, das seinen Anwendungsbereich in einer Schule für kinderorientiertes Lernen haben sollte? Damit würde das bisherige „Sonder"- oder „Förder"-Schulwesen eine längst fällige Öffnung erfahren, könnten sonder- und heilpädagogisches Gedankengut sowie praktische Erfahrungen aus diesem Bereich in diese integrierte Schulart eingebracht werden, und es wäre zahlreichen Kindern und Eltern mit schulischen Nöten geholfen.

1.3.3   Prinzipien einer edukandenorientierten schulischen Erziehung und Unterrichtung

Möglicherweise bedarf es überhaupt keiner neuen theoretischen Überlegungen, keines völlig neuen Ansatzes im Bereich der Pädagogik, um eine kinderorientierte Pädagogik zu beschreiben. Es genügt bereits ein Menschenbild, das jedes Kind in seiner Eigenart und Einzigartigkeit akzeptiert und ernst nimmt: eine pädagogisch-philosophische Orientierung, die ausgehend von den je individuellen Voraussetzungen und Möglichkeiten sowie konkreten Lebensbedingungen des Kindes, vor allem auch die ureigenen Möglichkeiten und nicht nur das Anpassungsverhalten des Kindes unterstützt bzw. fördert.
    Eine derartige Orientierung und Einstellung akzeptiert Kinder und Jugendliche in ihrem So-Sein – auch abweichende Verhaltenswei-

So-Sein akzeptieren

sen, Entwicklungsdefizite und -beeinträchtigungen, eingeschränkte Handlungskompetenzen – und in ihrer Entscheidungsfähigkeit für ihre Entwicklung in sozialer Verantwortung. Sie begleitet sie, ohne in eine Haltung des Laisser-faire zu verfallen, als engagierter Förderer und Beobachter. Dies bedeutet eine Orientierung an der Person des Kindes, an Potenzialität, Gesundheit, an seinen Positiva, Stärken und Kompetenzen, schlichtweg Möglichkeiten und eine Abkehr von der Vorstellung von Krankheit, Entwicklungsbeeinträchtigungen, Lern- und Verhaltensabweichungen, Störungen und Defiziten überhaupt, die aus dem Vergleich mit dem „normgerechten" und vielleicht schon „genormten" Kind hervorgehen.

subjektive Wirklich-keit   Die eigene, subjektive Wirklichkeit von Kindern in der Grund- und auch in der Hauptschule wird zu wenig beachtet – zugunsten eines eingeschliffenen lehrer- und lehrplanorientierten Verhaltens.

> „Bis auf den heutigen Tag werden Kinder unter Mißachtung ihrer Individualität und ihrer konkreten Lebensbedingungen im sozialen, familiären und schulischen Bereich auf eine dubiose, von Erwachsenen definierte Norm, Normalität gedrillt – ein ‚Einheitssupersauberkind'." (Voß 1991, 12)

Letztendlich wird doch primär in Kultusministerien über Normen und Anforderungen entschieden, weit weg und unabhängig von einem demokratischen Mitspracherecht der Eltern oder gar der betroffenen Schüler. Selbstverständlich gehören zu einer solchen Schule auch Leistungsanforderungen und Zielvorstellungen. Aber es sollte nicht mehr Schüler geben, die sich während ihrer gesamten Schulzeit mit Noten zwischen vier und sechs durchschleppen, von der Schule „mitgezogen" werden, schließlich dann doch an eine Förderschule „überwiesen" werden oder im späteren Leben scheitern, weil sie nichts gelernt haben. Die Möglichkeiten der Kinder stellen die primäre Norm dar, erst dann sollte man über den Bezug zu weiteren Normen und Vorstellungen – etwa der Lehrpläne und der Gesellschaft – reflektieren.

> „Pädagogik beschäftigt sich mit Pädagogik: Mit den Folgen ihrer eigenen Existenz und ihrer eigenen theoretischen und praktischen Möglichkeiten – und immer weniger mit Kindern. Die ursprüngliche Aufgabe der Pädagogik ist es, dem Kind beim Aufwachsen zu helfen und ihm dabei eine Chance zu geben, es selbst zu werden, weil das ohne Hilfe nicht geht." (von Hentig 1972, 124)

Im Folgenden werden drei Prinzipien einer edukandenorientierten schulischen Erziehung und Unterrichtung näher erläutert.

Prinzip 1: Anerkennung jeglicher sachbezogener verbaler Äußerung und Handlung als positiven unterrichtlichen Beitrag.

Vom Kind her gesehen erscheint jede eigene Handlung, jede Art von Kommunikation im Unterricht als sinnvoll, ja sogar als Leistung. Von der subjektiven Seite aus betrachtet, kann für ein Kind am Ende des ersten Schulbesuchsjahres der Erwerb der Hälfte aller Buchstaben eine ebenso große Leistung darstellen wie bei einem anderen Kind das mühelose, flüssige und sinnentnehmende Lesen. **Beachtung der Subjektivität**

In der Bedürfnishierarchie Maslows spielen die Bedürfnisse nach Wertschätzung, Anerkennung und Akzeptanz kindlichen So-Seins, kindlicher Handlungen und Leistungen, nach Ansehen, Geltung und Geborgenheit eine dominierende Rolle (Maslow 2005, 62f). Die Befriedigung des Bedürfnisses nach Selbstachtung, die aus dem genannten Grundbedürfnis nach Wertschätzung und Akzeptanz hervorgeht, führt zu Gefühlen des Selbstvertrauens, der Stärke und der Kompetenz, zum Gefühl, nützlich und notwendig für die Welt zu sein. Die Frustrierung dieses Bedürfnisses bewirkt jedoch Gefühle der Minderwertigkeit, der Schwäche und Hilflosigkeit.

Die Befindlichkeit des anderen, des Kindes mit schulischen Problemen erfordert Fremdverstehen. Die erzieherischen Interaktionen bei diesen Kindern können nur über den Versuch des Verstehens des (individuellen) Subjekts eine Fundierung finden. Diese Intersubjektivität impliziert, dass das *Ich* (des Lehrers) die Welt des *Du*, des *anderen* (des Kindes) in Not versteht. Ob die Angebote des Lehrers von einem Kind angenommen werden, hängt von der subjektiven Bedeutsamkeit des Lerngegenstandes ab, die die Grundbedingung für die Wahrnehmung des Lerngegenstandes und die innere Auseinandersetzung mit dem Gegenstand, das Erleben und Mitgestalten der schulischen Wirklichkeit darstellt. Die Orientierung an der subjektiven Bedeutsamkeit eines unterrichtlichen Prozesses für ein Kind könnte der Schlüssel zum Kind, seiner Konzentration und Motivation sein. Manchmal ist es aber auch die individuelle Ansprache, also mehr die Beziehung zwischen Lehrer und Schüler, die zur Vermittlung eines Lerngegenstandes entscheidend beiträgt.

Vielleicht verführt die Rede von „Reizen" in der Pädagogik, Psychologie und Didaktik dazu, Lernvorgänge und Prozesse des Wahrnehmens kausal durch die Präsentation von „Reizen" in Gang setzen zu wollen und die Hinterfragung dieser an sich „objektiven Gegebenheit" hinsichtlich der subjektiven Bedeutsamkeit für den Schüler zu vergessen. Die Wahrnehmung von Reizen geschieht in Form einer Ei- **subjektive Bedeutsamkeit von Reizen** genkonstruktion des Subjektes. Die Betrachtung der subjektiven Seite führt zu der Hypothese, dass sich wahrscheinlich kein Kind einem „Reiz" freiwillig zuwendet, für den es nicht gestimmt oder sensibilisiert ist. Auch die Regelschule muss es bei aller Orientierung am Lehrplan lernen, diesen subjektiven Aspekt neu zu entdecken und stärker mit Leben zu füllen, als dies in der bisherigen Realisierung von Unterricht der Fall war. Vielleicht wird dann mancher Unterricht für Schüler und Lehrer gleichermaßen wieder aktiver und freudvoller. Erziehung unter Beachtung der Subjektivität des Kindes lässt Bedingungen kindlicher Existenz als vom Kind gestaltete und auch von Kindern stets neu zu gestaltende erkennen. „Diese Erziehung soll dazu befähigen, Widerstand zu leisten gegen Einflüsse, die menschliches Leben beeinträchtigen, und Einfluß zu nehmen zugunsten menschenwürdiger Lebensformen." (Schönberger 1987, 83)

Erkennen als Wirklichkeitskonstruktion

Menschliche Lebensformen sind darüber hinaus immer zugleich Vollzug und Ergebnis von Kooperation, einer Kooperation, die in der Schule im Hinblick auf eigenständiges Denken, Handeln, Fühlen und Wollen von Kindern, zwischen Lehrern und Schülern gelebt und vollzogen werden sollte. Der Lehrer hat zwar die wichtige didaktische Aufgabe, zwischen Subjekt und Objekt, zwischen Kind und der es umgebenden Wirklichkeit (Unterrichtsgegenstand) zu vermitteln, er sollte sich aber bewusst sein, dass das eigentliche Erkennen und Wahrnehmen vom Subjekt, also vom Kind, ausgeht – ja, dass das Erkennen des Subjekts gerade der Weg ist, auf dem sich die Wirklichkeit als Wirklichkeit erst konstituiert. Alle Kenntnis, die wir über die Welt, ihre Eigenschaften, Formen, Strukturen usw. besitzen, stammt vor allem aus der subjektiven Erfahrung, aus der Bearbeitung des in der Wahrnehmung gegebenen Materials durch den menschlichen Verstand.

Erziehungswirklichkeit muss sich bemühen wegzukommen von einer „Haben-Pädagogik" bzw. „Haben-Didaktik", die Kinder förmlich auspresst im Zusammenhang mit Prüfungen, Probearbeiten, Schulaufgaben – vergleichbar mit einem Computer-Menschenbild und der daraus resultierenden Technik der Verhaltenssteuerung – im Hinblick auf Wettkampf, Leistungsmaßstäbe und Auslese, z. B. für weiterführende Schulen oder Förderschulen. Sie muss hinführen zu einer Sein-Pädagogik, die primär das So-Sein von Kindern achtet und akzeptiert. Sehr häufig habe ich in Diktat- und Nachschrifheften von Kindern der zweiten und dritten Klasse Regelschule bei einem oder zwei Fehlern Bemerkungen gelesen wie: „Schade!", „Diesmal warst du aber sehr leichtsinnig", „Du musst dich besser konzentrieren", „Du hast nicht gut geübt!", „Beim nächsten Mal sollte es besser werden!" Warum diese die Leistung eines Kindes nicht akzeptierenden, nicht positiv bewertenden Bemerkungen, wenn ein Kind sogar noch die Note zwei dafür erhält? Häufig entsteht der Eindruck, Lehrer hätten die Normvorstellung von ihren Schülern: „pflegeleicht", „angepasst" und „voll funktionsfähig"!

Prinzip 2: Beachtung der Zone der nächsten Entwicklung

Die Beachtung der Zone der nächsten Entwicklung ist von grundsätzlicher Bedeutung. Hierbei handelt es sich im Rahmen eines Lernprozesses um jenen Bereich, der vom Kind selbst nicht mehr allein strukturiert und damit gelöst bzw. bewältigt werden kann. Es ist der Lernbereich, der jenseits der Zone der aktuellen Leistungsmöglichkeit oder der momentanen Handlungskompetenz liegt, der aber in kooperativer Form, d. h. durch Anleitung anderer Menschen, strukturiert werden kann.

„Indem wir die Möglichkeiten eines Kindes in der Zusammenarbeit ermitteln, bestimmen wir das Gebiet der reifenden geistigen Funktionen, die im allernächsten Entwicklungsstadium sicherlich Früchte tragen und folglich zum realen geistigen Entwicklungsniveau werden. Wenn wir also untersuchen, wozu das Kind selbständig fähig ist, untersuchen wir den gestrigen Tag. Erkunden wir jedoch, was das Kind in Zusammenarbeit zu leisten vermag, dann ermitteln wir damit seine morgige Entwicklung. Das Gebiet der noch nicht ausgereiften, jedoch reifenden Prozesse ist die Zone der nächsten Entwicklung des Kindes." (Wygotski 1987, 83)

Die Zone der nächsten Entwicklung besitzt für die Dynamik der intellektuellen Entwicklung, den Leistungsstand und die Entwicklung der Gesamtpersönlichkeit eine unmittelbarere Bedeutung als das gegenwärtige Niveau der jeweiligen Entwicklung (Wygotski 1981, 237). Dieses Prinzip der Beachtung der Zone der nächsten Entwicklung wird bereits zu Beginn der Grundschulzeit bei vielen Kindern (schätzungsweise 25 %) zu wenig berücksichtigt, erst recht in der vierten Klasse Grundschule, in der die Auslese für Gymnasien stattfindet, „die Spreu vom Weizen getrennt wird", wie mir ein Schulamtsdirektor sagte. Im Gymnasium findet das Prinzip der „Zone der nächsten Entwicklung" leider kaum Beachtung. Hier dominieren Lehrplan und die Leistungsvorstellungen von Lehrern, es wird eher in „kognitiven Sprüngen" gedacht und gearbeitet.

dynamische Entwicklung

Lernbarrieren abbauen

Die Aufgabe der Pädagogik besteht also darin, bisher nicht adäquate Bedingungen wieder zu adäquaten zu machen, den Lernprozess systematisch so zu strukturieren, dass er den Schüler auf dem Niveau der Zone der nächsten Entwicklung erreicht und anspricht. Insofern unterscheidet sich der Lern- oder Aneignungsprozess eines Schülers mit Leistungsproblemen oder mit einer Behinderung (Lernbehinderung, geistige Behinderung …) prinzipiell nicht von dem eines Kindes ohne Lern- und Leistungsprobleme. Aufgabe der Pädagogik ist es, Lernhindernisse, -barrieren, schlichtweg isolierende Bedingungen abzubauen und unter Berücksichtigung der Prinzipien der menschlichen Hirnentwicklung und des menschlichen Lernprozesses den Lern- oder Aneignungsprozess zu strukturieren, das Kind wieder im Unterricht aktiv und handlungsfähig werden zu lassen. Insofern hat jedes Kind in jedem Stadium seiner Entwicklung ein Recht auf Achtung, echte und wertschätzende Begegnung. Insbesondere die Regelschule sollte diese von Johann Heinrich Pestalozzi, Maria Montessori, Paul Moor, Janusz Korczak und Carl Rogers geforderte „Achtung vor dem Kind" ernst nehmen.

> **Prinzip 3: Partnerschaftliches Denken und Handeln als humane Form der Begegnung in der Schulwirklichkeit**

Der Schüler mit Lernschwierigkeiten und / oder Verhaltensproblemen wird im gegenwärtigen Regelschulsystem mit kumulierender Tendenz seiner Probleme immer noch ein Leidender sein mit möglicherweise verheerenden Folgen für seine zukünftige Entwicklung. Bei dem Versuch, die Kluft zwischen realem und idealem Selbst zu überbrücken, droht die Gefahr von Medikamentenabhängigkeit, Drogenkonsum, Alkoholmissbrauch und der Entstehung sonstiger Süchte. Eigentlich steht die Pädagogik vor der Aufgabe, das „wesenhafte Sein des Menschen im pädagogischen Akt zu verwirklichen" (Jetter 1987, 14). Dieses Postulat gilt sowohl für die wissenschaftliche Reflexion als auch für die Umsetzung in das Erziehungs- und Unterrichtsfeld Schule.

Erziehung, Bildung und Unterrichtung von Kindern und Jugendlichen mit und ohne Störungen, „Auffälligkeiten" oder „Behinderungen" dürfen von keiner starren, genormten, nur lehrplanorientierten Vorstellung vom Menschen ausgehen, in der Erzieher oder Lehrer ihre Zöglinge eigentlich nicht wiedererkennen. Der Umgang mit sozial auffälligen Kindern und Jugendlichen gehört zur pädagogischen Normalität. Erziehungsgeschehen braucht ein bewegliches Konzept vom Menschen, das keinen Menschen als Un-Menschen wahrnimmt, definiert, ja denunziert, auch wenn einige Menschen nicht dem allgemeinen Bild entsprechen.

„So gesehen, scheinen manche geläufige Vorstellungen über das Wesen des Menschen eine Vielzahl von Menschen zu diskriminieren. Inwiefern ist der Verkrüppelte und Entstellte noch Eben-Bild Gottes, wie sehr entspricht der Vernunftlose und Unvernünftige, wie sehr der Sprachlose noch unserem Menschen-Bild, wenn Vernunft und Sprache zum Bestimmungsmerkmal des Menschen gemacht werden?" (Jetter 1987, 15)

Schulwirklichkeit muss auch die Auffassung und Meinung vermitteln, dass der Mensch niemals Mensch als solcher und für sich ist. Er ist immer nur Mensch als Mensch unter Menschen und für andere Menschen. „Er wird zum Menschen durch den Menschen, und er kann daher auch durch den Menschen in seinem Wesen entmenschlicht werden. Indem und wie er vom Menschen (konkret: von Menschen) als Mensch erkannt wird, kann er sein Wesen als Mensch erst verwirklichen." (Jetter 1987, 16) Wie Kinder zu ihrem Wesen als Mensch finden, ist daher abhängig von der Kultur der Schule im Allgemeinen – einer Schule, die unsere Kinder besuchen.   **soziale Eingebundenheit**

Menschliches Handeln kann immer nur verstanden werden als Handeln, das von anderen Menschen bereits als menschliches Handeln erkannt und anerkannt wird. Lehrerinnen und Lehrer einer Schule sollten sich verpflichtet fühlen, die Fähigkeit und Bereitschaft von Kindern zum menschlichen und partnerschaftlichen Handeln in menschenwürdiger Form anzunehmen, durch behutsames Aufgreifen in der Begegnung mit den anderen Schülern weiterzuentwickeln und weiterzuentfalten.

Misstrauen und Unterdrückung von kooperativem Handeln demonstrieren auch Lehrerinnen und Lehrer, wenn sie bereits bei Probearbeiten in der ersten Klasse der Grundschule prinzipiell Schultaschen auf die Bänke stellen lassen, damit die Kinder nicht abschreiben können. Hier werden weniger kooperatives, partnerschaftliches Denken und Handeln, vielmehr Gefühle der Rivalität, gegenseitiger Verdrängung und Ausgrenzung schon frühzeitig hervorgerufen.

1.3.4 Integration

Durch intensives wissenschaftliches Systematisieren wird versucht, „Entwicklungsverzögerungen", „Störungen" im Verlauf der Entwicklung von Kindern, „Behinderungen" immer adäquater zu definieren, wobei auch „Störungen", erst recht „Behinderungen" festgeschrieben, etikettiert und letztendlich zementiert werden. Damit ist zugleich die Gefahr aller Begriffe angesprochen, die geeignet sind, bestimmte Sichtweisen festzuschreiben und neue, weiterführende, effizientere Perspektiven zu verstellen.

Unsere Gesellschaft, ja ein Großteil der Menschen scheint bestrebt zu sein, die Natur, das Ursprüngliche schlechthin wieder zu suchen, neu zu entdecken. Warum sollte diese Bewegung nicht auch in der Pädagogik, im pädagogischen Arbeitsfeld zum Tragen kommen, indem wir Kinder sehen, wie sie sind, und nicht als Pädagogen von vornherein definieren, wie sie sein sollten, ohne dass wir dabei einem pädagogischen Naturalismus verfallen, der Erziehung als Entfaltung versteht und Pädagogik auf das Studium der individuellen Entwicklung reduziert? Wir können im Rahmen eines kinderorientierten oder edukandenorientierten Konzepts der Erziehung durchaus an die in der Pädagogik gängigen Erziehungsziele anknüpfen, die als Erziehung „jene Maßnahmen und Prozesse bezeichnen, die den Menschen zur Mündigkeit hinleiten und ihm helfen, alle seine Kräfte und Möglichkeiten zu aktuieren und in seine Menschlichkeit hineinzufinden" (Böhm 2005, 203).

Praxistransfer   Allerdings erreicht die wissenschaftliche Reflexion erfahrungsgemäß die Praxisfelder nicht oder nur sehr spät. Es müsste sich im Zusammenhang mit einem edukandenorientierten Konzept der Erziehung um eine offene, in hohem Maße flexible Pädagogik handeln, die sich unmittelbar in die Praxis transferieren lässt und sich dort tatsächlich und echt um eine Orientierung an Kindern hinsichtlich Erziehung und Lernen (Didaktik) bemüht. Jedenfalls sollten in den Grund- und Hauptschulen die permanenten Überforderungssituationen und -prozesse nicht mehr stattfinden, die Schüler nur verunsichern, persönlichkeitszerstörend, -zersetzend oder -hemmend wirken. Damit ist aber nicht eine „Soft"-Pädagogik mit einem totalen „Laisser-faire-Gehabe" gemeint, vielmehr sollte es sich durchaus um eine die Möglichkeiten der Schüler aufgreifende, fordernde Pädagogik handeln.

Integrations-   Es gibt in Deutschland zahlreiche Versuche, Kinder integrativ zu
pluralismus unterrichten, z. B. in Berlin, Bremen, Frankfurt, Hamburg, Hannover und im Saarland. In Bayern gibt es die „Diagnose- und Förderklassen" sowie die Mobilen Dienste. Bleidick berichtet (1988, 541) von 30 Integrationsklassen an Grundschulen in Hamburg; inzwischen dürften es über 100 sein. Angesichts dieser Tatsachen, kann man von einem „Integrationspluralismus" sprechen, der in Zukunft einer näheren Reflexion bedarf.

Bedenkt man die hier angeführten – im Hinblick auf die Raumbegrenzung – knapp begründeten Überlegungen und Argumente, insbesondere die Tatsache, dass es sich bei integrierten Schulen zumeist noch um Versuche handelt, kann eine Lösung der angesprochenen Probleme nur auf der Basis eines umfassenden, pädagogisch fundierten, aber doch offenen Ansatzes gefunden werden. Diese Lösung könnte in der Konzeption einer „kinderorientierten Pädagogik" – vielleicht anstelle einer „Sonder- oder Behindertenpädagogik" – und einer darauf aufbauenden „Schule für kinderorientiertes Lernen" auf der Basis des Konzeptes einer edukandenorientierten Erziehung liegen.

Hierfür soll eine kurze *zusammenfassende Begründung* gegeben werden: Die Regelschule sieht sich insbesondere im Grundschulbereich – dank eines durch Verhaltensnormen und Lehrplanorientierung vorgegebenen relativ engen Rahmens – nicht einmal in der Lage, Schüler mit Lernproblemen leichter Art hinreichend zu fördern (im Sinne der Akzeptanz und Wertschätzung dieser Kinder mit Lernproblemen, -störungen oder Verhaltensauffälligkeiten). Der Besuch von Förderschulen erweist sich für Schüler und Eltern gleichermaßen immer noch als diskriminierend. Die Einführung einer Wahlmöglichkeit für Eltern, die ihre Kinder gerne in eine „Schule für kinderorientiertes Lernen" einschulen würden, wäre auch ein Ausdruck von Demokratie im gegenwärtigen Schulsystem. Während im Vorschulalter noch die Wahlmöglichkeit für einen bestimmten Kindergarten besteht, gibt es im Zusammenhang mit der Einschulung in die Grundschule für Eltern keine Chance mehr, das zukünftige Erziehungs- und Lernfeld Schule im Wesentlichen mitzubestimmen. In eine „Schule für kinderorientiertes Lernen" könnten auch die Erfahrungen verschiedener Integrationsversuche im Hinblick auf optimales Erziehen, Lernen und Zusammenleben von Kindern mit mehr oder weniger unterschiedlichen Lern- und Erziehungsvoraussetzungen eingehen. Leben, Zusammenleben und Lernen ohne begriffliche, etikettierende und ohne institutionsspezifische Diskriminierung müssten möglich sein.

Die Sonder- und Heilpädagogik muss sich als Wissenschaft intensiv mit der Frage der integrierten und kinderorientierten Unterrichtung von Schülern beschäftigen, um die Integration von Kindern zu ermöglichen und sie im praktischen Arbeitsfeld und in der schulpolitischen Landschaft zu verwirklichen. Geht man vom Bedarf und den Wünschen vieler Eltern und Kinder sowohl aus dem Förderschul- als auch aus dem Regelschulbereich (vor allem Grundschule) aus, liegt der Gedanke sehr nahe, eine „Schule für kinderorientiertes Lernen" auf der Basis eines edukandenorientierten Erziehungskonzeptes anzustreben. Letztendlich intendiert Sonder- und Heilpädagogik eine am Wohl der Kinder orientierte Pädagogik, ja sie möchte kinderorientierte Pädagogik sein und nichts anderes. Die Sonder- und Heilpädagogik sollte sich entschieden und verstärkt den Problemen und Notsituationen aller Schüler zuwenden (Bundschuh 2007a, 15f).

Die Integrationsbewegung zeigt – ausgehend von Kindergarteneinrichtungen über die Grundschulen zur Sekundarstufe bis hin zur Arbeits- und Wohnassistenz in Ansätzen als Prinzip der „Gemeinsamkeit in der Vielfalt" erste praktische Auswirkungen. Sonder- und

Tab. 1: Voraussetzungen und Grenzen integrativer Erziehung

Voraussetzungen für Integrative Unterrichtung	Grenzen für Integration im Kontext traditioneller schulischer Konzeptionen
• Erweiterung des Verständnisses von Lernen im Grundschulbereich • Öffnung für individuelles, bedürfnisorientiertes Lernen Für alle Schüler (lern-, leistungs- und verhaltensgestörte Kinder sowie alle Schüler mit Behinderung einbezogen) • Voraussetzungen und Notwendigkeiten: erweiterte Ausbildung für alle Lehrer, d. h. sonderpädagogische Inhalte für alle Lehramtsstudierenden – Erwerb kooperativer Formen der Unterrichtung – Zweipädagogenunterricht – Akzeptanz integrativer Unterrichtung durch Eltern von Schülern mit und ohne Behinderung, Akzeptanz der übrigen Schüler einer Klasse	• Definition für „normales Lernen" ergibt sich aus den Lehrplänen der Grund- und Hauptschule • vorgegebene Leistungs- und Verhaltensnormen im hierarchisch gegliederten Schulsystem, aus denen „Leistungsversagen" hervorgeht • Sonder- oder Förderschulbedürftigkeit d. h. in der Grund- und Hauptschule ist keine hinreichende Förderung möglich • auch Beratung und Mobile Dienste stoßen im Kontext Regelschule auf Grenzen – erst durch Aufnahme in eine Förderschule werden Erziehung – Förderung (Unterrichtung) – Bildung wieder möglich • Die Grenzen einer Integration in die Regelschule ergeben sich aus der Definition für „normales" Lernen, die sich im Lehrplan der Grundschule niederschlägt sowie aus der Vorstellung einer (sozialen und emotionalen) Norm für akzeptables Verhalten.
Die Aufnahme eines Kindes mit einer Behinderung in eine Integrationsklasse ist nur pädagogisch verantwortbar, wenn die Lern- und Lebensbedingungen dort den spezifischen Bedürfnissen entsprechen oder angepasst werden können.	Traditionelle Vorgehensweise als Grenze: – Unterrichtung nach vorgegebenen Lehrplänen – Leistung/Verhalten als Norm – Normabweichung führt zu speziellem Förderbedarf

Heilpädagogen werden künftig enger mit der Allgemeinen Didaktik, der Schulpädagogik und der Allgemeinen Pädagogik zusammenarbeiten müssen. Integration in allgemeiner sozialer Bedeutung zielt auf die Durchsetzung der uneingeschränkten Teilhabe und Teilnahme von Menschen mit Behinderung an allen gesellschaftlichen Prozessen vom Kindergarten über die Schule, bis zum Freizeit-, Wohn-, und Arbeitsbereich ab. Integration als pädagogische Aufgabe versucht das Leben und Lernen in der Gemeinschaft von Menschen mit und ohne Behinderung zu ermöglichen und durch didaktische und methodische Maßnahmen professionell zu unterstützen (Bundschuh et al. 2007a, 136 ff, 141 ff). Eine der – wirksamsten – Grenzen für Integration besteht in der traditionellen schulischen Konzeption von Schule und Unterricht, speziell in bestimmten Vorstellungen von Lernen, die für gemeinsames Lernen von Kindern mit und ohne Behinderungen eher hinderlich sind. Tabelle 1 fasst die angesprochenen Voraussetzungen und Grenzen integrativer Unterrichtung zusammen.

1.3.5 Intersubjektivität des pädagogischen Bezugs – heilpädagogische Beziehungen zwischen Wissenschaftlichkeit und pädagogisch-menschlicher Grundhaltung

Die bisherigen Überlegungen zum Erziehungsgeschehen im Verlaufe der Geschichte der theoretischen und praktischen Pädagogik sollten durch das ergänzt und relativiert werden, was die zu Erziehenden und damit schließlich auch mehr oder weniger Erzogenen dazu beizutragen haben – auch wenn es schwer ist, sich in das einzufühlen, was das Kind auf den ersten Stufen seiner Persönlichkeitsentwicklung von der Erziehung hält, die es bekommt.

veränderte Rolle des Erziehers

„Auf jeden Fall muß die pädagogische Reflexion lernen, die Rolle des Edukanden zu übernehmen und die ihm widerfahrene wie die von ihm gewünschte Erziehung im Gespräch der theoriebildenden Positionen angemessen zur Geltung zu bringen." (Loch 1982, 23)

Der Erzieher selbst muss lernen, sich als Person mit den Grenzen der eigenen Menschlichkeit in Beziehung zu anderen Personen, speziell zum Kind und seinen Eltern zu begreifen. Der Erziehungsvorgang setzt grundsätzlich zwei Subjekte voraus, wenn er für beide gelingen soll: Erzieher und zu Erziehende, die in Interaktion treten müssen. „Erzieher" und „zu Erziehende" sind nicht als Individuen zu verstehen, sondern als soziale Positionen im Erziehungsverhältnis, an denen in der Erziehungswirklichkeit selbstverständlich mehrere Individuen gleichzeitig partizipieren. Die Fähigkeit des Erziehers, sich in die Rolle des zu Erziehenden zu versetzen, ist durch seine Position und seine subjektive Wahrnehmung begrenzt. Gerade aber diese Grenzen im Verstehenkönnen des zu Erziehenden sind ein entscheidendes Argument für die Aufgabe, die Erziehung nicht nur mit den Augen des Erziehers, sondern auch mit den Augen des zu Erziehenden und der betroffenen Eltern oder Erziehungsberechtigten zu konzipieren.

Heilpädagogische Psychologie steht nicht im Dienste normorientierter, normierter lehrplan- und lehrerorientierter schulischer Wirklichkeit im Sinne der Passung und Anpassung des Kindes an gegebene Verhältnisse, sie nimmt vielmehr entschieden die Position des in Not geratenen Kindes gegenüber diesem mächtigen System Schule mit allen Subsystemen und Implikationen (Schulamt, Lehrer, Prüfungen ...) ein. Erst mit der Orientierung an der speziellen Bedürfnissituation beginnt der Weg des Verstehens. Im Rahmen heilpädagogischer Beziehung und Begegnung spielen vor allem **drei Dimensionen** eine Rolle (Buber 1979): die Subjektivität als ein Wesensmoment menschlicher Beziehungsverhältnisse, das Dialogische im Sinne von Annahme des Partners, Vertrauen in das Potenzial des Partners sowie Echtheit und das Verstehen.

Anerkennung des Subjekts

Das Subjekt gilt als Ausgangspunkt heilpädagogischer Begegnung. Menschliche Beziehungsverhältnisse werden durch Subjekte gestiftet und unterhalten. Es geht im Kern um die Frage, wie „Subjekte miteinander umgehen können" (Kobi 1993, 58). Das Subjekt wird im Kontext Heilpädagogik prinzipiell existenziell ernst genommen, „indem wir es als unseresgleichen, nicht als ein Ding, sondern als Person anerkennen, deren Existenz- und Daseinsberechtigung a priori dieselbe Qualität und Bedeutung hat wie jene der beurteilenden Definitoren und Instanzen" (Kobi 1993, 55). Heilpädagogik wird geradezu als „subjektive Wissenschaft" verstanden.

„Nicht ein Man, sondern das sich erkundigende und das erkundete Subjekt" treten in eine Beziehung, in der „das gemeinsame Interesse [...] bezüglich unserer Daseinsgestaltung sichtbar wird" (Kobi 1993, 58). Eine subjektorientierte, an sozialer Wahrnehmung und zwischenmenschlicher Beziehung interessierte Fragestellung umfasst jederzeit und jedenorts das fragende und das erkundete Subjekt in ihrem partnerschaftlichen Zueinander, denn „in Beziehungen sind wir selbst enthalten" (Watzlawick et al. 1974, 90). Es geht um ein Verhältnis, um die Frage des sich Zueinander-Verhaltens. Es gibt auf der Subjektebene keine Wirklichkeit, die „wirklicher" ist als jene, die Subjekte je miteinander auszumachen imstande sind. Hinter einem als abnorm oder störend erlebten und entsprechend qualifizierten Verhalten steht eine dieses Verhalten steuernde Erfahrung: Verhalten ist Ausdruck von Erleben. „Heilerziehung" als Praxis benötigt Einsichten und Aussichten, Erfahrungen und Erlebnisse, in denen die Subjekte (noch) enthalten sind. Heilpädagogik als Theorie benötigt einen Wissenschaftsbegriff, in welchem die Subjektivität eine das Maß gebende Rolle spielt.

Martin Bubers Philosophie vom Dialogischen Prinzip weist auf We- **Dialogisches Prinzip** sensmerkmale hin, welche Kommunikationspartner zu einem echten Dialog befähigen. Es handelt sich auch um Merkmale der Erziehung, Bildung, Betreuung und Therapie im Sinne des Dialogs mit Partnern. Es sind Merkmale der „Heilpädagogischen Grundhaltung" und damit „Heilpädagogische Beziehungsprozesse". Die drei wichtigsten **Merkmale des dialogischen Prinzips** sind die Annahme des Partners, das Vertrauen in das Potenzial des Partners und die Echtheit im Gespräch (Buber 1979, 284–297).

1. Annahme des Partners: Im Zusammenhang mit der „Annahme des Partners" spricht Buber von der „personalen Vergegenwärtigung" oder auch vom „Innewerden eines andern Menschen": „Solch ein Innewerden ist aber … erst möglich, wenn ich zu dem andern elementar in Beziehung trete, wenn er mir also Gegenwart wird." (Buber 1979, 284)

Bezogen auf die Heilpädagogik im Allgemeinen, insbesondere bei Menschen mit schwerer Mehrfachbehinderung, ist vor dem Hintergrund des Grundsatzes der personalen Vergegenwärtigung die Notwendigkeit zu betonen, sich zunächst einmal ganz auf das eine Kind mit seinen speziellen Lebens- und Erziehungsbedürfnissen einzustellen und einzulassen.

2. Vertrauen in das Potenzial des Partners: Vertrauen in das Potenzial des Partners heißt, an das Wirken der aktualisierenden Kräfte zu glauben. Die größte Gefahr des Dialogischen liegt in der menschlichen Tendenz zur „Auferlegung". Dies ist die Beeinflussung des anderen Menschen ohne Rücksichtnahme auf seine ihm innewohnenden Potenziale und Ziele. Die „Auferlegung" ist Ausdruck des Glaubens an die Machbarkeit des anderen Menschen. Dieser Glaube ist mit dem Dialogischen Prinzip unvereinbar, er untergräbt die Autonomie des Menschen. Der dem Prinzip Vertrauen folgende Erzieher „glaubt an das Wirken der aktualisierenden Kräfte, d. h. er glaubt, daß in jedem Menschen das Rechte in einer einmaligen und einzigartig personenhaften Weise angelegt ist" (Buber 1979, 289). Erziehung in diesem Sinne nennt Buber die „erschließende" Erziehung. Leyendecker hat in diesem Kontext als Grunddimensionen menschlichen Seins das „Zutrauen in Künftiges" und die „Hoffnung auf Entwicklung" bezeichnet (1992, 659).

3. Echtheit im Gespräch: Echtheit gehört zum dialogischen Verhältnis zwischen Menschen. Buber nennt den Menschen mit der Tendenz zur Echtheit den „Wesensmenschen".

> „Der Wesensmensch sieht den anderen so an, wie man eben jemanden ansieht, mit dem man sich persönlich abgibt; es ist ein ‚spontaner', ein ‚unbefangener' Blick, er ist... nicht unbeeinflußt von einem Gedanken darüber, welche Vorstellung von der Beschaffenheit des Blickenden er in dem Augenblick erwecken kann / soll." (Buber 1979, 278)

Dialogisches Leben im Sinne der „Heilpädagogischen Haltung" und damit „Beziehung" darf als Partner nur Menschen ohne Abgrenzungshaltung kennen, und jede Unterscheidung zwischen Kategorien von Menschen, z. B. zwischen Menschen mit schwerer, leichter und ohne Behinderung, bedeutet schon die Zerstörung des Dialogischen Prinzips. Wenn man dies bedenkt, gelangt man zur Einsicht, dass es sich bei der heilpädagogischen Begegnung um eine Dimension des Lebens handelt, die im Gegensatz zu allen üblichen Bewertungen und Gepflogenheiten in unserer gesellschaftlichen Welt steht.

Rolle des Verstehens   Als letzte Dimension im Kontext Beziehung und Begegnung wird von Buber (1979) das Verstehen genannt. Auch Moor (1974, 259) betont die enorme Bedeutung des Verstehens im Rahmen der Heilpädagogik, indem er fordert: „Wir müssen das Kind verstehen, bevor wir es erziehen." Mit dem Verstehen wird eine wichtige Denk- und Handlungskategorie angesprochen, die als Grundeinstellung dient um das kindliche Verhalten und So-Sein zu achten und zu akzeptieren, schlichtweg immer vertiefter zu verstehen. Die explizite Beachtung der Subjektivität eines Kindes impliziert, dass das Ich (des Heilpädagogen bzw. Psychologen) die Welt des anderen (des Du) in Not versteht oder zumindest bemüht ist, in den Prozess des Verstehenwollens und -lernens einzutreten. Vom Kind her gesehen erscheint prinzipiell jede eigene Handlung sinnvoll. Ein Eintauchen in die Befindlichkeit des anderen im Sinne einer heilpädagogischen Beziehung erfordert demnach Fremdverstehen (vgl. Bundschuh 2007a, 97).

1.4   Lernfragen zur Wiederholung von Kapitel 1

1. Welche Bedeutung hat der Begriff Heilpädagogik unter historischem Aspekt?

2. Wie unterscheidet sich Heilpädagogische Psychologie von Heilpädagogik?

3. Inwiefern stellt die Heilpädagogische Psychologie einen multidimensionalen Wissenschaftsbereich im Arbeitsfeld der Sonder- und Heilpädagogik dar?

4. Inwiefern erweisen sich Theorie und Praxis der Heilpädagogischen Psychologie als Komplex?

5. Welche sonder- und heilpädagogische Relevanz hat Heilpädagogische Psychologie im Zusammenhang mit der herausfordernden schulischen Erziehungs- und Lernwirklichkeit?

6. Welche Prinzipien einer edukandenorientierten schulischen Erziehung und Unterrichtung lassen sich unterscheiden?

7. Inwiefern spielt Sonder- und Heilpädagogische Psychologie im Zusammenhang mit Fragen einer integrativen Erziehung und Unterrichtung eine wichtige Rolle?

8. Welche Bedeutung haben Intersubjektivität und das Dialogische Prinzip – Annahme des Partners, Vertrauen in das Potenzial des Partners und Echtheit – im sonder- und heilpädagogischen Arbeitsfeld?

2 Handlungs- und Gegenstandsbereiche Heilpädagogischer Psychologie

Lernziele

1. Dimensionen der beiden zentralen Gegenstandsbereiche Verhalten und Erleben,

2. zeitliche, ganzheitliche und subjektive Aspekte des Erlebens,

3. Unterscheidung zwischen den Handlungs- und Tätigkeitsbereichen Beschreiben, Erklären, Verstehen, Vorhersagen und Verändern,

4. Bedeutung des Verstehens im Rahmen der Heilpädagogik und der Heilpädagogischen Psychologie,

5. Aufgaben- und Handlungsbereiche der Heilpädagogischen Psychologie in praktischen Arbeitsfeldern.

„Lehre vom Erleben und Verhalten" – das ist sicherlich im deutschsprachigen Raum die am weitesten verbreitete Definition von Psychologie. Der **Gegenstandsbereich der Psychologie** umfasst das Verhalten (Handeln) und/oder Erleben des Menschen. Es geht um die Erklärung und um die Veränderung menschlicher Verhaltensweisen, z.B. wie verhält sich jemand generell und wie in einer konkreten Situation, warum verhält sich ein Mensch überhaupt in einer ganz bestimmten Weise, wie lässt sich das Verhalten des Menschen beeinflussen?

Verhaltensformel, Verhaltensanalyse

Skinner (1904–1991), einer der wichtigsten Begründer, Forscher und Vertreter der deskriptiv-behavioristischen Verhaltensanalyse, Professor an der Harvard-Universität, stellt das Phänomen Verhalten in einen Zusammenhang mit seinem Paradigma des operanten Konditionierens (1974), nach dem Verhalten hauptsächlich durch die nachfolgenden Konsequenzen gesteuert bzw. erlernt wird (ausführliche Erläuterung s. Kap. 6.5).

Gerade im Hinblick auf Kinder mit Behinderungen, speziell bei Kindern mit Verhaltensauffälligkeiten und Lernproblemen, fragt man sich, wie mit Hilfe einer Verhaltensformel dieses an sich stark verhaltenstechnologischen Ansatzes die Bedingungen und Voraussetzungen für das aktuelle Verhalten, der soziale Erfahrungsbereich, die Genese des Verhaltens in einer bestimmten Situation erfasst und erklärt werden sollen. Es wird hier einseitig der – beobachtbare – Verhaltensaspekt betont. Verhalten gilt als unmittelbar beobachtbare und erschließbare „Erlebnisweise". Als eine Art technologischer Ersatz für erzieherisches Handeln oder gar als Möglichkeit und Zugang zu einem Verstehen des So-Seins einer Person kommt diese Vorstellung über Menschen in dieser isolierten Form ohne den Einbezug interpretationsbedürftiger Bedingungen nicht in Frage. Der konkrete Einzelfall kann unmöglich als Element einer allgemeinen Erklärungsregel für menschliches Verhalten gelten, aus der dann unmittelbar auch Veränderungsstrategien und -techniken im Sinne technologischer Regeln ableitbar wären. Der Aspekt des Inneren, der Tiefe wird bei dieser Sichtweise von Verhalten in seiner Bedeutung und Wirkweise nicht hinreichend beachtet, nahezu negiert. Die Tiefenpsychologie dagegen betont vor allem die Bedeutung des Unbewussten, des psychisch Latenten im Hinblick auf das Verhalten, die Steuerung des Menschen.

Man spricht z. B. im Zusammenhang mit Lernen, Denken und Gedächtnis von mentalen, kognitiven Prozessen, die keinesfalls von der Wahrnehmung, vom Bereich der Motivation getrennt werden können. Gestaltpsychologie und neuere psychologische, neuropsychologische, -physiologische und -biologische Forschungen und Publikationen heben hervor, dass Emotionen, Gefühle und Affekte zielgerichtetes Verhalten geradezu fördern und begleiten (Jänig 1987, 271 ff; R. F. Schmidt 1987, 275–323; Ciompi 1997; Radigk 1998, 29 ff, 40 f; Le Doux 1998; Vester 1999; Roth 2000, 153–167). An sich kann man ohnehin nur theoretisch Verhalten bzw. Handeln (äußerlicher Aspekt) und innere kognitive und emotionale Prozesse trennen, denn beide Bereiche bedingen sich auf dem Wege der Vermittlung durch den Körper bzw. Organismus gegenseitig.

Einbezug von Emotionen

Es stellt sich die Frage, inwieweit es überhaupt möglich ist, sich dem Verhalten und Erleben von Kindern, von Menschen mit Behinderungen schlechthin nähern zu können – sowohl unter theoretischem Aspekt als auch im Hinblick auf das Moment des Nichtbetroffen-Seins. Anthropologie, Entwicklungs-, Sozial- und Lernpsychologie, Soziologie und Diagnostik haben zahlreiche Informationen und Kenntnisse über Menschen ohne Behinderungen geliefert, dennoch können wir uns kaum die Behauptung anmaßen, unsere Mitmenschen gut zu kennen, zu verstehen, ihr Verhalten richtig interpretieren und deuten zu können bzw. vor Überraschungen sicher zu sein (z. B. unvorhersehbare, überraschende Entwicklungen von Kindern, besondere Leistungen von Menschen, aber auch plötzliches Desinteresse, Passivität, Aufgabe von intendierten Zielen, Scheidung von Ehen nach 20- bis 30-jähriger Dauer, unvermutetes Aufbrechen von Konflikten). Dies alles lässt sich mit noch so differenzierten Verhaltensformeln nicht prognostizieren. Der Mensch erweist sich als „das Überraschungszentrum der Welt" (Buber 1997).

Komplexität durch Grenzen

Um wie viel komplexer aber ist die Wirklichkeit bei Kindern und Erwachsenen mit Behinderungen (sogenannte „Geistigbehinderte", „Lernbehinderte", „Verhaltensgestörte" …), bei denen sich nicht nur die Grenzen unserer eigenen Wahrnehmung, also Grenzen auf Seiten des Erziehers, sondern vor allem auch Grenzen im Bereich der Sprache und der nonverbalen Kommunikation im Zusammenhang mit der vorliegenden Behinderung zeigen. Dennoch können die mit Hilfe psychologischer Methoden gefundenen Erkenntnisse über Menschen mit Behinderungen zum besseren Kennenlernen und vor allem Verstehen beitragen, wenngleich die Problematik des Missverständnisses und Vorurteils in diesem Zusammenhang nicht unterschätzt werden darf. Es zeigt sich immer deutlicher, dass das fühlende und handelnde Subjekt eine entscheidende Bestimmungsgröße für das pädagogische, ggf. auch therapeutische Handeln darstellt.

Im heilpädagogischen Arbeitsfeld interessieren vor allem die Voraussetzungen der Kinder mit Behinderungen hinsichtlich Kommunikation, Erziehung und Unterricht. Insofern erweist sich das Aufgabenfeld Sonder- und Heilpädagogik im Sinne von Erziehung zu einem erfüllten Leben unter erschwerten Bedingungen in der Tat als in höchstem Maße komplex.

2.1   Heilpädagogische Psychologie unter dem Aspekt Verhalten

Versteht man die Psychologie als Realwissenschaft, so kann man heute – wie bereits zum Ausdruck gebracht – im deutschsprachigen Bereich einen weitgehenden Konsens darüber feststellen, dass die Psychologie das Verhalten (Handeln) und Erleben von Menschen zum Gegenstand hat. Die Psychologie beschäftigt sich vor allem auch mit der **Erklärung** menschlicher Verhaltensweisen.

Der Tätigkeitsbereich von Psychologen und Sonder- und Heilpäd- **Verhalten heilpäd-**
agogen weist einige Parallelen, aber auch hinsichtlich der zugrunde **agogisch verstehen**
liegenden anthropologisch-pädagogischen Einstellungen deutliche
Unterschiede auf. Vier zentrale Aufgaben bzw. Tätigkeiten sind im
Handlungsbereich von Psychologen zu nennen, die in mehrfacher
Weise auf der Basis der Verhaltensbeobachtung (Bundschuh 2005,
136–143; 2007a, 212 f) für das sonder- und heilpädagogische Arbeitsfeld eine hohe Relevanz besitzen: **Verhalten beschreiben, erklären,
vorhersagen, verändern.** Für die Heilpädagogische Psychologie erweist sich ein Aspekt als wesentlich und bedeutsam, der in der traditionellen Psychologie und auch im aktuellen psychologischen Arbeitsfeld bis in die Gegenwart nicht die hinreichende Berücksichtigung
fand: Der Aspekt **„Verhalten verstehen"**. Verhalten erklären und das
Bemühen um ein Verstehen von Verhalten und So-Sein erweisen sich
im Bereich Heilpädagogik im Hinblick auf die Notwendigkeit einer
möglichst ganzheitlichen Betrachtungsweise und die zukünftigen erzieherischen sowie unterrichtlichen Perspektiven eines Kindes mit einer Behinderung, allgemein in einer schwierigen Situation als basal.

2.1.1   Verhalten beschreiben

Dabei geht es zunächst im psychologischen Sinn um die möglichst
umfassende und unvoreingenommene Beschreibung menschlicher
Verhaltens- und Erlebnisweisen, die je nach Beschreibungsabsicht
„klassifikatorisch" oder „problemfallorientiert" (orientiert am Individuum) sein kann. Jeder Verhaltensbeschreibung geht die bereits
angeführte Verhaltensbeobachtung voraus. Akzentuiert ausgedrückt
kann es sich mehr um eine Zustandsbeschreibung des beobachtbaren
Verhaltens, um eine Veränderungsbeschreibung (über einen bestimmten Zeitabschnitt hinweg) oder um eine Normbeschreibung (im Sinne
angestrebter Verhaltensweisen) handeln.

Bei einer vorläufigen Analyse dessen, was man unter Verhaltens- **Probleme und**
beschreibung versteht, ergeben sich gerade im Zusammenhang mit **Grenzen**
Menschen mit Behinderungen Probleme hinsichtlich der Beobach-
tungsfähigkeit und der Subjektivität der Wahrnehmung des Beob-
achters sowie der Schwierigkeit der Umsetzung der beobachtbaren
Prozesse und Verhaltensweisen in Sprache und Schrift (Bundschuh
2005, 136 ff). Andererseits kann man nicht an der Tatsache vorbeigehen, dass im Bereich der Sonder- und Heilpädagogik von Pestalozzi,
Moor, Hanselmann, Montessori bis Bleidick, Klauer, Kobi und vor
allem im praktischen Arbeitsfeld immer wieder Verhalten beschrieben

wurde und dass gegenwärtig wie zukünftig die Notwendigkeit von Verhaltensbeobachtung und -beschreibung besteht.

Hier zeigen sich jedoch deutliche Grenzen, deren sich der Beobachter bewusst sein muss. Eine völlig neutrale, objektive Beobachtung und Beschreibung dürfte gerade im heilpädagogischen Arbeitsfeld nur schwer realisierbar sein. Im Grunde genommen gehen wir doch mit unserem durch die wissenschaftliche Betrachtungsweise (unterschiedliche Beobachtungsmethoden, Vorstellungen vom Menschen, wie z. B. psychoanalytische, verhaltensorientierte, gestaltpsychologische Betrachtungs- und Beobachtungsweise) mehr oder weniger geläuterten subjektiven Verständnis, mit unserer subjektiven Wahrnehmung an eine Wirklichkeit heran, die der Beobachter, wir selbst, also nie erfahren haben. Es ist dem Menschen letztlich nicht möglich, die sogenannte reale Welt, die Realität als Objekt, also unabhängig von sich selbst als dem beobachtenden Subjekt, zu erfassen. Wirklichkeit, etymologisch im Zusammenhang mit „wirken", ist dem Menschen nur durch seine Erfahrung als aktiv handelndes Subjekt zugänglich (Speck 2003, 112 f).

Es soll etwas beschrieben und verstanden werden, was im Prinzip nicht hinreichend bekannt ist, erforscht wurde, nie persönlich erfahren wurde: Die Lebenswirklichkeit eines Kindes mit Lernbehinderungen, Verhaltensstörungen, Körper-, Seh- oder Hörbehinderung, mit geistiger Behinderung unterschiedlichen Schweregrades, mit Sprachstörungen, autistischen Zügen oder gar eines Kindes mit schwerster mehrfacher Behinderung. Einerseits ergibt sich hier also auf der Basis von Verhaltensbeobachtung im Hinblick auf Erziehung, Unterricht und Förderung die Notwendigkeit von Verhaltens-Beschreibungen, andererseits müssen solche Beschreibungsversuche stets das Bewusstsein der Grenzen implizieren.

Klassifikation und Kategorisierung

Was heißt klassifikatorisch? An sich bedeutet dies, verkürzt dargestellt, so viel wie „nach bestimmten Kriterien und Merkmalen einteilen und ordnen". Es erweist sich schon im Sinne des Betroffenseins und der Grenze solchen Handelns als problematisch, wenn Menschen in Kategorien wie „geistigbehindert", „lernbehindert", „körperbehindert", „verhaltensgestört" … eingeteilt, klassifiziert, also definiert werden. Wollen die Betroffenen eigentlich selbst klassifiziert werden, was haben sie schließlich von solchen Einordnungsversuchen? Erst recht wird es problematisch, ja im Hinblick auf die Formulierung und Verbreitung von Vorurteilen gefährlich, wenn versucht wird, Verhaltensweisen von Kindern mit Behinderungen wie geistiges Tun (Kognition), Motorik, Sprache, Wahrnehmung, Kommunikation, vielleicht sogar noch die Gefühlswelt bzw. emotionale Prozesse zu klassifizieren und damit zu typisieren. Spätestens hier muss sich der Beobachter seine Grenze und sein Unvermögen eingestehen.

Vielleicht hat doch die individuelle, problemfallorientierte Darstellung und Beschreibung im Hinblick auf Ganzheitlichkeit, Wesens- und Lebensnähe einige Vorteile, weil dadurch die Orientierung am Subjekt, am in Not geratenen Kind möglich wird. Allerdings ist auch hier prinzipiell mit dem Problem der Wahrnehmungsgrenzen, der subjektiven Verfälschung des beobachtenden und beschreibenden Fachmannes zu rechnen. Die angesprochene Problematik gilt für alle Arten der Verhaltensbeobachtung und -beschreibung, auch für die verhaltensorientierte Beobachtung und Darstellung.

Im Zusammenhang mit der Veränderungsbeschreibung, also Veränderung in einem bestimmten Zeitabschnitt, stellt sich die Frage nach dem Veränderungsziel, nach dem Soll, dem Wohin als besonderes Problem. Wird Veränderung in Richtung Normalität, Anpassung gesehen, wird – aus gesellschaftlicher Sicht – Akzeptables angestrebt (wie man dies z.B. Publikationen des Deutschen Bildungsrates im Hinblick auf Kinder mit geistiger Behinderung entnehmen kann). In der Frage der Veränderungsbeschreibung ist die Problematik „Manipulation versus Bedürfnis- bzw. Kindorientierung" bzw. „Führen oder Wachsenlassen?" (Litt 1967), das Grundproblem der Erziehung, angesprochen.

Beschreibung von Veränderungen

Normbeschreibung im Sinne von Erreichen allgemein anerkannter, gültiger, angestrebter „normaler" Verhaltensweisen impliziert in Bezug auf Menschen mit Behinderungen die Gefahr totaler Manipulation, des Vorbeigehens an dem So-Sein dieser Menschen, an ihren speziellen Bedürfnissen. Sogenannte „normale" Entwicklungsverläufe und Verhaltensweisen würden als Zielsetzungen heilpädagogischen und -psychologischen Handelns maßgebend werden. Solche Beschreibungen erweisen sich unter dem Aspekt „Behinderung" als defizitär und diskriminierend.

2.1.2 Verhalten erklären

Hierbei wird die Erstellung einer Bedingungsanalyse für bestimmte Verhaltensweisen angestrebt. Im engeren Sinne – bezogen auf ein konkretes Verhalten – bedeutet dies, dass beobachtet wird, welche Situation diesem Verhalten vorangeht, die das auffällige Verhalten hervorgerufen oder beeinflusst hat.

Eltern berichten z. B., dass ihre Tochter, die stets hervorragende Probearbeiten schreibt, im Zeugnis durchgängig die Note eins hat, nahezu regelmäßig im Rahmen des Unterrichts in der dritten Klasse Grundschule erbricht. Dagegen tritt dieses Problem an Wandertagen, bei einem Landschulaufenthalt oder in der Ferienzeit nicht auf. Fachärzte können keine organische Auffälligkeit, keine physische Erkrankung diagnostizieren.

In einer Förderschule mit dem Förderschwerpunkt geistige Entwicklung ist ein Kind gelegentlich autoaggressiv, bringt sich selbst Verletzungen bei, indem es sich in die Hand beißt oder versucht, den Kopf gegen eine Wand zu schlagen.

ganzheitliches Bedingungsfeld

Im Zusammenhang mit beiden Beispielen stellt sich jeweils die Frage nach den unmittelbar vorausgehenden Situationen, also nach den Bedingungsfaktoren, aber vor allem auch die Frage nach der „Entstehungsgeschichte" solcher Verhaltensweisen. Sie erscheinen bei beiden Kindern wie „Abwehrmechanismen". Im weiteren Sinne kann man das Verhalten, das So-Sein eines Menschen, am ehesten aus dem gesamten Bedingungsfeld von organischen, psychischen, zwischenmenschlichen, soziokulturellen Bedingungsfaktoren, also aus der Kenntnis der gesamten Biographie erklären. Die Art und Weise, wie sich ein Kind in einer bestimmten Situation verhält, lässt sich nicht nur aus der unmittelbaren Gegebenheit ableiten, vielmehr auch aus dem Insgesamt von Lernprozessen, Erfahrungen und erlebten Beziehungen sowie der subjektiven Bedeutsamkeit und Verarbeitung solcher Prozesse.

Methoden der Informationsgewinnung

Vor allem die Anamnese als Gesprächsmethode zur Erhebung von Informationen unter Berücksichtigung zwischenmenschlicher Bezüge (Interaktionen, Kommunikation, Kontakte) trägt zum Verstehen und Erklären eines bestimmten Verhaltens, speziell zur Erhellung der Genese einer vorliegenden Problematik bei (Bundschuh 2005, 125–135, 286–294). Solche Informationen bedürfen allerdings auch der Interpretation, um ein vertieftes Erklären und Verstehen zu ermöglichen. Das „Bedingungsdreieck der menschlichen Entwicklung" (s. dazu Kap. 3.1.1) verweist auf die Komplexität solcher Prozesse zwischen Anlage/Reifung, Umwelt/Lernen und Individuum/Selbstentfaltungskräften/Persönlichkeit. Man kann auch nicht einfach die Hypothese aufstellen, diese drei Momente wirkten gleich stark. Vielmehr lässt sich vielleicht die Bedeutung solcher Prozesse nur auf der Basis bestimmter individueller Entwicklungsverläufe und deren Beeinflussungsfaktoren sozioökonomischer und emotionaler Art im Hinblick auf psychische Vorgänge (Bedürfnisse, Gefühle, Motivation, Ängste, Konflikte, Konfliktverarbeitung …) einschätzen.

2.1.3 Verhalten verstehen

Mit „Verstehen" wird eine Denk- und Handlungskategorie angesprochen, die in den psychologischen Lehrbüchern zu wenig Raum einnimmt.

Beim Verstehen von Verhalten geht es um eine Einstellung, die das kindliche Verhalten und So-Sein achtet und akzeptiert, schlichtweg immer vertiefter zu verstehen versucht, um die Beachtung der Subjektivität des Kindes. Diese Intersubjektivität impliziert, dass das *Ich* (des Pädagogen, des Heilpädagogen oder auch des Psychologen) die Welt des anderen (des *Du*) in einer Notsituation versteht, zumindest bemüht ist, in den Prozess des Verstehenwollens und -lernens einzutreten.

Vom Kind aus gesehen erscheint jede eigene Handlung, jede Art von Verhalten als sinnvoll. Die Befindlichkeit des anderen, des Kindes in einer Notsituation, des Schülers mit Problemen erfordert demnach Fremdverstehen. Die Orientierung am Kind, an der subjektiven Bedeutsamkeit seines Verhaltens könnte der Schlüssel zum besseren Verstehen seines – vielleicht als „auffällig" oder „gestört" bezeichneten – Verhaltens, seiner Probleme etwa in der Schule, im täglichen Leben allgemein sein. „Wir müssen das Kind verstehen, bevor wir es erziehen" (Moor 1994, 18, 61), lautet die Grundforderung an eine dem heilpädagogischen Gegenstand angemessene Psychologie.

subjektive Bedeutsamkeit

Durch Hospitalismus hervorgerufene Verhaltensweisen, wie z. B. Stereotypien und selbstverletzendes (autoaggressives) Verhalten, autistische Verhaltensweisen, das So-Sein von Menschen mit schwerer und schwerster geistiger Behinderung gehören zu den schwierigsten und am meisten belastenden Situationen des Erziehungs-, Unterrichts- oder Therapiealltags. Auf lebensweltlichem Verstehenshintergrund darf man diese Phänomene jedoch nicht einfach als objektive Manifestation krankhaften Geschehens werten und ihnen mit medizinisch-therapeutischen Einstellungen begegnen. Vielmehr ergibt sich die Aufgabe, sich verstehend darum zu bemühen, sie vor allem als „intentionale, bedeutungs- und sinnhafte Lebensäußerungen einer ansonsten hilf- und wehrlosen Person in ihrer erlebten Situation zu deuten" (Gröschke 1997, 56 ff). Stereotypien und selbstverletzendes Verhalten sind zu verstehen als aktive „Unterbrechung räumlich und zeitlich einförmiger Lebenssituationen im Sinne einer Existenzvergewisserung" oder als hilfloser Versuch, ein Kommunikationsdefizit auszugleichen und interpersonale Beziehungen (wieder)herzustellen (Feuser 1986, 243).

In ähnlicher Weise müssten auch die als „auffällig", „störend" und „lerngestört" empfundenen Verhaltensweisen mancher Kinder in der Regelschule gesehen werden. Sie entstehen auf dem Hintergrund der räumlichen Einengung in ein Schulgebäude und ein Klassenzimmer, der wohl häufig einseitigen geistigen Führung einer Lehrerperson, der ständigen Konfrontation mit

Leistung, Normen (Noten), die von Kindern nicht selten als Bedrohung erlebt wird, der Unterdrückung von Kreativität, schlichtweg der Verhinderung spontaner Verhaltensweisen wie Austausch und Kommunikation mit den Mitschülern, Entfaltung physischer Aktivität an einem oft stark ermüdenden Unterrichtsvormittag.

Bollnow unterscheidet zwischen Einfühlung und Verstehen: „Die Einfühlung ist ein Vorgang gefühlsmäßiger Identifizierung mit dem anderen Menschen, das Verstehen dagegen der rein theoretische Vorgang einer denkenden Durchdringung seelischer und geistiger Zusammenhänge." (1982, 76) Auch wenn wir nicht alles auf dem emotional empfundenen Wege der Intuition und Empathie nachvollziehen können, muss Befremdliches nicht fremd und unverstanden bleiben. Solches Verhalten können wir uns verstehend erschließen, indem wir darüber nachdenken, uns ins Bewusstsein rücken, was es für das betroffene Kind in seiner Situation, an der wir partizipieren, bedeuten mag, was es mit seiner Verhaltensweise von sich und seinem Weiterleben ausdrücken möchte.

Strukturmomente Verstehen ist das Erkennen eines Menschen in seiner Individualität, Persönlichkeit und Menschlichkeit. Im Zusammenhang mit menschlichem Verstehen kann man folgende Strukturmomente unterscheiden:

1. Wir nehmen einen Vorgang, ein Verhalten sinnlich wahr.
2. Wir erkennen diesen oder dieses als etwas Menschliches.
3. Wir verstehen die Bedeutung, den Sinn dieses Menschlichen.

Erst der gesamte Vorgang in seiner Einheit wird als Verstehen bezeichnet (Danner 1998, 36 ff). Aus Zeichen kann man ein Inneres erkennen. Gerade Personen mit schweren Behinderungen, Kinder mit psychischen Problemen sind darauf angewiesen, dass jemand aus diesen Zeichen, die wir über unsere Sinne erfahren (Dilthey 1961), zu einem Verstehen kommt. Die Zeichen verweisen also auf zwei Aspekte: Es gibt ein **äußeres und ein inneres Moment**. Verstehen besteht darin, durch das Äußere ein Inneres zu erkennen.

Wenngleich psychologisches Einfühlen, Sich-Hineinversetzen in den anderen nicht das gesamte hermeneutische Verstehen im Sinne Diltheys ausmacht, eigentlich nur als ein Sonderfall von Verstehen begriffen wird, kann doch auch die Reflexion über hermeneutisches Verstehen als Sinn-Verstehen vertieftem psychologischen Verstehen dienlich sein. Verstehen beschränkt sich keineswegs auf gefühlsbezogene Intuition, bei der das Denken nur stören würde. Auch das „beurteilende Begreifen" ist wie das „liebende Bejahen" (Moor 1974, 301) ein berechtigter Modus des verstehenden Zugangs zur subjektiven Lebenswelt eines Kindes in Not, eines anderen Menschen generell.

„Aus dem Verstehen heraus werden Impulse zur Veränderung freigesetzt, wenn ich fühle und begreife, daß ein gegebener Lebensraum den involvierten Personen nur reduzierte Erfahrungs- und Erlebnismöglichkeiten bieten kann." (Gröschke 1989, 94) Hieraus ergibt sich der Zusammenhang zwischen Verstehen und Handeln bzw. zwischen Verstehen und Handlungsfähigkeit des im sonder- und heilpädagogischen Arbeitsfeld tätigen Pädagogen und Psychologen. Verstehen führt zu Erkenntnissen über behindernde Bedingungen im Lebensraum, in der Lebenswirklichkeit von in Not geratenen Kindern. Verstehen wird zur Basis eines Handlungsregulativs hin zu einem „besseren" Alltag, mit dessen Hilfe die bestehende defizitäre Alltagsproblematik aktiv überwunden werden soll. In diesen Gedanken ist die Aufgabe des Heilpädagogen für die Zukunft des betroffenen Kindes im Sinne eines Leitfadens für praktisches Handeln involviert, diesen subjektiven Aspekt beim Kind neu zu entdecken. Der Heilpädagoge hat zwar die Aufgabe, zwischen Subjekt und Objekt, zwischen Kind und der es umgebenden Wirklichkeit zu vermitteln, er sollte sich aber auch dessen bewusst sein, dass das eigentliche Erkennen, Wahrnehmen, Wollen und Handeln (Zeichen) vom Subjekt (Kind) ausgeht, dass Motivation und Einsicht für ein Verhalten an sich zunächst eine Frage des Kindes darstellt. Interpretation und Bemühen um Verstehen von Zeichen und Signalen gehören zur Frage des Heilpädagogen.

Verstehen und Handeln

2.1.4   Verhalten vorhersagen

Dieser Tätigkeitsbereich beinhaltet im traditionellen psychologischen Verständnis, dass sich auf der Basis bekannter und empirisch erforschter Bedingungen korrespondierende Verhaltensweisen voraussagen lassen. Lernexperimente im Tierbereich, die stets unter künstlichen Bedingungen und in Zwangssituationen stattfanden (und noch gegenwärtig durchgeführt werden), sprechen für die Annahme der Möglichkeit einer Vorhersage von Verhalten zumindest im Tierbereich (Pawlowscher Hund, Skinner-Box mit Tauben oder Ratten ...). Im menschlichen Bereich sind beispielsweise psychologische Tests zu nennen, die auch das Moment der Prognose implizieren.

Tierexperimente

In die Intention, Verhalten vorhersagen zu wollen, sind verschiedene Gefahren und Möglichkeiten impliziert, wie Irrtum, Festlegung, Manipulation durch völliges Ignorieren der Bedürfnisse des betroffenen Menschen. Sie beinhaltet aber auch Möglichkeiten wie Aufzeigen neuer Lernwege, erweiterter, flexibler Verhaltensweisen, die einen Menschen weiterbringen können im Kontext von Erziehung, Weiterbildung und Therapie.

Am Beispiel eines anamnestischen Gespräches mit der Mutter eines zehnjährigen Mädchens, das eine Schule für Menschen mit geistiger Behinderung besuchte, werden die Gefahren von Prognosen deutlich. Als ihre zunächst völlig gesunde, altersadäquat entwickelte Tochter im Alter von 13 Monaten schwer krank gewesen sei, habe der behandelnde Professor im Krankenhaus prognostiziert, ihre Tochter werde innerhalb von zehn Tagen sterben. Als diese Vorhersage nicht eintraf, sagte er, sie werde innerhalb der nächsten vier Wochen sterben. Auch diese Prognose traf nicht zu. Dann meinte der gleiche Krankenhausarzt, das Kind werde nie mehr laufen, es werde stets einen Rollstuhl benötigen. Auch diese Prognose war falsch, denn das Kind lernte im Alter von zweieinhalb Jahren erneut das Laufen. Die Mutter meinte, wenn sie selbst ihr Kind aufgegeben hätte, wären möglicherweise die schlimmen Prognosen eingetroffen. Sie sei aber in dieser kritischen Zeit stets bei ihrem Kind gewesen und habe zusammen mit einer Krankengymnastin – damals auf eigene Kosten – ihr Kind motorisch gefördert, so dass es wieder laufen lernte. Mit 18 Jahren verdiente diese Jugendliche in einer Werkstätte für Behinderte erstes Geld, während die beiden älteren Brüder von ihren Eltern im Zusammenhang mit ihren Hochschulstudien noch finanziell unterstützt werden mussten.

Schullaufbahn-prognose

Die Entscheidung für die Aufnahme eines Kindes in eine Förderschule stellt auch eine Art „Vorhersage" dar: Die Prognose über Nichtförderbarkeit in einer Regelschule und die Prognose über Bildbarkeit bzw. Förderbarkeit in einer Förderschule.

Ein weiteres Beispiel zeigt die Probleme einer – allerdings sehr oberflächlich erstellten – Prognose auf: Der Schüler P. fiel mir während eines Projektes in einer zweiten Klasse einer Schule für Lernbehinderte im Zusammenhang mit guten Leistungen und aufgrund seiner sprachlichen Gewandtheit auf. Der Intelligenzquotient lag bei 86. Beim Studium der Schülerakte stieß ich auf die gutachtliche Stellungnahme des Klassenlehrers der Grundschule. Zu den im vorgesehenen Formblatt vorgesehenen Bereichen „körperlich-seelisches Erscheinungsbild des Kindes", „Sprachbeherrschung", „Arbeitsverhalten", „schulische Leistungen (Lesen, Schreiben, Rechnen, Sachunterricht)" und „Umwelt des Kindes" fanden sich keinerlei Aussagen oder Informationen. Lediglich eine „gutachtliche Bemerkung"(!) rechtfertigte die Prognose „Sonderschulbedürftigkeit". Diese Bemerkung lautete:

„P. nahm vom 13.9. bis 25.9.1992 am Unterricht der Klasse teil. In dieser Zeit wurde festgestellt, dass der Schüler dem Unterricht in keiner Weise folgen konnte. Es wird mit Sicherheit angenommen, dass er nicht volksschulfähig ist. Eine Überprüfung durch die Sonderschule wird beantragt."

Dieses „Gutachten" mit einer Prognose, die Weichen für das ganze Leben eines sechsjährigen Kindes stellt, spricht für sich. Insofern werden nur einige Problemstellen aufgegriffen. Der Schüler wurde im Alter von 6;4 Jahren eingeschult und nach wenigen Tagen (!) Schulbesuch als „nicht regelschulfähig" diagnostiziert. Es fehlen jegliche Angaben zum Verhalten des Schülers. Es wird nicht darüber informiert, wie man feststellte, dass er „in keiner Weise dem Unterricht folgen konnte". Es fanden im Verlauf dieser zwölf Tage Schulbesuch sicherlich keine pädagogischen Bemühungen statt, um dem Schüler in irgendeiner Weise zu helfen, ihm einen erfolgreichen Eintritt in das Schulleben zu ermöglichen. Die für sein ganzes Leben entscheidende Prognose „nicht regelschulfähig" wurde vielleicht auch unter dem Aspekt fahrlässig gestellt, dass sich eine Schwester in einem Heim für Geistigbehinderte befand, die Familie selbst in einem ärmlichen Gemeindehaus wohnte.

Kritik am Gutachten

Weitere Beispiele zur Problematik von Prognosen: Eignungstests vor der Einstellung in einen Betrieb, Konsequenzen aus Tests (Intelligenztests) im Hinblick auf Auslese für einen Beruf oder ein Studium, Förderungsansätze im Anschluss an einen Wahrnehmungstest oder Sprachtest.

Eigentlich steckt in jeder erzieherischen Handlung, in jedem Erziehungsprozess so etwas wie eine Prognose, ein Angebot des Edukators an das Kind, den „prognostischen Impuls" hin zur Zone der nächsten Entwicklung, zur Erweiterung der Handlungskompetenz aufzunehmen. Möglichkeiten und Gefahren liegen im Zusammenhang mit der Vorhersage von Verhalten sehr eng beieinander. Einerseits impliziert der erzieherische Impuls schon ein Angebot für ein zukünftiges Verhalten, denn es erweist sich vom erzieherischen Aspekt her als bedeutsam, ja zwingend, die Zukunft des Kindes durch Möglichkeiten zum vielseitigen Verhalten zu öffnen. Andererseits liegt im Angebot, im erzieherischen Impuls schon die Möglichkeit der Manipulation. Hier liegt die Gefahr, Vorhersagen zu treffen, die auf dem Nährboden von positiven oder negativen Einstellungen, Erwartungen, vorschnellen Urteilen, ja Vorurteilen entstanden sind, ohne das betreffende konkrete Verhalten, die Lernausgangsbasis überhaupt näher beobachtet zu haben. Nicht selten wird in der täglichen Interaktion eine Erwartung von einem Menschen – unabsichtlich – zu einer Vorhersage, die sich dann auch erfüllt. Das erwartete Verhalten tritt einfach ein, weil man es bereits erwartet hat, die eigene erzieherische Wahrnehmung sich auf die Prognose verengt hat, quasi keinen anderen Spielraum zulässt.

Erziehung und Vorhersage

So erwartet man z. B. von einem Schüler mit Teilleistungsstörungen, dass er niemals das Gymnasium besuchen wird. Tatsächlich wird der Schüler diese an ihn herangetragene Erwartung früher oder später in sein Selbstkonzept aufnehmen, an diese Barriere „glauben", so dass er überhaupt nicht die Möglichkeit sieht, sich anders als erwartet zu verhalten.

Wie schwer hatten es Kinder in der Schule für Geistigbehinderte oder Lernbehinderte, sich aus diesem bei Bach (1974; 1979) und Kanter (1974; Kanter/Speck 1980) so umfassend beschriebenen Erscheinungsbild „geistige Behinderung" oder „Lernbehinderung" zu befreien. Hier muss erst jemand da sein, der sie anders als „behindert" sieht. Aus eigener Kraft erreichen die so definierten Kinder solche Fortschritte nicht. Der Wirksamkeit dieses Erwartungseffektes, von Rosenthal und Jacobson (1974) als „Self-Fulfilling-Prophecy" bezeichnet, sollte sich jede/-r im Erziehungsfeld Tätige bewusst sein, um die damit verbundenen Gefahren und Risiken der Manifestierung von Verhaltensweisen erkennen und damit umgehen zu lernen.

2.1.5   Verhalten verändern

Häufig werden psychologische Methoden auf den pädagogischen Bereich transferiert, wenn bei einem Kind Probleme im Verlauf des Entwicklungs- und Erziehungsgeschehens auftreten. So könnten z. B. bei vorliegenden Verhaltensschwierigkeiten je nach psychologischer oder medizinischer Grundeinstellung verhaltenstherapeutische oder spieltherapeutische Methoden zur Anwendung kommen oder gar eine medikamentöse Behandlung. Bei Lernstörungen könnten z. B. Wahrnehmungstraining, Konzentrationstraining, Lese-Rechtschreib-Förderung, autogenes Training durchgeführt werden.

Für viele Lehrer und Eltern erscheint das sogenannte „pflegeleichte", „voll funktionsfähige" Kind das erstrebenswerte erzieherische Ziel darzustellen. Auffälligkeiten und Störungen begegnet man relativ rasch mit dem Ruf nach dem Psychologen, Mediziner, Kinder- und Jugendpsychiater, vielleicht auch Sonder- und Heilpädagogen mit der Intention, hier solle oder müsse etwas geändert, verbessert werden.

Bereits durch die Art und Weise einer Verhaltensbeobachtung können beim betroffenen Kind Veränderungen eintreten. Verhaltensänderungen werden im pädagogisch-psychologischen Arbeitsfeld relativ häufig durch planmäßige, zielgerichtete Interventionen beabsichtigt und „nach Möglichkeit" herbeigeführt. Häufig stellen Pädagogen und Psychologen nicht die Frage „Willst du dich ändern?", sondern vertreten vielmehr die Meinung: „Ich will dich ändern", oder „Ich will, dass du dich änderst", „Wir wollen dich ändern", „Ich will, dass du dich änderst, weil es der Lehrplan so will".

Verhaltensänderungen und -ziele werden dann relativ häufig mit Hilfe verhaltensmodifikatorischer Methoden angestrebt. Diesem Prozess des Übergangs von einer Ist- in eine erstrebte Soll-Lage haftet immer die Möglichkeit der mehr oder weniger starken Manipulation an. Diese Problematik kann nur auf der Basis von anthropologisch-pädagogischen Einstellungen diskutiert werden, sie erweist sich in ihrer Fragestellung als das pädagogische Grundproblem „Führen oder Wachsenlassen" (Litt 1967) schlechthin.

2.2 Heilpädagogische Psychologie unter dem Aspekt Erleben

In die ganzheitliche Betrachtung von Kindern mit Behinderungen werden hier die Bereiche Erleben und Verhalten einbezogen. Mit dem Begriffspaar Erleben – Verhalten klingen Entsprechungen an wie innen und außen, subjektiv und objektiv, geisteswissenschaftlich und naturwissenschaftlich, Selbstbeobachtung und Fremdbeobachtung. Aber kann man diese Momente und Aspekte als reine Polaritäten oder Alternativen sehen?

Erleben und Verhalten

Eine Schulklasse, Gruppen von Menschen, einzelne Kinder, die in ihrem Erlebnisbereich berührt sind (z. B. die Nachricht über einen unvermuteten Wandertag, ein Geschenk, ein Besuch, Sportfans im Zusammenhang mit einem Wettkampf, einem Fußballspiel, Olympische Spiele …) zeigen Freude und Begeisterung weder nur innerlich im Erleben noch nur äußerlich im Verhalten, vielmehr lassen sich beide Bereiche überhaupt nicht streng voneinander trennen. Bei Kindern mit Behinderungen weiß man manchmal gar nicht so recht, wodurch ein Verhalten, eine Reaktion hervorgerufen wird – durch die Beziehung zwischen den Kommunikationspartnern (Lehrer / Erzieher / Mitschüler – Kind) oder durch eine Situation, wie z. B. ein Spiel, ein Buch, ein Spielzeug schlechthin? Hierbei scheint die Bedürfnislage des Kindes hinsichtlich der Sensibilität, also dessen, was tatsächlich anspricht, eine wesentliche Rolle zu spielen. Emotionen oder Gefühle sind Ausdruck erlebten und gelebten Lebens und lassen sich willentlich und verstandesmäßig nur bis zu einem gewissen Grade beeinflussen. Die positive oder negative Gefühlslage entscheidet häufig, wie eine Situation wahrgenommen und eingeschätzt wird (s. dazu Kap. 4.3).

Bei den Begriffen „Erleben" und „Verhalten" handelt es sich somit nicht um Alternativen, sondern um komplementäre Begriffe. Im Handlungsbereich können Erleben und Verhalten zumeist nur als aufeinander einwirkende, sich verzahnende Prozesse gesehen werden.

Vorurteilsbildung

Die traditionelle Literatur über Kinder mit Behinderungen (Bach 1974, 56 f; 1995, 93; Kanter 1974, 162, 180 ff) enthält häufig auch Aussagen über beeinträchtigte Emotionalität und Affektivität dieser Kinder, ohne sie jedoch näher zu erläutern und zu begründen. Unterscheiden sich überhaupt Kinder und Jugendliche mit Behinderungen hinsichtlich ihrer Emotionalität und Erlebnisfähigkeit von denen ohne Behinderungen? Im Hinblick auf Kinder mit Behinderungen können solche Fragen bezüglich Verhalten, Erleben und damit Leben mit Behinderungen schlechthin gestellt und reflektiert werden, wobei die subjektive Befindlichkeit jedes einzelnen von Behinderung Betroffenen berücksichtigt werden muss. Pauschale Aussagen über emotionale Prozesse implizieren auch die **Gefahr der Vorurteilsbildung**. Insofern werden hier zunächst nur einige Fragen aufgeworfen:

- Erweisen sich Kinder mit Behinderungen als über den Gefühlsbereich besonders ansprechbar?
- Erleben Kinder mit Behinderungen eher in den extremen Polen Lust – Unlust, oder bewegen sich die Gefühle im Zwischenbereich?
- Sind Kinder mit Behinderungen, speziell die mit geistigen Behinderungen, einfühlsamer als Kinder ohne Behinderungen?
- Erleben Kinder mit Behinderungen vorwiegend „leibnahe" Gefühle (Vitalgefühle) oder auch sogenannte „höhere Gefühle"?
- Erweisen sie sich in ihrer Gefühlslage im Vergleich zu Kindern ohne Behinderungen als stabiler bzw. labiler?
- Sind sie stärker als Kinder ohne Behinderungen von ihren Gefühlen abhängig?
- Wie ist die Grundstimmung von Kindern mit Behinderungen, eher fröhlich (optimistisch) oder traurig (depressiv)?

Weitere Fragen könnten bezüglich Selbstwertgefühl, Steuerung der Gefühle, Wahrnehmung, Bewusstmachung und Ausdrücken von Gefühlen gestellt werden. Möglicherweise könnte die Erforschung solcher Fragestellungen zu einer veränderten Sichtweise von Menschen mit Behinderungen führen, neue Aspekte der Erziehung und Förderung ergeben. Fragen dieser Art erweisen sich für alle Kinder mit Behinderungen – auch wenn sie letztlich nicht rein wissenschaftlich, gänzlich systematisch erforschbar sind – als bedeutsam, weil emotionale Bedingungen für Lernprozesse speziell, für die Persönlichkeits-

entfaltung generell von größter Relevanz sind. Insofern erscheint es
sinnvoll, dass der Bereich Erleben hier thematisiert wird.

Gefühl und Leben kann man als die Schlüsselbegriffe des Aufstan-   **Gefühl und Leben**
des gegen den Zwang der sogenannten toten Begriffe, gegen die „Tro-
ckenheit" und „Herzensdürre" des Rationalismus verstehen. „Gefühl"
und „Leben" waren die zentralen Wortsymbole der Lebensphiloso-
phie, die gegen Ende des 19. Jahrhunderts aufkam und ihre Blütezeit
in den ersten Jahrzehnten des 20. Jahrhunderts erreichte. Die Lebens-
philosophie war eine Erhebung der irrationalen, emotionalen Kräfte
gegen die Vorherrschaft des überzüchteten Intellektes, gegen die einseitig naturwissenschaftliche, rechnende und messende Betrachtung
der Wirklichkeit (Hauptvertreter der Lebens-Philosophie: Friedrich
Nietzsche: 1844–1900; Wilhelm Dilthey: 1833–1911; Ludwig Kla-
ges: 1872–1956; Oswald Spengler: 1880–1936).

Was Leben ist, manifestiert sich im Erleben. Leben wird durch
Erleben erkannt. „Das Leben ist nur da im Erleben." (Dilthey 1961,
291) Leben bedeutet nicht in erster Linie das biologische, sondern
das biographische Leben, das Leben, das jeder lebt und das sich in
seiner persönlichen Lebensgeschichte ausfaltet. Aus der Lebensphilo-
sophie ging also die Erlebenspsychologie hervor. Die im sonder- und
heilpädagogischen Arbeitsfeld so häufig verwendeten Begriffe und
Redewendungen „Beziehung", „Beziehung herstellen", „Bedürfnisse wahrnehmen", „Kommunikation", „Interaktion", „ganzheitliches
Handeln", „Lernen/Aneignen" haben auch stets etwas mit dem Erle-
bensbereich zu tun.

Im Erleben drückt sich Individuelles, Persönliches aus, die Geschichte bzw. Lebensgeschichte ist involviert. Subjektive, emotionale, ganzheitliche, organische, dynamische Anteile von Denk- und
Handlungsprozessen spielen eine Rolle, im Gegensatz zum objektiven, rationalen, elementaristischen, mechanistischen, statischen Vorgang. Durch die Art und Weise des Erlebens erhält das Wahrgenommene häufig erst eine Bedeutung, einen Sinn. Das in die Handlung
involvierte Erleben stellt eine Verbindung zwischen außen und innen,
zwischen Objekt und Subjekt dar. Die Welt erhält eine Bedeutung,
sie wird gerade dann für das Kind mit Behinderung interessant, wenn
der Erlebnisbereich angesprochen ist. Das noch so intensive Bemühen um Zuschreibung einer „objektiven Bedeutung" von außen (etwa
durch den Lehrer) wird erst zum inneren Prozess der Wahrnehmung,
der kognitiven Verarbeitung, wenn der jeweilige Sinn für das Subjekt
entsteht (Leontjew 1982, 141 ff). Zum Leben und Erleben gehören vor
allem **drei Momente** (Pongratz 1984, 248–252):

a) Die Zeitlichkeit als etwas Grundlegendes: Dabei ist nicht die physikalische Zeit gemeint, die gleichmäßig dahinfließt, sondern die psychologische Zeit im unterschiedlichen Sinne: Sie vergeht bald rasch, so dass wir nicht mehr wissen, „wie die Zeit verflogen ist", bald so langsam, dass „eine Minute zur Ewigkeit wird". Diese Zeit ist auch qualitativ verschieden: bald erfüllt, bald leer usw. Bei hospitalisierten Kindern gab es in der frühen Kindheit eine „Zeit der Leere" im extrem negativen Sinne, eine Zeit ohne lebenswichtige Reize und Wahrnehmungsprozesse, eine Zeit ohne feste menschliche Beziehung, Bindung und Geborgenheit, eine Zeit der Behinderung existenziell notwendiger elementarer Bedürfnisbefriedigung, eine Zeit des Zusammenbruchs des Erziehungsfeldes zwischen hilflosem Kind und pseudosozialer, mehr technischer denn liebender „sozialer Umwelt". Vielleicht ist dies auch die Ausgangssituation des Kindes mit autistischen Zügen. Möglicherweise hat es – trotz mehr oder weniger starken Bemühens der Eltern – diese „Zeit" sozialer, zwischenmenschlicher Beziehung in seiner subjektiven Empfindung und Wahrnehmung aus welchen Gründen auch immer nicht positiv „erlebt".

Zeitlichkeit meint auch, dass wir mit dem Bewusstsein der transzendentalen Gerichtetheit, mit dem Blick auf eine Zeit leben, die andere Maßstäbe setzt als die, in der wir leben. Aber das Gefühl für diese Gerichtetheit bedarf einer Basis, einer Grundlegung, einer Verankerung, eines „Haltes" im zwischenmenschlichen Bereich der Geborgenheit, des Angenommenseins, der Liebe schlechthin. Wer dies nicht erleben durfte, läuft Gefahr, sein Leben im Zustand des psychischen Todes zu verbringen.

b) Die Ganzheitlichkeit: Das Ganzheitsprinzip hat Dilthey postuliert und klar mit dem Erleben verbunden. Bereits das einzelne Erlebnis ist ein gegliedertes Ganzes. Der Tod eines geliebten Menschen ist strukturell mit Schmerz, mit der Wahrnehmung und Vorstellung von Schmerz verbunden, mit dem Erlebnis von Schmerz. Ähnlich ergeht es uns im Zusammenhang mit Freude, Freisein von Schmerz, sich leicht fühlen. Menschen empfinden ganzheitlich. Körper/Leib, Geist und die Gefühlswelt lassen sich nicht trennen. Insofern ist es wichtig, dass für das Kind mit einer Behinderung „Lebenszusammenhänge" von außen, direkt über die Sinne und die Wahrnehmung, ganzheitlich, lebensnah, lebensbedeutsam und damit sinnvoll erfahren und erfahrbar werden.

c) Die Unmittelbarkeit: In der angelsächsischen Literatur wird dieses Merkmal des Erlebens durch Ausdrücke wie „immediate", „personal", „subjective", „experience" erfasst. Das Merkmal Unmittelbarkeit gliedert sich in drei Bedeutungsvarianten auf:

Unmittelbar bedeutet ursprünglich, natürlich, „noch nicht begrifflich bearbeitet". Kinder mit Behinderungen, insbesondere mit geistiger Behinderung, erfahren und erleben häufig ursprünglicher und natürlicher als Menschen ohne Behinderung. Sie benötigen keine Definitionen, keine Theorien, sie erleben, handeln und denken sehr oft direkt bezogen auf eine Situation oder eine Sache. „Unmittelbar", in der hier gemeinten Bedeutung, steht im Gegensatz zu den „künstlichen", abstrakten Produkten einer rationalen Analyse, ist weit entfernt von Hypothesen, Theorien und Systemen, die „gedacht" sind.

„Unmittelbar" bedeutet selbst erlebt, selbst erfahren im Unterschied zu solchen Vorstellungen, denen das Selbsterlebte fehlt, das erschlossen, gemutmaßt, eingebildet ist. Das Erlebte ist immer das Selbsterlebte (Gadamer 1960, 57). Das Erleben gilt als „Realität für mich", für die eigene Person, es ist das von innen Bekannte, das Innerliche, das Verborgene. Insofern bedeutet auch über Menschen mit Behinderungen sprechen, die Gefahr, sie zum Objekt zu machen, ihre verbalen und nonverbalen Mitteilungen falsch zu interpretieren und zu verstehen; der Mensch ohne Behinderung hat das Problem „Behinderung" nie erfahren und erlebt. Für das Erleben gibt es nur einen Zeugen, den Erlebenden selbst, auch wenn das Geschehen noch so viele beobachtet haben. Niemand kann in den anderen direkt hineinschauen, insofern heißt auch über Behinderungen zu sprechen in der Regel nicht unmittelbar, sondern nur mittelbar zu sprechen.

„Unmittelbar" meint direkt emotional. Damit ist der hauptsächliche „Inhalt" unmittelbaren Erlebens genannt: „Ein Bündel von Trieben und Gefühlen, das ist das Zentrum unserer seelischen Struktur. In den Gefühlen, Stimmungen, Bedürfnissen, Leidenschaften, Volitionen dokumentiert sich der ganzheitliche Erlebniszusammenhang in erster Linie." (Dilthey 1961, 206)

Auf diesen Gedanken über das Erleben baut dann auch die Lehre Diltheys vom „Verstehen" und die „Verstehende Psychologie" als Schule auf. Ganzheitlichkeit, Verstehen, Erleben, zwischenmenschliche Beziehung, Befähigung zum Erleben und Gestalten seiner selbst und der Welt sind Schlüsselworte im Erziehungsgeschehen von Kindern mit Behinderungen. Die Heilpädagogische Psychologie, die Sonder- und Heilpädagogik schlechthin haben diesen Fragen nach der Emotionalität, dem Erleben in Forschung und Lehre (geisteswissenschaftlicher und naturwissenschaftlicher Aspekt) zu wenig Beachtung geschenkt, obgleich hier wichtige (neue) Sichtweisen bezüglich

Verstehen und Erziehung von Kindern mit Behinderungen zu erwarten sind.

Didaktik   Oft werden didaktische Prinzipien wie „Ganzheitlichkeit", „unmittelbares Erfahren und Erleben" oder „erlebte Wirklichkeit" im Unterricht der Sonderschulen nicht erfüllt. Schule und Unterricht finden zu sehr im Raum der Schule, zu wenig in der Lebenswirklichkeit, im Bereich der Lebens- und Handlungsräume von Menschen (Natur, Familie, Wohnung, städtischer oder ländlicher Bereich) statt.

2.3 Aufgaben-, Handlungs- und Gegenstandsbereiche Heilpädagogischer Psychologie im Überblick

Der Aufgabenbereich Heilpädagogischer Psychologie umfasst unter Berücksichtigung institutioneller Entscheidungsfelder primär die folgenden Personengruppen:

- Kinder, die bereits in früher Kindheit und im vorschulischen Alter als auffällig bzw. entwicklungsverzögert gelten.
- Kinder, die bei der Einschulung deutliche Symptome einer individuellen Förderungsbedürftigkeit aufweisen. Gemeint sind Kinder mit mehr oder weniger gravierenden Entwicklungsverzögerungen und Beeinträchtigungen im geistigen, sozialen, emotionalen oder körperlichen Bereich, die möglicherweise zu spät erkannt wurden.
- Kinder, die im Verlauf des Regelschulbesuchs infolge partiellen oder auch generellen Nichtleistenkönnens in Unterrichtsfächern, die sich an Vorgaben eines Lehrplanes orientieren, als „lerngestört" oder „lernbehindert" im Sinn der Beschreibung des Deutschen Bildungsrates (Bach, Kanter) gelten. Dabei ist keinesfalls gesagt, dass diese Kinder in eine Förderschule aufgenommen werden müssen.
- Kinder, die aufgrund ihres Verhaltens in der Regelschule als „nicht mehr tragbar" gelten.
- Kinder mit Sinnesbehinderungen, Hör- und Sehstörungen, die Lernprozesse und das Sozialverhalten beeinträchtigen.
- Schüler mit Körperbehinderung oder leichter Beeinträchtigung der Motorik.
- Kinder, die als sprachgestört oder -behindert gelten.
- Schüler mit Lern- und Verhaltensstörungen und speziellem Förderungsbedarf vor der Berufswahl.

Grundsätzlich sollten vor jeder Aufnahme in eine sonder- und heilpädagogische Einrichtung Bedingungen und Möglichkeiten einer integrativen Unterrichtung und Förderung erkundet werden, solange noch nicht generell eine integrierte gemeinsame Unterrichtung von Kindern mit und ohne Behinderungen als Regelunterricht gilt.

Man muss davon ausgehen, dass Behinderungen nicht isoliert auftreten, dass sie sekundäre Beeinträchtigungen im Gefolge haben. So kann man wohl sagen, dass jedes Kind mit einer Behinderung in der Regel auch als „mehrfachbehindert" gilt. Daraus ergibt sich die Aufgabe, durch Förderpläne und Einleitung kompensatorischer Maßnahmen möglichen Folgebeeinträchtigungen vorzubeugen, präventiv und prophylaktisch zu begegnen. Geht man vom gegenwärtig vorgegebenen Regel- und Förderschulsystem aus, werden auch nach der Beseitigung von Lern-, Leistungs- und Verhaltensstörungen weitere Betreuung und Fürsorge notwendig sein zur Vermeidung erneuter schulischer Schwierigkeiten und von außen induzierter sozialer Störungen.

Zusammenfassung: Auf der Basis verschiedener Möglichkeiten und Arten der Verhaltensbeobachtung ergeben sich im Kontext Erleben und Verhalten von Menschen mit Beeinträchtigungen im heilpädagogischen Handlungs- und Arbeitsfeld folgende Tätigkeitsbereiche:

- Verhalten beschreiben (kann klassifikatorisch oder problemfallorientiert geschehen). Es werden Zustandsbeschreibung, Veränderungsbeschreibung und Normbeschreibung unterschieden, wobei stets die pädagogischen Aspekte zu beachten sind. Als durchgängig wesentlich erweist sich die Orientierung am Kind/Subjekt und seinen Bedürfnissen.
- Verhalten erklären im Sinne einer umfassenden Analyse der Bedingungen einer Problematik, also der Genese eines Verhaltens unter Einbezug des Lebenslaufes und des sozialen Umfeldes.
- Das Verhalten eines Kindes in Not verstehen, sein So-Sein als Grundlage heilpädagogischen Handelns achten und akzeptieren, es annehmen, wie es ist.
- Verhalten vorhersagen, wobei Prognosen die Möglichkeit und den Impuls zu erzieherisch positivem Handeln, aber auch das Problem der „Festlegung" implizieren können.
- Verhalten verändern – schließt auch wieder die Gefahr der Manipulation ein, die an sich mit jedem Erziehungsgeschehen verbunden ist. „Führen oder Wachsenlassen?" (Litt 1967) gilt als ein Grundproblem der Erziehung. Die erzieherische Beeinflussung (Veränderung des Verhaltens) soll im Dienste der „Selbstverwirklichung" des Kindes (Loch 1982, 29 f) stehen. Deutlich werden die dem Erziehungsprozess immanenten Probleme, wenn unter Erziehung jene Handlungen verstanden werden,

„durch die ein Mensch in den Prozess des Werdens der Persönlichkeit eines anderen Menschen einzugreifen versucht, um Lernvorgänge zu unterstützen oder in Gang zu bringen, die zu psychischen Dispositionen führen, welche vom Handelnden als seinsollend angesehen werden" (Brezinka 1995, 161 ff, 196 ff).

Aufgabengebiete   Heilpädagogische Psychologie hat es mit allen Personen zu tun, mit denen sich die Allgemeine Sonder- und Heilpädagogik beschäftigt, also auch mit allen „Formen von Beeinträchtigungen". Heilpädagogische Psychologie befasst sich mit

- **Behinderungen** (Beeinträchtigungen sind umfänglich, schwer, langfristig);
- **Störungen** (Beeinträchtigungen gelten als partiell, weniger schwer, relativ kurzfristig behebbar);
- **Gefährdungen** (können Störungen oder Behinderungen bewirken oder verstärken);
- **Sozialrückständigkeiten** (Beeinträchtigungen der Gesellschaft), die in der Form von Einstellungen, Verhaltensweisen, Gepflogenheiten, materiellen Bedingungen etc. Gefährdungen, Störungen und Behinderungen teils verursachen, teils steigern und teils ignorieren und damit mögliche Hilfestellungen verhindern (Bach 1995, l0 f).

Unschwer ist zu erkennen, dass die in diesem Kapitel angeführten Handlungs- und Tätigkeitsbereiche Heilpädagogischer Psychologie (Verhalten beschreiben, erklären, verstehen, vorhersagen, verändern im Sinne der Unterstützung des Erziehungsgeschehens und der Förderung) im Kontext mit dem Gegenstandsbereich (Gefährdungen, Störungen, Behinderungen, Sozialrückständigkeiten) je nach Problemstellung und situativen Bedingungen eine bedeutende Rolle spielen.

Aus den Überlegungen zu dem vorliegenden Kapitel ergibt sich der Gegenstandsbereich Heilpädagogischer Psychologie. Die Heilpädagogische Psychologie ist unter Einbezug traditioneller sonderpädagogischer Aufgabenfelder dadurch gekennzeichnet, dass sie es mit dem Erleben und Verhalten von Kindern, Jugendlichen und Erwachsenen zu tun hat, die aufgrund behindernder Bedingungen bezüglich einer (optimalen) Entfaltung ihrer Möglichkeiten in ihrer geistigen, emotionalen, sozialen oder physischen Entfaltung beeinträchtigt, gefährdet, bedroht oder behindert sind – wobei die Prozesse der Isolation von der Aneignung von Welt explizit mitbedacht werden müssen. Dabei ist stets die Ganzheit von Körper / Leib, Geist und Psyche / „Seele" zu beachten, die im ständigen Werden auf dem Weg zur Selbstverwirklichung ist.

Die Heilpädagogische Psychologie stellt einen Wissenschaftsbereich dar, der psychologische Erkenntnisse auf das Arbeitsfeld der Sonder- und Heilpädagogik transferiert, um bessere Aussagen über Ursachen (Ätiologie), Erscheinungsweisen (Phänomene), Diagnose und Möglichkeiten der Förderung (Lernen / Therapien) bei vorliegenden erschwerten Erziehungs- und Lernprozessen zu ermöglichen, als dies auf der Basis einer rein pädagogisch-sonderpädagogischen Fragestellung möglich wäre.

Resümierend ist hervorzuheben, dass es nicht zum Gegenstandsbereich Heilpädagogischer Psychologie gehören kann, nur besondere Strategien der Diagnose in Anlehnung an die vorkommenden Beeinträchtigungen zu entwickeln. Vielmehr liegt der Schwerpunkt auf der Vernetzung und Integration verschiedener Handlungsprozesse Heilpädagogischer Psychologie mit der Erziehungswirklichkeit und Alltagswirklichkeit des Kindes, allgemein einer Person unter Berücksichtigung der Zielrichtung Unterstützung, Förderung, Kompensation und Lernen. Es geht im Zusammenhang mit dem in eine Notsituation (Bundschuh / Lindmeier 2007, 202 ff) geratenen Menschen, vor allem um das Auffinden der Handlungs- und Lernausgangslage, um die Eröffnung neuer Handlungsmöglichkeiten und Lernwege im Sinne der Zone der nächsten Entwicklung. Demnach wird Heilpädagogische Psychologie in flexibler, dynamischer Weise aktiv werden im Rahmen einer Erziehung unter „erschwerten Bedingungen" bei vorliegender Behinderung, im Rahmen einer „Fördererziehung" bei vorliegender Störung, im Rahmen einer „Vorsorgeerziehung" bei vorliegender Gefährdung und im Rahmen einer „Gesellschaftserziehung" bei vorliegender Sozialrückständigkeit der Mitglieder einer Gesellschaft. Aufgrund dieses weiten Aufgaben- und Gegenstandsbereiches muss der „heil-psychologisch" tätig werdende Sonder- oder Heilpädagoge zuerst als pädagogischer Fachmann ausgewiesen sein, denn es spielen stets Fragen nach den Erziehungszielen, den pädagogischen, didaktischen, evtl. therapeutischen Möglichkeiten eine Rolle.

Eingrenzung

2.4   Lernfragen zur Wiederholung von Kapitel 2

1. Womit beschäftigt sich die Psychologie und speziell die Sonder- und Heilpädagogische Psychologie?

2. Welche sonder- und heilpädagogischen Tätigkeits- und Handlungsbereiche können wir unterscheiden?

3. Welche Aspekte von Erleben (Emotionen) haben Bedeutung für die Heilpädagogische Psychologie?

4. Welche Aufgaben- und Handlungsfelder können wir unter sonder-
   und heilpädagogischem Aspekt betrachtet in praktischen Arbeitsfeldern unterscheiden?

5. Welche Unterschiede bestehen zwischen den Begriffen Behinderung, Störung, Gefährdung und Sozialrückständigkeiten der Gesellschaft?

6. Worin besteht die zentrale Leistung der Sonder- und Heilpädagogischen Psychologie?

3 Entwicklung im Rahmen sonder- und heilpädagogischer Fragestellungen

Lernziele

1. Verschiedene Entwicklungstheorien (Reifungs- und Milieutheorie, interaktionistische, konstruktivistische Theorien),

2. zentrale Prozesse im Kontext Entwicklung wie z. B. Reifung, Reflexe, Differenzierung, Integrierung, Strukturierung – unter Berücksichtigung möglicher Störfaktoren, Beeinträchtigungen und Behinderungen,

3. Relevanz der Erkenntnistheorie Piagets für geistige Entwicklung und Lernen,

4. bedeutsame Begriffe Piagets – Assimilation, Akkommodation, Äquilibration, Zentrierung, Dezentrierung und Reversibilität,

5. wichtige Phasen der Intelligenzentwicklung nach Piaget,

6. Folgerungen aus Piagets Erkenntnissen für Kinder mit Entwicklungsverzögerungen unter besonderer Berücksichtigung der Frühförderung,

7. Komplexität der emotionalen Entwicklung.

Mit der Frage nach der Entwicklung des Menschen verbinden sich **zentrale Fragen** grundlegende, für den einzelnen Menschen (*Ontogenese*) und die Menschheitsgeschichte (*Phylogenese*) bedeutsame Probleme und Herausforderungen. Es sind die Fragen nach dem *Woher* (der bisherigen Beeinflussung), nach dem *Wie* des Werdens (wie es kommt, dass eine Person in ganz bestimmter Weise „geworden" ist) und nach dem weiteren Werden (also dem *Wohin*). Damit stellt sich das Problem der Vergangenheit (Entstehung, Entwicklungsprozess), der Gegenwart (das Gewordene, „Entwicklungsprodukt") und der Zukunft (Entwick-

lungsziel, Entwicklungsrichtung, Entwicklungswege, Beeinflussungsmöglichkeiten und -notwendigkeiten).

Jeder Entwicklungsverlauf eines Menschen stellt einen einmaligen
Prozess dar, nicht nur auf der Basis unterschiedlicher genetischer Voraussetzungen, sondern auch auf dem Hintergrund vielförmiger Umfeldeinflüsse sozialer und materieller Art. Betrachtet man vergleichend die
einschlägige wissenschaftliche Literatur über (physische, psychische,
soziale) Entwicklungsprozesse, scheint es – bei aller Unterschiedlich-
keit – eine gewisse gemeinsame Streubreite zu geben. Es spricht vieles
dafür, dass in ganz bestimmten Altersbereichen Entwicklungsvorgänge erwartet werden, die als „normal" oder „durchschnittlich" gelten (s.
Prinzip von Entwicklungsskalen, Screening-Verfahren). Darüber hinaus gibt es Entwicklungen, die völlig unerwartet verlaufen, bei denen
nahezu nichts Prognostisches zutrifft, die nicht mehr im Bereich der
Erwartungen und damit der „Normen" liegen.

Häufig kommt es auch im Zusammenhang mit der Emotionalität
bei Personen ohne erkennbare Behinderungen (sogenannten „Normalen") zu überraschenden Veränderungen: Liebe – Nichtliebe, Zuneigung – Abneigung bis zu Aggressionen usw. wechseln sich ab. Im
Zusammenhang mit physischen und kognitiven Prozessen spricht
man bei vorliegenden Abweichungen vom „Normalen" sehr rasch von
„Entwicklungsstörungen", „Entwicklungsverzögerungen", „niedriger
Intelligenz", von „behinderten Entwicklungen". Dabei muss die Frage
nach den Bedingungen für diese Störungen und Abweichungen von
der „Normalität" zunächst vernachlässigt werden. An sich gehören
auch „Hochbegabungen" im Sinne von Akzelerationen im geistigen
Bereich zum Problemkreis der „Abweichung" von der sogenannten
Normalentwicklung.

Die neueren Publikationen aus dem Bereich Entwicklungspsychologie rücken immer mehr ab von der Beschreibung typischer al-
tersabhängiger Erscheinungsweisen und wählen Darstellungen, die
Entwicklung als komplexes Geflecht von Ursache-Wirkungs-Zusammenhängen beschreiben. „Bestimmte alterstypische Eigenarten erscheinen nun nicht mehr als zwangsläufig gegeben und eben diesem
Alter zugeordnet, sondern als Ergebnis der zeitlich vorangegangenen
Einflüsse und Ursachen." (Oerter 1987, 15) Diese Ergebnisse ändern
sich, wenn sich vorausgegangene Bedingungen (Einflüsse, „Ursachen") verändern. So betrachtet erweist sich menschliche Entwicklung
als „ein Prozeß mit unendlich vielen Freiheitsgraden" (Oerter 1987,
15). Bei dem Versuch, zu einigermaßen gültigen Informationen und
Aussagen über die Entwicklung von Menschen mit Behinderungen zu

kommen, stößt man auf unüberwindliche Schwierigkeiten. Sicherlich gibt es deshalb bisher auch keine einschlägige wissenschaftliche Darstellung über die Entwicklung von Kindern mit Beeinträchtigungen (Störungen, Behinderungen). Im Sinne der Wichtigkeit solcher Überlegungen wäre es jedoch von Bedeutung, zumindest den Versuch einer derartigen Publikation zu wagen. Um zunächst dieses komplexe Geflecht von Ursache-Wirkungs-Zusammenhängen etwas strukturieren zu können, zugleich einige wissenschaftliche Positionen, z. T. auch unter historischem Aspekt zu vermitteln, ist ein Aufriss wesentlicher Theorien über Entwicklungsvorgänge hilfreich.

3.1 Entwicklungstheorien, sonder- und heilpädagogische Herausforderungen

Zusammenhänge und Prozesse im Verlauf des Entwicklungsgeschehens lassen sich anschaulich an einem Dreiecksmodell darstellen. In diesem Bedingungsdreieck (Abb. 2), das die Positionen Anlage – Umwelt – Individuum markiert, vollzieht sich entlang dem Zeitkontinuum (Lebenslauf / Biographie) das Entwicklungsgeschehen. Man kann wesentliche Positionen veranschaulichen, wobei gleichzeitig die wichtigsten wissenschaftlichen Theorien und Richtungen über Entwicklung in akzentuierter Form verdeutlicht werden können.

In Rahmen von Kapitel 3.1 werden folgende Entwicklungstheorien erläutert und schließlich in Kapitel 3.2 bezüglich ihrer Relevanz für eine Heilpädagogische Psychologie diskutiert:

- Reifungstheorien (3.1.1)
- Milieutheorien (3.1.2)
- Interaktionistische Theorien (3.1.3)
- Konstruktivistische Theorien (3.1.4)

Diese Entwicklungstheorien haben wesentlich das entwicklungspsychologische Denken beeinflusst, wobei weitere, sich mehr oder weniger unterscheidende Ansichten über Entwicklung in diese Theorien integriert werden können. Die angeführten Vorstellungen über Entwicklungsgeschehen besitzen heuristischen Wert, d. h. sie tragen vor allem zur Beschreibung und zu einem gewissen Verständnis von Konstanz und Variabilität psychischer und physischer Entwicklungsprozesse bei, erfassen jedoch nie die Ganzheit und Gesamtheit der tatsächlichen Vorgänge.

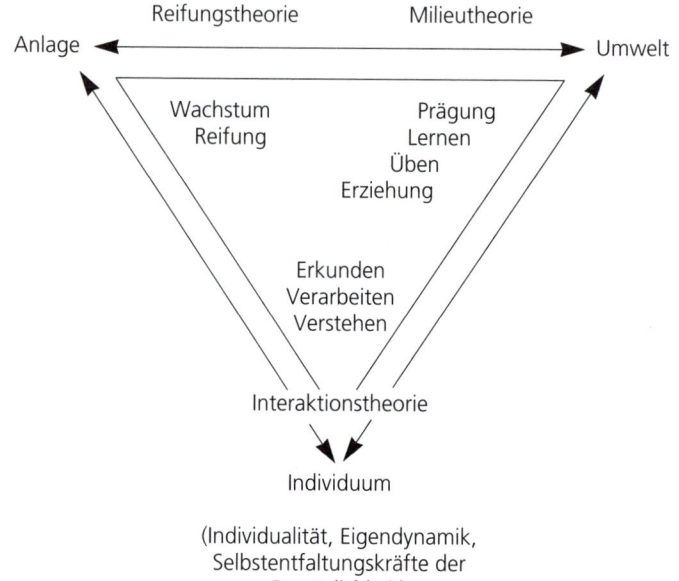

Abb. 2: Theorien der Entwicklung (Feser 1981, 58)

3.1.1 Reifungstheorie

Nativismus

Geht man von der historischen Entwicklung aus, muss man sicherlich die Reifungstheorie an den Anfang stellen. Die zentrale Aussage dieser Theorie beinhaltet, dass der Reifungsfaktor den Hauptanteil der menschlichen Entwicklung darstellt. Diese Position wird auch als „nativistisch" bezeichnet, bzw. man nennt diese historisch-wissenschaftliche Richtung „Nativismus" (lat. „nativitus": von Geburt an). Als unbestrittener Hauptvertreter dieser Richtung gilt J. J. Rousseau (1712–1778), der von der Forderung ausgeht, das Kind allein seinen Wachstums- und Reifungskräften zu überlassen, dann werde es sich gut entwickeln. „Zurück zur Natur" lautete seine Empfehlung. Auch in gegenwärtig noch vorliegenden Entwicklungspsychologien und Entwicklungsbegriffen finden sich solche Positionen. Es spricht einiges dafür, dass unter Medizinern relativ viele Verfechter der Reifungstheorie zu finden sind.

Anlagefaktoren

Freilich gibt es Entwicklungsabschnitte und Entwicklungsvorgänge, die deutlich durch Wachstums- und Reifungskräfte bestimmt sind, wie z. B. einige grundlegende Entwicklungen (Funktionen) im motorischen Bereich. Krabbeln, Stehen und Laufen setzen auch ohne erzieherische Beeinflussung ein, Lächeln und Lallen zeigen sich auch bei gehörlos- und blindgeborenen Kindern. Die Präformisten oder die biologisch orientierten Vererbungstheoretiker gehen von der Hypothese aus, dass primär der Anlagefaktor (A) für das Entwicklungsgeschehen bedeutsam sei.

$$\text{Entwicklung} = f(A)$$

Betont wird die Entfaltung der im Keim bestehenden biologisch bestimmten (unveränderlichen) Prädispositionen. Hierzu bedarf es unter allgemeinpädagogischem, vor allem aber auch unter Berücksichtigung des heilpädagogischen Aspektes, kritischer Anmerkungen.

Die Schwäche dieser Theorie hat sich in der Zwillingsforschung gezeigt. Für die Bedeutung und Wirksamkeit speziell der sozialen Einflüsse spricht – im negativen Sinne – die Hospitalismusforschung (R. Spitz). Die Entwicklung der Sprache wäre ohne soziale Umwelt, ohne Vorbilder nicht möglich. Die Entwicklung des sozialen und emotionalen Verhaltens, des Lernens, der Zuwendung zur Welt wird von den Gefühlen und Beziehungen der engeren und weiteren Bezugspersonen nachhaltig beeinflusst. Dies bestätigen Erkenntnisse der Psychoanalyse und der Verhaltenstheoretiker gleichermaßen. Neuere und neueste Forschungen haben gezeigt, dass Neugeborene bereits vor der Geburt zahlreichen Einflüssen positiver und negativer Art im emotionalen (Roth 2000, 160 f) und kognitiven Bereich ausgesetzt gewesen sind, also keinesfalls als Tabula rasa (wie ein unbeschriebenes Blatt) im übertragenen Sinne zur Welt kommen. Nur durch erzieherisch positive Umfeldeinflüsse werden Differenzierung, Strukturierung, Integrierung, schlechthin Vervollkommnung der Funktionen oder Prozesse wie Sprache, Emotional- und Sozialverhalten, Grob- und Feinmotorik sowie Wahrnehmung möglich. Es können hier nicht systematisch alle Argumente und Diskussionsbeiträge zur Anlage-Umwelt-Problematik angeführt werden. Es besteht jedoch kein Zweifel darüber, dass Anlagefaktoren und Umfeldprozesse eng verzahnt sind und beide Kräfte die Entwicklung eines Kindes in hohem Maße beeinflussen.

Für heilpädagogische Unterstützungs- und Fördermaßnahmen lässt die Anlagetheorie wenig Spielraum, denn der Mensch und die mit dem Menschsein verbundene Persönlichkeitsentwicklung werden statisch (im Sinne von weitgehend) festgelegt, also als durch äußere Beeinflussung kaum veränderbar gesehen. Insofern spricht man im Zusammenhang mit der Reifungstheorie auch vom „Pädagogischen Pessimismus". Nur so ist es annähernd begreifbar, wenn Rousseau in seinem an sich revolutionären „Emile" (1763) das gebrechliche Kind

Pädagogischer Pessimismus

erst beiseiteschieben muss, ehe er seine eigentlichen Gedanken und Ideen über Erziehung darstellen kann:

„Ich würde mich niemals mit einem kränklichen und siechen Kind befassen, sollte es auch achtzig Jahre leben. Ich mag keinen Zögling, der doch niemals sich und anderen nützen kann, der nur immer an sich und seine Gesundheit denken muß, und dessen Leib so die Erziehung der Seele beeinträchtigt... Mag ein anderer sich statt meiner dieser Schwachen annehmen. Ich billige es und billige seine Christenliebe, allein ich kann das nicht. Ich kann nicht jemanden das Leben lehren, der nur darauf bedacht ist, sein Sterben zu verhindern." (Rousseau 1962, 32)

3.1.2   Milieutheorie

Umwelteinflüsse

Die Stimulation, d. h. die Beeinflussung durch die Umwelt, stellt im Sinne der Milieutheoretiker den Hauptantrieb menschlicher Entwicklung dar. Durch Erfahrungen, speziell durch Lernangebote entwickelt sich der Mensch im Wesentlichen weiter. Diese Sichtweise wird auch als „Empirismus" bezeichnet (lat. „empiricus": auf Erfahrung beruhend). Als historisch gesehen bedeutendster Vertreter dieser Richtung gilt John Locke (1632–1704), der davon ausging, das Kind könne bei der Geburt mit einer „Tabula rasa" oder einem „white paper" verglichen werden. Auf diese leere Tafel schreibe dann erst der Griffel der Erfahrung alle Inhalte des Bewusstseins auf. „Nihil est in intellectu, quod non prius fuerit in sensu", meint Locke, d. h., nichts gelange in unser Bewusstsein, was nicht zuvor in den Sinnen gewesen oder mit den Sinnen erfasst worden sei. Indem Locke die Bedeutung der sinnlichen Erfahrung besonders betont, nimmt er eine Gegenposition zur Reifungstheorie ein.

Pädagogischer Optimismus

Seit Beginn des 20. Jahrhunderts bis in die Gegenwart hinein heben vor allem die Behavioristen (I. P. Pawlow, 1849–1936; J. B. Watson, 1878–1958; B. F. Skinner, 1904–1991, im Gefolge die Lerntheoretiker) den Primat der Erfahrung bzw. des Lernens im Zusammenhang mit der Entwicklung und dem Verhalten des Menschen hervor. Man spricht daher im Rahmen der Milieutheorie auch vom „Pädagogischen Optimismus", d. h., dass ein Verhalten sich nicht als statisch erweist, vielmehr durch Lernvorgänge modifizierbar ist.

In der Tat sind viele Verhaltensweisen des Menschen durch Erfahrungs- und Lerneinflüsse „machbar", veränderbar. Reaktionsweisen auf Gegebenheiten und Situationen, Einstellungen, ja sogar auch Gefühle sind von Erfahrungen, Umfeldeinflüssen, Training, Übung, ganz allgemein von Lernprozessen abhängig. Es besteht jedoch kein Zweifel, dass die Entwicklung früher grundlegender motorischer, sensomotorischer, psychomotorischer Prozesse zunächst auf der Basis von Reifungs- und Wachstumsvorgängen zu sehen ist. Freilich werden schon sehr bald Erziehungs- bzw. Milieueinflüsse wirksam und tragen zur Ausdifferenzierung von Funktionen wie Motorik, Sprache, Wahrnehmung wesentlich bei und bestimmen menschliche, mitmenschliche, ganzheitliche Prozesse sowie Lernvorgänge in deutlichem Maße.

Wie bereits zum Ausdruck gebracht, kommt das neugeborene Kind nicht als „Tabula rasa" zur Welt. Es bringt vielmehr zahlreiche anlagemäßige Gegebenheiten, aber auch schon „Erfahrungen" im affektiv-emotionalen Bereich, ja sogar im Zusammenhang mit Wahrnehmungen von Sprache, Musik, Geräuschen im Allgemeinen, Berührungen, Bewegungen der Mutter selbst und des Umfeldes mit. Seit Beginn der 1970er Jahre wird das Ineinandergreifen, die enge Verbindung und Verzahnung von Anlagekräften und Umwelteinflüssen (Erziehung, Prägung, Lernen, Übung) stärker betont. Es ist eine Annäherung der Anlage-Umwelt-Position im Zusammenhang mit Aussagen über die Beeinflussungsfaktoren von Entwicklungsprozessen zu beobachten (Roth 1980). Die Frage lautet nicht mehr, wie viel Prozent des Entwicklungsgeschehens anlage- und wie viel Prozent umwelt- bzw. lernbedingt seien, vielmehr, wie sich Anlage- und Umweltprozesse miteinander verknüpfen.

Anlage und Umwelt

Gerade im sonder- und heilpädagogischen Bereich wird allerdings deutlich, dass sich offensichtlich ungünstige Umwelteinflüsse (Heim- und Krankenhausaufenthalte, subkulturelles Milieu, hospitalisierende und deprivierende Erziehungseinflüsse), also „schlechte Vorbilder" in extremer Weise negativ auf die Entwicklung, insbesondere auf die Lernentwicklung von Kindern auswirken (Begemann 1970; 1984, 24; Kanter 1977, 26; Weiß 1994). Als Lehrer an Schulen für Lernbehinderte lernte ich in den 70er Jahren kaum Eltern kennen, die problemlos sprechen oder schreiben konnten, deren Erziehungsmethoden als pädagogisch akzeptabel bezeichnet werden konnten. Ich bin davon überzeugt, dass nicht die Erbanlage die Lernbehinderungen dieser Kinder und das gehäufte Auftreten von Lernbehinderungen in bestimmten Familien bewirkt, sondern ungünstige Milieueinflüsse. Sie wirken sich im physischen, gesundheitlichen Bereich (Ernährung), bezüglich der sozialen Prozesse (Erziehungspraktiken), in der Sprache, der Wahrnehmung, der Motorik in kumulierender Weise im Sinne von einem „biosozialen Kumulationsdefizit" aus (Kanter/Speck 1980, 51). Lernbehinderungen werden von zahlreichen Sonder- und Heilpädagogen (Begemann, Kautter, G. Klein, Kobi, Jantzen, Thimm) immer wieder mit ungünstigem Milieu, also mit der Art der sozialen und kulturellen Beeinflussung in Verbindung gebracht.

Die Ätiologie von Verhaltensstörungen wird in vielen Fällen ähnlich gesehen. Es handelt sich bei dem hier im Zusammenhang mit Lern-

Verhaltensauffälligkeiten

behinderungen und Verhaltensauffälligkeiten in Verbindung gebrachten Milieu zumindest um vermittelte Verhaltensweisen, die von den meisten offiziellen Vertretern des gegenwärtigen Regelschulsystems als nicht akzeptabel, tolerierbar, allgemein gesehen als „nicht normal" bezeichnet werden. Kinder und Erwachsene zeigen milieuspezifische Verhaltensmuster. Dies wird vor allem im Bereich der Sprachentwicklung deutlich. Spracherwerb ist ohne Sprachvorbilder nicht möglich, d. h. auch schlechte Sprachgewohnheiten wie Artikulationsprobleme, geringer Wortschatz, dialektgefärbte Sprechweise, stark vereinfachte Sprachmuster („restricted codes") werden von den jeweiligen „Sprachmodellen" übernommen (Oevermann 1980, 297–327, 330–335). Der ganze Bereich der Einstellungen zu den sozialen und materialen Gegebenheiten sowie zu dem Problemfeld „Lernen in der Schule" (Rechtschreiben, Lesen, Mathematik), verbunden mit entsprechenden emotionalen Prozessen und Bewertungen, muss in Abhängigkeit von Erziehungseinflüssen gesehen werden. Für die Vertreter einer „reinen" Milieutheorie gilt:

$$\text{Entwicklung} = f\,(U)$$

Umwelteinflüsse (U), Lernen schlechthin spielen im Zusammenhang mit Entwicklungsvorgängen eine dominierende Rolle.

3.1.3   Interaktionistische Entwicklungstheorien in ihrer Bedeutung für die Sonder- und Heilpädagogik

Dynamik und Reziprozität

Entwicklung wird hier nicht nur auf der Basis von Aktivitäten der Person selbst hervorgerufen, sondern auch durch Aktivitäten der Umwelt eingeleitet. Nicht nur, dass der Mensch selbstständig Probleme entdeckt und löst, der Mensch also aktiv und in Veränderung begriffen ist, sondern auch seine Umwelt. Beide Aktivitätsbereiche und -prozesse verbinden sich, sind dynamisch miteinander verzahnt.

Es wird von einem Gesamtsystem Mensch – Umwelt ausgegangen, von interaktionistischen Prozessen, die zwischen Mensch und Umwelt stattfinden, durch die vor allem Menschen „angeregt werden", in denen sich Menschen gegenseitig beeinflussen, immer aber auch Auswirkungen auf die soziale und materiale Umwelt möglich sind, die dann neue Prozesse in Gang setzen können. Wenn Mensch und Umwelt ein Gesamtsystem bilden, dann führt die Veränderung des einen Bereiches / Elementes durch Anstoßen / Anregen auch zu Veränderungen anderer Elemente des Gesamtsystems.

Jede Information, jeder Impuls, jeder durch die Umwelt initiierte Wahrnehmungsvorgang, jeder motorische Anstoß bewirkt eine Veränderung im Bereich der Person. Im interaktionistischen Ansatz finden beide Einflussrichtungen Beachtung: die Umwelt und der sich entwickelnde Mensch. Er ist nicht nur den Einflüssen seiner Umwelt ausgesetzt, er selbst kann diese beeinflussen – und umgekehrt.

Entwicklung als Veränderung

„In dieser Sicht wird die ontogenetische Entwicklung des Menschen nicht mehr als universell verstanden werden können. Die ontogenetische Entwicklung des Menschen ist abhängig von der Entwicklung der Menschheit, also von den politischen, wirtschaftlichen, ideengeschichtlichen Veränderungen." (Montada 1998a, 17)

Man müsste demnach die ontogenetische Entwicklung von Generation zu Generation neu schreiben, denn aufeinanderfolgende Generationen wachsen in unterschiedlichen soziokulturellen Kontexten auf.

Aus der interaktionistischen Sichtweise ergeben sich zahlreiche Konsequenzen für die Entfaltung und Entwicklung von Kindern mit Beeinträchtigungen, wie auch immer sie verursacht sein mögen. Hier werden nur einige Konsequenzen angesprochen. Die Individualentwicklung, d.h. die Entwicklung des Einzelmenschen (Ontogenese) ist durch die Einwirkungen der Umwelt beeinflussbar, veränderbar. Daraus ergibt sich die Aufgabe, etwa bei vorliegenden Behinderungen im organischen Bereich, Möglichkeiten bereitzustellen, um diese behindernden Bedingungen auszugleichen. Kindern mit Lähmungen, Rollstuhlfahrern müssten beispielsweise Objekte, Sachen herangebracht, bereitgestellt, „Wege geebnet" werden, damit eine Auseinandersetzung, ein handelndes Begreifen dieser Umwelten erleichtert wird. Es müsste verstärkt die Integration in soziale Prozesse gefördert werden, um Menschen mit Behinderungen aus der Isolation zu holen. Dem Kind mit geistiger Behinderung sollten Hilfen angeboten werden, um Sachgegenstände zu erschließen, die Umwelt durch gemeinsames Handeln in das Wahrnehmungsfeld zu bringen und dadurch zu weiterem Handeln anzuregen. Dem **Lernen** und der **Kommunikation** kommt im Zusammenhang mit der Entwicklung des Menschen immer, insbesondere bei vorliegenden Beeinträchtigungen, hohe Bedeutung zu:

Kinder mit Beeinträchtigungen

1. Alles Lernen beruht auf Kommunikation, auf einem Nachrichtenaustausch zwischen (unbelebten oder belebten) Objekten. Ein Lernen ohne Kommunikation ist nicht möglich. Kommunikation hat aber nur

dann eine Wirkung, ergibt nur dann einen Sinn, wenn sie ankommt, d. h. entschlüsselt werden kann.

2. Alles Lernen entwickelt sich von außen nach innen. Das Kind erlernt zunächst das äußere Greifen, ehe es „Greifen" als innere Vorstellung benutzt. Es fasst erst Gegenstände an, bevor es zählt, sich eine Vorstellung von der Menge aneignet. Es erlernt zunächst das äußere Sprechen, ehe es inneres Sprechen als Sprechdenken produziert (Piaget 1972; Wygotski 1993; Galperin 1966; Leontjew 1973). Diesen Prozess bezeichnet man als *Interiorisation*.

3. Denken vollzieht sich auf der physiologisch-materiellen Grundlage des Zentralnervensystems. Diese Grundlage ist jedoch nicht von vornherein gegeben, sondern entwickelt sich in der Umwelt und entsprechend der Wechselwirkung mit dem Umfeld. Der Lernprozess selbst erschafft sich das materielle Substrat auf dem Wege elektrischer Impulse und chemischer Prozesse (Sidman / Rakic 1973; Eccles 1990; Zecevic / Rakic 1976). Bis zum 15. Lebensjahr vervierfacht sich das Hirnvolumen des Kindes. Die Verzweigungen und Verbindungen des Nervensystems wie Neuriten, Dendriten, Synapsen bilden sich unter dem Einfluss der Umwelt und erweitern durch Aktivierung ihre Potenz.

Was bedeuten nun diese kommunikationstheoretischen Einsichten für Erziehung, Förderung und Unterricht unter erschwerten Bedingungen? Es ergeben sich eine Reihe von **Folgerungen**, von denen hier nur einige genannt werden können.

- Wenn sich das materielle Substrat und die Bahnung der Funktionen im Zentralnervensystem unter dem bestimmenden Einfluss der Kommunikation bilden, dann sind die Entwicklungsperspektiven mit entsprechender Förderung auch unter schwierigen Bedingungen (Lernstörung, -behinderung, geistige Behinderung) aussichtsreich.
- Wenn Kommunikation Lernfähigkeit entwickelt, erwächst aus dieser Einsicht eine erhöhte Verantwortung; denn die Entwicklung des Lernenden hängt weitgehend vom Wissen und Können des Lehrenden und von seinen Möglichkeiten der Weitergabe ab (Unterrichtsmethodik/-didaktik). Wir müssen die Entwicklung von Kommunikationsfähigkeit als einen zentralen Ansatzpunkt betrachten.
- Wenn das Gesetz der Einverleibung (Interiorisation) richtig ist, kann man am äußeren Handeln die inneren Abläufe der geistigen Tätigkeit weitgehend erkennen.

● Wenn das Gesetz der Interiorisation richtig ist, dann können wir die Lernentwicklung über die Kommunikation gezielt anregen, unterstützen, aus-
formen und präzisieren (Radigk 1982, 108 f).

Auf der Basis der interaktionistischen Entwicklungstheorien ergeben **Kinder mit**
sich einige Konsequenzen für die Entfaltung und Entwicklung von **Behinderungen**
Kindern mit Behinderungen: Die Individualentwicklung, d. h. die
Entwicklung des Einzelmenschen, ist durch die Einwirkungen der
Umwelt beeinflussbar, veränderbar. Hieraus lässt sich beispielsweise
die folgende Aufgabe ableiten: Liegen Behinderungen etwa im organischen Bereich vor, müssen mit Hilfe der Umwelt Möglichkeiten bereitgestellt werden, diese behindernden Bedingungen auszugleichen,
zu kompensieren. D. h. dem Kind mit Spasmen / Lähmungen und dem
Rollstuhlfahrer müssten Objekte, Sachen, soziale Bezüge vermittelt
werden, die ohne körperliche Beeinträchtigung verfügbar wären. Dem
Kind mit geistiger Behinderung müssten Sachgegenstände und (soziale) Handlungsprozesse bzw. -muster in der Weise erschlossen werden,
dass es sie „begreifen" und durch gemeinsames Handeln für die Bewältigung der Alltagswirklichkeit nutzen kann.

Insgesamt gesehen geht es auf der Basis der interaktionistischen
Entwicklungstheorien darum, bei Kindern mit Beeinträchtigungen,
die gleichzeitig die Möglichkeit kommunikativer Prozesse reduzie-
ren, durch Erziehung und Unterricht sowie Aktivitäten der sozialen
Umwelt allgemein, ein vorliegendes Erfahrungs-, Handlungs- und
Kommunikationsdefizit auszugleichen.

3.1.4 Konstruktivistische Stadientheorien oder organismische Theorien

Die konstruktivistischen Stadientheorien heben sich deutlich von der **Subjektivität und**
rein umweltbestimmten Sichtweise ab. Der Mensch wird zwar in ak- **Selbstkonstruktion**
tivem Austausch mit seiner Umwelt gesehen, auf die er handelnd einwirkt, deren Anregungen und Herausforderungen seine Entwicklung
beeinflussen, aber nicht mechanisch-direkt, sondern stets vermittelt
durch seine Sicht der Umwelt, also durch die Art und Weise, wie er
seine Umweltverhältnisse wahrnimmt, erkennt und interpretiert. Man
kann in diesem Sinne unter besonderer Berücksichtigung der Kognition und Handlung Entwicklung als einen Prozess fortschreitender
Selbstkonstruktion der Um-Welt bezeichnen. Die Umwelt determiniert nicht den Menschen in seiner Entwicklung, er braucht jedoch
die Anregungen, Herausforderungen und Barrieren einer sozialen und

materialen Umwelt, um sich entwickeln zu können. Die Umwelt wird durch den erkennenden Organismus quasi als inneres Modell konstruiert und „abgebildet" (Montada 1982, 27; 1998a, 8 f, 56 f).

Abbild und Widerspiegelung der Umwelt müssen prozesshaft begriffen werden: einerseits als Resultat der Prozesse im Gehirn, wobei stärker der neurophysiologische Aspekt angesprochen ist, andererseits dem Inhalt nach als Resultat der Vermittlung von Subjekt und Objekt gleichsam durch die Aktivität des Subjekts. Die Widerspiegelung ist die Aktivität des Subjekts, die sich auf die außerhalb des Subjekts herrschende Realität bezieht und diese in die psychischen Strukturen des Subjekts einbindet. Die „Abbildungstheorie" geht davon aus, dass die Umwelt im kognitiven System quasi wie eine Landkarte repräsentiert sei (Tolman).

Vertreter   Piaget als Repräsentant dieser Theorie (später auch Gagné, Bruner, Leontjew) sieht primär das Individuum in einer aktiven Rolle, nicht die Umwelt. Die persönlichen Erkenntnis- und Handlungsmöglichkeiten bestimmen, wie die Umwelt begriffen wird. Die Umwelt bleibt passiv. Ob und wie die Angebote dieser Umwelt aufgenommen werden, hängt vom jeweiligen Entwicklungsstadium des Menschen ab.

Nach Maturana und Varela (1990) bzw. Maturana (1997) hat der Erkennende die Fähigkeit und Möglichkeit, seine Welt hervorzubringen. Auch aus neurobiologischer Sicht lässt sich nachweisen, dass unsere Welt eine Welt ist, die wir in Koexistenz mit anderen hervorbringen, dass sie aufgrund der gemeinsamen biologischen Basis mit der Natur für alle dieselbe Natur ist, dass aber aufgrund der unterschiedlichen Erfahrung des einzelnen Erkennenden die unterschiedlichsten Welten hervorgebracht werden. Jede kognitive Erfahrung bezieht den Erkennenden wegen seiner biologisch verwurzelten und autonomen Eigenstruktur in sehr persönlicher Weise ein. Somit erweist sich „Gewissheit" als ein individuelles Phänomen, das gegenüber der kognitiven Handlung eines anderen blind ist (Maturana/Varela 1990).

Wenn wir davon ausgehen, dass die **Wirklichkeit** für den einzelnen Menschen jeweils das ist, was er durch seine eigene Erfahrung aufgebaut, entworfen, also konstruiert hat (Bundschuh 2003, 137–147), so ist jede Wirklichkeit eine begrenzte, weil primär subjektive. Damit ist sie aber zugleich auch eine jeweils offene, nie abgeschlossene, fertige, endgültige, strikte oder gar völlig verbindliche. Der sich entwickelnde Mensch wird **aktiv** gesehen, er erkundet, er **strukturiert** in sich seine Umwelt, kommt dabei zu seiner ihm eigenen Wahrnehmung und zu seinen **Erkenntnissen**.

Es ergeben sich allgemein im Rahmen der radikal konstruktivistisch orientierten (Entwicklungs-)Theorien (von Glasersfeld 1998; von Foerster 1987) einige Probleme, speziell aber bezüglich der Kinder mit Lern- oder Leistungsstörungen, Lernbehinderung, geistiger oder körperlicher Behinderung, bei Kindern mit Beeinträchtigungen schlechthin. Genügt es, wenn die soziale Umwelt, speziell die Schule, nur Probleme aufwirft, Fragen stellt, lediglich Angebote macht? Bedarf es nicht zusätzlicher Motivation, um Interesse an Problemlösungen zu wecken? Zumindest wird eine gründliche, differenzierte didaktische Analyse des Lerngegenstandes nötig sein, durch Zerlegung des Lerngegenstandes in kleinere und kleinste Lernschritte, evtl. durch den Einbezug zusätzlich motivierender Momente in Orientierung an den individuellen Bedürfnissen, durch eine verstärkt handlungsorientierte Vorgehensweise im Rahmen von Schule und Unterricht. Dadurch sollen Kinder mit geistiger Behinderung, Körperbehinderung, vielleicht auch mit Lernbehinderungen und Verhaltensstörungen, bei denen Lernmotivation und natürliches Interesse an einer bestimmten Sache verlorengingen, „verschüttet" wurden, einen neuen, vielleicht einen anderen (handlungsorientierten) Zugang zum Lerngegenstand finden.

Das sich ohne Behinderung und altersadäquat entwickelnde Kleinkind benötigt an sich keine zusätzliche Motivierung. Sein Erkenntnisdrang strebt nach Erprobung und Anwendung. Das eineinhalb bis zweijährige Kleinkind z.B., das gerade Werfen gelernt hat, wirft mit sehr vielen Gegenständen, die in seinen Wahrnehmungsbereich gelangen. Das zwei- bis dreijährige Kind, das die Warum-Frage entdeckt hat, wird diese Möglichkeiten ständig anwenden und erweitern.

Um einer progredient defizitären Entwicklung prophylaktisch zu begegnen, müssen wir beim (deutlich) entwicklungsverzögerten Kind doch ein Stück weitergehen: d.h. vielleicht „Greifen", „Halten", „Loslassen", „Werfen" in ganzheitlichen handlungsbezogenen Prozessen mit Hilfe heilpädagogischer Methoden (Bobath, Kiphard, Ayres, Montessori) anregen, das betroffene Kind verstärkt zur Entfaltung seiner Aktivitäten im Bereich von Motorik, Wahrnehmung und Sprache sensibilisieren. Bei Kindern mit schwerer Behinderung kann auch basale Aktivierung notwendig sein.

3.2   Entwicklung im Verständnis Heilpädagogischer Psychologie

Gemeinsamkeiten

Ein gewisser „minimaler Konsens" bezüglich des Gegenstandes der Entwicklungspsychologie besteht darin, dass sie sich mit „der Beschreibung, Erklärung und Beeinflussung von Veränderungen psychischer Phänomene (Erleben, Verhalten, Motivation etc.) während des menschlichen Lebenslaufes beschäftigt" (Dollase 1985, 8; Trautner 1992; Edelmann 1980; Montada 1998a). Ziel der Entwicklungspsychologie ist es, Gesetzmäßigkeiten dieser Veränderungen zu entdecken, diese in Theorien über menschliche Entwicklung zu integrieren, um mit diesen Theorien u. a. eine Reihe von praktisch relevanten Problemen lösen zu können: z. B. optimale Entwicklungsbedingungen, Prognosen über die spätere schulische und berufliche Bewährung, Früherkennung von Störungen, Verstehen von Kindern und Jugendlichen usw. (Dollase 1985).

Entwicklungsbegriffe zur Beschreibung von Kindern ohne Behinderungen werden mit dem Ziel formuliert, gewisse Gesetzmäßigkeiten (von Veränderungen) meist in Zuordnung zu einem ganz bestimmten Lebensalter darzustellen. Dagegen muss diese Intention im sonder- und heilpädagogischen Arbeitsfeld deutlich relativiert werden. Was können alters- bzw. querschnittorientierte entwicklungspsychologische Aussagen etwa im Hinblick auf Kinder und Jugendliche mit schwerer geistiger Behinderung, mit autistischen Zügen, mit Körperbehinderung, Mehrfachbehinderung leisten? Lassen sich Entwicklungsprozesse bei Kindern mit Behinderungen ohne Gefahr der Vorurteilsbildung, im positiven Sinne für die Betroffenen prognostizieren? Tragen Informationen über Entwicklungsvorgänge etwa zu einem besseren Verstehen von Kindern und Jugendlichen mit Behinderungen bei? Entwicklungsbegriffe, die der Anlage eine dominierende Rolle zuschreiben, bei denen Entwicklung „als eine nach immanenten Gesetzen (einem Bauplan) sich vollziehende fortschreitende (unumkehrbare) Veränderung eines ganzheitlichen Gebildes" (Remplein 1965, 28) verstanden wird, finden in der gegenwärtigen wissenschaftlichen Diskussion kaum noch Resonanz.

Die Komplexität des Entwicklungsgeschehens kommt in der folgenden Definition deutlich zum Ausdruck.

„Über die Wechselwirkung im Bedingungsdreieck ‚Anlage – Umwelt – Individuum' vollzieht sich entlang des zeitlichen Kontinuums innerhalb des individuellen Lebenslaufes eine vielgestaltige, multidimensionale Veränderung, die zur Personagenese führt, die Entwicklung. Ihr Ziel ist die relativ autonome Persönlichkeit." (Kleber 1978, 33)

Für die **Entwicklung von Kindern mit Behinderungen** erweisen sich die folgenden Aspekte als relevant:

1. Leben und Entwicklung von Personen mit Beeinträchtigungen und **Prozesshaftigkeit** Behinderungen jeglicher Schweregrade implizieren immer Prozesshaftes und Veränderung. Den Bedingungshintergrund für diese Dynamik bilden Reifungsvorgänge, von der betroffenen Person ausgehende Aktionen, jede Art von Kommunikation, Interaktion oder Beeinflussung von außen, auch wenn vielleicht die betroffene Person selbst – etwa bei vorliegender schwerer Behinderung – zunächst keine äußerlich sichtbare Reaktion zeigt.

2. Je stärker ein Mensch im geistigen, physischen oder sozialemotio- **Persönlichkeits-** nalen Bereich beeinträchtigt, speziell behindert ist, umso mehr wird **entwicklung** die Entfaltung der Persönlichkeit gestört und gefährdet sein. D. h. er wird bezüglich seiner Entwicklung von den Einflüssen des sozialen Umfeldes hinsichtlich Dauer und Intensität mehr oder weniger stark abhängig sein. Hilfe, Förderung, Information und Kommunikation müssen gezielter und differenzierter als beim Menschen ohne Behinderung erfolgen, dürfen allerdings das Kind mit Behinderung nicht zum (bloßen) Objekt machen. Im Rahmen des Erziehungsgeschehens werden Erfahrungen praktischer Art und Wissen aus dem Studium der Sonder- und Heilpädagogik benötigt. Erfahrung, Wissen und pädagogische Verantwortung fließen in den Erziehungsprozess ein und begleiten Lern- und Aneignungsprozesse.

3. Entwicklungsvorgänge erweisen sich bei Kindern mit Behinde- **Irreversibilität** rungen unabhängig vom Schweregrad der Beeinträchtigung als irreversibel, d. h. eine einmal eingetretene Störung bzw. Behinderung stellt eine Wirklichkeit dar und beeinflusst damit die Entwicklung. Die betroffene Person muss die erfahrene Beeinträchtigung im Sinne der Behinderung ihrer Entwicklung in ihrer subjektiven Betroffenheit „verkraften", in den Entwicklungsprozess aufnehmen und integrieren. Gelingt dies, kann auch Kompensation möglich sein, die betroffene Person kann dann auch Stärken entwickeln, kann eigene Kompetenzen wahrnehmen. Beeinträchtigungen wirken nicht eindimensional, tangieren auch andere Bereiche. Z. B. können sich Sprachstörungen auf den Kommunikationsbereich, das Sozialverhalten schlechthin

auswirken; Behinderungen der Motorik im Bereich der oberen oder unteren Extremitäten können ebenfalls das Sozialverhalten und den emotionalen Bereich betreffen; Störungen im Wahrnehmungsbereich können Auswirkungen auf die gesamte kognitive Entwicklung haben. Im Hinblick auf Kinder mit Lernbehinderungen wird auch von einem „biosozialen Kumulationsdefizit" gesprochen (Kanter / Speck 1980, 51). Die Irreversibilität im Sinne von „in das Leben eines Menschen eingetreten" erfordert neben der Eigenaktivität des betroffenen Kindes von heilpädagogischer Seite Hilfen zur Kompensation.

zeitliches Kontinuum

4. Entwicklung ereignet sich im Rahmen eines zeitlichen Kontinuums und betrifft die gesamte Lebensspanne, jedoch bei Kindern mit Beeinträchtigungen geschieht Entwicklung manchmal zeitlich verschoben, verlangsamt, z. T. auch hinsichtlich einzelner Prozessbereiche (z. B. Motorik, Wahrnehmung, Sprache) qualitativ verändert, weniger differenziert, insgesamt gesehen wohl weniger homogen. Entwicklungsvorgänge betreffen unter dem Aspekt der Veränderung und Dynamik nicht nur die Kindheit und Jugendzeit, sondern auch psychische und physische Phänomene während des ganzen Lebens. Die erzieherischen Einflüsse wirken bei Kindern mit oder ohne Beeinträchtigungen je nach Lebensalter unterschiedlich stark, wobei die Beeinflussungsmöglichkeiten im Hinblick auf das Entwicklungsgeschehen in der frühen Kindheit und im Vorschulalter im Zusammenhang mit der erhöhten Plastizität des Gehirns größer sind. Hieraus ergibt sich bei Kindern mit Entwicklungsverzögerungen die Notwendigkeit der rechtzeitigen Erkennung (Früherkennung) und der adäquaten Förderung (Frühförderung).

Relativierung von Entwicklungszielen

5. Die bei Kindern ohne Beeinträchtigungen etwa in Entwicklungsskalen (Screening-Tests) oder Lehrbüchern häufig genannten (alters) adäquaten Entwicklungsziele dürfen bei Kindern mit Entwicklungsverzögerungen bzw. -beeinträchtigungen nicht von außen, von der üblichen Altersnorm her gesehen werden (*interindividueller* Aspekt), sie müssen vielmehr vom betroffenen Kind oder der Person aus betrachtet werden (*intraindividueller* Aspekt). Nur eine kinderorientierte bzw. subjektorientierte Denk- und Handlungsweise auf Seiten der die Erziehung begleitenden Personen verhindert Über- oder Unterforderung. Wenn das Entwicklungsziel in der „relativ autonomen Persönlichkeit" (Kleber 1978, 20) gesehen wird, besteht die Gefahr einer Wertung des Erziehungszieles – zumindest müsste das Verständnis der „relativ autonomen Persönlichkeit" vor allem im Hinblick auf P. Singers höchst

umstrittene, ja gefährliche Meinung über Person und Persönlichkeit (1984, 179) näher beschrieben werden.

Um Über- oder Unterforderung zu vermeiden und Bedürfnisse von Kindern adäquat zu berücksichtigen, dürfen Entwicklungsziele nicht von außen, von Lehrplänen und Erziehern „gesetzt" werden. Sie müssen in der Kommunikation, Interaktion und der Begegnung im gemeinsamen Handeln mit dem entwicklungsverzögerten Kind unter Einbezug des jeweiligen Individuums reflektiert werden, wobei Offenheit für zukünftige Entwicklungen gegeben sein muss. Selbstverständlich wird hierbei an „optimale" Entfaltung der Person, an „bestmögliche" Entwicklung, an Kommunikationsfähigkeit, schlechthin an größtmögliche Selbstständigkeit, Unabhängigkeit und Autonomie gedacht.

6. Entwicklung heißt auch bei Vorliegen noch so schwerer Beeinträchtigungen, etwa bei Kindern und Jugendlichen mit schwerster geistiger Behinderung, stets Veränderung des Lebens, fortschreitende Veränderung des Erlebens und Verhaltens. **Erlebens- und Verhaltensveränderung** Während im Zusammenhang mit dem anfänglichen Entwicklungsstadium unmittelbar nach der Geburt die Konzentration deutlich im Bereich biologischer Vorgänge liegt, auf der Entfaltung von anlagemäßig Vorgegebenem, werden schon kurze Zeit später die Einflüsse der Sozialisationsprozesse wirksam. Es sei aber auch ausdrücklich vermerkt, dass sich Umfeldeinflüsse aller Art (soziale Prozesse, die Ernährung betreffende Beeinflussungen, traumatische Vorgänge und Erlebnisse um die Mutter, toxische Einwirkungen durch Medikamente, schädliche Umwelt usw.) bereits im intrauterinen Stadium negativ beeinflussend bis extrem schädigend auf das noch ungeborene Kind auswirken können.

7. Einerseits ist das Wissen um sogenannte „normale" Entwicklungsvorgänge für ein besseres Verständnis von Kindern mit Entwicklungsverzögerungen im Hinblick auf Fragen der Erziehung, Förderung und **Entwicklungsnormen** Unterrichtung höchst bedeutsam, denn auch die Entwicklung von Kindern mit Behinderungen verläuft zwar häufig verlangsamt – jedoch in ähnlicher Weise, d. h. die einzelnen Prozesse und Phasen erweisen sich als vergleichbar. Wir müssen uns aber andererseits im Zusammenhang mit der Erziehung des Kindes mit einer Behinderung von normorientierten Sichtweisen freimachen, von Schemata, Modellen und Maßstäben, die mit Hilfe von Verhaltensbeobachtung und quer- sowie längsschnittorientierten Untersuchungen und Beobachtungen (an Kindern ohne Behinderungen) aufgestellt wurden. Stattdessen müssen wir uns absolut am Kind mit seinen Beeinträchtigungen, sei-

nen Möglichkeiten, seiner Entwicklungsbasis und Lernausgangslage in seinem sozialen Kontext orientieren.

Forschungsauftrag   8. Die Erforschung von Entwicklungsvorgängen und deren erzieherische Beeinflussungsmöglichkeiten bei Kindern mit Beeinträchtigungen sollten zu einem Programm angewandter Entwicklungspsychologie im Rahmen des sonder- und heilpädagogischen Arbeitsfeldes werden.

3.3   Grundlegende Entwicklungsprozesse und mögliche Störfaktoren

Gemeinsames   Es stellt sich die Frage, ob im Verlauf der Entwicklung bestimmte Prozesse stattfinden, die bis zu einem gewissen Grade verallgemeinert dargestellt werden können, inwiefern diese Prozesse unter dem Aspekt des qualitativen und zeitlichen Ablaufes Informationen über defizitäre Entwicklungen geben können.

Wesentliche Prozesse im Entwicklungsgeschehen:

- Die *Reifung* als Grundlage und „Motor" für die folgenden Entwicklungen überhaupt;
- *Differenzierung*, d.h. ein anfangs einfaches Ganzes verfeinert, spezifiziert sich;
- *Integrierung* und *Zentralisierung* als Fähigkeit, infolge fortschreitender Gehirnreifung zuvor isoliert Wahrgenommenes in Zusammenhängen zu sehen;
- *Strukturierung* und *Selektivität* als Möglichkeit zu ordnen und auszuwählen;
- *Herausbildung gefestigter Verhaltensformen*, auch „Verfestigung", manchmal „Kanalisation" genannt (Bäumler 1974, 88–98; Oerter 1987, 21–30; Schenk-Danzinger 1993, 34, 44f).

3.3.1   *Reifung und die Bedeutung der Reflexe in frühester Kindheit*

Zunächst stehen Wachstum und Entwicklung in engem Zusammenhang mit genetischen und endogenen Faktoren und Bedingungen. Reifung unter biologischem Aspekt gesehen bedeutet, dass es sich um einen Vorgang handelt, der in hohem Maße nach inneren Gesetzen abläuft. Reifungsprozesse wirken in besonderem Maße in der frühen Kindheit bis zur Pubertät. Für die frühe Entwicklung ist vor allem die

Reifung des Muskel- und Nervensystems sowie der endogenen Drüsen bedeutsam, die für die Triebe und Affekte verantwortlich sind.

Insbesondere im postnatalen Stadium sowie im Säuglingsalter zeigt **Reflexe** sich anhand des Reflexgeschehens die Bedeutung der Reifung für die gesunde Entwicklung. Die Kenntnis der Reflextätigkeit als Basis für alle späteren Aktivitäten und Verhaltensweisen erweist sich für den heilpädagogischen Arbeitsbereich als grundlegend und damit notwendig, deshalb erfolgt hier ein Exkurs über die Bedeutung der Reflexe in der frühesten Kindheit.

1. Reflexe stellen einen wesentlichen Bereich motorischen Verhaltens und damit des Lebens im Säuglings- und Kleinkindalter dar. Es handelt sich beim Reflex um eine motorische oder sekretorische Antwort auf einen sensiblen Reiz.

„Auf Reize aus der Umwelt oder in uns selbst reagiert der Körper häufig mit zwar nicht starren (automatenhaften), aber doch relativ gleichförmigen Reaktionen, die sich im Laufe der stammesgeschichtlichen oder individuellen Entwicklung als besonders zweckmäßige Antworten auf die Reize herausgestellt haben. Solche stereotypen Reaktionen des Organismus auf sensible Reize nennen wir Reflexe." (R. F. Schmidt 1987, 115)

Im Zusammenhang mit dem Reflexbogen lassen sich unterscheiden: Das Sinnesorgan als Empfänger (Rezeptor), zu den Schaltstellen hinführende (afferente) Nervenbahnen, Zentrum mit Schaltstellen (Synapsen), von den Schaltstellen wegführende (efferente) Nervenbahnen und ausführendes Organ (Effektor/-en), wie z.B. Hand oder Mund. Reflexe laufen häufig autonom, d.h. unwillentlich, ab.

2. Die Neugeborenenzeit zeichnet sich durch das Vorhandensein bestimmter Reflexe aus. Neben den für das gesamte menschliche Leben charakteristischen Reflexen, wie z.B. Lidschlussreflex, Hust- und Schluckreflex, verfügt das Neugeborene über eine Reihe von Reflexen, die gerade dadurch charakterisiert sind, dass sie nach einiger Zeit – meist zwischen dem dritten und sechsten Monat – wieder aus dem Verhaltensrepertoire verschwinden (Bronisch 1979; Keller/Meyer 1982, 54 ff; Flehmig 1996, 12). Diese Reflexe sind von entscheidender diagnostischer Bedeutung in der Entwicklungsneurologie, deshalb werden sie auch in die vorliegenden Überlegungen einbezogen. Vor allem durch die frühe Erkennung bestimmter defizitärer Entwicklungen werden kompensatorische, therapeutische Maßnahmen möglich (Keller/Meyer 1982, 52).

3. Somit gibt der Reflexstatus Auskunft über den neurologischen Reifungszustand. Wenn also einzelne Reflexe über den dafür vorgesehenen Zeitraum bzw. Verhaltensspielraum hinaus andauern, haben sie insofern diagnostischen Wert, als sie Verletzungen der motorischen Zentren oder anderer Gehirnzentren anzeigen und Hinweise auf eine vorliegende Entwicklungsverzögerung geben.

4. Reflexe sind also – ganz allgemein ausgedrückt – festgelegte Verhaltensmuster, die in der Regel als direkte Reaktion auf einen spezifischen Reiz hin auftreten, und zwar ohne willentliche Kontrolle. Es handelt sich um ungelernte Verhaltensmuster, denen häufig Überlebensqualität zugeschrieben wird. Gemeint ist sowohl das Überleben des Individuums als auch der Art, welcher es angehört (z. B. Reflexe der Nahrungsaufnahme, Mundsuchverhalten bei Berührung der Mundgegend oder auch spontan, Saugreflex).

5. Nach Ablauf der ersten beiden Lebensmonate bildet sich die Zellstruktur der Großhirnrinde am intensivsten weiter, die Nervenbahnen werden von Markscheiben umgeben (Myelisation). Es verändert sich die Bildung bedingter Reflexe, die gesamte Nerventätigkeit des Kindes vervollkommnet sich. Folgende **Veränderungen** treten auf:

a) Die Anzahl der Reize, auf die das Kind reagiert, nimmt im Verlauf der Entwicklung zu. Für den Säugling im Alter von zwei bis vier Monaten dürfte ein Vogel auf dem Fensterbrett meist noch ein ziemlich unwirksamer Reiz sein. Einige Monate später ruft ein solcher Reiz ein lebhaftes Interesse hervor. Das Kind möchte den Vogel ergreifen, näher betrachten, vielleicht mit ihm spielen.
b) Die Erregbarkeit der Großhirnrinde und der subkortikalen Schichten, die für die Bildung einfacher Nervenverbindungen erforderlich sind, werden optimal. Erste bedingte Reflexe bilden sich bereits im zweiten Monat aus, wobei die Schnelligkeit der Entstehung vom Entwicklungsstand, also Gesundheitszustand, abhängt. Störungen können z. B. durch Ermüdungserscheinungen und Verdauungsstörungen auftreten, wie dies auch im späteren Alter der Fall sein kann. Das verlangsamte Nervensystem wirkt sich im Zusammenhang mit Erkrankungen des Körpers auf Gedächtnisfunktionen, auf das Reaktionsverhalten schlechthin aus.
c) Die Stärke und die Funktionstüchtigkeit der Hemmungsprozesse nehmen ab dem fünften Monat erheblich zu. Dies zeigt sich z. B. am sogenannten „Fremdeln", das im Allgemeinen im siebten bis achten

Monat als Zeichen normaler Entwicklung bei ca. 70% aller Kinder in diesem Alter auftritt (nach Hellbrügge). Deutlich wird dies auch im Zusammenhang mit sogenannten Trotz- und Verweigerungsreaktionen, wenn etwa ein Kleinkind sich weigert, Fragen zu beantworten oder jemanden zu grüßen (etwa im Alter von 14 Monaten und später). – Ein weiteres Kennzeichen für die Entwicklung der höheren Nerventätigkeit ist die Ausbildung bestimmter Hemmreaktionen, z.B. im Zusammenhang mit warnenden Gesten der Eltern oder bei Reaktionen auf Mimik und sprachlich formulierte Verbote.

Für die gesamte Entwicklung eines Kindes ist die Bildung immer feinerer Differenzierungshemmungen nötig. Dieser Prozess stellt die Grundlage jeglicher Unterscheidung, jeder Auswahl, jeglicher Analyse und jeden Vergleichs dar. Gegen Ende des ersten Lebensjahres kann ein Kind so weit differenzieren, dass es problemlos Gesichter, Stimmen von Menschen, ähnliche Lautverbindungen wie pa-pa, da-da, la-la usw. unterscheidet. Die Hemmung zwecks Differenzierung im Kleinkindalter ist besonders für die Erlernung der Sprache notwendig, denn zum Erwerb der Sprache erweist sich eine „phonematische Analyse" vor der entsprechenden kinästhetischen Reaktion als erforderlich.

d) Mit fortschreitendem Alter nimmt die Trainierbarkeit der Großhirnrinde zu, Verbindungen bilden sich schneller aus. Die sich bildenden Nervenbahnen und Nervenverbindungen werden immer beständiger und fester, weil sich alle Arten der Hemmungsprozesse entwickeln (Differenzierung, Strukturierung, Verfestigung). Ein Kind ist jetzt z.B. in der Lage, Buchstaben und Laute differenziert wahrzunehmen und entsprechend wiederzugeben, es kann jetzt die Schriftsprache erwerben. Differenzierungsleitungen (Hemmung) und Wahrnehmung müssen im Alter von ca. sechs bis sieben Jahren sehr gut ausgebildet sein, wenn ein Kind in der ersten Klasse Grundschule erfolgreich sein soll (Breuer/Weuffen 1990, 9–18, 22).

6. Im Zusammenhang mit einer möglichen defizitären Ausbildung von Reflexen und damit möglicherweise zusammenhängenden Behinderungen lässt sich – allerdings nur sehr vage – die kumulierende Wirkung auf andere Bereiche, zunächst Motorik im engeren Sinne, aber auch auf die Entwicklung des Sozialverhaltens, des sprachlichen Verhaltens und angrenzende Fähigkeiten abschätzen. Jedenfalls erweist sich die Reflextätigkeit als basal für alle späteren Aktivitäten und Verhaltensweisen.

Reifungs- und Lernvorgänge lassen sich praktisch nicht trennen (s. „Interaktionistische Entwicklungstheorie"). Z. B. das Laufenlernen scheint durch Training kaum beeinflussbar zu sein, während die Entwicklung der Sprache (Artikulation, Wortschatz, Satzbildung) sicherlich etwa ab dem siebten Lebensmonat deutlich durch Einflüsse der Umwelt mitbestimmt wird. Im negativen Sinne zeigt sich die Einwirkung der Umwelt auf Entwicklungsprozesse im Rahmen der Hospitalisationsforschung (Spitz 1946; 1992) an den Problemen von Heimkindern generell. Berichte über Kinderheime in Rumänien aus dem Jahr 1990 informieren über extreme Entwicklungsverzögerungen dieser Kinder. Darüber hinaus liegt die Sterblichkeitsrate in diesen Heimen z. T. bei über 40 %. Auch an den Darstellungen über sogenannte „Wolfskinder" (u. a. in Südfrankreich) lässt sich der Einfluss der Umwelt, der Lernanregungen im Zusammenhang mit Reifung erkennen. Berühmt wurde Itards „Wilder von Aveyron". Diese Kinder konnten, als sie etwa im Alter von zehn bis zwölf Jahren gefunden wurden, nicht sprechen, sie hatten einen gebeugten Gang und bewegten sich häufig hüpfend vorwärts, kletterten oft und geschickt auf Bäumen umher. Solche Verhaltensweisen hatten sie offensichtlich von Tieren übernommen.

4 Aspekte bei Reifungsvorgängen

Wie bereits dargelegt, bedeutet Reifung stets mehr als Ausfaltung und Entfaltung von keimhaft angelegten Verhaltensweisen. Vor allem werden **vier Aspekte** im Zusammenhang mit Reifungsvorgängen unterschieden.

a) Neurophysiologische Bedingungen der Reifung: Gemeint sind dabei vor allem die Reifungsprozesse des menschlichen Nervensystems und des Gehirns (Encephalisation) sowie die damit verbundene Zunahme des Gehirngewichtes in den ersten beiden Lebensjahren um etwa 350 %. Damit benötigt der Mensch innerhalb der Säugetierreihe die längste Zeit für die neurophysiologische Reifung. Hierdurch wird aber auch der Ausprägungsgrad des Gehirns am differenziertesten. So läuft z. B. die motorische Entwicklung beim Schimpansen (Heben des Kopfes, Sitzen, Laufen usw.) in einem Drittel der Zeit ab, die der Mensch zur Entwicklung dieser Leistungen benötigt. Die Reifung geschieht also beim Schimpansen rascher, kommt dafür aber auch früher zum Stillstand. Reifungsvorgänge beim Menschen werden gestört, wenn solche Prozesse zu früh zum Stillstand kommen, wie z. B. bei Kleinwüchsigkeit und Mikrozephalie. Zu den Reifungsprozessen des Gehirns gehört auch die Verbesserung der Feinstruktur im Zusammenhang mit der Myelisation, d. h. die Nervenbahnen werden mit Markscheiden, einem fett- und hornhaltigen Mantel, umgeben. Durch die Myelisation werden die Nervenfasern quasi isoliert und erhalten so ihre volle Leistungs- und Leitfähigkeit. Von der neurophysiologischen Reifung hängt vor allem die motorische Entwicklung, die Grundlage aller Entwicklungsprozesse ab.

b) Verhaltensreifung: Es geht hierbei um die Frage, inwiefern zum Erreichen einer neuen Verhaltensform (z. B. im Bereich der Motorik) Übungs- und Lernvorgänge notwendig sind oder ob mit zunehmender Reifung auch ein bestimmtes neues Verhalten einsetzt.

Hierzu gibt es einen bekannten Versuch mit den eineiigen Zwillingen Johnny und Jimmy. Man gab einem der Zwillinge bereits früh ausgiebig Gelegenheit, das Treppensteigen zu üben, während sein Bruder ausschließlich in einer niveaugleichen Wohnung spielte und aufwuchs. Zu dem Zeitpunkt, in dem das Treppensteigen im Allgemeinen von Kindern als kontinuierliche Fortbewegung beherrscht wird und der erste Zwillingsbruder entsprechend eine Treppe begehen konnte, wurde der zweite Zwillingsbruder, der bisher keinerlei Übungsmöglichkeiten hatte, zum Treppensteigen veranlasst. Es ergab sich, dass dieser zwar nicht unmittelbar eine Treppe problemlos begehen konnte, dass er jedoch, nachdem die „Zeit reif war", nur einen Bruchteil der Übungen benötigte, um Gleiches zu leisten wie sein Bruder (Kleber 1978, 41). Für diese Art von Verhalten können wir feststellen, dass Reifungsvorgänge doch einen deutlichen Erleichterungsfaktor für das Erlernen des entsprechenden Verhaltens darstellen.

Man könnte nun fragen, ob sensumotorische Leistungen wie Spielen bzw. Bauen mit Klötzchen, mit Spielmaterialien schlechthin, Schneiden mit Scheren, Umgang mit Knöpfen etc. von vorangegangener Übung abhängen. Reifungsvorgänge stellen zunächst eine Bedingung für bestimmte Verhaltensweisen, Leistungen sowie Handlungen dar und erleichtern deren Durchführung. Gleichzeitig müssen aber auch die entsprechenden Angebote von außen hinzukommen, damit sich „Reifendes" voll entfalten kann (s. a. „Sensible Phasen" und Wygotskis „Zone der nächsten Entwicklung"). Im Zusammenhang mit sprachlichem und kognitivem Verhalten überhaupt müssen zunächst gewisse Reifungsprozesse für bestimmte Leistungen gegeben sein, zur optimalen Entfaltung müssen jedoch die entsprechenden Angebote aus der sozialen Umwelt hinzukommen (Wygotski 1993; 1987, 83).

Die Entwicklung der Sprache wird etwa mit dem siebten Monat – wahrscheinlich schon früher – ganz entscheidend durch Anregungen und die Sprachvorbilder der Umwelt beeinflusst. Umgekehrt ergeben sich bei zu frühem Angebot mit der Zielrichtung „Lernen", also bei noch fehlenden Reifungsvoraussetzungen für bestimmte Handlungen, Überforderungssituationen mit negativen Folgen für die Entwicklung in den entsprechenden Bereichen. Vor allem aber kann für die Persönlichkeitsentwicklung im Hinblick auf Frustration, Ängste, Selbstbild (z. B. monatelanges Üben mit dem Fahrrad ohne Stützräder, wenn ein

Kleinkind das Gleichgewicht hierfür noch nicht beherrscht; Lesen-
und Schreibenlernen, wenn die Voraussetzungen für Wahrnehmungs-
differenzierung noch nicht gegeben sind) Schaden entstehen. An sich
kann man Reifen im Sinne von anlagemäßigen Voraussetzungen und
Lernen auf der Basis exogener Einflüsse nur theoretisch – versuchsweise – analysieren, praktisch wird eine getrennte Sichtweise nicht
möglich sein (s. Kap. 3.1.1).

c) Sachimmanente Entfaltungsvorgänge / -logik: Aufgrund von Er-
forschungen und Analysen – insbesondere von Piaget – wissen wir,
dass das Erreichen einer bestimmten Entwicklungsstufe eine notwendige Voraussetzung für das Erlernen von Inhalten einer der folgenden neuen Stufen ist. Es liegt die Vorstellung zugrunde, die jeweils
einfachere Verhaltensweise oder Fertigkeit sei Voraussetzung für die
nächst schwierigere, spätere Leistung in diesem Verhaltensbereich.
In der Sache liegt eine gewisse Ordnung bzw. Struktur, die jeweils
durch fortschreitende Reifung durch die Wahrnehmung (Kognition)
des Kindes erfasst werden kann, also mit der entsprechenden kognitiven Struktur korrespondiert. Die aus einer Sache selbst ableitbaren,
aufeinanderfolgenden Prozesse werden auch „sachimmanente Entfal-
tungslogik" genannt.

Das Kind lernt im Allgemeinen erst das Laufen, wenn es zuvor Krabbeln und
Stehen gelernt hat. Der Umgang mit Bauklötzchen erfordert erst die Fähigkeit, sie auch greifen und wieder loslassen zu können. Kompliziertes Bauen
wird erst möglich, wenn ein Kleinkind zwei oder mehrere Klötzchen aufein-
anderschichten kann.

Jedes Verhalten setzt sich somit aus einer unwahrscheinlich großen
Vielfalt hierarchisch aufgebauter Verhaltensweisen zusammen. Die
Kenntnis des Aufbaus von Verhaltensweisen stellt eine unabdingbare
Voraussetzung für die Förderung von Kindern mit Entwicklungsstö-
rungen dar. Der gesamte didaktische Aufbau von Lernvorgängen im
Unterricht sollte von der Kenntnis getragen sein, dass erst die Lern-
voraussetzungen gegeben sein müssen, ehe neue, komplexere Lern-
prozesse erfolgen können.

d) Sensible oder kritische Phasen: Es handelt sich hierbei um ein
Phänomen, das im heilpädagogischen Bereich immer wieder diskutiert wird.

In herkömmlicher Sichtweise versteht man unter sensiblen Phasen,
dass der Organismus endogen bedingte Perioden gesteigerter Emp-

fänglichkeit und Plastizität für die Ausbildung bestimmter Verhaltensweisen mit sich bringe, die in späteren Entwicklungsstadien nicht mehr in diesem Umfange vorhanden seien. D. h. reifungsbedingtes Lernen würde ausschließlich oder zumindest wesentlich erleichtert in solchen Phasen erfolgen.

Verhaltensforscher konnten im Zusammenhang mit Tierexperimenten zweifellos sensible Phasen nachweisen (Tinbergen, Graugänse von Konrad Lorenz). Kleine Enten oder Küken werden 12 bis 16 Stunden nach dem Ausschlüpfen auf die dann in ihrer Nahumgebung sichtbaren und beweglichen Objekte geprägt – d. h. sie fassen diese Objekte als sogenannte Elternschemata auf und folgen ihnen, auch wenn es ein Mensch oder nur ein sich entsprechend bewegendes Objekt sein sollte.

Im menschlichen Bereich schafft die Reifung in bestimmten Phasen optimale Lernbedingungen für bestimmte Angebote der Umwelt. So sind im Bereich der Sprache die Koordination der Sprechmuskulatur ebenso wie die Funktionen der Beziehungserfassung Voraussetzungen für das Verständnis von Begriffen, die dem Kind von der sozialen Umwelt übermittelt werden. Viele Leistungen kommen vor einem bestimmten Zeitpunkt nicht zustande, auch wenn man versucht, sie durch Training zu erreichen. Das Kind ist dann noch unreif und daher im Hinblick auf solche Leistungen überfordert. Auf diese Phase des Noch-nicht-Könnens folgt dann für bestimmte Verhaltensweisen oder Leistungen eine kritische Periode, in der entsprechende Lernangebote mit optimalem Erfolg angenommen werden können. Diese kritischen oder sensiblen Phasen haben zeitliche Spielräume, die für verschiedene Verhaltensweisen (Funktionen) verschieden groß zu sein scheinen. Als wichtig für Kinder mit Behinderungen erweist sich, dass innerhalb dieser zeitlichen Spielräume, die für jedes Kind individuell gesehen werden müssen, früheste Realisierungen von Verhaltensänderungen ebenso möglich sind wie mehr oder weniger große Verspätungen, die sich auf mehrere Jahre erstrecken können (Schenk-Danzinger 1993).

Stehen Reiz-Angebote, Betätigungs- und Handlungsmöglichkeiten erst nach Ablauf der kritischen Phasen zur Verfügung, können die entsprechenden Prozesse (Funktionen, Verhaltensweisen) nicht nur später in Erscheinung treten, vielmehr ist auch eine gestörte und/oder verzögerte Entwicklung wahrscheinlich. Es spricht auch vieles dafür, dass Entwicklungs- bzw. Reifungsimpulse versiegen können, wenn die kritische Phase in Ermangelung an Lernangeboten oder infolge von Nichtbeachtung ungenutzt bleibt. Gerade im Bereich heilpädagogischer Arbeitsfelder wird hier ein Höchstmaß an Sensibilität für jedes einzelne Kind gefordert, weil jedes Zuviel und Zuwenig, „Zufrüh" oder „Zuspät" sich negativ auswirken kann. Allerdings sei auch betont, dass es sich hierbei jeweils um Spielräume mit entsprechender Streubreite handelt.

Würde man sensible Phasen unter präformatorischem Aspekt betrachten, müsste man sagen, dass reifungsbedingt bestimmtes Lernen ausschließlich in diesen Phasen erfolgt. Bezieht man jedoch den Umweltaspekt ein, bedeutet dies, dass Lernen in den sensiblen Phasen wesentlich erleichtert geschieht, wenn die adäquaten Umweltangebote (Reize) gegeben sind. Es spricht vieles dafür, dass gewisse Verhaltensweisen und Leistungen nur in gewissen Phasen oder Perioden menschlicher Entwicklung zustande kommen. Dabei sind die Variations- und Streubreiten bzw. Spielräume für verschiedene Verhaltensprozesse (Funktionen) unterschiedlich groß. Erfolgen für den gesamten Zeitraum sensibler Phasen keine Entwicklungsimpulse und Angebote von außen, dürften auch spätere Lern- und Förderungsanstrengungen in dem einen oder anderen Verhaltensbereich von weniger deutlichem Erfolg getragen sein. Hieraus leitet sich auch die Notwendigkeit der Früherkennung und rechtzeitigen Förderung entwicklungsbeeinträchtigter Kinder ab.

Exkurs: Freuds Phasenlehre

Im weiten Sinne kann man Sigmund Freuds **Phasenlehre der Libidoentwicklung** auch in diese Überlegungen einbeziehen:

1. Orale Phase (ca. 1. Lebensjahr);
2. Anale Phase (ca. 2. Lebensjahr);
3. Phallische oder Genitale Phase mit dem Ödipuskomplex (etwa 3.–6. Lebensjahr);
4. Latenzzeit (6. Lebensjahr bis Pubertät);
5. Pubertät.

Die sensible Phase der Sprachentwicklung dürfte im Zeitraum zwischen dem zweiten und sechsten, die Phase der intensivsten kognitiven Entwicklung zwischen dem dritten und achten Lebensjahr liegen, wenn man die Intelligenzentwicklungskurven einbezieht. Allerdings konnte diese Hypothese Blooms (1964) einer sensiblen Phase der Intelligenzentwicklung zwischen dem dritten und achten Lebensjahr bisher weder verifiziert noch falsifiziert werden.

Pechstein berichtet von einer größeren Untersuchung der Münchener „Forschungsstelle für Pädiatrie und Jugendmedizin" über Heimkinder im Kleinkindalter (1968, 410). Im Rahmen dieser Untersuchung, die stellvertretend für die zahlreichen Publikationen über das Hospitalismusphänomen (Spitz 1945/1946; Bowlby 1951; Yarrow 1964; Schmalohr 1968) stehen kann, ergab sich, dass über zwei Drittel der Kinder nach einem Heimaufenthalt von sechs Monaten merklich herabgesetzte Entwicklungsquotienten zeigten. Als Ursache nimmt Pechstein einen durch die Heimsituation bedingten „Verlust an neurophysiologisch bedeutsamen Sinnesanregungen und Lernprozessen" (1968, 410) an. Bei dieser Untersuchung wurde auch deutlich, dass die frühkindlichen Deprivationsschäden nicht schichtspezifisch auftraten, vielmehr konnten sie eindeutig auf den Mangel an Zuwendung und Anregung zurückgeführt werden. Man kann nicht ausschließen, dass es Eltern gibt, die sich infolge besonderer Umstände, wie z. B. erzieherischer Grenzerfahrungen, psychischer Probleme, sozioökonomischer Schwierigkeiten (Armut), ihren Kindern nicht intensiv genug widmen können. Bei solchen Kindern können ähnliche Phänomene auftreten, die auch auf das anregungs- und beziehungsarme familiäre Klima zurückgeführt werden müssen.

Es handelt sich im Zusammenhang mit sensiblen Phasen „um besondere Empfänglichkeiten, die in der Entwicklung, das heißt im Kindesalter [...] auftreten. Sie sind von vorübergehender Dauer und dienen nur dazu, dem Wesen die Erwerbung einer bestimmten Fähigkeit zu ermöglichen" (Montessori 1999, 47). Aufgrund entwicklungspsychologischer Erkenntnisse spricht vieles dafür, dass es Zeiten erhöhter Bereitschaft für aufbauende Lernerfahrungen gibt. Es kann offensichtlich mit Entwicklungsabschnitten gerechnet werden, in denen – im Vergleich zu vorangehenden oder nachfolgenden Prozessen – spezifische Erfahrungen maximale Wirkungen haben.

Für das heilpädagogische Aufgabenfeld lassen sich folgende Thesen formulieren: **heilpädagogische Implikationen**

1. Wahrscheinlich treten sensible Phasen im Zusammenhang mit Entwicklungsverzögerungen nicht so deutlich ausgeprägt auf wie bei sogenannter Normalentwicklung. Hieraus ergibt sich die Notwendigkeit entwicklungsbegleitender Verhaltensbeobachtung. Wenn keine allzu ausgeprägte und direkte Schädigung eines Bereiches vorliegt, zeigen sich sensible Phasen deutlicher.

2. Ein zeitlich mehr oder weniger verschobenes Auftreten sensibler Phasen erweist sich bei Kindern mit Behinderungen als wahrscheinlich. Kinder mit geistiger Behinderung lernen z. T. im Altersbereich zwischen zweieinhalb und vier Jahren das Laufen, im Alter von fünf Jahren das Sprechen. Frühpädagogen und Lehrer an Sonderschulen berichten, dass es offensichtlich manchmal sehr lange Ruhepausen

gibt und sich dann entwicklungsmäßig wieder deutlichere Fortschritte zeigen. Sicherlich gibt es auch so etwas wie latentes Lernen, das auch bei altersadäquat entwickelten Kindern, vor allem aber bei Kindern mit Autismus und Mutismus zu beobachten ist.

3. Vergleichbar mit Kindern ohne Behinderungen laufen solche Phasen nicht nur in kurzen Zeitspannen ab, sie erstrecken sich über größere Zeiträume (z. B. im Bereich grob- und feinmotorischer Prozesse, der Wahrnehmung und der Sprache). Aufgrund eigener Beobachtungen dürften Phasen für den Erwerb bestimmter Verhaltensweisen auch länger andauern als bei Kindern ohne Behinderungen. Verhaltensbeobachtung, Diagnostik allgemein und adäquate Förderung erweisen sich hierbei wiederum als sehr bedeutsam.

4. Die Probleme verstärken sich, kumulieren, wenn die Möglichkeiten der Förderung nicht wahrgenommen werden, z. B. in ungünstigem (Erziehungs-)Milieu (Hospitalismus), bei Über- oder Unterforderung, im Zusammenhang mit neurotisierendem „pathogenen Familienmilieu".

5. Es sei betont, dass Anlage- und Reifeeinflüsse, Lernen und Erziehungseinwirkungen, schlechthin Umwelteinflüsse sehr eng ineinandergreifen und nicht nur den Entwicklungsprozess als solchen beeinflussen, sondern sich auch wechselseitig bestimmen. Dies besagt gleichzeitig, dass man zwar in der theoretischen Analyse, aber in der Praxis bzw. Erziehungswirklichkeit nur sehr schwer unterscheiden kann, durch welche Einwirkungen bestimmte Verhaltens- und Leistungsmöglichkeiten zustande gekommen sind.

6. Reifung stellt einen Prozess dar, der die nachfolgenden Grundvorgänge der Entwicklung (Differenzierung, Integrierung, Strukturierung) unter Berücksichtigung der engen Verzahnung von Anlage / Reifung, Erziehung / Lernen / Umwelt und Selbstentfaltungskräften / Persönlichkeit stets beeinflusst.

3.3.2 Differenzierung

Ein anfangs globales, unstrukturiertes Ganzes differenziert sich. Differenzierung vollzieht sich in allen Bereichen menschlicher Entwicklung. Die ursprünglich unkoordinierten Massenbewegungen des Säuglings entwickeln sich zu gezielten Einzelbewegungen, die schon bald das Kind befähigen, mit Gegenständen umzugehen, Tätigkeiten auszuüben, die Feinmotorik zu beanspruchen. Grob gesehen handelt es sich um den körperlichen Bereich, die Motorik z. B. der Arme, Hände, Finger, Beine, die verschiedenen Prozesse der Wahrnehmung (visuell, auditiv, taktil, kinästhetisch), der Sprache (Feinmotorik der Zunge, der Lippen usw.), kognitive Prozesse im Allgemeinen, schließlich auch soziale und emotionale Erscheinungen, z. B. Bedürfnisse, Motivation, Gefühle.

Sehr deutlich kann man diesen fortschreitenden Prozess der Differenzierung bei Säuglingen und Kleinkindern erkennen, wenn Handlungen und Verhaltensweisen immer gezielter, sicherer werden. Gut beobachten lassen sich Differenzierungsvorgänge, wenn sich jeweils neue Verhaltensweisen und Leistungen entwickeln wie im Bereich des Greifens, des Laufenlernens, der Sprache, der Wahrnehmung von Objekten, im Zusammenhang mit Lesen und Schreiben lernen. An sich verbindet sich auch mit dem Erwerb neuer Verhaltensmöglichkeiten im Erwachsenenalter der Vorgang der Differenzierung, z. B. beim Erlernen des Autofahrens, einer neuen Sportart, im Umgang mit Computern, auch beim wissenschaftlichen Arbeiten. Deutlich lässt sich der Differenzierungsvorgang im Hinblick auf Entwicklung der Feinmotorik und der visuellen Wahrnehmung an den „Menschen-Zeichnungen", bei Baum-Zeichnungen, beim Zeichnen allgemein erkennen. Dabei erweisen sich bei nichtbehinderter Entwicklung zwischen dem dritten und siebten Lebensjahr die Prozesse als immer differenzierter (Koch 2000; Ziler 1997). Für das Kleinkind liegt beim Menschen zwischen Kopf und Beinen nur ein Teil, nämlich der Bauch. Erst bei weiterer Entwicklung unterscheidet das Kind Hals, Brust und Bauch.

konkrete Beobachtungen

> Der Prozess der Differenzierung kann als Verfeinerung, Ausgliederung der Details, Herausformung von Einzelheiten, „als Verfeinerung der psychischen Erscheinungen und Funktionen" (Werner 1970) gekennzeichnet werden.

Für die Entwicklung von Kindern können sich Differenzierungsstörungen negativ auswirken, es fehlt quasi die gute (sensomotorische) Basis für die weiteren Entwicklungsprozesse. Bestimmte Erfahrungen, z. B. im Umgang mit Objekten, können im Zusammenhang mit den bereits beschriebenen Bereichen (Motorik, Wahrnehmung) nicht hinreichend erfolgen, es fehlt möglicherweise an Übung, somit kann sich die entsprechende Funktion mit allen Auswirkungen auf den Bereich der kognitiven Entwicklung, der Sprache nicht hinreichend ausbilden. Solche Probleme können durch gestörte Reifungsvorgänge des Gehirns und des Zentralnervensystems, aber auch durch negative Umweltfaktoren

Differenzierungsstörungen

verursacht sein, z. B. ungenügendes Angebot an Spielmaterial, zu kleine Wohnungen mit entsprechend hohem Geräuschpegel durch Radio
und Fernseher. Im Zusammenhang mit negativen Einflüssen dieser Art
können sich weder ein differenziertes Gehör noch eine differenzierte
Sprache herausbilden.

3.3.3 Integrierung und Zentralisierung

> Bei Integrierung und Zentralisierung handelt es sich um die Fä-
> higkeit, zuvor isoliert Wahrgenommenes („Erlebtes") in einem
> Zusammenhang zu sehen.

Das Kind erhält Informationen über einen oder mehrere Sinneskanäle, verarbeitet diese entsprechend seiner Wahrnehmungsfähigkeit und
fügt sie zu einem neuen Ganzen zusammen. Während erste Modali-
tätsverknüpfungen anfangs intramodal, d. h. auf gleichem Sinnesbe-
reich (z. B. visuell-visuell oder taktil-taktil), erfolgen (Affolter 1975),
gelingen dem Säugling etwa ab dem dritten Lebensmonat intermodale
Verknüpfungen. Möglich wird jetzt eine gegenseitige Verbindung von
Informationen aus verschiedenen Sinnesgebieten, ein „Ordnen der
Empfindungen, um sie gebrauchen zu können" (Ayres 2002, 7).

**sensorische
Integration**

Kein Wahrnehmungskanal sollte Informationen vermitteln, die ohne
Bezug zu den Informationen anderer Kanäle sind (Kephart 1977, 43).
Insbesondere die „sensorische Integration", also die Integration der
Informationen über Wahrnehmungskanäle, spielt eine dominierende
Rolle, wobei unter sensorischer Integration die „Interaktion und Koordination von zwei oder mehr Funktionen oder Prozessen zur Verbesserung der Anpassungsfähigkeit des Gehirns" (Ayres 1979, 19) verstanden und als „cross modal transfer" (Jacobi 1981, 105) bezeichnet
wird. Übergeordnete zentrale Instanzen werden im Zusammenhang
mit Reifungsprozessen des Gehirns aufgebaut, die im Sinne von Steu-
erungsfunktionen wirken. Aktive Selbstgestaltung durch willentliche
Steuerung wird jetzt möglich. Integrierung und Zentralisierung laufen
quasi parallel zur Differenzierung.

Dieser Prozess weist ebenfalls eine deutliche Abhängigkeit von
Umwelteinflüssen auf. Zentralisierung, die besonders Prozesse im
Bereich der Steuerungsinstanz des Gehirns meint und Integration
im bereits beschriebenen weiteren Sinne gehen mit der Reifung der
Großhirnrinde einher. Die Qualität der Zentralisierung und der Integ-
rationsvorgänge wirken sich stets auch auf Denkprozesse des späteren

Lebens aus, bilden quasi eine grundlegende Basis für Handeln und Denken. Auch beim produktiven Denken müssen vorbegriffliches und anschauliches Denken, konkrete und formale Operationen, neue und neuartige Denkprozesse in das vorhandene Denksystem eingeordnet, dort koordiniert und gleichzeitig auch zentralisiert werden (Leseprozess). Dies impliziert ferner die Möglichkeit der dezentralisierten kognitiven Auseinandersetzung mit einem Gegenstand, die Betrachtung aus unterschiedlichen Perspektiven bis hin zum kreativen Handeln.

Es kann sein, dass ein Kind optische oder akustische Eindrücke bzw. Reize jeweils für sich ausreichend gut interpretieren kann. Soll es auf beide Reize jedoch gleichzeitig reagieren, zeigt es sich verwirrt. Es ist nicht in der Lage, mehrere sensorische Reize so miteinander zu verknüpfen, dass sich die Reize zu einem integrierten Ganzen kombinieren. Dem Gehirn gelingt es nicht, den ständigen Strom mehrerer sensorischer Impulse so sinnvoll zu verarbeiten und zu ordnen, dass das betreffende Individuum eine genaue Information über sich selbst und seine Umwelt erhält. Der Prozess der **sensorischen Integration** ist also gestört, wenn das Kind nicht in der Lage ist, viele Teile zu einem sinnvollen Ganzen zusammenzufügen. Die Möglichkeit einer „Lernstörung" ist bereits vorprogrammiert (s. a. intramodale, intermodale und seriale Stufe der Wahrnehmungsentwicklung nach F. Affolter).

mehrere sensorische Reize

Störungen der Integrationsfähigkeit führen mit großer Wahrscheinlichkeit zu Problemen im Alltag und in der Schule. Solche Kinder haben schon Schwierigkeiten, einen Ball sicher zu fangen, überhaupt bei sensomotorischen Leistungen im Sport und beim Spiel, eine Schleife zu binden, den Bleistift richtig zu halten, im Unterricht die Aufmerksamkeit auf den wesentlichen Reiz zu richten, etwa auf die Stimme des Lehrers, die Antwort des Mitschülers, auf Impulse, die gleichzeitig mehrere Aufforderungen enthalten.

Probleme im Alltag

Hyperaktivität und Konfusion können die Folge sein, weil das Gehirn weder verschiedene Reize und Informationen gleichzeitig aufnehmen noch koordinieren oder sinnvoll verarbeiten kann. Solche Störungen wirken sich dann auch auf die Psyche und die gesamte Persönlichkeitsentwicklung des Kindes aus. Mag sein, dass sich der gegenwärtige computerorientierte, nach Leistung und Perfektion strebende und einseitig leistungswertende Zeitgeist im Zusammenhang mit zu geringen zeitlichen Spielräumen und einseitiger funktionsorientierter Didaktik (anstelle ganzheitlichen Lernens) schon auf geringe Lernstörungen negativ auswirkt und zu Integrationsstörungen führt. Leider fehlt häufig Grundschullehrern die Einsicht in die ungeheure Komplexität von Reiz- und Informationsverarbeitungsprozessen.

3.3.4   Strukturierung und Selektion

Der Strukturierungsvorgang baut auf den bisher angeführten Prozessen auf. Der Begriff bezeichnet die gefügehafte Ordnung des entfalteten psychischen Lebens, des kognitiven Bereiches im weiten Sinne. Im Gefolge der Prozesse Differenzierung und Integrierung ergeben sich geordnete, gegliederte Verarbeitungs- und Verhaltensstrukturen. Konstante Verhaltensformen werden sichtbar, die mühelos vollzogen werden. Diese Verhaltensstrukturen oder -ketten laufen oftmals „automatisch" ab, d. h. sie erfordern keine besondere Anstrengung. Sie sind vergleichbar mit den bei Piaget beschriebenen „kognitiven Schemata".

Komplexität   Es muss im Zusammenhang mit der Strukturierung betont werden, dass hier menschliche Entwicklung als ein prozesshaftes, äußerst komplexes Geschehen verstanden wird, das im Prinzip als irreversibel gilt.

Die beschriebenen Prozesse bauen aufeinander auf, sind im Sinne einer Vernetzung (Integration) ineinander verwoben, stehen in enger Verbindung zueinander. Dennoch bilden sich Strukturen und Einstellungen (Schemata) im Sinne von Wahrnehmungs-, Reaktions-, schlechthin Verhaltensmöglichkeiten und -bereitschaften aus, die den kognitiven, sozialen, emotionalen, den motorischen und gesamten reaktiven Bereich umfassen.

So intendiert Verhaltensmodifikation, Verhaltensformen und -strukturen anzubahnen, auf- oder abzubauen, unmittelbar in das So-Sein eines Kindes verändernd einzugreifen, wie etwa Anbahnung von selbstständiger Nahrungsaufnahme bei Kindern mit schweren geistigen Behinderungen, Hinführung zur Selbstständigkeit beim An- und Ausziehen, Abbau aggressiven Verhaltens bei Kindern mit Verhaltensstörungen, Anbahnung von mehr Kommunikationsfähigkeit bei Kindern mit autistischen Zügen. Es handelt sich hierbei um Strukturierungsversuche, um „Eingriffe" in das Leben von Kindern, die unter pädagogischem Aspekt z. T. als problematisch erscheinen und kritisiert werden.

Bei altersadäquat entwickelten Kindern und Jugendlichen kann man typische Verhaltensstrukturen, besser Verhaltensweisen, beobachten und unterscheiden, etwa die des Vorschul- und des Grundschulkindes, des Pubertierenden und des Jugendlichen. Es handelt sich dabei um eine bestimmte alters-, vielleicht auch mit umweltbedingte Art der Begegnung und Auseinandersetzung mit der Welt, des Verhaltens und Handelns in der Welt. Allgemein ausgedrückt könnte man bei querschnittorientierter Betrachtung sagen, dass Kinder in gleichen Altersbereichen häufig sehr ähnliche Verhaltensweisen zeigen. Einstellungen und Verhaltensweisen von Kindern in einem bestimmten Alter sind allerdings stärker, als man dies früher annahm, auch durch Sozialisationsvorgänge, also Umwelteinwirkungen, beeinflusst.

Zur Strukturierung gehört auch die Selektion von Informationen und **Selektion**
Reizen aus der Umwelt, d. h. jede Person nimmt nur einen Teil des
vorliegenden Informationsmaterials wahr. Durch Selektion trifft die
Person eine Auswahl aus Angeboten, die bereits irgendwie in das
Strukturschema passen oder es in bestimmter subjektiv bedeutsamer
Weise ansprechen. Bestimmend wirken hierbei Bedürfnisse, Einstellungen, Erfahrungen, Haltungen, die teilweise durch Erziehungs- und
Umwelteinflüsse beeinflusst sind. Aus Reizangeboten auszuwählen,
sich bewusst auf bestimmte Wahrnehmungen einzustellen, ist eine Voraussetzung für gerichtete Aufmerksamkeit und Konzentration. Hieraus ergeben sich Auswirkungen auf den Unterricht.

3.3.5 Herausbildung gefestigter und sicherer Verhaltens-formen

Aus ursprünglich unbestimmten, plastischen Bedingungen werden **Verfestigung**
geprägte Formen. Relativ früh beginnt die Weichenstellung für den
weiteren Entwicklungsverlauf. An sich besitzt das Neugeborene eine
unwahrscheinlich große Anzahl an Möglichkeiten der Entfaltung und
Selbstgestaltung. Diese Möglichkeiten erfahren im Laufe der Zeit
durch Erziehungs-, Milieu-, schlechthin Umwelteinflüsse immer wieder Einschränkungen. „Von all den theoretisch möglichen Entwick-
lungsverläufen bleibt dem Kind ein einziger übrig." (Oerter 1987,
26) Unter diesem Aspekt muss man Entwicklung auch als Verfestigung, als Herausbildung gefestigter, sicherer Verhaltensformen sehen.
Strukturiert und relativ gefestigt werden Bedürfnisse, Interessen, Verhaltensweisen, Werthaltungen, ganz bestimmte Gefühle im Sinne von
Möglichkeiten, auf etwas emotional zu reagieren. Bei enger, starrer
Erziehung, bei Kindern, die in Heimen aufgewachsen sind, bei manchen Kindern mit Behinderungen ergeben sich Probleme, wenn die
in früher Kindheit eingeschlagenen Grundrichtungen und Wege, Einstellungen ungünstiger Art verändert werden sollen. Im Hinblick auf
rechtzeitige positive erzieherische Beeinflussung besteht deshalb auch
die Notwendigkeit der Früherkennung und Frühförderung, wobei die
Probleme im Zusammenhang mit Heimkindern sowie der Kinder aus
emotional gestörtem Milieu nicht leicht lösbar sind.

    Verfestigungen kann man unter pädagogischem Aspekt **positiv
und negativ** bewerten. Positiv gesehen bedeutet Verfestigung so viel
wie das Werden, seelisch-geistige Inhalte sich zu eigen machen, also
auch innere Festigkeit, Zielstrebigkeit, Zielbestimmtheit, das, was man
unter „Charakterstärke" versteht, sowohl im psychischen als auch im

kognitiven Bereich eine feste, gesicherte positive Basis zur weiteren Öffnung und Entfaltung der Persönlichkeit. Negativ gesehen bedeutet Verfestigung Starrheit, Mangel an Plastizität und Offenheit, Verhärtung, Rigidität bis hin zu schlechten Gewohnheiten, Stereotypien und Süchten. Es handelt sich um negative, um ungünstige Einstellungen und Verhaltensweisen, „Kreisläufe", die einer positiven Entfaltung der Persönlichkeit im Wege stehen.

Entwicklungs-verzögerung

Im Hinblick auf relativ häufig verspätete Reifungsvorgänge, auf Entwicklungsverzögerungen von zwei und mehr Jahren im Lebensalter von z. B. drei oder vier Jahren bei Kindern mit Behinderungen stellt sich die für Erziehung und Förderung wichtige Frage, ob spät einsetzende Reifungsprozesse auch eine längere Reifungsdauer zur Folge haben oder ob relativ frühzeitig Verfestigungen einsetzen. Jugendliche, die eine Schule zur individuellen Lernförderung besuchen, erreichen nach eigener Erfahrung im Allgemeinen die Stufe der konkreten Operationen im Sinne Piagets etwa zwei bis drei Jahre später als Regelschüler. Ähnlich verhält es sich mit dem abstrakt-logischen Denken. Auch hier muss mit Verzögerungen gerechnet werden, so dass diese Phase statt im Alter von 11 bis 13 Jahren erst etwa mit dem 13./14. Lebensjahr einsetzen kann.

Didaktisierung des Lernstoffes

Gleichzeitig ist es hinsichtlich der Didaktisierung des Lernstoffes wichtig, dass bei Neuerarbeitungen eines Lerngegenstandes vor allem Prozesse der unmittelbaren Erfahrung einbezogen werden – wenn möglich (sensomotorische) Handlungen, Modelle, Veranschaulichungen, Zeichnungen usw. –, ehe der Lerngegenstand symbolisiert, d. h. sprachlich-theoretisch erfasst, werden kann.

Wissenschaftliche Untersuchungen bestätigen dies: Kinder mit Lernbehinderungen erscheinen gegenüber Regelschülern in der Entwicklung ihrer Denkfähigkeit teilweise um ein bis zwei Jahre retardiert zu sein. Aus den Unterschieden zwischen den Ergebnissen von „Lernbehinderten" und Regelschülern lässt sich weiterhin schließen, dass „lernbehinderte Kinder" hinsichtlich der Entwicklung ihrer geistigen Fähigkeiten eine inhomogenere Gruppe bilden als die Kinder der Regelschule (Salkowsky 1981, 76 f). Der Einbezug dieser Untersuchung, die Analyse weiterer Untersuchungen (Wember 1986, 101–106) sowie eigene Erfahrungen und Beobachtungen in der Schule für Lernbehinderte berechtigen zu der Annahme, dass ein großer Teil dieser Schüler bei entsprechendem auf die Fähigkeiten der Schüler bezogenen Unterricht durchaus die letzte Stufe des Denkens im Sinne Piagets, die formalen Operationen, erreicht. Bei Kindern mit geistiger Behinderung muss mit einer noch größeren zeitlichen Verschiebung gerechnet werden.

Inhelder untersuchte eine heterogene Stichprobe von 159 Personen mit geistiger Behinderung im Alter von 7;6 bis 52 Jahren mit Intelligenzquotienten zwischen 35 und 104, wobei verschiedene Aufgaben zum Denken, zur Invarianz, Gewicht und Volumen einbezogen wurden. Hier die wichtigsten **Ergebnisse** bei Kindern, die an der „oberen Grenze der Retardation" lagen:

1. Die entwicklungsgeschichtliche Aufeinanderfolge der Stadien ist die „gleiche wie bei normalen Kindern; nur die Geschwindigkeit der Entwicklung ist unterschiedlich. Das geistig behinderte Kind folgt demselben Entwicklungsgang mit geringerem Tempo" (Inhelder 1978, 252).

2. Die kognitive Entwicklung bleibt auf die Stufe der konkreten Operationen fixiert, „nicht einmal die Anfänge der formalen Operationen finden wir bei irgendeinem dieser Probanden" (S. 252 ff).

3. „Das Denken eines normalen Kindes entwickelt sich zu einer wachsenden Ausgewogenheit der Operationen. Das Denken eines geistig behinderten Kindes dagegen scheint seinen Abschluß in einer Art unechtem Gleichgewicht zu finden, das durch eine gewisse Zähflüssigkeit des Denkens gekennzeichnet ist." (S. 252 ff)

Vor allem die Aspekte zwei und drei dürfen nicht falsch verstanden werden, denn wir wissen nicht wirklich, welche Leistungen die kognitiven Systeme von Menschen mit geistiger Behinderung vollbringen. Wir hören Aussagen und Fragen, die doch weit über den Bereich der konkreten Operationalisierungen hinausgehen. Schädigungen des Zentralnervensystems, die zur geistigen Behinderung führen, wirken sich auf die hier beschriebenen Prozesse der Differenzierung, Integrierung, Strukturierung und Verfestigung im Sinne der Herausbildung sicherer Verhaltensformen, auf den Reifungsprozess schlechthin durchgängig aus. Die einzelnen Vorgänge und Prozesse entwickeln sich bei Kindern mit Behinderungen je nach Schweregrad im Einzelnen und insgesamt weniger differenziert, qualitativ weniger exakt (z.B. Feinmotorik, Wahrnehmung, Sprache), unter zeitlichem Aspekt gesehen mehr oder weniger verschoben im Vergleich zu Kindern ohne Behinderung. Es darf jedoch auch davon ausgegangen werden, dass Reifungsprozesse und Plastizität weit über die Altersbereiche hinaus andauern, die in den jeweiligen Entwicklungsskalen oder im System der kognitiven Entwicklung Piagets angeführt werden.

3.4   Prozesshaftigkeit und Dialogisches der menschlichen Entwicklung

Traits als stabile Merkmale

Lange Zeit herrschte im psychologischen Denken die Annahme vor, es handle sich bei Eigenschaften (traits), Fähigkeiten und Kompetenzen um stabile Merkmale einer Person. Gerade im Zusammenhang mit Behinderungen können solche Attribuierungen verheerende Auswirkungen auf die Einstellungen zu einer Person haben. Stabile Merkmale, formulierte Persönlichkeitsmerkmale haften an. Sind sie einmal in Akten oder Gutachten niedergeschrieben, werden sie gelesen, prägen sich dem Adressaten ein und beeinflussen seine Wahrnehmung.

Statt die Aufmerksamkeit auf solche „Entitäten" oder Aspekte zu richten und sie – „systematisch" – zu suchen, erfahren wir mehr über die Entwicklung und Persönlichkeit eines Menschen, wenn wir unsere Intention konkreten Ereignissen, Verhaltens- und Handlungsweisen in ihrer Abfolge zuwenden. Zu Entwicklungen kommt es – neben den Kräften, die bereits angesprochen wurden (Reifung, soziale Umwelt) – vor allem als Folge von Krisen und Grenzerfahrungen, die Widersprüche und Konflikte erzeugen. Sowohl Piagets Äquilibrationstheorie, die einem Gleichgewichtsmodell verpflichtet ist (s. Kap. 3.5.1), als auch die „dialektische Theorie der Entwicklung" (Riegel 1980) legen nahe, dass es sich im Zusammenhang mit der Erforschung und dem Verständnis von Entwicklungsprozessen als sinnvoll erweist, die Aufmerksamkeit auf konkrete, sich wechselseitig beeinflussende Veränderungen in allgemeinen Tätigkeiten und alltäglichen Situationen und Handlungen zu lenken (Dollase 1985, 79 ff).

Dialog mit dem Kind

Wenn die soziale Basis des Menschen im Zentrum vieler entwicklungspsychologischer Überlegungen steht, bietet die Interaktion zweier Personen im Dialog dafür ein prototypisches Beispiel. Nehmen wir den Dialog Mutter-Kind dafür. Die Dialoge Mutter-Kind erfordern eine zeitliche Koordinierung oder Synchronisierung, die zuerst deutlich von den für Mutter und Kind gemeinsamen außersprachlichen Kenntnissen, Forderungen und Affekten abhängt. Mit zunehmendem Alter beruht dann diese Synchronisierung/Koordinierung auf den sprachlichen Erfahrungen und bestimmten kognitiven Operationen von Mutter und Kind. So sind schon wenige Wochen nach der Geburt Handlungen fein aufeinander abgestimmt (Dollase 1985, 79 ff). Das Kind fängt an, der Mutter in das Gesicht zu sehen; und wenn die Mutter fortgeht, folgt ihr das Kind mit den Augen. Wenn sie spricht, schaut ihr das Kind auf den Mund; und wenn sie aufhört zu sprechen, lenkt das Kind seine Aufmerksamkeit vom Mund auf die Augen der Mutter. Die Interaktionen zwischen Mutter und Kind sind die Grundlage für soziolinguistische Dialoge im Erwachsenenalter. Das Zeichen- und Signalsystem, das Mutter und Kind benutzen, ist zuerst ganz

privater Natur. Erst mit fortschreitender Entwicklung kommt es durch Transfer-
und Generalisierungsprozesse zu immer größerer Übereinstimmung mit dem
linguistischen System der Gesellschaft. In diesem Entwicklungsprozess übernimmt die Mutter die Rolle einer Vermittlerin zwischen Kind und Gesellschaft.

Der Dialog im Verlauf der Entwicklung stellt also nicht nur einen Austausch
zwischen Individuen dar, sondern durch die Handlungen der Mutter werden
zugleich Wissen und Werte der Gesellschaft sowie die Bewertung (Gebote,
Verbote) von Verhaltensweisen, von Objekten – aus der Sicht der Mutter – in
die dialogischen Interaktionen eingebracht. Selbstverständlich spielt der Vater
sowie die Familie eine ähnliche Rolle. „Wollen wir die psychische Entwicklung
des Kindes nicht nur formal charakterisieren, dann dürfen wir sie nicht von
der Entwicklung seiner realen Beziehung zur Welt, von der Entwicklung seiner
Tätigkeit abstrahieren." (Leontjew 1985, 411) Was kann nun eine Behinderung in diesem Dialog bedeuten, bewirken, auslösen? Wie wird es z. B. einer
Mutter ergehen, wenn sie erfährt, dass ihr Sohn mit einer das Gesicht stark
entstellenden Lippen-Kiefer-Gaumenspalte zur Welt gekommen ist? Es geht
hierbei auch um den Konflikt zwischen Ablehnung und Annahme, der sich
etwa darin verdeutlicht, dass die Mutter das Neugeborene ihren Bekannten
zunächst nicht zeigt.

Wie verhalten sich Mütter, wie reagiert eine Familie, wenn sie die **schockartige**
Information erhält: „Ihr Kind ist körperlich gesund, aber es hat eine **Ereignisse**
geistige Behinderung", oder „Ihr Kind ist körperlich behindert, es wird
sich jedoch in geistiger Hinsicht ‚normal' entwickeln", oder „Wenn
Ihr Kind diese Krankheit überstanden hat, müssen Sie mit bleibenden
körperlichen und geistigen Schäden rechnen"? Wahrscheinlich wird im
Zusammenhang mit derartigen Informationen, bei schockartigen Ereignissen auch der Dialog zwischen Mutter und Kind beeinträchtigt sein.

Ein weiteres Beispiel kann dies verdeutlichen: Der von der Mutter und den
beiden Kindern am Abend erwartete Vater kommt während des Rückfluges
von seinem Dienstort durch einen Hubschrauberabsturz ums Leben. Die freu-
dige Erwartung der Ankunft wird durch die fürchterliche Nachricht über den
Tod des Vaters in Entsetzen und Trauer umgewandelt. Die Mutter spricht aufgrund dieses Schockerlebnisses mehrere Monate lang kaum noch mit ihren
Kindern. Sie wundert sich jedoch, dass ihr nahezu vierjähriger Sohn nicht
mehr redet. Erst in einer psychologischen Beratungsstelle wird ihr bewusst,
dass ihr eigenes Verhalten die „Sprachlosigkeit" ihres Sohnes hervorgerufen
hat. Dieses elementare Erziehungsfeld Mutter-Sohn war durch das tragische
Ereignis vom Zusammenbruch bedroht. Als die Mutter ihr Verhalten via „Vermittlung" durch die Erziehungsberatungsstelle ändert, spricht der Sohn wieder völlig normal.

Ereignisse und Erlebnisse, Informationen z. B. über Tod, Krankheit,
Behinderung, die schockartig wirken, führen zunächst zu dem Gefühl:
„Das kann nicht sein, ich bin ohnmächtig, kann es nicht verkraften",

zu einem Prozess der Krisenverarbeitung, der als **Lernprozess in acht Spiralphasen** verläuft (Schuchardt 1982b, 193 ff):

1. Ungewissheit mit der inneren Frage: „Was ist eigentlich los?"
2. Gewissheit: „Ja, aber … das kann doch gar nicht sein!"
3. Aggression kann sich „gegen alles und nichts" (Familie, Freunde, Kollegen, Umwelt) mit der Frage: „Warum gerade ich?" richten.
4. Verhandlung mit Ärzten, Gott und der Welt, etwa nach dem Motto: „Wenn …, dann muss doch …?"
5. Depression: „Wozu, alles ist sinnlos …?" – Gefühl der Trauer.
6. Annahme: „Ich erkenne jetzt erst …, ich kann …!" Es wird erkannt, was man mit dem, was noch da ist, tun kann.
7. Aktivität – Selbsthilfe: „Ich tue das …!"
8. Solidarität: „Wir handeln …!" Das *Ich* beginnt von sich selbst abzusehen und trägt im *Wir* gesellschaftspolitische Verantwortung.

Freilich sind diese Phasen als mögliche oder wahrscheinliche Abläufe zu sehen, denn Menschen reagieren und verarbeiten auch sehr unterschiedlich. Es sei darauf hingewiesen, dass die Mehrheit der Betroffenen sich eher im Eingangs-Stadium und nur eine Minderheit im Ziel-Stadium (Aktivität, Solidarität) befindet, weil eben die „meisten – allein auf sich selbst gestellt – ohne jede Hilfe ihren Lernprozess Krisenverarbeitung durchleben" (Schuchardt 1982b, 195) müssen.

kritische Lebens-ereignisse Ein alternatives Modell von Sigrun-Heide Filipp (1995) führt psychische Belastungen im Laufe der menschlichen Entwicklung auf die pathogene Wirkung von bedeutsamen, häufig traumatisierenden, Lebensereignissen zurück (s. hierzu die internationale Life-Event-Forschung). Diese kritischen Lebensereignisse führen beispielsweise zu einer „raumzeitlichen Verdichtung eines Geschehensablaufs innerhalb und außerhalb einer Person" (S. 24) oder bringen bis dato aufgebaute und aufrechterhaltene Passungen zwischen Person und Umwelt in ein relatives Ungleichgewicht. Als zentrale Merkmale kritischer Lebensereignisse nennt Filipp:

1. Antezendenzmerkmale (vorausgehende Bedingungen)
2. Personmerkmale (intrapersonale Bedingungen)
3. Kontextmerkmale (situative Bedingungen)
4. Ereignismerkmale (Zäsur in der Person-Umwelt-Beziehung)
5. Prozessmerkmale (Bewältigungs- und Auseinandersetzungsversuche)
6. Konsequenzmerkmale (Folgen dieser Auseinandersetzungen) (1995, 13)

Derartige Krisen werden auch fast immer als Beeinträchtigung der Kommunikation, der Dialogfähigkeit der Mutter sowie der unmittelbaren Erziehungs- und Bezugspersonen wahrgenommen. Sie führen mit größter Wahrscheinlichkeit auch zu einer Beeinträchtigung des sozialen, emotionalen und geistigen Entwicklungsgeschehens des heranwachsenden Kindes. Hieraus ergibt sich die Notwendigkeit einer Frühberatung, von Gesprächsangeboten kompetenter Personen mit den Betroffenen, damit sich die Beeinträchtigungen und Probleme nicht durch mangelnde Dialogfähigkeit zwischen Mutter / Eltern und Kind kumulieren. Gerade bei einem Kind mit geistiger Behinderung, bei Kindern mit schwerer Mehrfachbehinderung besteht die Gefahr einer zusätzlichen Beeinträchtigung der sozialen und emotionalen Entwicklungsprozesse, die wiederum eine wichtige Voraussetzung für die geistige Entwicklung darstellen. **Rechtzeitige Beratung** kann dazu beitragen, dass der Verarbeitungsprozess nicht ins Stocken gerät, eine Verarbeitung und vielleicht eine Annahme des Schicksalsschlages, etwa die Annahme eines Kindes mit einer Behinderung, leichter möglich wird.

sekundäre Beeinträchtigungen

3.5   Die „genetische Erkenntnistheorie" von Piaget in ihrer Relevanz für die geistige Entwicklung im Rahmen einer Heilpädagogischen Psychologie

Jean Piaget (1896–1980) arbeitete vor allem in Genf als Professor für Psychologie, Soziologie und Philosophie. Durch grundlegende Arbeiten über die Entwicklung des Denkens, der Raum- und Zeitvorstellungen, der Sprache und des moralischen Urteils beim Kind gab er der Entwicklungs- und Lernpsychologie, der Vorschulerziehung und der Didaktik entscheidende Impulse. Theoretische Überlegungen im Bereich der Sonder- und Heilpädagogik greifen auch im Hinblick auf die Auswirkungen auf das Arbeitsfeld häufig auf Piaget zurück. Jede Darstellung der kognitiven Entwicklung muss sich auf Piaget als den wichtigsten Wissenschaftler auf diesem Gebiet beziehen. Piaget versuchte mit seinen Schülern ein zusammenhängendes Bild der kognitiven Entwicklung des Kindes zu entwerfen, ein Bild davon, wie das Kind – seine – „Wirklichkeit" aufbaut. Am Anfang der Entwicklung des Kindes stehen die Sinnesempfindungen durch Bewegungen (sensomotorische Intelligenz). Dadurch erfährt es die Permanenz der Welt. Piaget beschreibt, wie sich das Verständnis des Kindes für Ereignisse und Veränderungen erweitert und wie es lernt, selbst Veränderungen hervorzurufen.

zur Person Piagets

Wer sich also aus praktischen oder theoretischen kinder- und jugendpsychologischen Motiven mit der Entwicklung menschlicher Erkenntnis, Intelligenz oder Denken befassen will, wen die alten Fragen umtreiben: „Was heißt Erkennen?", „Was heißt menschliche Erkenntnis?", „Wo liegen ihre Ursprünge?", „Wo liegen ihre Grenzen?", „Wie sind menschliche Erkenntnisprozesse strukturiert?", kann am Werk Piagets kaum vorbeigehen (Buggle 2001, 11).

„interdisziplinärer Grenzgänger"

Piaget erweist sich als ein nicht leicht zu rezipierender Autor, seine Begrifflichkeit orientiert sich manchmal nicht am Standardsprachgebrauch anderer Wissenschaftler. Piaget war ein „interdisziplinärer Grenzgänger". Sein Werk wurzelt in den Nahtstellen zwischen Psychologie und Philosophie, zwischen Biologie und Kybernetik und allgemein zwischen Natur- und Geisteswissenschaften. Eine weitgehend empirisch fundierte Erkenntnistheorie ist das Ziel seines Werkes, sein Leitmotiv die Entwicklung des kindlichen Denkens. Ein Kind überschreitet während seines geistigen Wachstums immer neu die Grenzen seines Könnens und Erkennens. Dabei wird bei Piaget deutlich, dass es die Erkenntnis oder das Erkenntnisvermögen nicht gibt: Was man so nennt, ist eher ein Bündel hierarchisch gegliederter intellektueller Fähigkeiten, zu deren Erforschung es einer fächerübergreifenden Anstrengung bedarf (Kesselring 1999, 10).

Piagets Menschenbild

Handlungen und Operationen haben ihren Ursprung in organischen Strukturen. Allem liegt eine biologisch-funktionale Basis zugrunde. Hintergrund seiner Theorie ist sein Menschenbild. Der Mensch ist demnach wesentlich ein Handelnder, nicht nur ein Reagierender. Seine Erkenntnisse sind Ergebnis eines dialektischen Zusammenspiels zwischen inneren und äußeren, subjektiven und objektiven Gegebenheiten, der konstruierenden Aktivität des Individuums mit Hilfe der jeweiligen instrumentellen kognitiven Organe und der Realität.

In der Entwicklung des Erkennens vereinigt sich das Denken des Biologen und des Logikers Piaget zur *„genetischen Erkenntnistheorie"*, welche die historische und die individuelle Entwicklung des menschlichen Denkens gleichermaßen zu erhellen vermag (Aebli 2000, XX f).

> Piaget verwendet den Begriff **genetisch** im Sinne von „Genesis" (Entstehung, Entwicklung) und nicht im Sinne von Genetik (Vererbung).

Streben nach Gleichgewicht

Das Wesen der Intelligenz lässt sich aus dem Streben nach Gleichgewicht zwischen Organismus und Umwelt und damit entsprechenden

– kognitiven – Anpassungsprozessen erklären (Piaget 2000, 10–14). Wenn wir Menschen eine Handlung vollziehen, ein Problem lösen, wenn wir denken, können wir uns selbst die Frage stellen, ob wir eigentlich eine intelligente Handlung vollzogen, ob wir uns intelligent verhalten haben. Ebenso könnte es sein, dass Personen aus unserer Umwelt, aus dem Bekanntenkreis, unser Verhalten, unsere Handlungsweisen nach Gesichtspunkten des intelligenten Verhaltens beurteilen. Was ist eigentlich intelligentes Verhalten? Wer oder was gilt als Motor für intelligentes Verhalten, für Handlungen, Verhalten allgemein?

Folgt man Piaget (2000, 6), stellt sich jedes Verhalten – ganz gleich, ob es sich um eine äußere oder um eine zum Gedanken („Denken") verinnerlichte Handlung handelt – „als eine Anpassung, oder genauer als eine Wiederanpassung" an die Umwelt oder an ein inneres Ungleichgewicht dar. Ich möchte hinzufügen, dass es sich dabei häufig auch nur um einen Versuch der Anpassung handeln kann. So hängt beispielsweise der Tagesablauf des Menschen in hohem Maße von einem Bedürfnisgefälle ab, das wir ständig auszugleichen versuchen: Bedürfnisse nach Nahrungsaufnahme, nach Entspannung, Schlaf … Ein Bedürfnis zum Handeln besteht, wenn das Gleichgewicht zwischen dem Organismus und der Umwelt gestört ist. Durch die Handlung soll dieses Gefälle ausgeglichen, die Dissonanz reduziert, Harmonie und Gleichgewicht sollen wieder hergestellt werden. In der Schule, im Unterricht, bei Fragestellungen und Unterrichtsimpulsen, bei Prüfungen und Tests wird manchmal auf künstliche Weise ein Ungleichgewicht hergestellt. Es wird quasi eine Motivationsbarriere errichtet, die einen Anreiz zur Überwindung darstellen soll. Es besteht stets ein Streben nach Wiederherstellung eines Gleichgewichts, nach Anpassung des Organismus an seine Umwelt. In dieser Situation befinden sich Kinder beim Spiel, in der Familie und Schule, ganz allgemein im Zusammenhang mit Handlungen ständig.

Grundlage der Theorie Piagets ist das sogenannte *Homöostase-Modell*. Gemeint ist damit das Streben nach einem Gleichgewichtszustand zwischen Spannung und Entspannung. Dies ist auch in Piagets Konzept der „équilibration" angesprochen. **Äquilibration** bedeutet so viel wie Findung von Gleichgewicht. Der Motor, der Impuls zur inneren Strukturierung und Koordination sowie zum Aufbau komplexer Strukturen geht aus der Erfahrung eines Ungleichgewichtes, Widerspruchs oder kognitiven Konfliktes hervor (Piaget 1976). Als **Äquilibrationsprozess** bezeichnet Piaget die Entwicklung der kognitiven Strukturen von einem relativ leicht störbaren System zu immer stabileren Strukturen (s. Kap. 3.5.1).

(Versuch der) Anpassung

Äquilibration

Bei Kindern mit Behinderungen muss in diesem Zusammenhang gefragt werden, wie es sich auswirkt, wenn die kognitiven Strukturen eben nicht leicht störbar sind oder vielleicht zu leicht gestört werden können, wenn ein Ungleichgewicht innerhalb des Subjekts oder zwischen Subjekt und Objekt nicht wahrgenommen wird oder wenn ein Kind inadäquat reagiert, also eine übertriebene Reaktion erfolgt.

Im Rahmen der Frage nach der Grundlage der Intelligenz, intelligentem Verhalten und nach den Antrieben des Menschen schlechthin kann man bei Piaget basale Aussagen finden. Die Psyche des Menschen baut sich eine Art internes Modell (Tolman: „kognitive Landkarte") der Umwelt auf, indem auf der Basis von Triebhandlungen **kognitive Strukturen** entwickelt werden, die von einfachen Systemteilen ausgehend zu immer komplexeren Strukturen anwachsen. Die Prozesse verlaufen stets **vom Einfachen zum Komplexen**. Die Psyche bleibt quasi so lange in einem Ungleichgewicht, in Unruhe, bis die einzelnen Sinneseindrücke sich in einem ausgeglichenen internen Modell, einem in sich widerspruchslosen Schema einander angepasst haben (s. Prozess der „Integration"). Ein internes Modell der Außenwelt wird – aus Schemata – zum Zwecke der Welterfassung und Lebensbehauptung aufgebaut. Zum besseren Verständnis und zur Verdeutlichung von Zusammenhängen werden im Folgenden einige zentrale Begriffe und grundlegende Prozesse der Theorie Piagets erläutert.

3.5.1 Zentrale Begriffe und grundlegende Prozesse: Assimilation, Akkommodation, Äquilibration, Zentrierung, Dezentrierung und Reversibilität

Einige im Zusammenhang mit geistiger Entwicklung, intelligentem Verhalten, mit dem Anpassungscharakter der Intelligenz relevante Begriffe werden im Folgenden im Hinblick auf Fragestellungen der Heilpädagogischen Psychologie näher erläutert. Es sind dies: Assimilation und Akkommodation – aus dem biologischen Sprachgebrauch übernommen, wurden diese Begriffe von Piaget auf den psychisch-kognitiven Bereich transferiert – in Verbindung mit Äquilibration, Zentrierung, Dezentrierung und Reversion.

Assimilation: Als Assimilation bezeichnet man in der Physiologie den Prozess, in dem ein Organismus Stoffe aufnimmt und in solche transferiert, die er speichern und weiterverarbeiten kann. Der Organismus passt externe Stoffe den eigenen Strukturen an, wie dies z. B. bei der Nahrungsaufnahme und Verdauung geschieht. Es geht bei der

Assimilation im psychischen Leben im weiten Sinne um die Wirkung des Subjekts, einer Handlung, einer Tätigkeit auf die Umwelt, die Beeinflussung der Umwelt, wobei diese Tätigkeit von früheren, ähnlichen Handlungen abhängig ist. So besteht die gedankliche Assimilation darin, dass Objekte in die Verhaltensschemata des Menschen einverleibt werden (Piaget 2000, 10 f). Diese **kognitiven Schemata** sind nichts anderes als Handlungen, über die der Mensch verfügt, die er in der Wirklichkeit effektiv wiederholen kann.

Ein Beispiel ist das Kleinkind, das nach einem Gegenstand greift. Dieser Vorgang des Greifens wird in das bereits vorhandene Greifschema einbezogen. Ein älteres Kind verfügt über den Prozess des Zählens. Diesen Vorgang wendet es irgendwo an, wo ein Zählvorgang in Bezug auf eine bestimmte Anzahl nötig wird. Sowohl das Greifen als auch das Zählen können als Assimilationsschemata verstanden werden. Durch den Vorgang des Greifens und Zählens wird der Gegenstand für das Kind nicht nur äußerlich greifbar, der entsprechende Prozess läuft – als Vorstellung – auch innerlich ab und ist verfügbar. So ereignet es sich, dass eine Verhaltensweise eine andere eingliedert, sie assimiliert. Daraus kann eine Verhaltensweise höherer Ordnung und Komplexität entstehen, etwa wenn das Kind über den Zählvorgang zur Addition und schließlich zur komplexeren Operation der Multiplikation gelangt. Piaget ist – wie die Gestaltpsychologen – vom Ganzheitscharakter der Wahrnehmungs- und Denkstrukturen überzeugt.

Assimilation ist bereits so etwas wie Handlung, ein Akt der Erkenntnisgewinnung. Die Handlung, die in engem Zusammenhang mit der Assimilation steht, transformiert die Umwelt oder auch nur Teile der Umwelt (= eine Komponente, die auch dem operationalen Denken eigen ist). Assimilation heißt aber nicht nur „einwirken" auf die Umwelt, Assimilation wird auch gebraucht im Sinne von „einverleiben" (incorporation) von Objekten (2000, 9–12; Piaget/Inhelder 1980a, 12 f). Die Assimilation ist der inkorporierende Prozess eines operativen Aktes. Ein In-sich-Aufnehmen von Umweltdaten.

Ausprägungen der Assimilation:

- die reproduktive (funktionale),
- die verallgemeinernde,
- die wiederkehrende und
- die reziproke Assimilation (Piaget 1973, 163–215).

Die **reproduktive Assimilation** wird auch funktionale Assimilation genannt. Gemeint ist damit, dass ein Schema wiederholt aktiviert wird. Bestimmend ist dabei die reine Funktionslust.

Bei der **verallgemeinernden** (generalisierenden) **Assimilation** wird der Anwendungsbereich fortlaufend ausgeweitet. So kann beispielsweise das Saugschema auch auf andere Gegenstände erweitert und angewandt werden. Durch diese Form der Assimilation vollzieht sich eine Fort- und Weiterentwicklung.

Bei der **wiederkehrenden** (differenzierend-rekognitorischen) **Assimilation** werden Unterschiede in der Assimilierbarkeit der verschiedenen Objekte erkannt (z. B. die Oberfläche von Objekten). Die differenzierende Erkenntnis der Realität wächst langsam und gliedert sich aus. Es kann aber nur so weit assimiliert werden, als entsprechende Assimilationsschemata, kognitive Strukturen, an die assimiliert werden kann, schon ausgebildet sind. Bei Neuheitscharakter kann es leicht zu einer Überforderung kommen. Die Veränderungen der angebotenen Spiel- und Betätigungsobjekte sollten daher nur dosiert und in kleinen Schritten erfolgen.

Die **reziproke Assimilation** beinhaltet eine intrinsische Tendenz zur gegenseitigen Koordination (z. B. die Koordination Seh-Greif-Schema, das Heranziehen einer Unterlage und Greifen des Gegenstandes). Am Ende stehen hochkomplexe Verhaltenssysteme aus unzähligen reziproken assimilierten Einzelschemata.

„Im Zusammenspiel reproduktiv-funktionaler, generalisierender, differenzierend-rekognitorischer und reziproker Assimilationsaspekte ist der eigentliche Kernprozess der kognitiven Entwicklung von der engen Anbindung erster Reflex- und Instinkthandlungen an ihre vorgegebenen Objekte, ihre Schlüsselreize, bis zu dem weithin zwar nicht mehr vorstellbaren (und auch nur schwer emotional-existentiell zu realisierenden), aber denkbaren prinzipiell unbegrenzten und unendlichen Welthorizont zu sehen." (Buggle 2001, 36)

Akkommodation: Der Übergang von der Assimilation zur Akkommodation lässt sich wie folgt verdeutlichen: „Das Subjekt assimiliert die Umwelt an die dem lebendigen Organismus eigene Form – seine Struktur. Ist die Struktur der Umwelt nicht angemessen, muss sie sich ändern, als Resultat der Einwirkung der Umwelt akkommodiert sie sich an diese." (Jetter 1975, 14) Der Organismus passt sich aktiv – durch Veränderung der bisherigen Handlungs- und Denkweisen – an veränderte Umwelterfordernisse an. Das Denkgerüst wird verfeinert und modifiziert, um die assimilierten Daten aufzunehmen. „Diese Veränderung im Denkgerüst läßt der Organismus nicht passiv über sich ergehen; genauso wie die Assimilation ist auch die Akkommodation ein aktiver und richtungsweisender Prozeß." (Stendler-Lavatelli 1976, 43) Der Akkommodationsprozess erfordert im Hinblick auf Lernen

Anstrengung und Initiative, der Lernende muss sich quasi entscheiden, muss eine Wahl treffen.

Beispielsweise mag ein Kind mit den ihm geläufigen Schemavarianten Flüssigkeiten zu greifen versuchen: Die einfache Assimilation von Flüssigkeiten mit den ausgebildeten Varianten des Schemas „Greifen" misslingt aber. Das Kind muss das Greifschema akkommodieren, bis es Flüssigkeiten schöpfen kann. „Das Schema oder die Struktur des Greifens [… wird] je nach Situation und je nach zu greifendem Gegenstand in anderer Weise realisiert." (Montada 1998b, 548) Diese Anpassung an den Gegenstand oder die Situation wird von Piaget Akkommodation des Schemas an den Gegenstand genannt.

Assimilation und Akkommodation sind gegenläufig. Während die Assimilation die Anwendung gewohnter Denk- und Handlungsweisen auf ein vertrautes oder neues Problem bedeutet, verändert die Akkommodation die bisherigen Handlungs- und Denkweisen, um dem neuen Problem gerecht zu werden. Die Akkommodation ist

Gegenläufigkeit

„der nach außen gerichtete Prozeß eines operativen Aktes, der sich auf einen besonderen Realitätszustand bezieht. Die Akkommodation wendet eine allgemeine Struktur auf eine besondere Situation an; als solche enthält sie immer ein Element von Neuheit. In einem eingeschränkten Sinne führt die Akkommodation an eine neue Situation zur Differenzierung einer schon ausgebildeten Struktur und somit zum Auftreten neuer Strukturen" (Furth 1981, 362).

Insofern wirkt die Umwelt auf den Organismus ein, wobei der Organismus diese Einwirkung nicht rein passiv über sich ergehen lässt – vielmehr ändert sich jetzt nur die Art der Assimilation, indem er sich den Eigentümlichkeiten der Situation anpasst. Die Akkommodation des Verhaltens tritt also dann ein, wenn das Objekt sozusagen nicht gehorcht. Weil dies eben selten der Fall ist, wird auch eine ständige Akkommodation des Verhaltens an die Besonderheit eines Objektes, eines Gegenstandes, einer Situation notwendig, das Kind muss sich anpassen.

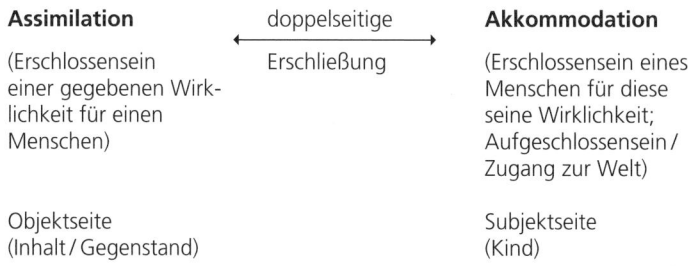

Abb. 3: Assimilation und Akkommodation

Die beiden Prozesse Assimilation und Akkommodation (Abb. 3) verlaufen in entgegengesetzte Richtungen, und zwar ist die Zielrichtung der Assimilation vom Subjekt zum Objekt, die der Akkommodation vom Objekt zum Subjekt (Aebli 2000, XI; Piaget 2000, 11). Der Zustand der Anpassung wird damit definiert durch das Gleichgewicht zwischen Assimilation und Akkommodation.

Hierzu ein Beispiel: Wenn ein Kind symbolisch mit Gegenständen spielt, kann vielleicht ein Stück Holz auch eine Puppe oder ein Hampelmann sein, können Steinchen Äpfel, Sand, Kuchen, Blätter oder Holzbretter Teller sein. In diesem Fall überwiegt eindeutig die Assimilation. Das Kind passt sich die Gegenstände, die Objekte an, es verwendet sie in seinem Sinne (Aebli 2000, XI). Bei Kindern mit autistischen Zügen nimmt man an, dass das Gleichgewicht mehr oder weniger dauerhaft zugunsten der Assimilation gestört ist.

Austauschprozesse Organismus/Umwelt

Piaget sieht die ganze Entwicklung des geistigen Lebens von der Wahrnehmung und der Gewohnheit bis hin zur Vorstellung, zum Gedächtnis und zu den höheren Formen des logischen Denkens als eine Funktion der allmählich wachsenden Ausweitung der Austauschprozesse zwischen Organismus und der Umwelt oder anders ausgedrückt zwischen Subjekt und Objekt. Die ganze Entwicklung strebt nach einem Gleichgewicht zwischen einer Assimilation (Einverleibung) von Elementen der Umwelt, die von der eigenen Tätigkeit immer entfernt sind, und einer Akkommodation (Einwirkung der Umwelt auf den Organismus) dieser Tätigkeit an diese Umwelt (2000, 9–12).

Implikationen für Intelligenz

Daraus ergibt sich, wie Intelligenz funktioniert. Im Zentrum dessen, was man unter Intelligenz versteht, werden die Flexibilität, die Anpassungsfähigkeit, die Beweglichkeit genannt.

Für Piaget (2000, 12) strebt die

„Intelligenz allein, die aller Um- und Rückwege im Handeln und im Denken fähig ist […] nach einem allgemeinen Gleichgewicht, indem sie die gesamte Wirklichkeit assimiliert und ihre eigene Tätigkeit an diese Wirklichkeit akkommodiert: eine Tätigkeit, die sich dadurch von ihrem ursprünglichen Haften am hic et nunc befreit."

Damit – so können wir sagen – löst sich die Tätigkeit jeweils von einem gegenwärtigen Stand und führt in neue Bereiche. Die gesamte Anpassungsfähigkeit und Flexibilität zielen hin auf ein allgemeines Gleichgewicht.

Es gibt stets einen interindividuellen Unterschied von Gleichgewicht zu Gleichgewicht. Es handelt sich bei diesem Gleichgewicht um ein subjektives Moment, das in Abhängigkeit zur individuellen

Empfindung und Befindlichkeit steht. Das Kind mit einer geistigen Behinderung kann z. B. ein Gefühl des Gleichgewichts haben, obwohl vielleicht von außen her betrachtet sein Verhalten als unangepasst bezeichnet würde. Der Erziehungsprozess impliziert häufig die Intention zur Wahrnehmung eines „Ungleichgewichtes" als Impuls zur Verhaltensänderung und -erweiterung.

Scheitern würde der Versuch einer Definition dieses Gleichgewichtes im Sinne der Festlegung einer Norm. Eine Art Normierung erweist sich als unnötig. Sinnvoll ist die Beschreibung des Gleichgewicht-Verhaltens unter den Aspekten „Möglichkeiten" und „Können" als (gesicherte) Handlungsbasis. Die Ungewissheit der Definition des Gleichgewichts bleibt in der Beschreibung der Intelligenz bestehen. Intelligenz ist der Gleichgewichtszustand, „zu dem alle aufeinanderfolgenden senso-motorischen und erkenntnismäßigen Anpassungen sowie alle Austauschprozesse (Assimilation und Akkommodation) zwischen Organismus und Umwelt streben" (Piaget 2000, 14).

Äquilibration: Sinnesrezeptoren liefern Informationen über bestehende Ungleichgewichte, Widersprüche bezüglich der Erfahrung von außen, zwischen den Erfahrungen und den bereits bestehenden Schemata. Der Mensch empfindet dies als Ungleichgewicht, als Spannung und untragbaren Zustand. In dieser Lage setzt nach Piaget ein Äquilibrationsprozess ein, der durch Assimilation und / oder Akkommodation bestimmt wird, d. h. ein **Prozess, der das bestehende Ungleichgewicht in einen seelischen Gleichgewichtszustand überführt.**

Für den Äquilibrationsprozess bieten sich zwei Lösungen an:

(1) Entweder werden die neuen Informationen so ausgewählt und verformt, dass sie in dieser subjektiven Verformung in das bereits bestehende Schema passen (Vorgang der Assimilation), oder
(2) das Schema selbst muss sich wandeln, da es sich als unzweckmäßig zur Bewältigung entsprechender Situationen erwiesen hat (Vorgang der Akkommodation).

Äquilibration beinhaltet einen Prozess der Herstellung von Gleichgewichtszuständen (Äquilibria) steigender Strukturhöhe, einen Prozess der fortschreitenden Konstruktion neuer kognitiver Strukturen mit beweglicheren Formen von Gleichgewicht. Die Äquilibria der kognitiven Strukturen sind keine stationären Gleichgewichtszustände, sondern aktive und bewegliche Fließgleichgewichte. Spätere Formen integrieren frühere Formen des kognitiven Gleichgewichts, sind beweglicher und somit stabiler und anpassungsfähiger. Äquilibration sorgt für die nötigen Selbstregulationen innerhalb des kognitiven Systems sowie für die Regulationen, die bei der Interaktion zwischen Subjekt und Umwelt notwendig werden.

Piaget unterscheidet drei verschiedene Formen von Äquilibration:

- Äquilibration zwischen zwei oder mehreren Operationen bzw. Subsystemen innerhalb eines kognitiven Gesamtsystems,
- Äquilibration zwischen einer Operation oder einem Subsystem und dem kognitiven Gesamtsystem,
- Äquilibration zwischen Assimilation und Akkommodation (Piaget 1976, 16–19).

Antrieb

Welche „Triebfedern" sind für ein solches „intelligentes" Verhalten verantwortlich? Das Gefühlsleben liefert die für das Handeln notwendige Energie, während das Erkennen (Kognition) dem Handeln die Struktur gibt (Piaget 2000, 6–9). Physiologische Abläufe, der Stoffwechselhaushalt, also Organisches, bilden die Grundlage für die Möglichkeit dieser dynamischen Prozesse über die Wahrnehmung sowohl nach außen (Umwelt) als auch nach innen (Kognition und Emotionalität). Es lässt sich keine Aussage über die Beschaffenheit dieser Umwelt, zur Bedeutung des Angebotes durch die soziale Umwelt finden, der Mensch als soziales Wesen ist nicht explizit angesprochen. Voraussetzung für das Verhalten ist ein „Gesamtfeld", welches das Subjekt und auch die Gegenstände (Objekte) – im gestaltpsychologischen Sinne – einschließt. Einerseits bilden die Gefühle die Dynamik dieses Feldes (Lewin), andererseits wird die Strukturierung von den Wahrnehmungen, der Motorik (Sensomotorik) und der Intelligenz (kognitive Prozesse) gesichert. Jedes Verhalten hat „einen energetischen oder affektiven und einen strukturellen oder erkenntnismäßigen Aspekt" (Piaget 2000, 7). Der energetische oder affektive Aspekt beinhaltet die gefühlsmäßige, der strukturelle oder erkenntnismäßige Aspekt die kognitive Komponente. Den eigentlichen Impuls für unser Verhalten stellen somit innere Energien, die innere Dynamik dar, eine Art Dynamik und Kraft mit progredienter Tendenz in Richtung mehr Erfahrung und Erkenntnis, ein Impuls zu „geistigem Wachstum".

Lebensspanne

Assimilation und Akkommodation sind Prozesse, die sich während des gesamten Lebens fortsetzen. Auf jeder Entwicklungsstufe verändern sich die Formen der Prozesse – von der sensomotorischen Stufe des Säuglings über die Wahrnehmungsprozesse des Kindes im früheren Schulalter bis hin zu den Anfängen des abstrakt-logischen Denkens beim Pubertierenden.

Zu jedem Verhalten gehört Assimilation (Wahrnehmen, Wissen, Verstehen) der Wirklichkeit, was sich immer in Relation zum vorangegangenen Schema vollzieht. Gleichzeitig ist alles Verhalten Akkommodation (Anwendung und Anpassung) dieser Schemata auf die aktuelle Situation. Es wird ein Äquilibrium, ein Gleichgewichtszustand erreicht, wenn Assimilation und Akkommodation ausgeglichen sind. Alles Verhalten steht im Dienst der Sicherung eines Äquilibriums. Dieses Gleichgewicht wird jedoch nicht ein für alle Mal erreicht, sondern es ist das Ergebnis einer dauernden Interaktion von Assimilation und Akkommodation. Es ist ein dynamischer Lebensprozess im Sinne eines Entwicklungskontinuums zwischen fundamentalen Austauschprozessen (Assimilation/Akkommodation) bis zu höchsten kognitiven Leistungen eines Erwachsenen, in denen diese basalen Prozesse einerseits aufgehoben sind, sich andererseits dynamisch weiterentwickeln.

Zentrierung: Zentrierung bedeutet, die **Aufmerksamkeit auf einen Punkt oder Aspekt zu konzentrieren.** Zentrierungen finden sowohl im Denken als auch in der Wahrnehmung statt. Das Kind konzentriert sich häufig auf nur eine Variable, in der Regel auf diejenige, die optisch am stärksten hervortritt. Es richtet beim Erforschen von Gegenständen seinen Blick nur auf einzelne Merkmale, setzt diese aber in keinen systematisch-logischen Zusammenhang. Es ist also etwa im Alter von vier bis sieben Jahren (präoperationales Stadium) nicht fähig, verschiedene Variablen miteinander zu koordinieren. Das Kind kann schwer begreifen, dass ein Gegenstand mehr als eine Eigenschaft besitzen und deshalb verschiedenen Klassen gleichzeitig zugehörig sein kann.

Beispielsweise gehört ein langer, roter Bleistift der Klasse der Bleistifte, der Klasse der roten, der Klasse der langen Gegenstände, sowie der Klasse der Schreibzeuge an. Der Zusammenhang mit diesem Phänomen der mehrfachen Klassenzugehörigkeit wird multiplikative oder multiple Klassifikation genannt.

multiple Klassifikation

Zentriertes Denken impliziert die Tendenz, einen Aspekt zu verabsolutieren. Indem wir die Aufmerksamkeit nur auf einen bestimmten Punkt richten, eliminieren wir zwangsläufig andere Daten – der Informationsgehalt eines Gegenstandes wird quasi vereinfacht. Verabsolutierung im Bereich des Denkens führt zu einer Verzerrung. Im

Stadium zentrierter Auseinandersetzung mit der Welt kann ein Kind die Komplexität und Mehrdimensionalität der Wirklichkeit noch nicht erfassen (Piaget 2000, 80–85; Piaget/Inhelder 1980a, 32–38).

Dezentrierung: Genetisch später als die Zentrierung tritt die Dezentrierung ein. Dezentrierung, eines der fruchtbarsten Konzepte Piagets für die Erziehung, kann als Antithese zur Zentrierung begriffen werden. Dezentrierung tritt an sich durch Lockerung der Zentrierung ein, d. h. die Anzahl der Zentrierungen wird vervielfacht, gleichzeitig werden Beziehungen zwischen ihnen hergestellt. Bei der Dezentrierung ereignet sich ein immer schnellerer Wechsel unter Beachtung einzelner Beziehungen bis hin zur gleichzeitigen Erfassung. Es wird deutlich, dass sich das Wahrnehmungsfeld und der Bewusstseinsprozess erweitern.

mehrperspektivische Beachtung

Dezentrierung meint die gleichzeitige Beachtung zweier oder mehrerer Aspekte eines Gegenstandes, die mehrdimensionale oder mehrperspektivische Beachtung eines Problems im Denkprozess. Um die Beziehungen zwischen einzelnen Merkmalen bzw. Eigenschaften wahrnehmen zu können, ist die Möglichkeit der Dezentrierung nötig. Sie kann auch als **Fähigkeit** beschrieben werden, **bei der Klassifikation von Objekten von untergeordneten zu gleichgeordneten und schließlich zu übergeordneten Kategorien zu gelangen.** Dezentrierung erweist sich als Voraussetzung für die Veränderung der Klassifikationsbasis, z. B. wenn ein Kind Bauklötze zuerst der Form und dann der Farbe nach ordnet oder wenn Bauklötze nach den Merkmalen Größe, Farbe und Form sortiert werden sollen.

Für den kognitiven Bereich bedeutet Dezentrieren auch die Möglichkeit zu relativieren. Erst durch die Kenntnis von Alternativen wird eine **Relativierung** der eigenen Beurteilungsmaßstäbe möglich, wir werden gleichzeitig auf den eigenen Standpunkt und auf eigene Denkgewohnheiten aufmerksam. Das Konzept der Dezentrierung lässt sich in weitem Maße sowohl auf den kognitiven als auch auf den sozialen Bereich anwenden. Wenn ein Mensch nicht zur Dezentrierung fähig ist, wird er eine starre Sichtweise einnehmen. Er kann seine Position gedanklich nicht verändern und eine bestimmte Situation nicht von verschiedenen Seiten her betrachten und beleuchten.

Ein Kind gerät mit Spielkameraden in Konflikt, indem es deren Gefühle verletzt oder ihnen sogar körperlich Schmerzen zufügt, weil es sich möglicherweise von den anderen in seinem Tun gestört fühlt und dabei nicht beachtet, dass es ebenfalls auf die anderen einwirkt und deren Spielaktivitäten stört.

Etwa im Alter von sieben Jahren beginnt eine neue Entwicklungsstufe. Die Vorstellungsfähigkeit des Kindes entwickelt sich weiter, es kann sich jetzt nicht nur Zustände, sondern auch Bewegungen und Veränderungen vorstellen. Zwar sind Kinder im Grundschulalter zu elementaren logischen und mathematischen Operationen in der Lage, sie bleiben dabei aber noch auf konkretes Anschauungsmaterial angewiesen. Piaget bezeichnet daher die Intelligenz in diesem Alter als „konkret operativ", während sich die Fähigkeit zum abstrakten Denken erst ca. vier Jahre später einstellt. Kinder lernen erst etwa im Entwicklungsalter von sieben bis acht Jahren Gegenstände nach zwei Gesichtspunkten, etwa nach Form und Größe, gleichzeitig zu klassifizieren. Dagegen gelingt – wie bereits im Zusammenhang mit der Zentrierung dargelegt – die Klassifikation nach einem einzigen Gesichtspunkt schon jüngeren Kindern.

Reversibilität: Bei der Reversibilität (Umkehrbarkeit) handelt es sich in gewisser Weise auch um *einen* Vorgang der Dezentrierung. Reversibilität tritt etwa im Entwicklungsstadium von sieben bis elf Jahren auf. Das Kind „operiert" mit ihm zugänglichen Daten und transformiert sie auf sehr konkrete Art. Reversibilität kann man als eine **Fähigkeit** bezeichnen, **einen Vorgang im Geiste zurückzuverfolgen und zum Ausgangspunkt zu gelangen, um ihn mit dem gegenwärtigen Zustand zu vergleichen** (Stendler-Lavatelli 1976, 39). Im psychologischen Sinn ist Reversibilität eine Fähigkeit, die sich ein Kind erwirbt, wenn es zwischen verschiedenen Bezugspunkten schnell genug hin- und herwechseln kann und es ihm gelingt, sie miteinander zu koordinieren.

Gibt man einem Kind Spielfiguren wie Menschen, Häuser, Tiere, Möbel und andere Gegenstände, so wird es die Objekte zusammenstellen, die sich auf irgendeine Weise gleichen, also in die gleiche Klasse einordnen. Es bilden sich erste „Operationssysteme" heraus, d. h. komplexere, mehrere Dimensionen beachtende Lösungsschemata, mit denen bei einer hierarchisch verschachtelten Sortierung, z. B. von Katze, Hund, Maus, Haustier, Lebewesen, Klassifikationsprobleme gelöst werden können. Auch die Seriation asymmetrischer Relationen (z. B. Reihung von unterschiedlich großen Klötzchen der Größe nach) sowie die zweidimensionale Sortierung, etwa von Klötzchen nach Größe und Farbe, können vollzogen werden. Erst durch die Verknüpfung von Klassenbegriff und Seriation (Anordnen von Gegenständen nach ihrer Eigenschaft) wird die Bildung des Zahlbegriffes möglich.

Operationen werden in diesem Zusammenhang als verinnerlichte („interiorisierte"), umkehrbare („reversible") Handlungen definiert, die miteinander zu einem System koordiniert sind. Dank der Reversibilität emanzipiert sich der menschliche Geist von Raum und Zeit, die er nun in allen Richtungen durchstreifen kann. Ihr verdankt er auch die Fähigkeit, zwischen umkehrbaren und nicht umkehrbaren Prozessen zu unterscheiden.

Nicht nur die Reversibilität, auch die Dezentrierung und alle bisher angeführten Konzepte Piagets bauen auf den Handlungen eines Kindes auf und entwickeln sich in der Begegnung mit der physikalischen und sozialen Umwelt. Piaget hebt hervor, dass Kinder nur durch eigene Aktivität lernen, die Wirklichkeit zu begreifen und sich an sie anzupassen.

3.5.2   Kognitive Entwicklung nach Piaget – die vier Stufen der Intelligenzentwicklung

Als kognitive Entwicklung bezeichnet man den Prozess zunehmender Gleichgewichtsgewinnung zwischen den assimilatorischen und den akkommodatorischen Austauschprozessen. Die kognitiven Strukturen werden im Verlauf der Entwicklung immer differenzierter und komplexer. Zugleich verbinden sie sich stets in einer Art integrativem Prozess effektiver miteinander, so dass hieraus eine organismische Gesamtstruktur entsteht. Differenzierung, Koordinierung und Generalisierung sind damit verbunden. Diese Strukturen entwickeln sich über einen beschränkten Gleichgewichtszustand zu einer Organisationsform, die ein bewegliches Gleichgewicht besitzt und durch Mobilität, Permanenz und Stabilität der kognitiven Strukturen gekennzeichnet ist. Die Verhaltens- und Denkschemata der niedrigeren Stufen werden in die höheren Stufen der Entwicklung übernommen und in diese eingepasst.

Vier Stadien der Denkentwicklung:

(1) Stufe der sensomotorischen (Intelligenz-)Entwicklung im Säuglings- und Kleinkindalter,

(2) das präoperationale (voroperatorische) Denken in der frühen Kindheit,

(3) die konkreten Denkoperationen (mittlere Kindheit),

(4) die formalen Denkoperationen (Jugendalter).

Diese Stufen gehorchen einem hierarchischen Aufbau, d. h. ein Durchlaufen der ersten Stufe ist notwendige Voraussetzung für das Erreichen der zweiten Stufe usw. Jede höhere Stufe geht aus der jeweils niedrigeren Stufe hervor.

Sensomotorische Intelligenzentwicklung im Säuglings- und Kleinkindalter (Geburt bis ca. 2 Jahre): Piaget hat durch die Beobachtung an seinen drei Kindern die ersten Regungen der Intelligenz im Säuglingsalter verfolgt, wobei er auf die unscheinbarsten Veränderungen achtete. Diese Stufe der sensomotorischen Intelligenz entwickelt sich aus vorintelligenten Formen der Anpassung, wie Reflexen, Reiz-Reaktions-Kopplung und den intentionalen Handlungen, als den frühesten Formen der Intelligenz. Diese Entwicklungsphase unterteilt Piaget nochmals in sechs Stadien, wobei jedes Stadium das vorhergehende voraussetzt (1973, 31–358): **1. Stufe**

1. Reflexe und angeborene Bewegungsmuster (etwa im 1. Monat): **Reflexe** Gekennzeichnet ist dieses Stadium vor allem durch die Übung der Reflexe; hierbei überwiegt der Vorgang der Assimilation, der sich am Beispiel des Saugreflexes in dreifacher Weise zeigt:

- reproduktive oder funktionelle Assimilation („leeres" Saugen),
- wiedererkennbare Assimilation (der Säugling erkennt die Mutterbrust),
- verallgemeinernde Assimilation (der Säugling saugt fast an allen Objekten, die ihm begegnen).

Der Säugling verfügt von Geburt an über weitere Reflexe, wie z. B. die Schluck- oder Greifreflexe, die durch äußere oder innere Reize angeregt werden. Er kann ebenfalls schon spontane Tätigkeiten ausführen, wie den Kopf hin- und herbewegen, Gegenstände anschauen, Geräuschen lauschen, lächeln, schreien, Arme bewegen, mit den Beinen strampeln und noch anderes. Dieses Stadium unterscheidet sich von den folgenden Stadien vor allem dadurch, dass noch keine erlernten Verhaltensweisen vorhanden sind. Der Säugling kann in dieser

Entwicklungsphase noch nicht auf eigene Erfahrungen zurückgreifen. Zwar lassen sich erste Akkommodationen erkennen, jedoch mehr im Sinne einer Einheit von Assimilation und Akkommodation.

„primäre Zirkulär-reaktionen"

2. *Erste Verhaltensgewohnheiten, „primäre Zirkulärreaktionen" (im Alter von 1–4 Monaten):* Dieses Stadium bringt zwei Arten von Neuerungen mit sich. Erste Verhaltensgewohnheiten und erste Koordinationen von motorischer Bewegung und Wahrnehmung entwickeln sich. Die zuerst genannten Verhaltensformen sind mit den konditionierten Reflexen verwandt und setzen Lernprozesse voraus. Piaget nennt sie „primäre Zirkulärreaktionen" und erklärt sie als durch Übung weiterentwickelte einfache Organbewegungen, die sich selbst begnügen (um ihrer selbst willen, ohne Absicht), wie Saugen, Schauen oder Greifen (Piaget 1973, 63). Erste Koordinationen von Bewegungs- und Wahrnehmungsschemata beobachtete Piaget beim Sehen und Greifen oder beim Greifen und Lutschen. Ebenfalls verbindet der Säugling schon sehr bald Hören und Sehen: Er wendet sich bei Geräuschen in die Richtung der Schallquelle (1973, 90–97). Erste Gewohnheiten und Fähigkeiten bilden sich also heraus. Es zeigt sich die Tendenz, dass Handlungsschemata wie Saugen, Greifen, Anschauen auf immer mehr Gegenstände und weitere Umweltbereiche ausgedehnt werden. Die Trennung von Assimilation und Akkommodation wird erkennbar, wenn z. B. der Säugling die Hand zum Mund führt, um am Daumen saugen zu können. Am Daumen saugen entspricht der Assimilation, während sich die Akkommodation in der Erweiterung des Saugreflexes durch Koppelung mit der Bewegung zeigt.

„sekundäre Zirkulär-reaktionen"

3. *Aktive Wiederholungen, „sekundäre Kreis- oder Zirkulärreaktionen" (im Alter von ca. 4–8 Monaten):* Zwischen dem vierten und achten Monat erwacht das Interesse für die Außenwelt. Der Säugling erkennt Dinge wieder, die nach einer Phase der Abwesenheit zurückkehren. Er schreibt ihnen aber keine Existenz zu, wenn er keinen Sinneskontakt zu ihnen hat. Das Baby findet nun auch Gefallen daran, interessante Phänomene, auf die es zunächst rein zufällig gestoßen ist, andauern zu lassen oder immer wieder neu zu erzeugen. Dies charakterisiert Piaget als „sekundäre Zirkulärreaktionen". Der Säugling kommt zu der Erfahrung, dass bestimmte Handlungsweisen immer wieder zu bestimmten Ergebnissen führen. Handlungsweisen sind Mittel zur Erreichung eines Zweckes, Handlung und Effekt werden schon miteinander verbunden (Ähnlichkeiten mit der 5. Stufe). Wesentlich an diesem Stadium ist die Koordination von Sehen und

Greifen. Assimilationsbemühungen bestimmen die Akkommodation (Piaget 1973, 159–215).

4. *Verknüpfung von Mittel und Zweck, Anwendung von bekannten Verhaltensschemata auf neue Situationen – Koordination sekundärer Zirkulärreaktionen (im Alter von ca. 8–12 Monaten):* Das Kind versucht nicht mehr nur, einen zufällig entdeckten Effekt zu wiederholen, sondern sein Handeln ist nun tatsächlich durch Intentionalität gekennzeichnet. Beispielsweise schiebt es die Hand des anderen weg oder zieht ein Kissen weg, um einen Gegenstand zu erreichen. Das Kind versucht, den Gegenstand durch den Gebrauch zu „definieren". Ferner unterscheidet es nun zwischen Wirkungen seiner eigenen Kopf- oder Augenbewegungen und den Wirkungen von Verlagerungen der Gegenstände im Raum. Dies geschieht allerdings nur egozentrisch, d. h. es beobachtet die Lageveränderungen nur relativ zur eigenen Person und nicht relativ zu anderen Gegenständen.

Intentionalität

Als wesentlich für diese Stufe erweist sich die systematische Anwendung mehrerer Handlungsschemata auf den gleichen Gegenstand. Rassel, Glöckchen, Spieltier usw. werden betrachtet, in den Mund gesteckt, geschüttelt, geworfen, geklopft. Dadurch entstehen weitere Differenzierungen der Handlungsschemata und der Koordination verschiedener Schemata wie Greifen und Werfen (Loslassen), Hinkrabbeln und Greifen, In-den-Mund-Nehmen und Beißen. Die angewandten Mittel werden in diesem Stadium ausschließlich bereits bekannten Assimilationsschemata entliehen (Piaget 1973, 216–266).

Anwendung von Handlungsschemata

5. *Experimentelles Vorgehen, aktives Ausprobieren und Entdeckung neuer Verhaltensschemata – „tertiäre Kreis- oder Zirkulärreaktionen" (im Alter von ca. 12–18 Monaten):* Das Kind fährt fort, das Wesen der Dinge zu erforschen und erfindet dafür immer neue Mittel und neuartige Verfahrensweisen, was Piaget als „tertiäre Zirkulärreaktion" bezeichnet. Die Akkommodation leitet jetzt die Assimilation ein. Dieses sensomotorische Handlungswissen erstreckt sich auf mehrere Bereiche. Erstens passt sich das Kind nun wirklich an unbekannte Situationen an. Zweitens differenzieren sich die Handlungsschemata weiter aus, und drittens ist das Kind in der Lage, neue Probleme zu lösen. Schließlich entdeckt es auch Verlagerungen von Gegenständen im Verhältnis zueinander, berücksichtigt aber noch keine Verschiebungen, die sich außerhalb seines Gesichtsfeldes vollziehen.

„tertiäre Zirkulärreaktion"

Einerseits erfolgt die Nachahmung bewusster, aktiv, genauer dem Modell angepasst, andererseits experimentiert das Kleinkind, es ent-

Experimentieren

wickelt zielgerichtetes Tastverhalten, d.h. es strebt nach Neuem. Es findet z.T. originelle Mittel, um bestimmte Ziele zu erreichen: zieht z.B. an der Tischdecke, um einen Gegenstand auf dem Tisch zu bekommen. Im Zusammenhang mit Gegenständen werden auch verschiedene Möglichkeiten wie unterschiedliche Wurf- und Greifarten ausprobiert. Insgesamt gesehen werden neue Handlungsschemata durch aktives Experimentieren entdeckt (Piaget 1973, 267–332).

Internalisierung

6. Verinnerlichung der Verhaltensschemata und Beginn der Vorstellungstätigkeit (im Alter von ca. 18 Monaten und später): Eine Vorstellung entsteht nach Piaget durch Verinnerlichung (Internalisierung) motorischer Handlungen. Die Vorstellungstätigkeit bildet die Voraussetzung für eine Reihe von Fähigkeiten. Grundlage ist einmal der Erfindungsakt, der auf einer geistigen Kombination von vorher abgebildeten Schemata beruht. Des Weiteren steht das Wissen um die dauernde Existenz der materiellen Gegenstände im Vordergrund und schließlich die Fähigkeit der Vorstellung unsichtbarer Bewegungen. Das Kleinkind kann offensichtlich in der Vorstellung die Ergebnisse seiner Handlung in gewisser Weise antizipieren. Es kann auch schon zum plötzlichen Verstehen kommen, zum „Aha-Erlebnis" (K. Bühler). Das praktische Probieren reduziert sich, neue Handlungen und Handlungsketten oder -prozesse können ohne vorheriges Probieren realisiert werden. Diese Möglichkeit der Verinnerlichung von Handlungen gilt als Übergang zum „voroperatorischen Denken". Sensomotorische Prozesse werden jedoch beibehalten, z.B. beim Erwerb neuer Verhaltensweisen wie Radfahren, Rollschuhfahren, bei vielen sportlichen und handwerklichen Aktivitäten. Dieses sechste Stadium impliziert den prozesshaften Übergang vom sensomotorischen zum präoperationalen Stadium (Piaget 1973, 333–358).

2. Stufe

Präoperationales Denken (ca. 2–7 Jahre): Dieses zweite Stadium setzt mit ca. 18 Monaten ein und endet etwa mit dem siebten Lebensjahr. Präoperational wird dieses Stadium genannt, weil logische Operationen im Sinne Piagets noch nicht auftreten. Für die Entwicklung des Denkens erweist sich die Vorstellung als bedeutsam. Sie wird möglich durch die Akkommodation sensomotorischer Schemata an ein Ereignis der Außenwelt. Die Außenwelt wird innerlich nachgeahmt und repräsentiert. Als wichtig erweist sich hierbei die Möglichkeit zunehmender Unabhängigkeit innerer Nachahmung von der unmittelbaren Wahrnehmung (Piaget 1969; 1996; 2000, 140–157).

Das Kind unterscheidet damit erstmals zwischen Symbol und realem Objekt. Charakteristisch für diese Stufe ist der primäre Spracherwerb, der sehr rasch unter der Verknüpfung von Denken und Sprache im Alter von zwei bis vier Jahren vor sich geht. Das Kind, das zuvor nur „in Bildern" dachte, denkt jetzt „in Worten". Es erlangt die Fähigkeit, sensomotorische Handlungen, beobachtete Objekte und Ereignisse zu verinnerlichen und mental zu repräsentieren. Ein Bezeichnetes (Objekt) kann jetzt durch ein Bezeichnendes (ein Wort) repräsentiert werden. In diesem Alter vermag es aber noch nicht zwischen Allgemeinem und Einzelnem zu differenzieren, sondern nur vom Einzelnen zum Einzelnen zu schließen, was Piaget als „transduktives Schließen" bezeichnet.

primärer Spracherwerb

Ein Kind im Alter von knapp fünf Jahren hat keinen Mittagsschlaf gemacht und sagt jetzt: „Ich habe nicht geruht, also ist es nicht Nachmittag." (Piaget 1969, 112) Ebenso erkennen Kinder dieser Altersstufe nicht die Konstanz der Identität von Personen. Hierzu auch ein Beispiel: Ein Kind im Alter von 2;7 Jahren [2 Jahre, 7 Monate] sieht seine Schwester in einem neuen Badeanzug und fragt nach dem (natürlich bekannten) Namen des Kindes (Piaget 1969, 106). Auch die Konstanz von Dingen zu erkennen, fällt Kindern dieses Alters oft noch sehr schwer. Das folgende Beispiel verdeutlicht dies: Ein Kind, dreieinhalb Jahre alt, kennt die Sonne am Heimatort, sieht die Sonne am Urlaubsort und ist jetzt der Meinung, es gebe zwei Sonnen (Piaget 1969, 130).

Als typisch für dieses zweite Stadium erweist sich auch die Ausprägung des Bewusstseins der eigenen Person mit einem eigenen Willen, was sich dann oft in „Trotzreaktionen" zeigt.

Eine weitere Besonderheit im Denken der Kinder ist die Unfähigkeit, geistige Prozesse und materielle Dinge zu unterscheiden. D. h. geistige Vorgänge wie etwa die Speicherung von Namen oder der Umgang mit sozialen Regeln werden mit äußerer Wirklichkeit gleichgesetzt.

Hierzu ein Beispiel: Namen werden als etwas Fassbares an einem bestimmten Ort vermutet: „Der Name der Spinne wohnt in dem Loch dort." (Piaget 1969, 123) Auch Bilder werden oft als etwas Reales angesehen, was man an folgendem Beispiel erkennt. Ein Album mit Fotos ist deshalb so schwer, „weil da ein kleines Mädchen drin ist" (S. 106). Typisch ist auch noch, dass die Kinder Dinge als Wesen mit menschlichen Eigenschaften ansehen. Beispiel: Der Stein, über den das Kind stolpert, ist „böse".

Die vom Kind erworbene Symbolfunktion findet auch in den Spielen ihren Niederschlag (Piaget 2000, 143 f). Im Symbolspiel benützt es Gegenstände oft als Mittel zur Repräsentation, wobei dieses Dar-

symbolisches Denken

stellungsmittel dem symbolisierten Gegenstand nicht sehr ähnlich zu sein braucht: Eine Schachtel kann die Rolle der Badewanne einnehmen, ein dünnes Stück Holz kann als Thermometer, mehrere Holzklötzchen können als Eisenbahn dienen, wobei in jedem Symbolspiel auch ein Stück Nachahmung steckt. Im Zusammenhang mit diesem Stadium spricht man vom „symbolischen" und „vorbegrifflichen" Denken.

Für die zweite Phase der Denkentwicklung erweist sich etwa im Altersbereich vier bis sieben die nun vorhandene Fähigkeit zum begrifflichen Denken und die sich entwickelnde operative Intelligenz als charakteristisch. Das Kind bekommt eine verbesserte Vorstellung vom Handeln, es kann sich nun vor allem Beziehungen aller Art, etwa räumliche, aber auch zwischenmenschliche, vorstellen. Es kann jetzt zwischen geistigen und materiellen Vorgängen unterscheiden. Nach wie vor interpretiert es jedoch geistige Eigenschaften in Dinge hinein (s. das Beispiel mit den Steinen!).

Im Laufe dieser Stufe erkennt das Kind zwar, dass nur Tiere, Pflanzen und Menschen leben, aber es nimmt immer noch an, dass z.B. Tiere wie Menschen fühlen und denken. (Piaget zieht hier eine Parallele zum Animismus der Naturvölker.) Eine weitere Besonderheit ist auch die weit verbreitete Annahme der Kinder, dass Gegebenheiten wie Seen, Berge oder Bäume vom Menschen geschaffen wurden oder zumindest aus einer menschlichen Zweckmäßigkeit heraus (dem Menschen zum Nutze) entstanden. Piaget bezeichnet diese Neigung als „Artifizialismus" und „Finalismus".

Reversion

Sehr wichtig in dieser Entwicklungsstufe ist die bereits genannte Fähigkeit des Kindes, sich Beziehungen aller Art vorzustellen, sie aber nicht im Geiste umdrehen zu können. Es verfügt noch nicht über die Fähigkeit zur „Reversion".

Perlenversuch

Hierzu der sehr bekannte Perlenversuch Piagets: Ein Kind bekommt eine Schachtel mit vielen Holzperlen. Davon sind mehrere braun und nur zwei weiß. Nun fragt man das Kind, ob sich in der Schachtel mehr braune oder mehr Holzperlen befinden. Nach Piagets Beobachtungen an vielen Kindern scheitern nahezu alle an der Beantwortung dieser Frage, die unter sechs bzw. sieben Jahre alt sind. Piaget erklärt dies damit, dass Kinder in diesem Alter in ihrer Vorstellung nur konkret handeln können. Sie bilden also zunächst eine Kette aus den braunen Perlen, die ja jetzt „gebunden" sind. Das Kind vermag dann diese nicht mehr zu verwenden. Somit kann es die beiden imaginären Ketten also auch nicht miteinander vergleichen und vermag die Frage nicht zu beantworten.

Konkrete Operationen (ca. 7–12 Jahre): Auf der Stufe der konkreten **3. Stufe** Denkoperationen (Piaget 2000, 157–166) ist das Kind in der Lage, sich von der Eingleisigkeit des Denkens zu lösen. Die Denkleistungen sind nicht mehr von der unmittelbaren Wahrnehmung abhängig, sie konzentrieren sich nicht mehr auf nur einen Aspekt (s. „Dezentrierung"). Die geistigen Handlungen der Kinder laufen jetzt schneller und beweglicher ab. Piaget spricht von „reversiblen Denkvorgängen".

Dies soll am Beispiel des Umschüttversuchs verdeutlicht werden: Einem Kind werden gleich viele Perlen in einem schmalen und dickbauchigen Kolben gezeigt, wobei das Kind das Umschütten von einem Kolben in den anderen beobachten kann. Nun wird das Kind gefragt, in welchem Kolben mehr Perlen seien. Hierbei beobachtete Piaget, **Umschüttversuch** dass Kinder unter sieben Jahren die zur richtigen Beantwortung nötige Denkleistung noch nicht erbringen konnten. Erst in dieser dritten Stufe der Denkentwicklung erkennt das Kind, dass die Menge der Perlen gleich bleibt. Als Erklärung nennt es verschiedene Vorstellungen (Problemlösungen): Die Perlen stehen in dem einen Kolben höher, weil das Glas dünner ist. Oder: Vorher waren es gleich viele Perlen, also müssen es jetzt auch noch gleich viele sein. Oder: Wenn man die Perlen zurückschütten würde, wären beide Gefäße wieder gleich hoch mit Perlen gefüllt.

Piaget nennt diese verschiedenen Möglichkeiten der Problemlö- **Gruppierung** sung „Gruppierung", d. h. mit der Hilfe eines Systems von Operationen kann das jeweilige Problem gelöst werden.

> Die Gruppierung besteht aus einem System von Operationen, diese sind:
>
> - **Identität:** Vorher waren es gleich viele, … (Identität wird hergestellt, indem die Operation durch ihre Negation aufgehoben wird.)
> - **Komposition:** Perlen stehen im Gefäß höher, … (Beziehung zwischen Höhe und Breite.)
> - **Reversibilität:** Wenn man die Perlen zurückschüttet, …

Piaget bezeichnet Denken, welches reversibel ist, als operatorisch. **Operationen** definiert er als effektive oder interiorisierte Handlungen allgemeiner Art, die auf beliebige Objekte anwendbar, reversibel und in eine Gesamtstruktur integriert sind (Piaget 1996, 29 f; Wember 1986, 54 f). Beispiele für Operationen sind: Ordnen, Klassifizieren, Vereinigen, Trennen, Addieren, Teilen, Zählen.

Weiterhin kann man sich die Frage stellen, warum Piaget vom konkreten Denken spricht. Es bedeutet, dass die Denkvorgänge des Kindes sich auf Vorstellungen und Gegenstände beziehen, die das Kind wahrnehmen kann, die real vorhanden sind, die es ausführen kann, wie z. B. bei Perlen und Gläsern im Zusammenhang mit dem oben beschriebenen Umschüttversuch.

Testfrage

Probleme, die sprachlich dargebracht werden, vermag das Kind noch nicht zu lösen. Es ist noch nicht fähig, abstrakten Handlungen zu folgen. Das Beispiel eines Tests von Burt mag dies verdeutlichen. Man stellt dem Kind dabei folgende Frage: „Edith ist heller als Susanne, Edith ist dunkler als Lilli. Welche der drei ist die dunkelste von allen?" Diese Aufgabe kann ein Kind, das sich auf dieser Stufe der Denkentwicklung befindet, nach Piaget noch nicht lösen.

„Obgleich das Kind mit den konkreten Operationen erste Formen logischen Denkens erwirbt, ist die kindliche Logik in dieser Phase nur bedingt mit der Logik des Erwachsenen vergleichbar, da sie gewissen Einschränkungen unterliegt, deren wichtigste das Gebundensein an Konkretes ist. Kindliches Denken kann sich nur an konkret vorliegenden oder an unmittelbar sinnlich erfahrenen Sachverhalten vollziehen, nicht jedoch auf rein symbolischer Ebene an nur vorgestellten Sachverhalten oder gar an abstrakten Ideen." (Wember 1986, 55)

4. Stufe

Formale Operationen (ab ca. 11–15 Jahre): Das Kind ist auf dieser letzten Strukturstufe der kognitiven Entwicklung zu formalen Denkoperationen fähig (Piaget 2000, 167–170). Geistige Handlungen und Gruppierungen können unabhängig von dem Gegenstand vollzogen werden. Die Denkoperationen erfahren eine nochmalige Umstrukturierung. Die Bezeichnung „formale Operationen" weist darauf hin, dass Schüler der Mittel- und Oberstufe der Regelschule nicht nur operativ denken, sondern sich immer mehr formaler und abstrakter Überlegungen bedienen. Für den Jugendlichen bedeutet das, dass er sich seiner Denkoperationen bewusst ist und über sie auch reflektieren kann („Operieren über Operationen"). Er braucht nicht die äußere Realität, nicht mehr konkretes Anschauungsmaterial wie etwa Kinder im Grundschulalter, um Gedanken und Problemlösungen zu überprüfen, da er jetzt über seine Annahmen nachdenken und verwirklichte Handlungsmuster zur Hilfe heranziehen kann. Das Kind war auf der Stufe der konkreten Operationen nur in der Lage, einen Sachverhalt verinnerlicht zu denken sowie reversible Tätigkeiten durchzuführen. Das formale Denken besteht „im Gegensatz dazu in Reflexionen über diese Operationen […] also Operieren mit Operationen oder ihren Ergebnissen" (Piaget 2000, 168).

Reversibilität

Das Denken wird reversibler, d. h. es können Vorgänge gedanklich rückgängig gemacht oder kompensiert werden im Sinne des Ausgleichs durch eine andere Operation.

Erst jetzt werden mathematisches Denken und formale Logik, wie etwa das Ableiten von Regeln, deduktive Schlüsse etc., für den Jugendlichen möglich. Es handelt sich um die höchste Stufe der geistigen Entwicklung. Mit diesem Entwicklungsbereich werden auch Begriffe des Zufalls und der Wahrscheinlichkeit erkannt und verstanden. Die Untersuchungen zu den formalen Operationen finden sich im Wesentlichen bei Piaget und Inhelder (1980b).

3.5.3 Folgerungen für die Entwicklung von Kindern mit Behinderungen – unter besonderer Berücksichtigung der Kinder mit geistiger Behinderung

Welche Bedeutung haben die Erkenntnisse Piagets über den Anpassungsvorgang, über die kognitive Entwicklung als Konstruktionsprozess, über den logischen Aufbau der Entwicklung, über Gesetzmäßigkeiten und Äquilibration für Kinder mit geistiger Behinderung, für Kinder mit Behinderungen und deren geistige Entwicklung schlechthin?

Dienen Piagets Erkenntnisse dem Aufgabenbereich Heilpädagogischer Psychologie? Es kann im Hinblick auf das umfangreiche Material im Folgenden nur darum gehen, einige wesentliche Aspekte herauszugreifen, kritisch zu hinterfragen und hinsichtlich sonder- und heilpädagogischer Belange zur Diskussion zu stellen.

1. Wenn man mit Piaget geistige Entwicklung als allmählichen und kontinuierlichen Prozess sieht, der von einem logischen Aufbau und bestimmten Gesetzmäßigkeiten ausgeht, so wäre man in der Lage, jeweils den nächsten zu lernenden „geistigen Entwicklungsschritt" als Ziel anzugeben und dieses Ziel dann anzustreben. Die bei Piaget beschriebenen Entwicklungsprozesse können nur ein Grobmaß darstellen. Die Erfahrungen zeigen, dass man bei Kindern und Jugendlichen mit Entwicklungsverzögerung, (Beeinträchtigungen, Behinderungen) häufig (kleine) Zwischenschritte einplanen, aus der Sicht der Menschen ohne Behinderung „Umwege" gehen oder möglicherweise in Bezug auf – lebenspraktische – Notwendigkeiten erzieherische und förderungsspezifische Schwerpunkte setzen muss, die vielleicht nicht primär im kognitiven Bereich liegen. Beim Kind mit Behinderung erweisen sich die Fragen nach den spezifischen Bedürfnissen, nach der Motivation, der individuellen Lernausgangslage, nach Ganzheitlichkeit im Hinblick auf Handeln im täglichen Leben, wie z. B. die Nahrung selbst aufnehmen, sich mitteilen, Sauberkeitserziehung, als

elementar. Aus heutiger Sicht ist eine Stufentheorie der kognitiven Entwicklung Piagets nicht mehr haltbar (Wember 1986, 60).

Allerdings kann man Piagets „Entwicklungsstufen als idealtypische Beschreibungen von intellektuellen Qualitäten auffassen, die der Mensch im Verlauf seiner Entwicklung aktiv in einem kontinuierlichen Aufbauprozess erwirbt" (Wember 1986, 60). Insofern stellt Piagets Stufentheorie mit den entsprechenden Inhalten im Hinblick auf Kinder und Jugendliche mit Behinderungen nur ein „Grobraster" der Entwicklung dar. Dabei kann man davon ausgehen, dass eine Fortentwicklung der einfachen, unvollständig angepassten Schemata hin zu relativ angepassten stabilen Prozessen stattfindet. Es ergibt sich zweifellos im Verlauf des Lernprozesses, z. B. beim Kind mit Lernbehinderung, erst recht beim Kind mit geistiger Behinderung, in höherem Maße die Notwendigkeit zu Wiederholungen und Verfestigungen gelernter Vorgänge sowie zu verstärkten Bemühungen bezüglich des Transfers einer erworbenen Verhaltensweise auf ähnliche. Lewin hat im Jahre 1935 die „Rigiditätstheorie" im Zusammenhang mit „Schwachsinn" aufgestellt. Sie besagt, dass der wichtigste dynamische Unterschied zwischen sogenannten „schwachsinnigen" und „normalen" Kindern in der größeren Starrheit, der geringeren Fähigkeit zur Umordnung im psychischen System besteht. Daraus ergeben sich die Probleme des Lernens, des Umlernens, der Übertragung (Wendeler 1976, 21 f).

2. Betrachten wir den beim Menschen mit einer Behinderung möglicherweise gestörten Prozess der Assimilation im Sinne der „Einverleibung" der Umwelt (Objekte) sowie der Wirkung eines Verhaltens auf die Umwelt. Es könnte sein, dass insbesondere bei einer vorhandenen Schwerstbehinderung „wirkungsvolles" Verhalten – von außen gesehen – nicht auftritt, oder falls es auftritt, geschieht dies vielleicht zu wenig akzentuiert und strukturiert, um auf die Umwelt einen Einfluss ausüben zu können. Die positive Wirkung auf Menschen in der Umwelt stellt häufig ein Problem des Menschen mit einer Behinderung dar. Hieraus ergibt sich die Notwendigkeit, nicht erst auf die Aktivität des Menschen mit Behinderung zu warten, sondern Einstellung und Wahrnehmung des Menschen ohne Behinderung so zu beeinflussen, dass er lernt, bereits Ansätze zu Aktivitäten bei Menschen mit Behinderungen wahrzunehmen und als Handlungsprozess zu begreifen und aufzugreifen.

Hat das Kind mit Behinderung bestimmte Schemata erworben, so fällt es ihm möglicherweise schwer, neue Vorgänge in diese Schemata aufzunehmen (einzugliedern), also sein Verhalten – in sinnvoller Weise – zu erweitern (Problem der Flexibilität). In dieser Weise kommen beim (intellektuell) retardierten Kind immer wieder Momente hinzu, die das intellektuelle Defizit – im Vergleich zum Kind ohne geistige Retardation – im Grunde genommen noch vergrößern. Probleme bei der Aneignung oder beim Lernen haben eine progrediente und kumulierende Wirkung, deshalb ist es nötig, diesen speziellen Bedürfnissen und Nöten des Kindes mit einer Behinderung mit spezieller Förderung (Frühförderung) zu begegnen.

3. Dieses mögliche Defizit im Zusammenhang mit (behinderten) Assimilationsvorgängen führt unter Berücksichtigung der Akkommodation wahrscheinlich auch dazu, dass das Kind weniger Nachahmungs- und Anpassungsprozesse aktiviert, in verstärktem Maße durch die soziale Umwelt angepasst, zum „Objekt" gemacht wird. Die Umwelt kann mit mehr oder weniger hoher Intensität auf den „Organismus" einwirken. Die Frage bleibt dabei bestehen, ob tatsächlich Aneignungsprozesse provoziert werden, ob sich Veränderungen im Sinne einer positiven Entwicklung für das betroffene Kind ergeben. Im Hinblick auf erzieherisches Einwirken und von „außen induziertes" Lernen können durch die Momente der Überanpassung oder des „Angepasstwerdens" Probleme im psychischen Bereich und bei der Identitätsfindung schlechthin entstehen.

Wenn Piaget unter Intelligenz auch Flexibilität und Anpassungsfähigkeit versteht, wenn das Streben von einem wahrzunehmenden Ungleichgewicht zu einem Gleichgewicht eine Rolle spielt, so kann man verallgemeinernd vermuten, dass im Zusammenhang mit Behinderungen Unterschiede bzw. Gefälle zur Umwelt nicht oder anders wahrgenommen werden, dass damit aufgrund der Störung der Wahrnehmung eine Höherentwicklung ohne Unterstützung und Hilfe erschwert sein wird. Der Mensch mit einer Behinderung wird – nicht nur in früher Kindheit und während der Schulzeit, sondern auch später – in besonderem Maße auf Vormachen mit der Möglichkeit zur Imitation angewiesen sein. Es muss ihm auch gezeigt werden, wie er zur Assimilation und Akkommodation kommt, d. h. er muss vor allem lernen, wie man lernt. Der sozialen Umwelt, der Gesellschaft im weiten Sinne stellt sich damit die Aufgabe, Anreize und Handlungsmuster bereitzustellen, die im Hinblick auf die Anforderungen einen Entwicklungsreiz bzw. Lernanreiz zur Höher- und Weiterentwicklung unter Berücksichtigung früherer bereits gebildeter Schemata und Operationen (nicht zu leicht und nicht zu schwer) darstellen. Dies führt im Zusammenhang mit „Führen oder Wachsenlassen" (Litt 1967) zu dem Grenzproblem jeglichen Erziehungsgeschehens, das sich bei einem Kind oder Jugendlichen mit einer Behinderung in verstärktem Maße ergibt.

4. Eine besondere Rolle spielt Piagets Theorie der kognitiven Entwicklung für die Frage nach der Analyse des Verhaltens und der Förderung von Menschen mit schwerer Behinderung.

Assimilation als Anpassung

Assimilation meint, dass der Organismus versucht, sich die Umwelt anzupassen, sie durch Einverleibung der äußeren Wirklichkeit zu strukturieren. Das findet man z. B. im Bemühen des Säuglings wie auch bei vielen älteren Menschen mit schwersten Behinderungen, alle für sie manipulierbaren Gegenstände in den Mund zu stecken – also der Versuch, sie an ein Schema (hier an den Saug- und Schluckreflex) anzupassen, sie sich einzuverleiben.

Auf der Basis solcher Prozesse wird

„eine Entwicklung in Gang gesetzt, die durch tätige Auseinandersetzung mit der Umwelt zur Veränderung und ständig neuen Verknüpfung von ‚Schemata‘ zu ‚Strukturen‘ und schließlich zum Aufbau der geistigen Operationen führt, die sich im Denken, in der Sprache und im Bewußtsein repräsentieren und ohne eine nach außen sichtbare Tätigkeit und ohne die sinnliche Präsenz der Ding- und/oder Personalobjekte funktionieren können. Die Umwelt spiegelt sich in den kognitiven, emotional-affektiven und motivationalen psychologischen Bereichen und im Erleben wider. Wo tätige Auseinandersetzung mit der Umwelt stattfindet, und sei es bei einem schwerstbehinderten Kind im Sinne motorischer Stereotypien, müssen wir ein diesem Funktionsniveau adäquates Denken und Bewußtsein annehmen" (Feuser 1981, 97).

Auch wenn wir von außen her wenig beobachten können, findet im Sinne von Assimilation und Akkommodation (Adaptation) im Menschen mit einer Behinderung etwas statt, vorausgesetzt, es wird eine Möglichkeit zur Auseinandersetzung geboten.

Wahrnehmung

Im Zusammenhang mit der Beschreibung dieses dialektischen Prozesses von Individuum und Umwelt ergibt sich quasi als Nahtstelle die Wahrnehmung. Wir wissen, dass die Basis der Wahrnehmung unsere Sinne darstellen (exterozeptive Wahrnehmung). Darüber hinaus müssen wir aber auch die interozeptive und propriozeptive Wahrnehmung, d. h. die Wahrnehmung des eigenen Körpers, seiner organismischen Vorgänge und seiner Muskeltätigkeit, berücksichtigen. Jegliche Art von Wahrnehmung ist nicht ein passiver Akt, sondern eine grundlegende Tätigkeit des Organismus, die die assimilativen und akkommodativen Aspekte der Adaptation zur Basis hat. So ist z. B. das Sehen nicht nur ein perzeptiver, ein aufnehmender Akt, sondern auch ein operanter Akt, eine Tätigkeit des Auges: Es muss sich, um die Perzeption leisten zu können, z. B. auf die Helligkeit und die Entfernung des Objektes einstellen. Adäquat ablaufen kann ein solcher sensomotorischer Akt nur, wenn das Sinnessystem

a) nicht überlastet (sensory overload) oder
b) unterlastet (sensorische Deprivation) oder
c) widersprüchlichen Informationen ausgesetzt ist (Feuser 1981, 98).

Im Zusammenhang mit neuropsychologischen und -physiologischen Erkenntnissen gilt, dass die bioelektrischen Nervenimpulse auf den afferenten, also zuleitenden Bahnen zu den zentralen Schalt- und Verarbeitungsstellen im Rückenmark und Gehirn bis zur Großhirnrinde gelangen. Dort entsteht ein „Abbild" einer Wahrnehmung. Über Synapsen (Schaltstellen) werden bei einfachsten Prozessen die afferenten Reize (Erregungen) auf efferente (ableitende, ausführende) Bahnen transferiert, um dem Muskel die adäquaten Informationen zu überbringen, so dass dieser sich bewegen und tätig werden kann. Die Reaktion auf die Wahrnehmung eines Reizes kann man von außen beobachten. Man kann davon ausgehen, dass die an der Innovation der Muskulatur beteiligten Nervenzellen sich eine Kopie – vor allem des efferenten Impulses –, also eine Efferenzkopie, aufbewahren. **Neuropsychologie und -physiologie**

„Allein daraus eröffnen sich uns weitreichende Aspekte, auch für die Arbeit mit Kindern, die so schwer beeinträchtigt sind, daß sie uns völlig passiv und teilnahmslos ohne Austausch mit ihrer Umwelt erscheinen, weil wir sie, ist die Wahrnehmung selbst über die fern- und körperbezogenen Sinne stark beeinträchtigt, über die Rückmeldung der Tätigkeit ihrer Muskulatur (das Reafferenzprinzip) dennoch erreichen können, wenn wir die Kinder z. B. bewegen, sie in ein labiles Gleichgewicht bringen, mit ihnen schaukeln, oder uns mit ihnen auf der Spastikerrolle bewegen. Das ZNS wird die daraus resultierenden afferenten und re-afferenten Impulse speichern und nach einer gewissen Zeit eigenaktiv werden können – ohne unsere Hilfe von außen." (Feuser 1981, 99 f)

Im Rahmen von Erziehung, Frühförderung und Förderung im Allgemeinen ist es also wichtig, die Umgebung des Kindes mit einer Behinderung so zu gestalten, dass es zur Wahrnehmung und Bewegung herausgefordert wird und handeln kann. Methoden zur Förderung von Wahrnehmung und Bewegung, z. B. Frostig, Heidingsfelder, Fröhlich sowie Bobath, bauen auf diesem Prinzip auf.

Was wir wissen, empfinden und erleben, ist allerdings nicht ein rein reproduktives Abbild der uns umgebenden objektiven Realität, her- **subjektive Eigenkonstruktion** vorgerufen durch die im Sinne Piagets beschriebenen Prozesse. Das Kind eignet sich die objektiven Gegebenheiten in subjektiver Weise an, „schafft sich ein Abbild" im Sinne einer Eigenkonstruktion dieser Wirklichkeit und bildet seine Individualität durch die über Erziehung vermittelten (sozialen) Prozesse (Ko-Konstruktion) aus. Das Kind eignet sich aber auch die Beeinträchtigungen (bzw. Behinderungen) seiner Persönlichkeitsentwicklung, seien sie organischer und/oder sozialer Art, in gleicher Weise an. Dadurch bahnt sich – falls nicht pädagogisch-intentional in diese Prozesse eingegriffen wird – für die Betroffen ein verhängnisvoller Teufelskreis an, der in eine Persönlichkeitsentwicklung einmündet, die Feuser als „Schwerstbehinderung" beschreibt.

schwerste Behinderungen

Die Gesamtsituation der Menschen mit schwerster Behinderung ist

„aufgrund ihrer organischen und/oder gesellschaftlichen Situation durch ihre Isolation von der Aneignung von Welt gekennzeichnet, deren Kulminationspunkt die Wahrnehmungstätigkeit der Betroffenen ist, über die sich die Wechselwirkungsprozesse zwischen Individuum und Umwelt vollziehen" (Feuser 1981, 100f).

Dabei müssen wir in Bezug auf Kinder mit sehr schweren Beeinträchtigungen annehmen,

„daß sie ein Objekt (im Sinne ihrer Umwelt) nur in ersten Ansätzen konstituiert haben und sie ihre Tätigkeit, an die sich ein Objekt assimilieren läßt, eher erkennen als das Objekt als solches. Die Kinder erkennen zuerst, so nehme ich an, z.B. nicht die Geräuschdose, mit der sie umgehen, sondern das entwickelte Schema, mit der Dose umzugehen, also ihre spezifische Tätigkeit" (Feuser 1981, 100f).

Zusammenfassung: Insgesamt gesehen erscheint es mir im Zusammenhang mit Menschen mit Behinderungen wichtig, die Theorie Piagets über die geistige Entwicklung hinsichtlich der Dimension Umwelt und Beschaffenheit dieser Umwelt zu erweitern im Sinne der Notwendigkeit und Möglichkeit, sie je nach Beeinträchtigung oder Behinderung leichter zugänglich und „begreifbar" zu gestalten. Kindern mit Behinderungen wird diese häufig zeichenhaft verfasste Wirklichkeit und „behindernde" Umwelt meist nur über die erzieherische Begegnung und Vermittlung erfahrbar.

3.5.4   Überlegungen im Hinblick auf Frühförderung

Piagets Ansatz über das Wesen der geistigen Entwicklung bedarf im Hinblick auf Kinder mit Entwicklungsverzögerungen und Behinderungen der Kritik und Erweiterung. Piaget geht vor allem unter Berücksichtigung seiner Versuche und Experimente von einer weitgehend intakten, für die Entwicklung positiven sozialen Umwelt aus. Er hat diese Umwelt bezüglich behindernder Bedingungen nicht hinterfragt oder gar erforscht. Gerade aber im Hinblick auf Kinder mit Behinderungen gilt es, diese soziale Umwelt (Erziehungs- und Bezugspersonen wie Eltern, Freunde, Nachbarn, Ereignisse auf dem Spielplatz usw.), die natürliche und die vom Menschen geschaffene materiale Umwelt in dem Sinne zu analysieren, inwiefern sie Assimilation und Akkommodation im Hinblick auf Lern- oder Aneignungsprozesse behindern. In Piagets Theorie nehmen die Kräfte und Prozesse im Individuum einen vorrangigen Platz ein. Dagegen orientieren sich neuere ökologische Ansätze nicht primär am Individuum, sondern dialektisch an den Beziehungen des Einzelnen zu seiner Lebenswelt und damit an den Systemen, in denen er lebt und an denen er partizipiert. Heilpädagogische Psychologie hat deshalb auch alle Teilsysteme wiederum in ihrer Wechselwirkung zu verschiedenen Teilsystemen einzubeziehen, an denen ein Edukandus Anteil hat.

Soziologie, Sozialpsychologie, insbesondere aber Sonder- und Heilpädagogik haben die Aufgabe, diese Umwelten näher im Hinblick auf negative Auswirkungen im Zusammenhang mit Lernen und kindlicher Entwicklung zu erforschen (von Bracken 1981; Thimm 1978). In die Erforschung dieser Umwelten im Sinne von Teilsystemen und deren Interaktions- und Kommunikationskonstellation muss auch die Frage der optimalen Unterrichtung von Kindern mit einer Behinderung in Förder- und Regelschulen, also die Frage der Integration, impliziert werden. Piaget lehnte stets eine Pädagogik ab, die das Kind zum Objekt macht, statt es als Subjekt seiner Entwicklung zu achten. Vor allem den öffentlichen Schulen warf er vor, sie beeinträchtigten die geistige und soziale Entwicklung der Schüler statt sie zu fördern, denn sie böten den Schülern entweder keine oder zu wenig oder nur scheinhafte Möglichkeiten zu spontaner, schöpferischer Aktivität und zu spontaner Zusammenarbeit (Piaget 1972, 13–137, 139–183).

Vor allem im Hinblick auf Frühförderung unter dem Aspekt der spontanen, schöpferischen Aktivität und Zusammenarbeit sind die folgenden Thesen bedeutsam (Wiegand 1998, 172 f): **Thesen zur Früh-förderung**

1. „Wenn Entwicklungsrückstände als vergleichsweise niedrig strukturierte Formen des Gleichgewichts mit der Umwelt aufgefasst werden können [...] unabhängig von ihrem Entwicklungsstand, eine spontane Tendenz zu eigen ist, Ungleichgewichte mit der Umwelt durch Herstellung höher strukturierter Gleichgewichte zu überwinden [...] so kann auch das entwicklungsverzögerte

und entwicklungsgefährdete Kind seine Entwicklung durch neue Äquilibrationsbemühungen fortsetzen, es sei denn, solchen Bemühungen des Kindes sind im Organischen oder im Sozialen Grenzen gesetzt, die es nicht zu überschreiten vermag."

2. Frühförderung muss (wie jede Pädagogik) dem Kind Gelegenheit zu spontanem Handeln bieten, ihm interessante, neuartige Erfahrungen ermöglichen und dafür Sorge tragen, dass es die dabei entstehenden Ungleichgewichte möglichst selbstständig erkennen und überwinden kann. Hilfestellungen gehen aus der guten Kenntnis und genauen Beobachtung des Kindes und der (möglicherweise ungünstigen) alltäglichen Erziehungswirklichkeit hervor.

3. Wenn jedes Verhalten einen adaptiven, einen genetischen und epistemischen Aspekt hat, also Anpassung, Entwicklung und Erkenntnis impliziert sind, wird die Intelligenz eines Kindes nicht nur durch sogenannte kognitive Tätigkeiten und Programme gefördert, sondern durch jegliches nicht überforderndes und vom Kind strukturierbares Handeln auf allen Gebieten und in allen Bereichen der Sensomotorik und der Wahrnehmung, vorausgesetzt, solche Handlungen sind spontan und ermöglichen neue Erfahrungen.

4. „Wenn sich die Entwicklung des Kindes mehr noch als im Umgang mit den Dingen im Umgang mit dem Menschen vollzieht, muss Frühförderung (wie jede Pädagogik) Kindern Möglichkeiten zu spontaner, selbständiger Kooperation bieten, d. h. der Erwachsene muss dem Kind in Schwierigkeiten und Konflikten entgegenkommen, Lernbarrieren beseitigen, zwischen Kind und Umwelt vermitteln, neue Wege aufzeigen. Dies setzt voraus, dass zwischen Kind und Erwachsenem eine gute Beziehung besteht, der Erzieher die Intentionen des Kindes zu verstehen sucht." (Wiegand 1998, 173)

5. „Wenn alle Formen des Erkennens (Raum, Zeit, Zahl etc.) und wenn alle Formen der Repräsentation (Nachahmung, Vorstellung, Phantasie etc.) im sensomotorischen Handeln und Erkennen wurzeln, so muss Frühförderung […] dem Kind eingehende Objekterfahrungen und eine alle Sinnesbereiche umfassende sensomotorische Aktivität ermöglichen." (S. 173)

6. „Wenn Vorstellungskraft und schöpferische Phantasie aus Nachahmung und Spiel hervorgehen, so darf Frühförderung (…) nicht nur angepasst-intelligentes Verhalten vor Augen haben, sie muss dem Kind auch Raum für seine Kindlichkeit, für die vielfältigen Formen seines unangepasst-egozentrischen Verhaltens geben und ihm alle Arten des Ausdrucks und der Darstellung ermöglichen: Mimik, Gestik und Rollenspiel; Malen, Zeichnen und Formen; Musik und Tanz etc." (S. 173)

basale Förderung

Im Hinblick auf unterschiedliche Ausprägungen und Schweregrade von Entwicklungsverzögerungen und Behinderungen kann Frühförderung nur auf der Grundlage wesentlicher Erkenntnisse über die Orientierung am Kind (Bundschuh 2007a, 258–263) sowie über basales Fördern und Lernen erfolgen. Basal meint:

- hinsichtlich der Genese menschlichen Verhaltens frühe, ursprüngliche Prozesse, die sich bereits im Mutterleib manifestieren;
- nicht (isolierte) Funktionen, vielmehr in das Gesamtwesen Mensch, des jeweiligen Kindes integrationsfähige und integrierte Prozesse, die mit Motorik und Wahrnehmung eng verknüpft sind. Die Informationsverarbeitung im menschlichen Gehirn wird im Zusammenhang mit diesen Vernetzungsprozessen auch als „Integration" bezeichnet.

„Es ist der Zusammenschluß und die gegenseitige Verknüpfung der Sinneseindrücke unter Einbeziehung der gespeicherten Erfahrungen zu einer höheren komplexen Funktionseinheit…Im Verlaufe der Evolution haben sich die integrativen Vorgänge von der Regelung und Koordination der elementaren biologischen Aufgaben beim Menschen zum bewußten Erkennen, Denken und Handeln entwickelt." (Kahle 1991, 284);

- statt Überforderung der Sinnesbereiche ein Angebot zunächst einfacher, nur wenige Wahrnehmungskanäle sensibilisierender Reize, um eine gute und tragfähige Strukturierung bzw. sensorische Integration zu ermöglichen (Affolter 1975);
- elementare Eindrucks-, Ausdrucks- und Handlungsmöglichkeiten des Menschen, grundlegend für Zugangsmöglichkeiten zur Welt der Mitmenschen und der materiellen Objekte (Assimilation und Akkommodation im Sinne Piagets), sowie Ausbildung der Fähigkeit, diese Umwelt handelnd zu erfahren, zu begreifen und sich in ihr zu orientieren.

In diesem Kontext wird Entwicklung verstanden als Prozess aus einfachen, weniger komplexen Strukturen hin zu komplexeren Prozessen. D. h. für den Erwerb entwicklungsmäßig späterer Fähigkeiten, Fertigkeiten und Handlungsprozesse sind in Anlehnung an Piaget basale frühere Entwicklungsprozesse unabdingbar.

3.6   Konstruktivismus und Ko-Konstruktion

Die Heilpädagogische Psychologie versucht, förderliche und beeinträchtigende Bedingungen für Entwicklung zu analysieren, Ursache-Wirkungs-Ketten zu erkennen und dadurch auch Vorhersagen angesichts bestehender Entwicklungsrisiken zu treffen sowie darüber hinaus auch Aussagen über mögliche Förderungs- und ggf. Heilungsverläufe zu wagen. Sie sagt aber zu wenig über die Prozesse aus, die zu bestimmten Entwicklungsresultaten führen. Dies kann sie auch angesichts stets bestehender Grenzen in der Erziehung nicht. Diese Prozesse lassen sich keineswegs vollständig, schon gar nicht auf der Grundlage des Konstruktivismus beschreiben In diesem Buch bildet

Entwicklungsprozesse

zwar der Konstruktivismus eine wichtige theoretische Basis hinsichtlich der Fragen und Probleme zur Entwicklung im Rahmen Heilpädagogischer Psychologie. Der Konstruktivismus muss jedoch durch die Dimension Ko-Konstruktion, d. h. durch den **sozioökonomischen Aspekt**, ergänzt werden.

3.6.1   Konstruktivismus als Erkenntnistheorie

Konstruktivismus ist eine erkenntnistheoretische Haltung, die Realität als von Menschen erzeugt ansieht und demzufolge auch postuliert, dass Realität nur über Konstruktionsleistungen zugänglich ist. Der radikale Konstruktivismus (Maturana 1987; Luhmann 1990; von Glasersfeld 1998) vertritt die Auffassung, dass alle Wahrnehmung Konstruktion und daher objektive Erkenntnis unmöglich sei. Begründet wird diese erkenntnistheoretische Position durch gehirnphysiologische, kognitionswissenschaftliche und systemtheoretische Annahmen. Bedeutungszuweisungen vollziehen sich nach dem radikalen Konstruktivismus in geschlossenen, **selbstreferenziellen und selbstexplikativen Systemen** (Roth 1992), die nur mit ihren eigenen Zuständen umgehen können. Bezogen auf das Zentralnervensystem ist damit gemeint, dass das Gehirn nur interne Erregungsmuster verarbeitet und an sich keine – direkten – Informationen „von außen" erhält. Radikale Konstruktivisten nutzen die Systemtheorie (Maturana 1987; Varela 1987; Luhmann 1990). Lebende Systeme werden dabei als **autopoietisch** charakterisiert, d. h. durch Merkmale der Selbstorganisation. Luhmann dehnt Systemtheorie und radikalen Konstruktivismus auf Gesellschaft als Wissensgemeinschaften aus. Alle Erkenntnis ist „Konstruktion der Welt in der Welt" (Luhmann 1993, 251), wobei erkennende Subjekte durch Beobachter ersetzt werden.

Die Varianten des Konstruktivismus lassen sich auch für inhaltliche Konstruktionen und Analysen im Zusammenhang mit Individuen und Gruppen nutzen. Der **Sozialkonstruktivismus** leitet sich aus dem symbolischen Interaktionismus von G. H. Mead (2005) her und wird von Berger und Luckmann (1970) als „gesellschaftliche Konstruktion der Wirklichkeit" elaboriert.

Fokus in der Heilpädagogik

Im pädagogischen, speziell im sonder- und heilpädagogischen Arbeitsfeld interessieren im vorliegenden Zusammenhang zum einen Prozesse der individuellen Konstruktion von Realität im Kontext von Behinderungen und Störungen. Zum anderen interessieren Vorgänge der Konstruktion von Wirklichkeit in Dyaden, wie z. B. die Lehrer-Schüler-Dyade, und Konstruktionen im Kontext sozialer Prozesse in kleinen Gruppen, wie etwa der Familie. In all diesen Fällen steht nicht die Frage nach der objektiven, von Individuum und Gesellschaft losgelösten Realität im Vordergrund, sondern die Erklärung, warum und auf welche Weise es zu solchen Konstruktionen – positiver oder negativer Art – möglicherweise mit kumulierender Wirkung kommt. Konstruktivismus wird hier also auch als **Erklärungsprinzip** genutzt.

In der Entwicklungspsychologie hat Piaget lange vor dem Aufkommen der philosophischen Position des Konstruktivismus den Aufbau der Erkenntnis beim Kind als Konstruktionsleistung gekennzeichnet und empirische Daten vorgelegt, die diesen Ansatz bestätigen. Auch im Bereich der Sonder- und Heilpädagogik wird der Mensch prinzipiell als aktiver Gestalter seiner Entwicklung angesehen und damit die Realitätskonstruktion auch auf Handlung und Umweltformung ausgedehnt (Bundschuh 1985, 47; Kautter et al. 1998). Diese Position wird heute als eine der zentralen Annahmen in der Entwicklungspsychologie akzeptiert.

3.6.2 Die Bedeutung von Ko-Konstruktionen im Rahmen von Förderung

Bisher haben wir Konstruktionsprozesse auf der Individualebene dargestellt. Aus der Perspektive des Sozialkonstruktivismus und der Kulturpsychologie ist dies eine unzulässige Einseitigkeit, da alles individuelle Konstruieren im sozialen Kontext erfolgt. Wir müssen uns daher mit Ko-Konstruktion in kleinen Systemen, wie z. B. Dyaden, Familie und Kleingruppen, im Bereich der Heilpädagogischen Psychologie befassen, da wir Entwicklung beeinflusst durch das soziale Umfeld im heilpädagogischen Sinne als Begegnung von Anfang an betrachten und immer auch von sozialen Austauschprozessen ausgehen.

Wygotskis Konzept der Zone der nächsten Entwicklung hat in den 1980er und 90er Jahren eine Renaissance erlebt und eignet sich auch in hervorragender Weise als theoretischer Rahmen für die Perspektive des Konstruktivismus in der Heilpädagogischen Psychologie.

Zone der nächsten Entwicklung

Zunächst liegt dem **Konzept der Zone der nächsten Entwicklung** die generelle Annahme der kulturhistorischen Schule zugrunde, dass menschliche Entwicklung ein aktiver Gestaltungsprozess des Individuums ist. Er gelingt aber nur, weil das Individuum mit anderen – positiv – interagiert. Soziale Partner helfen als Ko-Konstrukteure, wie wir es heute ausdrücken würden, damit der Prozess der Enkulturation gelingt. Die Zone, in der das sich entwickelnde Individuum mit Hilfe sozialer Partner Aufgaben bewältigt, die es allein noch nicht meistert, wird als Zone der nächsten Entwicklung bezeichnet. Generalisiert heißt das, dass alle Entwicklung als Ko-Konstruktion beginnt und als interne Konstruktion endigt. Der Internalisierungsprozess führt somit über die interpsychischen Prozesse zu intrapsychischen Vorgängen (Oerter/Noam 1999, 69). Diese Rahmenannahme des soziokulturellen Ansatzes erweist sich auch für die Heilpädagogische Psychologie als fruchtbar, speziell im Rahmen der Unterstützung bei Lernvorgängen und individueller Förderung.

diagnostische Informationen

Zunächst ergibt sich durch den Vergleich geglückter und gestörter Entwicklung im menschlichen Lebenslauf diagnostisch die Information, an welchen Punkten der Entwicklung und in welchen Bereichen das Individuum sich nicht in Richtung Zone der nächsten Entwicklung weiterentwickeln konnte. Stagnation in der Entwicklung und Defizite auf einem bestimmten Entwicklungsniveau können mit Defiziten in der Interaktion in dem Sinne zusammenhängen, dass die adäquate konstruktive Aktivität auf der Zone der nächsten Entwicklung nicht stattgefunden hat. Weiterhin lassen sich die genannten Prozesse und Ergebnisse von Konstruktion immer mit gemeinsamen Konstruktionsbemühungen auf der Zone der nächsten Entwicklung in Verbindung bringen. Relevant wird der Einfluss solcher gemeinsamer Aktivität z. B. im Rahmen von Erziehung (Familie, Kindergarten, Schule und Unterricht) und ganz allgemein im Kontext Anforderungen bei der Lebensbewältigung. Dass sich soziale Prozesse und Begegnungen generell auf die Entwicklung des Selbstbildes auswirken, steht außer Frage.

Beratung und Therapie

Besonders interessant wird das Konzept der Zone der nächsten Entwicklung für Beratung und Therapie im heilpädagogischen Arbeitsfeld. Sie präsentieren sich nun als Ko-Konstruktionsleistungen von Klient und kompetenten Partnern. Beide Seiten bemühen sich um Ko-Konstruktion, die von Schritt zu Schritt neue Entwicklungsergebnisse bringen kann, sofern man sich auf der Zone der nächsten Entwicklung befindet. Nun wird eine Definition von Beratung und Therapie möglich.

entwicklungsorientierte Beratung

„Entwicklungsorientierte Beratung ist Ko-Konstruktion von Alternativen für zukünftiges Handeln auf der Basis des gegenwärtigen Entwicklungsstandes." (Oerter/Noam 1999, 70) Allgemein betrachtet geht man von der Annahme aus, dass die Handlungskompetenz des Ratsuchenden ausreicht, um mit der Situation fertig zu werden. Das bedeutet durchaus auch, dass die Ratsuchenden neue Handlungsstrukturen aufzubauen in der Lage sind, also sich eigenständig aufgrund der Beratungshilfe entwickeln.

Wir können **entwicklungsorientierte Beratung** analog zu unserem Verständnis definieren als argumentative Vorbereitung entwicklungs- und förderungsbezogenen Handelns. **Entwicklungsorientierte Therapie** setzt ein, wenn die Handlungskompetenz der Klienten nicht ausreicht, und ist dann zu verstehen als Ko-Konstruktion von Handlungskompetenz und Selbstorganisation auf der Zone nächster Entwicklung. Zweifellos gibt es fließende Übergänge zwischen Beratung und Therapie, jedoch scheint es durchaus sinnvoll, eine Trennung im beschriebenen Sinne vorzunehmen.

Ko-Konstruktion und Bindungsverhalten haben auch eine große Bedeutung für das Arbeitsfeld Sonder- und Heilpädagogik. Das Bindungsverhalten hat in jüngerer Zeit sowohl in der Klinischen Psychologie wie auch in der Entwicklungspsychologie großes Interesse gefunden (Cummings / Davies 1996). Unter dem Aspekt des Konstruktivismus erweist sich das Bindungsverhalten in doppelter Hinsicht als gemeinsame Konstruktionsleistung. Funktionell wird Bindung als **Interaktionssystem zwischen Individuum und Bezugspersonen** aufgebaut. Zugleich nimmt man von Anfang an eine Repräsentation des Bindungssystems als **internal working model** an (Collins / Read 1994).

Bindungsverhalten

Eine Fülle von Untersuchungen haben heute bereits ein recht gutes Verständnis über die gemeinsamen Konstruktionsleistungen von Bezugsperson und Kind herbeigeführt. Es scheint, als blieben bestimmte basale Formen der Ko-Konstruktion über die Lebensspanne hinweg stabil. Nur weil es die biologische Ausstattung gibt, sind Aufbau des Bindungsverhaltens und Konstruktion eines „internal working models" möglich. Was aber daraus entsteht, hängt von den ko-konstruktiven Leistungen der Partner ab. Bindungsverhalten ist deshalb keineswegs biologisch determiniert. Unsensitive Eltern können auch bei günstigen Temperamentsvoraussetzungen des Kindes ein unsicheres Bindungsverhalten erzeugen. Der Bindungstypus muss auch nicht irreversibel über den Lebenslauf konstant bleiben, sondern kann sich wandeln. Damit bildet entwicklungsorientierte Förderung und Intervention die Chance, unsichere Bindung in sichere zu verändern.

Ko-Konstruktion spielt gerade in der Familie eine bedeutsame Rolle. Die Familie, hier nicht nur als traditionelle Familie, sondern auch als familienähnliche Gruppe mit intimen Beziehungen verstanden, konstruiert sich sowohl gemeinsames Wissen und gemeinsame Repräsentationen als auch Bedingungen für die Aufrechterhaltung des Systems. Das gemeinsame Wissen beinhaltet Überzeugungen, Ziele, Familienideologien und auch Familienentwicklungsaufgaben.

Familie

Die Familie als System (Schneewind 1995) bedarf der fortlaufenden ko-konstruktiven Bemühungen ihrer Mitglieder. Zu solchen Leistungen gehören die Schaffung eines Familienklimas, die familieninterne

Definition von Stress und Bewältigungsressourcen, die Konstruktion von Teilsystemen innerhalb der Familien (Eltern-Kind-Dyaden, Geschwister-Beziehungen) und die Handhabung der Balance zwischen Verbundenheit und zugestandener Autonomie (Schneewind 1995). In diesem Zusammenhang wird auch von funktionellen und dysfunktionellen Eltern-Kind-Interaktionen gesprochen. Zahlreiche Untersuchungen haben sich mit der Wirkung elterlichen Erziehungsverhaltens und dessen Wechselwirkung mit kindlichen Merkmalen befasst (z. B. Kochanska 1995; Feldmann/Weinberger 1994, Rueter/Conger 1995).

Ein Beispiel mag die Entstehung von internalisierendem und externalisierendem Problemverhalten durch elterliche Kontrollkomponenten beleuchten. Barber und Kollegen (1994) fanden pfadanalytisch einen ursächlichen Zusammenhang zwischen der von Eltern und den Jugendlichen selbst berichteten Art der Kontrolle auf der einen und dem Problemverhalten der Jugendlichen auf der anderen Seite. Psychologische Kontrolle in Form von elterlichem Druck zur Veränderung und von Liebesentzug führt zu internalisierendem Problemverhalten (Einsamkeit, Verwirrung, Depression), während mangelnde Verhaltenskontrolle (jeder geht seine eigenen Wege, jeder tut, was er will in der Familie) externalisierendes Problemverhalten (Drogen, bummeln, fluchen) produzierte. Die Interaktion in der Familie bezüglich der Art der Kontrolle führt zu unterschiedlichen dysfunktionalen Konstrukten beim Jugendlichen.

Auf der Basis dieser Überlegungen muss dem Aspekt der Begegnung, insgesamt sozialen Prozessen im Sinne der Ko-Konstruktion im Rahmen von Entwicklungsvorgängen von Geburt an mehr Aufmerksamkeit als bisher geschenkt werden. Die Verbindung Konstruktivismus und Ko-Konstruktion könnte neue Möglichkeiten des Verstehens von Personen mit Beeinträchtigungen sowie der individuellen Förderung eröffnen.

3.7   Begegnung und Erfahrung im Kontext emotionaler Entwicklung

Wir können davon ausgehen, dass menschliches Verhalten wesentlich durch emotionale Prozesse und Erleben bestimmt ist, die wiederum in hohem Maße aus Begegnungen bzw. unmittelbarer Erfahrung hervorgehen (Bundschuh 2003, 55–61). Erfahrungen, die schon sehr früh, im pränatalen Stadium, beginnen und sich in – mehr oder weniger – dichter Entwicklung in zunehmendem Alter ergeben. Gerade im sonder- und heilpädagogischen Arbeitsfeld gibt es zahlreiche Einflüsse, die sich negativ auf die Emotional- und damit Lern- und Sozialentwicklung von Kindern auswirken können. Wir wissen aber immer noch zu wenig darüber. Ganzheitlichkeit, Verstehen, Erleben, zwischenmenschliche Beziehung, Befähigung zum Erleben und Gestalten seiner selbst und der Welt sind Schlüsselworte im Erziehungsgeschehen von Kindern mit Behinderungen. Heilpädagogische Psychologie sowie die Sonder- und Heilpädagogik schlechthin haben diesen Fragen nach der Begegnung im Kontext Erleben, Emotionalität und Verhalten in Forschung und Lehre bisher zu wenig Beachtung geschenkt.

Gefühle oder Emotionen sind nicht nur psychische Zustände. Sie sind auch Prozesse, die der Aufrechterhaltung, Herstellung und Unterbrechung der Beziehung zwischen Person und innerer und äußerer Umwelt dienen, wenn diese Beziehungen für das Individuum persönlich bedeutsam sind. Emotionen beinhalten somit einen dynamischen und regulativen Aspekt, der in der Emotionsforschung lange Zeit nicht beachtet worden ist. Gerade im Bereich der Forschung zur sozioemotionalen Entwicklung hat das Konzept „Emotionsregulation" in den letzten zehn Jahren an großer Bedeutung gewonnen.

Emotionen

Emotionen umfassen ein Bündel an Komponenten, wie Aufmerksamkeits- und Bewertungsprozesse, Aktivierung, Ausdrucksverhalten und Handlungsbereitschaften. Darüber hinaus spielt sich emotionales Geschehen oftmals in einem sozialen Kontext ab, so dass auch soziale Prozesse eine Rolle spielen, z. B. in Form einer stellvertretenden Regulation durch die Bezugsperson. Alle diese Komponenten wirken in einem komplexen System zusammen und sind Gegenstand von Regulationsprozessen.

Eine häufige Auseinandersetzung mit neuen Situationen und unvertrauten Umgebungen führt zum Erleben von hoher Unsicherheit. Um diese Unsicherheit zu reduzieren, besteht eine Form der Regulation auch darin, sich eine Umwelt zu schaffen, die die emotionalen Anforderungen von allgemein anzutreffenden Situationen quasi vorhersagbar und kontrollierbar macht (Friedlmeier 1999, 201). So erfüllen die Eltern in den ersten Lebensjahren dieses Regulationsbedürfnis ihrer Kinder, indem sie die möglichen emotionalen Belastungen an ihr Kind antizipieren und entsprechende Maßnahmen ergreifen, um sie in Formen zu halten, die das Kind meistern kann. Ein erster Ansatz einer selbstgesteuerten Regulation ist der Versuch des Kindes, bei Explorationen der nahen Umwelt die Bezugsperson möglichst in seiner Nähe zu halten.

Unsicherheit und Regulation

Es wird deutlich, dass sich emotionale Entwicklung nicht als eine isolierte Komponente beschreiben lässt: Zum einen stellt die Emotionsregulation einen wichtigen Teil des emotionalen Geschehens dar, und zum anderen ist die Verbindung zu anderen Bereichen, wie kognitive und soziale Entwicklung, bedeutsam. Emotionale Entwicklung ist somit als Teil der Entwicklung einer umfassenden Verhaltensorganisation zu betrachten (Friedlmeier 1999, 198–218).

entwicklungspsy-chologische Phasen

Die ersten beiden Monate: Die Vermittlung von weichen und harmonischen Abläufen in Interaktionen mit den Bezugspersonen bildet eine gute Basis für die weitere Entwicklung. Es werden Interaktionsmuster von körperlichem Kontakt und Halten hergestellt. Das Kind fängt allmählich an, zwischen den Ereignissen Kontingenzen zu entdecken.

Drei bis sechs Monate: In der zweiten Phase, die den dritten bis sechsten Lebensmonat umfasst, übernimmt das Kind selbstständige Anteile in der interpsychischen Regulation. Erregungszustände sind ein unvermeidliches Ergebnis bei der Exploration von neuen Dingen, so dass die Regulation solcher Erregungen eine zentrale Entwicklungsthematik darstellt. Die Regulation erfolgt vor allem in Face-to-face-Interaktionen. Die Bezugsperson vermittelt positive Erregung und Beruhigung bei Distress durch wechselseitiges Lächeln und Lachen.

Zweites bis fünftes Lebensjahr: In dieser Phase findet der Wechsel von einer interpsychischen zu einer intrapsychischen Emotionsregulation statt. Dies zeigt sich u. a. in der Art, wie sich das „emotional referencing" im zweiten Lebensjahr verändert: Die Kinder beziehen sich noch auf die Eltern als Referenten, aber sie fangen an, zwischen aufgesetztem und natürlichem Ausdruck der Bezugsperson zu unterscheiden. Sie benötigen keine direkte Unterstützung mehr, um eine emotional belastende Situation selbstständig zu bewältigen.

Die weitere Entwicklung im Schulalter: Diese Phase ist dann erreicht, wenn das Kind Emotionen ohne soziale Rückversicherung selbstständig reguliert. Dies bedeutet nicht, dass die Kinder in emotional belastenden Situationen nicht mehr die Unterstützung der Eltern suchen, sondern sie tun dies jetzt in aktiver Weise von sich aus. Allerdings verändert sich auch diese Strategie möglicherweise altersbezogen. So suchten Siebenjährige bei stressvollen Erlebnissen noch häufiger die Unterstützung bei der Mutter als Zehnjährige.

Die Fähigkeit, eigene Emotionen und die Emotionen anderer zu verstehen, nimmt zu. Die Bewältigungsstrategien werden vielfältiger. Ein Zusammenhang zwischen Emotionsregulation und sozialer Kompetenz und sozialer Kognition entwickelt sich bereits im Vorschulalter. Die Regulationsstrategien werden immer mehr auch auf das Sozialverhalten und die Akzeptanz bzw. Ablehnung von Gleichaltrigen ausgerichtet.

Es können sich auch früh angelegte negative Entwicklungstendenzen verstärken. Ängstliche Kinder, die in der frühen Kindheit ihre Angst schlecht regulieren konnten, sind sozial zurückgezogen. Anfänglicher Selbstausschluss aufgrund von Schüchternheit verhindert, die positiven Folgen sozialer Interaktion mit Gleichaltrigen zu erfahren. Dies führt zu sozialer Inkompetenz. Die Selbstzuschreibung von sozialer Inkompetenz und die Erfahrungen negativer Beziehungen zu Gleichaltrigen verstärken Gefühle und Gedanken eines negativen Selbst.

Innerhalb der Eltern-Kind-Beziehung lernt das Kind durch die Erfahrung interpsychischer Emotionsregulation, welche Reaktions- und Regulationsmöglichkeiten wirksam sind. Es baut dadurch Erwartungen auf, welche Folgen die verschiedenen emotionalen Ausdrucksformen und damit verbundenen Regulationsstrategien in bestimmten Situationen nach sich ziehen. **Eltern-Kind-Beziehung**

Die Entwicklung der Emotionsregulation lässt sich auch als Entwicklung einer Kompetenz beschreiben, auf Anlässe emotional zu reagieren, mit Emotionen in selbstgesteuerter Weise umgehen zu können. Diese Entwicklung ist das Ergebnis vorauslaufender Erfahrungen, bei der vor allem in der frühen Kindheit Temperamentsmerkmale und Aktivität des Kindes einerseits und erzieherische Beeinflussung und Unterstützung der Bezugspersonen andererseits zusammenwirken. **Emotionsregulation**

Herausforderungen und Konsequenzen ergeben sich für die Sonder- und Heilpädagogik unter den Aspekten Beziehung und Begegnung. Wir wissen einfach zu wenig darüber, wie sich frühe Erfahrungen z. B. auf die Entstehung von Autismus, selbstverletzendem Verhalten, Suchtverhalten und gravierenden Verhaltensauffälligkeiten auswirken. Wir haben es gerade im Bereich heilpädagogischer Problemstellungen und Herausforderungen verstärkt mit offensichtlich ungünstigen Umfeldeinflüssen zu tun: mit Behinderungen, Heim- und Krankenhausaufenthalten, mit hospitalisierenden und deprivierenden Einflüssen, allgemein gesehen mit völlig verunsicherten Erziehungspersonen, demnach mit Einflüssen, die sich negativ auf die Emotional- und damit Lern- und Sozialentwicklung von Kindern auswirken. Die Qualität der mitmenschlichen Begegnungen leidet angesichts mangelnder Kompetenzen und Möglichkeiten der Krisenbewältigung.

Die zeitlich sehr frühen Erfahrungen, vor allem emotional bedeutsamen Begegnungen sind entscheidend für die ganze weitere Entwicklung, für unsere Handlungen und damit für das spätere menschliche Verhalten, weil sie gedächtnismäßig relativ fest gespeichert im limbischen System, also verbunden mit Emotionalität, sind. Daraus folgt: Sehr früh auftretende behindernde Bedingungen, also bereits Bedingungen im pränatalen Stadium, Bedingungen im peri- und postnatalen Stadium wirken sich wohl wesentlich stärker und damit nachhaltiger auf das menschliche Verhalten, auf die Entwicklung und das Leben aus, als wir dies bisher angenommen haben. Ich denke dabei hauptsächlich an psychische Aspekte: Ängste, Hemmungen, psychische Probleme, die nicht vom kognitiven Bereich zu trennen sind.

Wir müssen eingestehen, dass wir den Auswirkungen von frühen Erfahrungen sozialer und emotionaler Art, aber auch von Armut und damit materiellen Sorgen und Nöten sowie Belastungen bei der Bewältigung der Alltagswirklichkeit im Bereich wissenschaftlicher Reflexion und Forschung zu wenig Beachtung geschenkt haben. Es ergibt sich insofern verstärkt die Notwendigkeit der Erforschung und Erhellung der sozialen und emotionalen Begegnungen und der Kind-Umfeld-Bedingungen, die das Werden eines Kindes so nachhaltig beeinflussen, insbesondere auch der erzieherischen Wirkung der primären Sozialpartner wie Eltern, Geschwister, Familie, Erziehungs- und Betreuungspersonal in Heimen. Voraussetzung für eine positive Entwicklung ist das emotionale Gleichgewicht des Kindes und der Erziehungspersonen, vor allem der Familie. Dabei gelten für Entwicklungen keine einfachen Ursache-Wirkungs-Beziehungen, vielmehr gehen wir von einem dynamisch-prozesshaften Geschehen aus, mit vielseitigen Interdependenzen und Wechselwirkungen. Diese sind in den unterschiedlichen Systemen begründet, die wiederum ihre eigene Dynamik entfalten.

3.8   Querverbindungen der Entwicklungspsychologie zu anderen psychologischen Bereichen unter den Aspekten Erziehung und Förderung

Abbildung 4 dient der Veranschaulichung und Verdeutlichung der Zusammenhänge zwischen Entwicklungspsychologie, Sozialpsychologie, Lernpsychologie, Förderdiagnostik und Klinischer Psychologie unter Berücksichtigung sonder- und heilpädagogischer Fragestellun-

Sozialpsychologie
Soziale Systeme, vor allem die primären Sozialpartner,
prägen die Interaktionen und vermitteln Wertvorstellungen
sowie vielfältige Prozesse

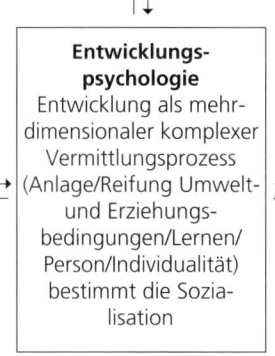

Förderdiagnostik	↑↓	**Klinische**
Beschreibung des		**Psychologie**
Entwicklungsstandes	**Entwicklungs-**	**Therapien**
Diagnostizieren der	**psychologie**	Aufarbeitung und
Lernausgangslage	Entwicklung als mehr-	Abbau von Störun-
und der behindern-	dimensionaler komplexer	gen des Erlebens
den Bedingungen	Vermittlungsprozess	und Verhaltens
Ausschließen von	(Anlage/Reifung Umwelt-	durch Verstehen
Störfaktoren	und Erziehungs-	und Erklären
Initiieren von Förder-	bedingungen/Lernen/	Anwendung kinder-
maßnahmen, unter-	Person/Individualität)	orientierter päd-
stützt durch	bestimmt die Sozia-	agogisch akzepta-
Prozessdiagnostik	lisation	bler Therapie-
		methoden

↓↑

Lernpsychologie
Optimierung von Lernbedingungen
durch Anpassung des Lerngegenstandes
an die Möglichkeiten des Kindes

Abb. 4: Querverbin-
dungen der Entwick-
lungspsychologie

gen. Entwicklung wird verstanden als komplexer, mehrdimensionaler Prozess zwischen Anlage/Reifung, Umwelt-, Erziehungs- und Lernbedingungen sowie Selbstentfaltungskräften (Impulse zur Selbstverwirklichung/Individualität, Persönlichkeit). Sozialisation ereignet sich auf dem Wege von Begegnung und Vermittlungsprozessen, die Fertigkeiten, Einstellungen und Werte im Hinblick auf das zukünftige Leben intendieren.

Hieraus ergibt sich die enge Verbindung zur **Sozialpsychologie**, die auch im Dienste der Erforschung und Erhellung der sozialen Umwelt, der erzieherischen Wirkung der primären Sozialpartner (Eltern, Geschwister, Familie, ggf. Heim unter Einbezug vorliegender Erziehungspraktiken) im Hinblick auf Kinder steht. Sozialpsychologische Fragestellungen schließen weitere Interaktionsprozesse im Zusammenhang mit anderen Kindern, z.B. im Bereich des Spiels und der Schule, ein.

Im Kontext dieser vielfältigen Kommunikations- und Handlungsprozesse ergeben sich zahlreiche Anregungen sozialer, emotionaler, kognitiver Art, die für die Entwicklung eines Kindes bedeutsam sind.

Unter sonder- und heilpädagogischem Aspekt interessiert die Erforschung vorurteilsbildender, stigmatisierender, separierender und selegierender, schlichtweg isolationsbegünstigender Prozesse wie auch Armut, die gleichzeitig Behinderung im Zusammenhang mit Lern- und Aneignungsprozessen bedeuten und erzeugen (Bundschuh 1998b, 168 ff). Die möglicherweise vorliegende primäre Behinderung wird häufig von der sekundären (sozialen) Behinderung in mehr oder weniger gravierendem Maße überlagert. Behindernde Bedingungen im Umfeld bedürfen in Zukunft verstärkter Analyse.

Kinder leben und lernen je nach Alter und individuellem Entwicklungsstand unterschiedlich. Die Verbindung zwischen **Entwicklungspsychologie und Lernpsychologie** ergibt sich aus der Frage nach den optimalen Lernbedingungen. Hierbei spielt einerseits die Gruppe, also das soziale Lernumfeld eine Rolle. Andererseits geht es vor allem im schulischen Bereich um die Anpassung des Lerngegenstandes an die Möglichkeiten eines Kindes. D. h., der Lerngegenstand muss ganzheitlich, aber auch in Teilaspekten vom Kind mit einer Behinderung wahrnehm- und begreifbar sein, motivierend wirken, zu Aktivitäten und Handlungen herausfordern. Lehrer haben die Aufgabe, den Lerngegenstand so zu analysieren und in das unterschiedliche didaktisch-unterrichtliche Geschehen einzubringen, dass er die Lernausgangsbasis des Kindes erreicht und gleichzeitig die Zone der nächsten Entwicklung anspricht. Der Lerngegenstand soll in optimaler Form dem Entwicklungsstand des Kindes angepasst sein, damit die weitere Entwicklung über Assimilations- und Akkommodationsprozesse im Sinne einer Höherentwicklung positiv verlaufen kann.

Förderdiagnostik hat die Aufgabe, durch Erhellung des Lebenslaufes (Anamnese) zu einem besseren Verstehen (Verhaltensauffälligkeiten, Lernprobleme) beizutragen, den Entwicklungsstand und damit die Lernausgangslage zu beschreiben, behindernde Bedingungen und Faktoren vor allem im Bereich des Umfeldes zu diagnostizieren und an den Möglichkeiten des Kindes orientierte Fördermaßnahmen zu initiieren sowie im Sinne einer Prozess- oder Begleitdiagnostik die Wirksamkeit der Entwicklungs- und Lernförderung zu überprüfen. Ggf. müssen Förderungsprozesse im Sinne des Kindes neu überdacht werden. Flexibilität, d. h. Orientierung am individuellen Förderbedarf, ist dringend geboten.

Die Verknüpfung mit dem Bereich **Psychotherapien** erweist sich nicht als zwingend. Therapien stehen unter dem Aspekt Heilpädagogischer Psychologie im Dienst pädagogischen Geschehens. Sie dienen dem Abbau psychischer Probleme und der Korrektur und Aufarbeitung krank machender Ergebnisse von Fehlerziehung (Böhm 2005,

681), die den Entwicklungsprozess beeinträchtigen oder Störungen im Erleben und Verhalten hervorrufen.

Die genannten psychologischen Bereiche tragen dazu bei, die Entwicklung eines Kindes zu erhellen, sein So-Sein besser zu verstehen, die kindliche Entwicklung behindernden Bedingungen und Barrieren zu diagnostizieren und nach Möglichkeit zu beseitigen, Notsituationen zu erkennen und diese Erkenntnisse für den Erziehungs- und Lernprozess im Sinne pädagogischer Hilfen und Verbesserungen von Lernprozessen fruchtbar werden zu lassen.

3.9   Lernfragen zur Wiederholung von Kapitel 3

1. Zeigen Sie Zusammenhänge zwischen der Entwicklungspsychologie, der Lern- und Sozialpsychologie sowie der Förderdiagnostik und der Klinischen Psychologie auf.

2. Inwiefern stellt die intensive Beschäftigung mit der Entwicklungspsychologie eine notwendige Voraussetzung für die Förderung von Kindern mit Entwicklungsverzögerung und Behinderung dar?

3. Beschreiben Sie den Gegenstand der Entwicklungspsychologie.

4. Inwiefern schließt die Frage nach der Entwicklung immer die Frage nach sozialen Prozessen ein?

5. Diskutieren Sie das Problem „Normalentwicklung" und Entwicklungsverzögerung (Beeinträchtigung / Behinderung).

6. Ordnen, vergleichen und diskutieren Sie kritisch einige Entwicklungsbegriffe.

7. Welche Aspekte sollte ein – unter Berücksichtigung der Thematik Behinderungen – akzeptabler Entwicklungsbegriff enthalten?

8. Erklären Sie Entwicklung unter besonderer Berücksichtigung des Bedingungsdreiecks der Entwicklung.

9. Welchen wissenschaftlich begründeten und persönlich vertretbaren Standpunkt können Sie hinsichtlich der Problematik Anlage – Umwelt – Individuum / Persönlichkeit einnehmen?

10. In der gängigen entwicklungspsychologischen Literatur werden fünf grundlegende Prozesse im Verlauf des Entwicklungsgeschehens unterschieden. Wie könnten sich Störungen und Behinderungen auf diese Prozesse auswirken?

11. Welche Aspekte von Reifung kann man unterscheiden?

12. Welche Bedeutung haben sensible oder kritische Phasen im Rahmen sonderpädagogischer Fragestellungen im Hinblick auf die Förderung von Kindern mit Entwicklungsverzögerungen?

13. Welche wichtige Bedeutung hat die Reflexausstattung des Neugeborenen für seine weitere Entwicklung?

14. Welche Merkmale und Verhaltensweisen bringt das Neugeborene für beginnende soziale Interaktionen mit?

15. Diskutieren Sie mögliche Folgen einer (leichten oder schweren) körperlichen Beeinträchtigung im Zusammenhang mit Differenzierungsprozessen. Was könnten hier Früherkennung und Frühförderung leisten?

4 Lernen im sonder- und heilpädagogischen Arbeitsfeld: Neurobiologische und neuropsychologische Erkenntnisse

Lernziele

1. Wichtige Instanzen des Gedächtnisses (Kurzzeit- und Langzeitgedächtnis) sowie die neuronale Informationsvermittlung im Netzwerk auf der Basis aktueller neurobiologischer und -psychologischer Erkenntnisse,

2. Zusammenhänge zwischen emotionalen bzw. motivationalen Prozessen und Lernen,

3. Modelle selbstgesteuerten Lernens als Voraussetzung für den Wissenserwerb,

4. elementare Prinzipien der Orientierung am Kind / Schüler im Kontext Lernen,

5. Lern- und Wahrnehmungsstörungen inkl. möglicher Ursachenkomplexe in Bezug auf schulische Lern- und Erziehungssituationen.

Lernen begegnet der Sonder- und Heilpädagogik als ständige Herausforderung in elementarer Weise. Als Erziehung unter erschwerten Bedingungen hat diese interdisziplinäre Wissenschaft die einzigartige Chance, zur Erhellung der Problematik des kindlichen Lernens beizutragen. Insofern lassen sich Erkenntnisse aus diesem Wissenschaftsbereich dann auch auf Problemstellungen der Allgemeinpädagogik und Didaktik transferieren, auf das Lernen von Kindern allgemein und speziell auf das Lernen aller Kinder, bei denen erschwerte Lern- und Verhaltensbedingungen vorliegen. **Problematik kindlichen Lernens**

Die Frage der Schwerpunkte zukünftigen Lernens bei Kindern mit Lernproblemen ergibt sich aus der Notwendigkeit der Verbesserung der Situation dieser Kinder. Die tagtäglichen Erfahrungen mit der Pra- **Schwerpunkte** xis sowie wissenschaftliche Publikationen über Lernstörungen zeigen die Nöte und Probleme der Kinder und die Hilferufe der Eltern von Kindern mit Lernstörungen und -problemen leichter und schwerer Art in verschiedenen Schularten zwischen Grundschule, Gymnasium und Universität. Ausgangspunkt ist die Situation vieler Schülerinnen und Schüler, die im Alter von sechs bis zehn Jahren dem Abstraktionsniveau des Unterrichts nicht folgen können. Bezeichnet werden diese Erschwernisse häufig mit Begriffen wie „Wahrnehmungsstörungen", „Teilleistungsstörungen", „Legasthenie", „Dyskalkulie", „Hyperaktivität", „Konzentrationsstörungen" oder „Verhaltensstörungen". Kaum hinterfragt wird dabei der Unterricht in seiner Qualität und seinen Auswirkungen auf den betroffenen Schüler. Ein Großteil der Aufgaben der Erziehung im sonder- und heilpädagogischen Arbeitsfeld ergibt sich aus den von außen induzierten, familiären und schulischen Lern- und Verhaltensproblemen.

Aber was bedeutet Lernen bei Kindern und Jugendlichen mit Förderbedarf im sonder- und heilpädagogischen Arbeitsfeld? Was heißt Förderung? Eine vorläufige Antwort könnte lauten: **Aktualisierung, auch positive Veränderung von Verhalten mit dem Ziel der bestmöglichen Entfaltung der Persönlichkeit, und/oder einer weitgehend selbstständigen Bewältigung des eigenen zukünftigen Lebens.** Solches Lernen benötigt die Einbettung in ganzheitliches Handeln, in Prozesse der Alltagswirklichkeit, darüber hinaus Differenzierung, Strukturierung und verbesserte Wahrnehmung mit Blick auf lebenslanges Lernen. Konkret heißt dies Berücksichtigung der Motivationslage und der Lernausgangsbasis mit der Zielrichtung der „Zone der nächsten Entwicklung" (s. Kap. 1.3.3).

geistige Operationen

Fest steht, dass sich alle Tätigkeiten auf der Basis geistiger Operationen vollziehen, die auf der Grundlage funktioneller Systeme ablaufen (Radigk 1998, 24). Das Kind als „Akteur seiner Entwicklung" (Kautter et al. 1998), seiner Lernprozesse, erfordert im Zusammenhang mit Beeinträchtigungen und behindernden Bedingungen vom Erzieher erhöhte Sensibilität, die Fähigkeit, auf das Kind mit seinen speziellen Lebens- und Lernbedürfnissen einzugehen und zwischen Schülern und Lerngegenstand (Lernprozessen) und damit Leben bzw. Alltagswirklichkeit zu vermitteln. Funktionale und ganzheitliche Aspekte gehen in dieses Geschehen ein.

Lernen im heilpädagogischen Arbeitsfeld

Insofern ergibt sich die Notwendigkeit einer Beschäftigung mit der Frage nach Möglichkeiten des – guten, sinnvollen – Lernens im heilpädagogischen Arbeitsfeld in besonderer Weise.

- Wie lernt ein Kind?
- Welche wichtigen Prozesse finden beim Lernen statt?
- Wie kommt man zu den Lernvoraussetzungen?
- Was ist für das Kind mit seinen speziellen Lernbedürfnissen einfach und was ist komplex?
- Wodurch wird aber auch Lernen, eine optimale Aktivierung und Entfaltung des Gehirns verhindert?
- Was sind die eigentlich behindernden Bedingungen im Hinblick auf Lernen?
- Wie kommen wir angesichts einer scheinbar aussichtslosen Situation weiter?

Das sind nur einige Fragen, die immer wieder im heilpädagogischen Arbeitsfeld gestellt werden.

Im Rahmen der Überlegungen zu Lernvorgängen gehe ich nicht mehr auf die immer wieder in Lehrbüchern referierten Theorien des frühen und späten Behaviorismus (Pawlow, Watson, Guthrie, Thorndike, Skinner, Hull und Hebb), also auf Reiz-Reaktions-Theorien, ein. Auf der Basis dieser Theorien kann hier nicht das zum Ausdruck gebracht werden, was im sonder- und heilpädagogischen Rahmen wichtig ist. Vertreter kognitiver Lerntheorien (Kognitivismus) wie Tolman, die Gestaltpsychologen, Bruner, Piaget wurden z. T. bereits im vorangegangenen Kapitel berücksichtigt. Eine systematische Behandlung dieser Theorien würde den Rahmen dieses Buches sprengen. Während sich die Input-Output-Variablen und Prozesse direkt beobachten lassen, finden die eigentlichen Lernprozesse im Sinne der Verarbeitung im Bereich intervenierender Variablen in äußerst komplexen, vernetzten Prozessen statt. Sie konnten bis zu einem gewissen Grade durch neuropsychologische und -biologische Forschungen erhellt werden.

verschiedene Lerntheorien

Die wesentlichen Phasen eines Lernprozesses sind:
Reiz oder Lerngegenstand – Rezeptor (Reizaufnahme, Empfindung) – Weiterleitung (mittels afferenter Nervenbahnen) – Speicherung bzw. Filterung der Informationen (Abblocken unwichtiger Informationen) – Vergleich mit bereits gespeicherten Informationen – Koordination, Vernetzung (Verarbeitung im Zusammenhang mit Informationen aus gleichen oder anderen Wahrnehmungsbereichen und Arealen des Gehirns im Sinne von Denken) – Einsicht – Reaktion, Anwendung, Handeln.

Zu jeder dieser Phasen wäre vieles zu erläutern. Diese Darstellung dient lediglich als Aufriss. Im Zusammenhang mit den speziellen Problemen im sonder- und heilpädagogischen Arbeitsfeld greife ich hier vor allem

Fragen des Gedächtnisses, Prozesse im Bereich der Synapsen, der hormonalen Beeinflussung, der Vernetzung und der Emotionalität im Hinblick auf Lernen auf. Des Weiteren werden Ursachenbereiche für gestörtes (behindertes) Lernen sowie Voraussetzungen für Lernprozesse unter Berücksichtigung schwieriger Situationen angeführt und erläutert.

4.1 Das Gedächtnissystem filtert und speichert Informationen

Um Lernprozesse, geistige Tätigkeit überhaupt zu entfalten, bedarf es nicht nur funktioneller Zentren, Verbindungen und Vernetzungen, sondern auch inhaltlicher Speicherungen. Bereits vorhandene Gedächtnisinhalte und neue Informationen werden in und zu Systemen verarbeitet. Sinn entsteht erst in der Wechselwirkung der Prozesse, der „funktionellen Systeme" und Speicherungen, also durch die Verarbeitung von Informationen. Hier interessiert die Frage: Wie müssen Lernprozesse gestaltet sein, damit Kinder mit Beeinträchtigungen und Behinderungen Inhalte leicht aufnehmen, gut verarbeiten und im Hinblick auf selbstständige Daseinsbewältigung langfristig speichern können? Wie können mögliche Störungen vielfältiger Art gezielt beeinflusst oder ganz vermieden werden? Keine Frage, für jede Langzeitspeicherung eines Inhaltes muss eine Information die Stufen des Ultrakurzzeitgedächtnisses (UKZ) und des Kurzzeitgedächtnisses durchlaufen haben.

4.1.1 Das Ultrakurzzeitgedächtnis – das Blitzgedächtnis, ein erster Filter für Informationen und Wahrnehmungen

Etwa eine Milliarde Informationen werden aus dem Bereich der Außenwelt an den Menschen herangetragen. Nur einen kleinen Teil davon kann der Mensch mit seinen Sinnen aufnehmen, noch weniger erreichen die Wahrnehmung, die die Informationen weiterverarbeitet. Während der Kurzzeitspeicher noch etwa 160 Informationen pro Sekunde prüft und filtert, gelangen nur 16 Informationen pro Sekunde zum Langzeitspeicher (Rexrodt 1981, 138; Radigk 1998, 34; Vester 1999, 53–63). Jede Information durchläuft zunächst – bereits gefiltert durch die Rezeptoren (Sinnesorgane) – das Ultrakurzzeitgedächtnis (UKZ) in Form von elektrischen Schwingungskreisen. Besteht die Möglichkeit, Assoziationen zu knüpfen mit bereits bekannten Gedächtnisinhalten, wird eine Resonanz mit diesen erzeugt, d. h. die eingegangenen Informationen verlöschen nicht gleich. Sie werden vorerst im UKZ für die Dauer von ca. 10 bis 20 Sekunden zwecks Prüfung gespeichert und evtl. an das Kurzzeitgedächtnis weitergegeben, wenn sie für den Organismus von Interesse sind.

Mangelndes Interesse, fehlende Assoziationsmöglichkeiten oder störende Zusatzwahrnehmungen lassen die Erstinformation ohne feste Speicherung abklingen. Diese Interferenz wird ausgelöst durch eine Verwirrung, die auf dem Fehlen der inneren Resonanz mit ähnlichen, gespeicherten Inhalten beruht, oder auch durch störende, gleichzeitig gegebene Informationen. Das UKZ hat damit entscheidende Funktionen als Selektions- und Steuerungsinstrument gleichzeitig. Ob eine Information in den Bereich der Wahrnehmung gelangt, hängt also vom UKZ ab. Die wichtige Bedeutung dieser Erkenntnis für Erziehung und Unterricht wird später erläutert. Jedenfalls spielen für den Lernprozess Gefühle, Wünsche, Vorlieben, Einstellungen, Vorgänge, die mit starken Erlebnissen verknüpft sind, eine bedeutende Rolle. Emotionen tragen dazu bei, dass das UKZ Reize oder Informationen nicht ausfiltert oder abblockt. **Interferenzen**

Das UKZ ermöglicht zum anderen auch die Ausführung von schnellen Reaktionen und Bewegungen (z. B. im Straßenverkehr oder im Sport), wenn es auf rasche Reaktionen ankommt. Diese Funktion des UKZ wird hier nur knapp dargestellt. Solche Reaktionen müssen im Gehirn fest verankert sein. Das geschieht folgendermaßen: Entsprechende Impulse laufen immer wieder über dieselben Bahnen zum Großhirn. Nach dieser Einübungszeit ist der Impuls fest verankert, und die Handlung oder Reaktion läuft als Programm in der Großhirnrinde automatisch ab. Von nun an wird die Wahrnehmung direkt an die Effektoren weitergeleitet und in Muskelbewegungen umgesetzt. Das Großhirn wird dadurch deutlich entlastet. Wie gut einzelne Reaktionen ablaufen, hängt mit dem Lernprozess zusammen. Da die Reflexion während eines Automatisierungsprozesses über höhere Hirnebenen abläuft, lassen sich Lernvorgänge verbessern und abwandeln (Rexrodt 1981, 137 ff; Vester 1999, 60). Das UKZ hat also in zweifacher Weise eine Schutzfunktion vor zu starker Belastung: als Filter für Informationen und zur Orientierung. Schnelle (gelernte) Reaktionen werden zur Entlastung des Großhirns automatisch geschaltet. **schnelles Reagieren und Bewegen**

4.1.2   Das Kurzzeitgedächtnis als zweiter Filter für Wahrnehmungen und als Operationsspeicher

Die Speicherungen des Kurzzeitgedächtnisses betragen einen Zeitraum von mehreren Minuten. Sie sind jedoch noch bis zu etwa 20 **Speicherdauer**

Minuten lang abrufbar. Das Kurzzeitgedächtnis ist nicht wie das UKZ elektrophysiologischer, sondern strukturell-biochemischer Natur (Radigk 1998, 35). Obgleich es hierzu sehr unterschiedliche, ja gegensätzliche Theorien und wissenschaftliche Annahmen gibt, neigen die meisten Gedächtnisforscher dazu, eine stoffliche Speicherung von Informationen anzunehmen.

Retrograde Amnesie   Durch Schockerlebnisse und Eingriffe in den Stoffwechsel wird der Übergang vom Kurzzeitgedächtnis ins Langzeitgedächtnis blockiert. Es verlöschen die Informationen, die noch nicht bleibend eingeprägt sind. Diesen Vorgang bezeichnet man als „Retrograde Amnesie", also als rückwirkendes Vergessen. Die augenblickliche Lernfähigkeit ist dabei zwar nicht beeinträchtigt, doch das Erlernte wird bald wieder vergessen.

bio-chemische Prozesse   Welcher biologische Vorgang spielt sich im Bereich des Kurzzeitgedächtnisses ab, wenn es um den Transfer oder die Übernahme einer Information in die Langzeitspeicherung geht? Man geht von der Annahme aus, dass eine Gehirnzelle die Anregung zur Herstellung von Ribonukleinsäure (RNS) über Wahrnehmungsimpulse durch die Sinnesorgane erhält. Bestimmte Signale sind in der Lage, eine Gehirnzelle dazu anzuregen, RNS zu bilden. Das bedeutet: Die Erinnerung an ein solches Signal wird stofflich verankert. Anschließend stellt die Zelle mit Hilfe der RNS entsprechend aufgebaute Proteine her, die eigentlich überflüssig sind, da sich eine Gehirnzelle nicht mehr teilt. Deshalb werden die Proteine an bestimmten Stellen deponiert als ruhende Informationsspeicher, die sogenannten „Erkennungsmoleküle" (Vester 1999, 76).

Durch gezielte Signale können diese wieder aktiviert werden und die Gehirnzellen anregen, ihrerseits Signale auszusenden. Es ist also möglich, Zellen gezielt abzurufen. Dieser Vorgang stellt die Basis für alles Denken und Lernen dar. „Die Ansicht, daß beim Gedächtnis die chemischen Veränderungen im Neuron eine Rolle spielen, führt zur Hypothese, daß die Ribonukleinsäure (RNS) möglicherweise das Substrat des Gedächtnisses darstelle." (Lefrançois 1994, 172f) Ergebnisse vieler Untersuchungen sprechen dafür, dass sich die RNS und einige andere Substanzen – am wichtigsten scheinen hier die Proteine zu sein – durch Lernvorgänge verändern. Insofern könnte man sagen, dass Lernen tatsächlich das Gehirn verändert.

Transfer   Der Transfer vom Kurzzeit- in den Langzeitspeicher geschieht durch den operativen Umgang mit der eingegangenen Information. Es muss zu den bereits vorhandenen Informationen eine „Beziehung" entstehen, eine Einordnung möglich sein, um durch das funktionale System weiterverarbeitet zu werden. Das Kurzzeitgedächtnis hat ähnlich wie das UKZ Schutzcharakter vor unnötigen Informationen. Vergessen und Abschalten ist wichtig, um den Denk- und Lernprozess nicht zusätzlich zu belasten.

4.1.3 Das Langzeitgedächtnis verankert und speichert Informationen

Es ist anzunehmen, dass z. B. durch einen Schock der Speichervorgang nach der RNS-Bildung – die Proteinsynthese – gehemmt wird. Die RNS hat die Information an kein Protein weitergeben können. **Speicherhemmung**

Inhalte, die nicht eindrucksvoll genug, subjektiv nicht hinreichend bedeutsam waren, werden nicht im Langzeitgedächtnis behalten. Vergessen heißt, dass bestimmte Inhalte nicht abrufbar sind. Dies ist einerseits erklärbar durch stressartige Erlebnisse, die Denkblockaden zur Folge haben. Ungewohnte Wahrnehmungen stimulieren die Nebenniere und einige Gehirnregionen über das Zwischenhirn. Die Stresshormone Adrenalin und Noradrenalin gelangen in den Blutkreislauf und hemmen die Synapsentätigkeit (s. Kap. 4.2). Es kann kein Kontakt zu anderen Neuronen hergestellt werden. Vergessen kann andererseits auf einer wenig dichten Verzweigung der Nervenzellen beruhen. Einige Bahnen sind besonders gut ausgeprägt, weil sie häufig benutzt werden, andere dagegen werden vernachlässigt. Das bedeutet für den Lernprozess, dass mehrfache Wiederholungen der zu lernenden Inhalte über das Kurzzeitgedächtnis nötig sind, um Assoziationen herzustellen. Geschieht das Lernen über mehrere Wahrnehmungskanäle, wird der Stoff leichter behalten.

Merkmale des Langzeitspeichers weisen darauf hin, dass Bedeutungserfassung, sinnvolles Lernen, Erarbeitung von Zusammenhängen, Erfassen der Relationen, Beziehungen, Wertigkeiten und Normen wesentliche Voraussetzungen der Langzeitspeicherung sind (Radigk 1998, 37). In diesem Zusammenhang spielt ebenso der Einsatz von geeigneten Emotionen wie die Aspekte „Bedeutung", „Sinn" für die Verankerung und Verarbeitung der Inhalte eine wichtige Rolle. Je nach Grundmuster (Dispositionen, Lernen, Erfahrungen) sind die Eingangskanäle mit den spezifischen Empfindungen verschieden ausgebildet. Diese Verschiedenheit hat großen Einfluss auf zwischenmenschliche Beziehungen und Lernvorgänge. **Voraussetzungen der Langzeitspeicherung**

Viele zusätzliche Wahrnehmungen im Unterricht sind mit Gefühlen verbunden. Sie stehen über das Zwischenhirn mit Hormonreaktionen im Körper im Zusammenhang. Auch die Hormonreaktionen und die Anlage zu individuellen Assoziationen sind in ihren Grundstruktu- **Emotionen und Hormone** ren vorgegeben. Die Assoziationen stehen mit der Hormonreaktion in wechselseitiger Verbindung, je nachdem, welche Eingangskanäle benutzt werden, die es ermöglichen, Assoziationen zu knüpfen. Kann eine Information mit Gedächtnisinhalten assoziiert werden, löst diese Tatsache eine positive Hormonlage aus – das Erfolgserlebnis.

Aufmerksamkeit

Bei der Aufnahme eines Lernstoffes spielen bestimmte Faktoren unabhängig vom Grundmuster eine Rolle: Die bewusste Aufnahme einer Information ins UKZ hängt von der Aufmerksamkeit ab, die gegeben ist, wenn Assoziationen gebildet werden können. Je mehr Assoziationen geknüpft werden, desto größer ist die Motivation zur Aufmerksamkeit. Um Lerninhalte fest verankern zu können, sollten die Informationen über mehrere Sinnes- und damit Wahrnehmungskanäle einlaufen.

Sekundärassoziationen

Es wurde bereits angesprochen, dass der Erwerb von Lerninhalten von Wahrnehmungen aus dem bisherigen Umfeld begleitet wird. Man bezeichnet diese als Sekundärassoziationen. Sie haben großen Einfluss auf die Hormonlage. Bei Denkblockaden werden Stressmechanismen mit den dazugehörigen Reaktionen Flucht und Abwehr ausgelöst. Das Erlebnis ist so stark, dass es im Langzeitgedächtnis haftenbleibt. Dieses mit negativen bzw. unangenehmen Emotionen begleitete Reaktionsmuster besteht weiterhin und wirkt sich auf bestimmte Lernprozesse aus. Die negative Bedeutung bleibt erhalten.

4.2   Übertragung der Erregung von einer Nervenzelle auf die andere und diesbezügliche Störfaktoren

Die **Synapsen** stellen die Bindeglieder zwischen den Nervenzellen dar, es gibt von ihnen etwa 500 Billionen. Nach ihrem Verbindungstyp lassen sich folgende Synapsentypen unterscheiden: *Interneurale* (d.h. am Dendriten, dem Axon oder dem Zellleib anliegende Synapsen), *Effektorsynapsen* (liegen an Endorganen, wie z.B. Muskeln oder Drüsen) und *Rezeptorsynapsen* (befinden sich an Sinneszellen und sind mit dem Ende einer sensiblen Nervenfaser verbunden). Nach dem Funktionstyp werden *elektrische* (selten beidseitige Erregungsleitung) und *chemische* Synapsen unterschieden. Die chemischen Synapsen finden sich am häufigsten. Die Synapsen bestehen aus dem präsynaptischen Pol. Dieser befindet sich am Ende der Neuritenverzweigungen und enthält am Endköpfchen die Transmittersubstanz in den Vestikeln. Ihm gegenüber liegt der postsynaptische Pol in Form eines Teils der Membran des Zellkörpers bzw. des Dendriten oder Neuriten mit dem synaptischen Netzwerk. Dazwischen befindet sich der synaptische Spalt, der etwa 1/100.000 Millimeter dick ist. Nach dem Inhalt der Transmitterbläschen und der damit zusammenhängenden Art des Transmitterstoffes lassen sich noch spezifische Synapsen unterscheiden.

An den Synapsen wird das fortgeleitete Aktionspotenzial auf die nächste Zelle übertragen. Bei Eingang einer Erregung wird ein chemischer Stoff freigesetzt, der dann an der benachbarten Zellmembran eine Erregung oder Hemmung bewirkt. Synapsen haben für das Nervensystem und seine Funktion eine zentrale Bedeutung (R. F. Schmidt 1987, 70f). Es werden Signale von der präsynaptischen (axonalen) Seite auf die postsynaptische Seite der nachfolgenden Zelle übertragen (Signalübermittlung, Leitungsfunktion). Synapsen haben ferner eine Ventilfunktion, durch die erst eine geordnete Tätigkeit des Nervensystems möglich wird. Als wichtig erweist sich, dass Synapsen bei häufiger Benutzung besser übertragen, als wenn sie selten oder nicht benutzt werden. Es wird ihnen somit eine gewisse Plastizität und damit eine „Lern- und Gedächtnisfunktion" zugeschrieben. Sie übernehmen mit Hilfe von Erkennungsmolekülen einen Teil der Informationsspeicherung des Gedächtnisses (Vester 1999, 35f). In der Synapse befinden sich kleine Bläschen mit sogenannter Vermittler- oder Transmittersubstanz. Treffen die Aktions oder Erregungspotenziale am Endkopf ein, werden diese Transmittersubstanzen freigesetzt, welche dann die Erregungsübertragung bewirken (Bierbaumer 1975, 11 f; Rexrodt 1981, 77 ff; Vester 1999, 35 ff).

Funktionsweise

Der entscheidende Stoff an der Synapse ist ein Hormon. Es gibt Hormone, die zu einer Erregung führen, und solche, die die Membran der nachfolgenden Zelle hyperpolarisieren und damit unerregbar machen. Ein Beispiel dafür bilden **Adrenalin** und **Noradrenalin**. In Gefahrensituationen oder im Angstzustand werden durch das Nebennierenmark Adrenalin und Noradrenalin ausgeschüttet. Sie ermöglichen Höchstleistungen des Körpers. Noradrenalin bewirkt eine Blutdrucksteigerung und verstärkte Herztätigkeit. Zugleich tritt jedoch in anderen Bereichen, vor allem in Bereichen geistiger Operationen, eine Hemmung ein. Adrenalin und Noradrenalin bewirken, dass die Synapsentätigkeit gehemmt wird – die „Synapsen feuern nicht", d. h. die Informationsleitung, der Prozess ist unterbrochen. Man spricht auch vom „black out"-Zustand, womit ein vorübergehender Gedächtnisverlust bezeichnet wird. Nur mit Hilfe der Synapsen ist ein geordnetes Denken und Erkennen, ein Lernen und Erinnern möglich. Bei Stress (Angst, Schreck, Hetze, Schmerz) wird die normale Funktion solcher Synapsen gestört.

Rolle der Hormone

„Sobald der Gehalt an Adrenalin und Noradrenalin im Gehirn ansteigt, werden somit viele Impulse nicht weitergeleitet. Das ist der Moment, wo uns auf Biegen oder Brechen etwas nicht einfällt, in der Prüfungsangst oder in einer Panik. Es mag gerade zu einem einmaligen Feuern der Synapsen – einem Gedankenblitz – kommen, und der Sender wird schweigen. Die Information kann nicht an ihren Bestimmungsort gelangen, und wir haben es je nachdem mit Denkblockaden, Sinnesstörungen oder Gedächtnislücken zu tun – ganz gleich, wie fest man etwas gelernt hat oder wie intelligent man ist." (Vester 1999, 98)

Teufelskreis Lernstörung

Durch Kenntnis der Transmitterfunktion lässt sich bis zu einem gewissen Grade auch die Entstehung von Lernstörungen und Lernbehinderungen im „Teufelskreis des Versagens" erklären. Misserfolge in der Schule produzieren Schulangst. Diese Angst löst Schutzreaktionen aus und bewirkt die Hemmung der Synapsen. Als Folge ergibt sich ein „black out", der wiederum zu Misserfolgserlebnissen, Angst, Schutzreaktionen und Hemmungen führt. Ein fortgesetzter Teufelskreis der Lernhemmung und des Versagens entsteht und endet prozesshaft und progredient in einer manifesten Lernbehinderung (Radigk 1998, 33). Wir müssen fragen, ob solche Ängste nicht schon sehr frühzeitig Lernprozesse behindern im Zusammenhang mit rigiden, vielleicht Angst auslösenden Erziehungspraktiken. Es spricht vieles dafür, dass manche Lernstörungen und -behinderungen bereits frühzeitig auf dem Weg emotionaler Prozesse erworben wurden (Roth 2000, 161). Diese wirkten sich neurophysiologisch betrachtet als „Synapsenhemmer" aus. Solche Probleme könnten durch den Erwerb in der frühen Kindheit vorprogrammiert sein und sich kumulativ negativ auswirken – etwa auf die Zeit des Schulbesuchs. Die Behandlung einer früh erworbenen Problematik im Sinne einer Lernhemmung könnte durch eine Psychotherapie möglich sein.

4.3 Emotionalität, Motivation und Lernen

Zusammenhänge

Die neurophysiologische, -biologische und -psychologische Forschung weist zwar auf den Zusammenhang zwischen emotionaler Befindlichkeit, Hormonen und Wahrnehmungs-, Gedächtnis-, Denk- sowie Lernprozessen im Allgemeinen hin. Diese Problematik wird jedoch im eigentlichen lernpsychologischen Bereich zu wenig thematisiert. Hervorgehoben werden im Rahmen traditioneller Betrachtungen vor allem kognitive Funktionen und Vorgänge.

Auch aus neurobiologischer Sicht stellt gerade die – positive – emotionale Befindlichkeit die Basis für Lernen dar (Roth 2000, 156 ff, 161 f; Bundschuh 2007a, 175 ff).

Jede Begegnung mit einer Situation wirkt über die sinnliche Erfahrung auf den emotionalen Bereich, der bewertet und grob unterscheidet zwischen erwünscht und angenehm einerseits, unerwünscht und unangenehm andererseits. Emotionales geht dem kognitiven Prozess voran, fördert oder verhindert ihn, begleitet die weitere Verarbeitung im Nervensystem.

So ist das limbische System als zentrales Bewertungssystem zu sehen (Roth 2000, 157 ff).

„Das limbische System ist dasjenige System in unserem Gehirn, das unter Anleitung unserer bewussten und insbesondere unbewussten Erfahrung unsere Wahrnehmung, unser Denken und vor allem unser Handeln beeinflusst und steuert.

limbisches System

Zum limbischen System gehören
    (1) ‚allocorticale‘; … Anteile der Hirnrinde, nämlich Hippocampus, Gyrus parahippocampalis und Gyrus cinguli;
    (2) subcorticale Gebiete (Amygdala, Septum, … basales Vorderhirn)
    (3) diencephale Kerngebiete, … thalamische Kerne und Hypothalamus;
    (4) ventrales tegmentales Areal und Kerne im Mittelhirn;
    (5) Kerne der Formatio reticularis, die durch die neuromodulatorischen Transmitter Noradrenalin, Serotonin und Dopamin gekennzeichnet sind…
Das limbische System ist also ein sehr ausgedehntes, das ganze Gehirn durchziehendes System." (Roth 2000, 157 ff)

Vor allem die Amygdala nimmt anatomisch wie funktional eine zentrale Rolle bei der Produktion und Steuerung von Emotionen ein (Aggleton 1992; 1993). Sie wird als das Kerngebiet der furcht- und angstgeleiteten Verhaltensbewertung angesehen. Von einer Reihe von Autoren wird eine Beteiligung der Amygdala auch an nicht furchtbedingten oder gar positiv besetzten, appetitiven Zuständen beim Lernen angenommen, insbesondere im Zusammenhang mit der Nahrungsaufnahme (Robbins / Everitt 1995).

Amygdala

Entwicklungsgeschichtlich (phylogenetisch) und ontogenetisch gesehen gehören die entsprechenden Hirnzentren, die für den Ablauf emotionaler Prozesse verantwortlich sind, zum älteren Anteil geistiger Aktivitäten. Die Großhirnrinde hat sich später entwickelt. Das Nervensystem als Netzwerk, die Gedächtnisprozesse, die Vorgänge im Bereich der Synapsen (Transmitter), der Nervenzellen, Prozesse der Wahrnehmung und kognitiven Verarbeitung schlechthin markieren, dass die

Phylo- und Ontogenese

emotionale Befindlichkeit, das Emotionale den Weg zum Bewusstsein zu öffnen oder zu blockieren vermag. Emotionalität kann Zuwendung fördern oder hemmen, geistige Tätigkeit intensivieren oder abschwächen. „Chemische Boten", hervorgerufen durch Emotionen, sind in der Lage, „höchste Aktivität auszulösen oder ganze Bereiche zu blockieren" (Radigk 1998, 120). Zwischen höchster geistiger Aktivität und totaler Lernhemmung (Blockierung) bzw. „black out" ist alles möglich. Rauschgiftindustrie, Rauschgifthandel und die Konsumenten – leider häufig überforderte Schüler – wissen um die gefährlichen Möglichkeiten, auf künstlichem Wege diese „chemischen Boten" zu aktivieren.

Thalamus und Hypothalamus

Thalamus und Hypothalamus, die zum Zwischenhirn gehören, gelten vor allem als die Hirnzentren, die für die emotionale Befindlichkeit und Qualität verantwortlich sind. „Durch das Tor des Thalamus müssen nämlich fast alle afferenten Nervensignale, bevor sie uns bewußt werden können. Bleiben sie beim Thalamus stecken, erfahren wir auch nichts von ihnen. Es wäre so, als hätte es sie gar nicht gegeben." (Rexrodt 1981, 100) Der **Thalamus** stellt quasi einen Informationsfilter dar, der zwischen bedeutsamen und bedeutungslosen Informationen unterscheidet. Er ist „Auswahl- und Integrationszentrale" verschiedener Reizempfindungen. Er bewertet sowohl die in ihn einfließenden Außeninformationen als auch Innenweltinformationen mit Lust- oder Unlustgefühlen, als angenehm oder unangenehm, als beruhigend oder alarmierend (S. 100).

In einem engen Zusammenhang mit dem Thalamus steht der **Hypothalamus**, der oft als „Dirigent des vegetativen Nervensystems" bezeichnet wird. Von diesem Bereich aus werden die vegetativen Nervenstränge Sympathikus und Parasympathikus gesteuert und damit auch die Hormone, die unsere Bedürfnisse und Wünsche, Stimmungen und Gefühle hervorrufen (Bierbaumer 1975, 50, 181 ff; Rexrodt 1981, 100–107; R. F. Schmidt 1987, 271 ff).

limbisches System

Das limbische System ist dem Hypothalamus übergeordnet. Die limbischen Zentren sind

„Teil eines allgemeinen, meist unbewusst arbeitenden Bewertungssystems in unserem Gehirn, das alles, was durch uns und mit uns geschieht, danach bewertet, ob es gut/vorteilhaft/lustvoll war und entsprechend wiederholt werden sollte, oder schlecht/nachteilig/schmerzhaft und entsprechend zu meiden ist. Ohne dieses Bewertungssystem, das alle Wirbeltiere in sich tragen, wären wir völlig überlebensunfähig, denn es sorgt dafür, dass unser Gehirn alle Handlungsentscheidungen immer im Lichte vergangener Erfahrung trifft. Dieses System beginnt seine Arbeit bereits im Mutterleib und setzt sie verstärkt in den ersten Wochen, Monaten und Jahren unseres Lebens fort – in einer Zeit also, in der die für uns wichtigsten Dinge passieren." (Roth 2000, 161)

Das limbische System reguliert das Affektgeschehen (Aggression, Angst, Furcht, Spannung, Wut) und wirkt gleichzeitig auf die inneren Organe ein. Die **Formatio reticularis** vermag das limbische System zu hemmen und den Hypothalamus zu erregen, so dass die „Selbstbeherrschung" aufgegeben wird. „Die thalamokortikalen Neuronenkreise ermöglichen es also, Einfluß auf unser Gefühlsleben zu nehmen, unsere Selbstbeherrschung zu steuern, etwas mehr oder weniger erregend, traurig, freudig, interessant zu empfinden." (Radigk 1998, 121) Die Wahrnehmung kann durch

Wahrnehmung und Stimmung

„ihre affektive Komponenten auch wesentlich zum subjektiven Wohlbefinden beitragen. Angenehme, positive Wahrnehmungsinhalte wie etwa eine bunte, duftende Blume, ein gutes Glas Wein oder ein ergreifendes Klavierkonzert erzeugen angenehme Stimmungen bzw. können die aktuelle negative Stimmungslage günstig beeinflussen. Störungen der Wahrnehmung behindern somit nicht nur die aktuelle Erfassung und Erkennung der Umwelt und des eigenen Körpers, sondern können indirekt auch die Kognition (z. B. das Gedächtnis), die Sprache (z. B. Benennen), die Motorik (z. B. Greifen, Zeichnen) und die Affektivität beeinträchtigen.

Die Neuropsychologie als Teildisziplin der Neurowissenschaften befasst sich unter anderem mit Wahrnehmungsstörungen nach angeborener und erworbener Hirnschädigung. Der Vergleich von erhaltenen und betroffenen Teilleistungen erlaubt Aussagen über die zentralnervöse Organisation der Wahrnehmungssysteme und ermöglicht Rückschlüsse auf die Rolle der Teilleistungen für Wahrnehmungsprozesse bzw. auf ihre Kooperation im Kontext komplexer Wahrnehmungsleistungen." (Zihl 2000, 233)

Ich habe hier nur einige wesentliche Aspekte aufgegriffen, die auf die enge Beziehung zwischen Wahrnehmung, Lernprozessen und Emotionen (Gefühlen) verweisen. Insbesondere der Anfang eines jeden Lernprozesses hängt vom emotionalen Zustand des Subjekts ab. Gefühle drücken die Befindlichkeit des Subjekts in seiner Beziehung zu einem Objekt aus. Dies sollte man bei Lernprozessen und generell in jeder Erziehungssituation bedenken. Insbesondere bei Kindern mit Behinderungen wird eine „Ansprache" auf der Basis des Emotionalen aus Gründen der Unmittelbarkeit, des Ursprünglichen, des Basalen, der Vermittlung zu kognitiven Verarbeitungsprozessen der einzige gangbare Weg sein (Bundschuh 2003, 78–83).

„Die Zentren des limbischen Systems beeinflussen massiv unsere Wahrnehmung, unser Denken und unser Handeln, ohne dass wir uns dessen bewusst sind. Bewusst ist uns beim Wahrnehmen, Denken, Vorstellen, Erinnern und Handlungsplanen nur dasjenige, was mit Aktivität in entsprechenden Gebieten der so genannten assoziativen Großhirnrinde (Isocortex, meist kurz ‚Cortex' genannt) verbunden ist." (Roth 2000, 161)

Die Neurobiologie bewertet die Funktion der Großhirnrinde heute neu.

„Während man früher die assoziative Großhirnrinde durchweg als höchstes Hirnzentrum angesehen hat, weil sie mit Funktionen verbunden ist, die wir als typisch menschlich ansehen, nämlich Denken, Vorstellen, Erinnern, Handlungsplanen, Sprechen, so erkennt man heute, dass diese Funktionen nicht ohne die Zuarbeit limbischer Zentren stattfinden können, die ihrerseits meist unbewusst arbeiten. Als bewusstes Ich denke, imaginiere, erinnere und plane ich in dem Rahmen, der uns über das limbische System durch unsere Vorerfahrung (besonders die in früher Kindheit erworbene) vorgegeben ist" (Roth 2000, 164). Man muss heute „die Vorstellung aufgeben, die bewusstseinsfähige Großhirnrinde, besonders in Form des planenden und wollenden Ich, sei der Lenker unseres Tuns. Es ist vielmehr so, dass nicht nur unser Wahrnehmen, Denken und Handlungsplanen, sondern auch die aktuelle Handlungsauswahl und -ausführung durch das limbische System gesteuert wird, und zwar über die so genannten Basalganglien ... Dies bedeutet, dass die ‚Letztentscheidung' über das Ausführen von Willkürhandlungen – oder ein wesentlicher Teil davon – in Gehirnzentren vor sich geht, die dem Bewusstsein unzugänglich sind, nämlich in den Basalkernen und dem limbischen System unter Zuhilfenahme des emotionalen und kognitiven Gedächtnisses" (Roth 2000, 166).

Es gibt offensichtlich eine biologisch sinnvolle Dominanz „limbischer", emotionaler Vernunft über die corticale Vernunft.

Tiefenpsychologie

Von der Entwicklung her betrachtet ist unter tiefenpsychologischem Aspekt der Mensch in den ersten Entwicklungsetappen „völlig den emotional-triebhaften Kräften unterworfen, die im ‚Es' stecken [...] Allmählich entwickeln sich die geistigen Prozesse: Wahrnehmung, Gedächtnis, Denken bzw. das ‚Ich', das zu einem die Emotionen regelnden Mechanismus wird" (Reykowski 1973, 22; zum „Es" und „Ich" s. Kap. 6.4.1). Ich möchte aufgrund der bisherigen Überlegungen die These formulieren: Die eigentliche Basis kognitiver Prozesse oder geistiger Operationen stellt die Emotionalität dar. „Die Speicherung und Verarbeitung von Informationen wird [...] stark durch deren emotionalen Gehalt beeinflußt." (Vester 1997, 52f)

Humanistische Psychologie

Vor allem auch Vertreter der Humanistischen Psychologie betonen den Aspekt der Emotionen und Bedürfnisse im Zusammenhang mit der Entfaltung des Menschen. Erst die Befriedigung bestimmter Grundbedürfnisse ermöglicht eine optimale Entfaltung der menschlichen Persönlichkeit (Maslow 2005, 62–79). Es spricht vieles dafür, dass Grundbedürfnisse bei Kindern mit Behinderungen, vor allem bei

Kindern mit Verhaltensstörungen, nicht hinreichend erlebt, erfahren, gelebt und befriedigt wurden. Es geht dabei weniger um die physiologischen Bedürfnisse (Hunger, Durst, Sexualität), vielmehr um die **sozialen und emotionalen Bedürfnisse** nach

- *Sicherheit, Schutz, Angstfreiheit und Ordnung als sehr frühe Bedürfnisse.* Völlig gesunde und unauffällige Kinder reagieren mit Alarm- oder Angstreaktionen, wenn sie mit unvertrauten, fremden, nicht zu bewältigenden Reizen oder Situationen konfrontiert werden; dies gilt auch für Lernsituationen;
- *Liebe, Zuneigung, Geborgenheit und Zugehörigkeit.* Kinder empfinden Einsamkeit, Ächtung, Zurückweisung, Isolierung, Entwurzelung besonders intensiv. Es entstehen daraus Gefühle der Entfremdung, Verlassenheit, Frustration im Sinne von Rückzug bzw. Passivität oder Aggression;
- *Wertschätzung, Achtung, Anerkennung und Geltung.* Die Befriedigung des Bedürfnisses nach Selbstachtung führt zu Gefühlen des Selbstvertrauens, der Stärke und der Kompetenz, zum Gefühl, nützlich und notwendig für die Welt zu sein. Die Frustrierung dieses Bedürfnisses bewirkt jedoch Gefühle der Minderwertigkeit, der Schwäche und Hilflosigkeit (Maslow 2005, 62–79).

Das Bedürfnis nach Selbstverwirklichung auch durch Lernen und damit Entfaltung bzw. Aktualisierung der Persönlichkeit kann nur entstehen, wenn die übrigen hier genannten Bedürfnisse nach Sicherheit, Liebe, Wertschätzung und Achtung in der (frühen) Kindheit adäquat befriedigt wurden. Der Mensch „muß seiner eigenen Natur treu bleiben" und „der Tendenz, das zu aktualisieren, was man an Möglichkeiten besitzt" (Maslow 2005, 62–79). Wenn Kinder diese Bedürfnisse erfahren, dürfte auch der Weg zum Lernen und zum rücksichtsvollen sozialen Leben in der Gemeinschaft eingeschlagen sein. Rein biologisch betrachtet ist ein Lernvorgang „auf eine Atmosphäre der Vertrautheit, der Entspannung, des Sichwohlfühlens zugeschnitten. In einer Konstellation, die Freude verspricht, Lustgefühle und Erfolgserlebnisse, in der wir unbekümmert spielen und ausprobieren können, da funktioniert er optimal" (Vester 1997, 54).

Selbstverwirklichung

Die kognitiven und sozialen Fähigkeiten (Wahrnehmung, Intellekt, Lernen, Handeln in der Gemeinschaft) stellen das Ergebnis der Auseinandersetzung mit der Umwelt und damit das Ergebnis von Anpassungsprozessen dar, die vor allem auch die Aufgabe haben, unsere Grundbedürfnisse zu befriedigen. Wenn man dies bedenkt, wird deutlich, dass Überforderung, Gefährdung, Bedrohung, Entzug oder Blockierung ihrer freien Anwendung sich indirekt oder direkt bedrohlich auf die Verwirklichung grundlegender Bedürfnisse, auf Basisprozesse emotionaler, sozialer und geistiger Art, auf das Lernen generell und

Überforderung, Bedrohung

das menschliche Dasein schlechthin auswirken. Hieraus ergibt sich die Notwendigkeit der Forderung nach Vermittlung elementarer und basaler Grundbedürfnisse nach Sicherheit, Liebe, Geborgenheit, Anerkennung und Selbstverwirklichung im Kontext basalen Lernens in sozialen Situationen und Prozessen.

Verhalten und Lernen

Die Informationen über den Zusammenhang zwischen Emotionalität und geistigen Prozessen erlauben auch eine Erklärung der häufigen Kopplung von Verhaltensschwierigkeiten und Problemen bei Lernvorgängen (Lernstörungen, Lernbehinderungen). Weil der Schüler **negative Erfahrungen** im Rahmen von Lernprozessen macht, entwickelt er Unlustgefühle. Weil er Unlustgefühle entwickelt, wird der Lernprozess gestört. Durch die Störung des Lernprozesses wird die Ausbildung der funktionellen Systeme gestört, die als Grundlage für kognitive Prozesse gelten. Weil die funktionellen Systeme nicht ausgebildet sind, werden geistige Operationen beeinträchtigt.

„Weil die geistige Operation beeinträchtigt ist, leidet die verstandesmäßige Regulierung der emotionalen Prozesse. Ein Teufelskreis tut sich auf, der eher schon als eine Spirale des Abstiegs zu bezeichnen ist, die immer tiefer in die Lern- und Verhaltensstörungen hineinführt." (Radigk 1998, 121)

Auch der umgekehrte Prozess ist erklärbar. **Positive Erfahrungen** im Unterricht führen zu Lustgefühlen. Hierdurch werden Lernprozesse angeregt. „Dies führt zu besseren funktionellen Systemen, diese zu besseren geistigen Operationen und diese wieder zur besseren kognitiven Steuerung der Emotionen." (Radigk 1998, 121) Bessere schulische Leistungen führen zu immer besserem Sozialverhalten. Das Problem der Leistungsmotivation ist nicht in erster Linie eine Frage des Lerngegenstandes, sondern eine Frage der emotionalen Beziehung zum Lerngegenstand (Bundschuh 2007a, 178 ff; 2003, 278–232). Auf der Basis dieser Aussagen gehören zum Lernen „Wahrnehmen und Speichern, Erkennen und Wiedererkennen, Einordnen, Verarbeiten, Vergleichen, Abrufen, Suchen und Finden, Behalten und Verstehen" (Vester 1997, 51). Dies ist ein höchst komplexer Prozess, der keinesfalls immer alle diese Vorgänge vereinen muss.

4.4   Lernen im Netzwerk

Das Netzwerk des Lernens zeigt eine Verflechtung all der Phänomene auf, die mit Gehirnaktivitäten verknüpft sind. Das Gehirn stellt ein kodifiziertes Abbild der Umwelt (s. Piagets kognitive Schemata) und der Erbanlagen dar. Wie bereits ausgeführt, erfordert Lernen die gute Zusammenarbeit aller Hirnteile sowohl einzeln als auch untereinander. Der größte Teil des menschlichen Gehirns ist bis zur Geburt bereits ausgebildet, die restlichen Zellen und Verknüpfungen entstehen in den ersten Wochen und Monaten nach der Geburt. Danach findet keine Zellteilung mehr statt. Bestimmte Bahnen für Verhalten und Denkvorgänge dürften bereits festgelegt sein. Das heißt aber nicht, dass die Plastizität des menschlichen Gehirns zum Zeitpunkt der Geburt voll ausgereift ist. In den ersten Lebensjahren besteht nicht mehr ein Zuwachs an Neuronen. Dafür aber ein geradezu stürmisches Wachstum neuraler Verbindungen und eine zunehmende Myelinisierung, eine Ummantelung der Nervenbahnen mit Mark. Insbesondere das Wachstum der neuralen Verbindungen führt dazu, dass Netzwerke entstehen. Die Leitungsgeschwindigkeit der Nervenbahnen vervielfacht sich vor allem durch die Myelisation. Die Vernetzung beruht zwar auf genetischen Voraussetzungen, die Art der Vernetzung wird jedoch durch Umwelteinflüsse bestimmt.

Vester (1999, 37–46) spricht wiederholt von sogenannten „Grundmustern", die sich während der ersten sechs Wochen bilden und die dann das ganze spätere Leben bestimmen. Mit Radigk (1998) stimme ich darin überein, dass diese Theorie nicht nur falsch sein dürfte, sie hätte auch pädagogisch verheerende Folgen. Vesters Auffassung kann „weder durch die neuropathologische Forschung noch durch neurophysiologische, noch durch neuropsychologische Ergebnisse bestätigt werden" (Radigk 1998, 103).

Grundmuster

Die Entwicklung der Netzwerke erfolgt über einen langen Zeitraum. Es bilden sich aufeinander aufbauende Systeme, die immer umweltabhängiger werden. Dass entscheidende Entwicklungs-, Vernetzungs- und Lernvorgänge später erfolgen, dafür spricht nicht nur Piagets Theorie der kognitiven Entwicklung. Dafür sprechen auch die Erfahrungen, die Lehrer tagtäglich in Regel- und Förderschulen, in Realschulen und vor allem auch Gymnasien machen.

Zeitpunkt der Vernetzung

Gerade Lehrer in Förderschulen berichten immer wieder von erstaunlichen Lernfortschritten, die sich nach dem zwölften, bei Kindern mit geistiger Behinderung auch nach dem 15. Lebensjahr zeigen. Möglicherweise haben Reifungsvorgänge im Gehirn gerade bei Kindern mit Behinderungen auch nach dem zwölften Lebensjahr eine Bedeutung, vielleicht sogar eine große. Hierzu müssten vor allem Untersuchungen mit lern- und entwicklungspsychologischen Methoden erfolgen.

Zellen wachsen je nach Umwelt anders. Das bedeutet, dass sich äußere Einflüsse über die Wahrnehmung in der Ausbildung des Gehirns direkt in den anatomischen Veränderungen und festen Verknüpfungen wachsender Zellen niederschlagen. Die Funktionsweise des Zentralnervensystems stellt ein äußerst kompliziertes Informationssystem dar, das durch die Überlagerung vieler Regelkreise und Schaltmöglichkeiten im Wechselspiel zwischen Nervenleitungen, Erregung und Hemmung, Erinnerung, Meldung und Rückmeldung komplexe Leistungen ermöglicht. Von der Intaktheit des Nervensystems hängt die geistige Leistungsfähigkeit eines Menschen ab. Die Basis für geistige Prozesse dürfte sehr frühzeitig geschaffen sein, kann jedoch durch die Qualität der Lernprozesse erweitert werden. Weiteres Lernen und Denken hängen wiederum von adäquaten Lernangeboten ab.

Erkennungs-moleküle

Entscheidend im Hinblick auf die Vernetzung ist die Frage, wie die Ausläufer der Neuronen, die Axone und Dendriten, sich in der richtigen Weise finden, einander „erkennen". „Erkennungsmoleküle steuern die Vernetzung" (Radigk 1998, 16). Wahrscheinlich gibt es hierfür neben der Anlage auch wieder soziale und emotionale Bedingungen.

Ehe aus den vorangehenden Informationen Folgerungen für das Lernen generell, speziell aber im Hinblick auf die Probleme im heilpädagogischen Arbeitsfeld gezogen werden, stelle ich – nach den Ausführungen zum selbstgesteuerten Lernen – einige wichtige Verursachungsbereiche für Lernstörungen und Lernbehinderungen vor.

4.5 Selbstgesteuertes Lernen – zentrales Moment im dynamischen Wissenserwerb

Das den behavioristischen Lerntheorien zugrunde liegende Menschenbild des passiven, von außen gesteuerten Wesens wurde in der kognitionspsychologischen Forschung abgelöst von der Annahme einer mentalen Eigenaktivität des Individuums, welches sich als aktiv-reflexiv und intern gesteuert auszeichnet und zu selbstgesteuertem Lernen fähig ist. Neben der Vermittlung materialer Bildungsinhalte kommt dem pädagogischen Feld in der Unterstützung Lernender in ihrer Entwicklung der Fähigkeit zum selbstgesteuerten Lernen eine bedeutsame Aufgabe zu, handelt es sich bei dieser Lernform doch um eine wichtige Voraussetzung für einen lebenslangen, (außer)schulisch-beruflichen Wissenserwerb.

konstruktivistische Sicht

Aus konstruktivistischer Sicht ist jedwedes Lernen „selbstgesteuertes Lernen", eine autopoietische Tätigkeit des Zentralnervensystems.

Dieses Nervensystem tritt mit seinen eigenen Zuständen in Wechselbeziehung und nimmt nur das wahr, was dem neuronalen Wahrneh-
mungsapparat bzw. den kognitiven Strukturen zugänglich ist. Die Außenwelt erschließt sich dem Subjekt nicht direkt, sondern nur indirekt,
und es bestehen allenfalls strukturelle Kopplungen zwischen Erkennt-
nisapparat und Umwelt.

Informationen, die wir unserer Umwelt entnehmen, lösen in unserem Gehirn autopoietische, selbstreferenzielle Aktivitäten aus. Im
Rückgriff auf eine bereits bestehende Wissensbasis integrieren wir
das Wahrgenommene in unser Wissensnetz, bewerten es nach unseren Maßstäben bzw. Vorstellungen, suchen nach von uns erlebten
Beispielen etc. Die Bedeutsamkeit dieser subjektiven Konstruktionen
findet seine neuropsychologische Entsprechung: So „nimmt das Hirn
die Außenreize nur als Irritationen wahr, die erst durch die interne
Weiterverarbeitung ein identifizierbares Profil gewinnen. Nur 2 % der
Hirnkapazität wird auf die direkte Außenwahrnehmung verwandt,
98 % dienen der internen Verarbeitung" (Schwanitz 2002, 468).

Das bedeutet aber nicht, dass das menschliche Erkenntnissystem   **Erkenntnisse**
willkürlich oder losgelöst von der Außenwelt agiert. Entscheidend
ist, welchen Erkenntniswert wir unserem alltäglichen Erkennen bei-
messen: „Da Wissen nur in der Erfahrungswelt geprüft werden kann,
läßt sich seine Brauchbarkeit (‚Viabilität') ermitteln, nicht aber seine
Wahrheit im ontologischen Sinn, der den meisten Philosophen vor-
schwebt." (von Glasersfeld 1995, 8) Brauchbarkeit von Wissen meint
also nicht ein zweckfreies Wahrheitsstreben, sondern ist ausgerichtet
auf zweckmäßige Handlungen. Wir erkennen, um zu handeln, handelnd erkennen wir. Folgende **Formen des handelnden Erkennens**
lassen sich unterscheiden (Siebert 1999):

- neurophysiologische, unbewusste kognitive Operationen des Gehirns,
- Wahrnehmungen und Überlegungen, um bewusste, intentionale Handlungen zu ermöglichen,
- ein zweckmäßiges, eher unbewusstes Verhalten aufgrund von Wahrnehmungen.

Insbesondere vor dem Hintergrund der bewussten, intentionalen   **Metakognition**
Handlungen haben sich die Forschungen zum Themenbereich Metakognition als besonders fruchtbar erwiesen. Im Hinblick auf Kinder
mit einem besonderen Förderbedarf im Bereich der Informationsverarbeitungsprozesse kann man – positiv gesehen – beispielsweise
durch eine Förderung des strategischen Verhaltens und den Aufbau
von Metakognitionen im Problemlöseprozess diesen Störungen be-

gegnen und entgegenwirken. Bei Kindern mit Lernstörungen, Kindern in der Schule zur individuellen Lernförderung und der Schule zur Erziehungshilfe sowie bei vielen Schülern in „Sonderpädagogischen Förderzentren", überhaupt bei der Mehrzahl der Probleme im sonder- und heilpädagogischen Arbeitsfeld fällt hinsichtlich des Lern- und Arbeitsverhaltens sowie der kognitiven Entwicklung im Allgemeinen das häufig plan- und ziellose, unkonzentrierte und wenig selbstständige Herangehen an Aufgaben auf. Ein Transfer der Förderungsansätze auf der Grundlage neuer Erkenntnisse über die Informationsverarbeitung kann für die hier beschriebenen Kinder effektiv sein.

Informationsverarbeitungsmodelle unterscheiden zwischen strukturellen Merkmalen des Verarbeitungssystems einerseits (z. B. Kurzzeitspeicher, Zwischenspeicher und Langzeitspeicher) und Kontrollprozessen als Informationsverarbeitungsprozesse andererseits (z. B. das Memorieren im Sinne des inneren Wiederholens eines Inhaltes zur Übertragung vom Kurzzeitgedächtnis ins Langzeitgedächtnis). Letztere sind für den Informationsaustausch zwischen den unterschiedlichen Strukturen verantwortlich (Hasselhorn / Mähler 1990, 4). Metamemoriales Wissen und metakognitive Kontrollprozesse entwickeln sich aber erst relativ spät.

B

So konnte man am Beispiel des Einsatzes von Organisationsstrategien nachweisen (Informationen – z. B. verschiedene Bildkärtchen – werden nach Oberbegriffen kategorisiert und gespeichert, was die Erinnerungsleistungen steigert), dass Kinder erst im Alter von zehn bis elf Jahren diese spontan und bewusst einsetzen (Schneider 1992, 80–87). Bei jüngeren Kindern liegt ein „Produktionsdefizit" vor, d. h. angemessene Strategien werden nicht spontan eingesetzt. Bei entsprechender Instruktion konnten aber bereits Zweitklässler diese Strategien gewinnbringend einsetzen. Somit erweist sich die Vermittlung lernerleichternder Strategien schon bei jüngeren Grundschulkindern als sinnvoll. Gerade bei Kindern mit Entwicklungsverzögerungen, speziell bei Kindern mit Lernbehinderungen, zeigen sich Defizite im Bereich metakognitiver Vermittlung des Verhaltens sowie Defizite im Bereich der Strategiebefolgung. Kinder in Förderschulen können im Vergleich zu Regelschulkindern weniger durch dauerhafte Fähigkeitsdefizite (z. B. Aufmerksamkeit, Gedächtnis, Denken) gekennzeichnet werden als durch die Art und Weise, wie sie Handlungen bewältigen.

Die bei Lauth und Schlottke (1988, 4) als „retardiert" bezeichneten Kinder haben hinsichtlich der Strategien Probleme bei der Informationsentnahme und -verarbeitung (z. B. Memorierungsstrategien, Bildung von Bedeutungsassoziationen), bei der Handlungsorganisation (z. B. Zeitplanung, Einteilung der Handlungsschritte im Zeitverlauf, Vorausplanen von Tätigkeiten, Antizipation problematischer Handlungsschritte), bei der verbalen Handlungsanleitung, im Zusammenhang mit der Handlungskontrolle (z. B. begleitende Prüfprozesse, Selbstregulation hinsichtlich emotionaler/motivationaler Beeinflussungen). Diese Kinder wissen oft nicht, wie sie an Problemstellungen herangehen sollen, können sich adäquate Strategien auch nicht aus übergeordneten Problemlöse-Heurismen oder metakognitivem Wissen ableiten. Im Rahmen eines handlungs- und kognitionstheoretischen Zugangs weisen diese als „retardiert" bezeichneten Kinder oft bestimmte **charakteristische Besonderheiten** auf:

- Defizite im Bereich metakognitiver Vermittlung des Verhaltens sowie Defizite im Bereich der Strategiebefolgung;
- ein geringeres Generalisierungsvermögen;
- lückenhafte Basisfertigkeiten;
- unzureichendes bereichsspezifisches Wissen;
- Probleme im emotionalen und motivationalen Bereich (Lauth/Schlottke 1988, 8–10).

Es ist allerdings anzumerken, dass es insgesamt zu einer verhältnismäßigen Überbetonung der kognitiven Aspekte des selbstregulierten Lernens kam – hat doch nicht zuletzt die Forschung zum Metagedächtniskonstrukt und zu motivationalen und volitionalen Aspekten beim Lernen gezeigt, dass das Wissen über adäquate Lernstrategien nicht automatisch zur Anwendung dieser Strategien führt (Artelt 2000).

Bei der Untersuchung selbstregulierter Lernprozesse müssen daher neben (meta)kognitiven vor allem auch motivational-emotionale Komponenten der Lernprozesse berücksichtigt werden. Die relative Gleichwertigkeit kognitiver und motivationaler Komponenten beim Lernen findet sich im Rahmenmodell selbstregulierten Lernens von Boekaerts (1999, 449) wieder. Sie fasst das selbstregulierte Lernen als einen komplexen und interaktiven Prozess auf, der neben der kognitiven die motivationale Selbstregulation beinhaltet (Abb. 5). **Motivation**

Obgleich Lernvorgänge sich in den Köpfen, also in den kognitiven Prozessen der Lernenden, abspielen und damit als an sich nicht direkt beobachtbare Phänomene gelten, ergibt sich für im sonder- und heilpädagogischen Arbeitsfeld Tätige die **Notwendigkeit**: **praktische Implikationen**

- Lernaktivitäten, Lernprozesse und Arten der Lernsteuerung möglichst sichtbar zu machen (Simons 1992, 261). Empirisch betrachtet kann diese Diagnose bis zu einem gewissen Grade die Verhaltensbeobachtung in Verbindung mit formellen und informellen Lerntests leisten;
- den Kindern die Frage nach dem eigenen Lernen zu stellen: „Wie lernst du eigentlich? Was geht in dir vor, wenn du lernen willst, wenn du dir etwas merken möchtest? In welchen Situationen kannst du gut und in welchen Situationen kannst du nicht so gut lernen? Welcher Lernstoff ist für dich einfach, welcher kompliziert?" Lernen sollte selbst als Unterrichtsgegenstand und Unterrichtsthema, als Möglichkeit im Rahmen eines Förderungsvorganges thematisiert werden (Bundschuh 2003, 232f). Im Förderungsprozess und im Rahmen des Unterrichts im sonder- und heilpädagogischen Arbeitsfeld soll der Lehrende die Lernenden stimulieren und herausfordern, über ihre eigenen, aber auch über verschiedene andere Lernstrategien und deren Einsatz bei ganz bestimmten Aufgabenstellungen nachzudenken („Rückbesinnungsprinzip");
- affektiv-emotionale Aspekte des Lernens vor allem im heilpädagogischen Bereich zu berücksichtigen („Affektivitätsprinzip").

Wie ich bereits ausgeführt habe, kann nicht aktiv gelernt werden, wenn nicht bestimmte emotionale Bedingungen gegeben sind. Hinzu kommt, dass aktives Lernen nicht möglich ist, wenn man nicht daran glaubt, dass es funktioniert und zum Erfolg führt. D. h., es muss eine gewisse Antizipation eines Erfolges, so etwas wie eine Hoffnung auf Erfolg vorhanden sein.

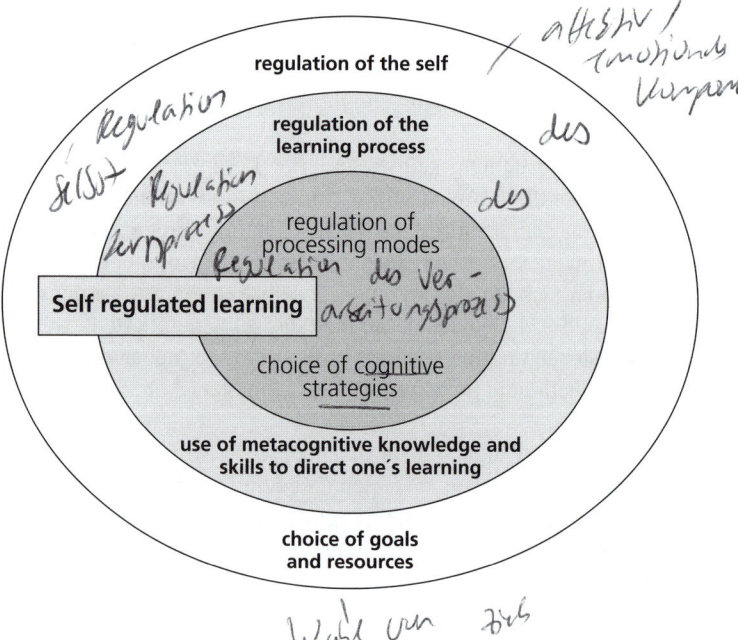

Abb. 5: Das Drei-Schichten-Modell des selbstregulierten Lernens nach Boekaerts (1999, 449)

Im Rahmen der neueren Forschungen und Überlegungen zur Metakognition sowie zum Problemlösungsverhalten wird häufig von Lern- und Lösungsstrategien gesprochen – dies klingt sehr technisch. Vielleicht soll damit auch die Affinität zum naturwissenschaftlichen Vorgehen verdeutlicht werden. Ich sehe keinen fundamentalen Widerspruch zwischen diesen Vorgehensweisen und der Frage der Orientierung am Kind, wenn dabei bestimmte Implikationen beachtet werden. Die Terminologie im Zusammenhang mit den Überlegungen zur Metakognition erweist sich zwar teilweise als etwas technisch-objektivierend, die eigentliche Intention dieses Denk- und Forschungsansatzes liegt jedoch in der Verbesserung der Lernsituation des Kindes mit Lernproblemen. Akzeptiert werden können die Forschungen über kindliches Lernen und Lernförderung, wenn sie die folgenden elementaren **Prinzipien der Orientierung am Kind** einbeziehen und beachten:

Orientierung am Kind

- Gestaltung des Förderungsprozesses entsprechend den grundlegenden Bedürfnissen von Kindern nach Emotionalität, Beziehung, Bewegung und Wahrnehmung.
- Ausgehend von der Lernausgangslage, von den wirklichen Verhaltensmöglichkeiten und Fähigkeiten eines Kindes hin zur Zone der nächsten Entwicklung, d. h. weitgehend individuelle Gestaltung des Förderungsangebotes dem Entwicklungsstand und Lerntempo einzelner Kinder entsprechend, d. h. Vermeidung von Über- oder Unterforderung durch subjektiv mittelschwere Aufgaben. Diese machen erst einen Einsatz metakognitiver Strategien sinnvoll.
- Die kindliche Neugierde weckende, der kindlichen Neugierde entsprechende Förderungsangebote, welche einen gewissen Spielraum für autonome Entscheidungen lassen und über erstrebenswerte Handlungsziele bzw. für das Kind interessante Angebote den Erfolg fördern und den Einsatz von Kontroll- und Elaborationsstrategien ermöglichen.
- Flexibilität der Personen, die ein Kind fördern, mit der Möglichkeit, momentane Bedürfnisse eines Kindes (Schülers, Jugendlichen) zu erkennen und in den Förderungsprozess einzubeziehen.
- Einbettung des Förderungsprozesses, konkreter Förder- und Lernangebote in ganzheitliche, spielerische Prozesse. Das Spiel als spezielle, intrinsisch motivierte grundlegende Handlungs- und Lernform des Kindes vermittelt Freude, die entsprechende Emotionalität und kommt damit dem ganzheitlichen Förderungs- und Lernprozess am nächsten.

Diese Problemstellung nach der Orientierung am Kind tangiert auch die Frage nach dem Kindgemäßen. Allgemein gilt, dass Handlungsentwürfe, die zunächst von außenstehenden Personen initiiert werden, jedes Mal daran gemessen werden, ob sie Kindern einer bestimmten

Altersstufe je nach Entwicklungsstand und nach dem aktuellen Stand des Wissens überhaupt zumutbar sind (Bundschuh 2007a).

4.6 Verursachungsmomente von Lern- und Wahrnehmungsstörungen

Ursachen

Akzentuiert werden hier die wichtigsten Verursachungsbereiche von Lern- und Wahrnehmungsstörungen angeführt. Lernstörungen bedingen gleichzeitig Wahrnehmungs- und Verarbeitungsstörungen und umgekehrt. Störungen können sich ohne Präventivmaßnahmen als kumulierende und generalisierende Prozesse zu Behinderungen ausweiten. Lern- und Wahrnehmungsstörungen können bedingt sein durch:

1. Organische Schäden (anatomische Voraussetzungen wie Störungen in der Hirnrinde, Fehlbildungen, Herdbildungen, Vernarbungen, Substanzverluste, Verletzungen, evtl. auch genetische Veränderungen, die Fehlfunktionen von Zellverbänden zur Folge haben), die das Verhalten des Kindes (des Menschen allgemein) von innen heraus beeinträchtigen. Diese organisch bedingten Lern- und Wahrnehmungsstörungen stehen im Zusammenhang mit einer allgemeinen „zentralen Differenzierungsschwäche". Die Schädigung des Zentralnervensystems führt zu fragmentarischer Wahrnehmung. Die Folge ist: Weniger strukturiertes und differenziertes Wahrnehmen und Handeln bei den betroffenen Kindern, vor allem erkennbar bei Kindern mit geistiger Behinderung, etwa im Zusammenhang mit Feinmotorik, Lesen- und Schreibenlernen.

2. Entwicklungsstörungen, die aus einem Mangel an Wahrnehmungserfahrung hervorgehen. Nicht nur Hirnrindendefekte, sondern auch der Nichtgebrauch von Wahrnehmungsanlagen können zu Fehlentwicklungen führen, die das Erscheinungsbild der Lern- und Wahrnehmungsstörung zur Folge haben.

a) Hospitalismusschäden, Deprivationen, soziokulturelle Benachteiligung sowie Fehlerziehung können dazu beitragen, dass sich Lern- oder Wahrnehmungsprozesse nicht voll entfalten: z.B. durch zu kleine Wohnungen, zu wenig Spielmaterial, unvernünftige Einschränkung der Motorik durch die Umwelt (reizarme Umgebung), Lärmschäden durch Radios, Fernseher, Verkehrslärm (zu viele und unstrukturierte Reize, die das Filtersystem der Kinder überfordern). Dies könnten Verursachungsmomente für Lernbehinderung, geistige Behinderung, aber auch für Teilleistungsstörungen sowie Verhaltensstörungen sein.

b) Beeinträchtigte Motorik, motorische Behinderung (ohne Kopplung mit einer Hirnschädigung), die einen Mangel an Lern- oder Wahrnehmungserfahrung zur Folge haben kann: Die betroffenen Kinder konnten infolge einer (peripheren) Bewegungsbeeinträchtigung (Querschnittslähmung, fehlende Gliedmaßen) nicht adäquat wahrnehmen und lernen, sie konnten Reize taktil-kinästhetischer und / oder optischer Art nicht hinreichend erfahren, vor allem Gegenstände (Umwelt) nicht beliebig – selbstständig – erkunden. Dieser Aspekt verweist auf einen komplizierten Zusammenhang, der in enger Verbindung zur sensomotorischen Intelligenz (Piaget) steht, nämlich auf den Kontext von Motorik, Wahrnehmung und Intelligenz. Als Beleg hierfür kann man das Phänomen nennen, dass auch nichthirngeschädigte Kinder (speziell also Kinder mit körperlicher Behinderung) Wahrnehmungsstörungen und – als Folge davon – Lernprobleme haben.

c) Sinnesbeeinträchtigungen, die jedoch nicht zu den klassischen Störungen der Wahrnehmung gehören, wohl aber den Erwerb von Erfahrungen stören und damit Lernprozesse behindern können.

3. Emotionale Störungen und psychische Faktoren, die Angst-, Stress-, Zuwendungs-, Motivationsreaktionen auslösen, „indem es zu einer Wechselwirkung zwischen psychischen Konstellationen und physikalischen und biochemischen Reaktionen kommt" (Radigk 1998, 41). Treten solche Störungen – wie auch immer bedingt (sozial, Erziehungsprobleme der Eltern, körperliche Erkrankungen mit längerem Krankenhausaufenthalt, kaum durch Disposition) – in früher Kindheit auf, besteht die Gefahr einer langdauernden Verfestigung (Spieltherapie angezeigt). Emotionale Störungen können bedingt sein durch:

a) biochemische / physiologische Voraussetzungen, d. h. durch Abweichungen in den normalen Stoffwechselfunktionen, etwa in der Proteinsynthese (Gedächtnis), der Transmitterwirkung (Synapsentätigkeit) oder Störungen des hormonalen Gleichgewichtes (Stimmungen, Stress, Aggressivität);

b) physikalische Voraussetzungen, d. h. durch Abweichungen in den Spannungen des elektrischen Feldes und Veränderung der Membranpotenziale (Nervenleitfähigkeit).

4. Integrationsstörungen im Zusammenhang mit Wahrnehmungsprozessen oder Vernetzungsvorgängen im Gehirn. Sie führen zu Schwierigkeiten bei Strukturierung und Organisation (Integration) im Zusammenhang mit Lernprozessen (Ayres 2002, 87–97, 119 ff).

Zusammenfassung: Lern- und Wahrnehmungsstörungen können also angeboren sein, hirnorganische Ursachen haben, emotional bedingt sein oder von anderen Ursachen ausgehen. Die hier genannten Störungen des Lernprozesses lassen sich kaum exakt voneinander trennen. Es dürfte schwierig sein, eine der genannten Ursachen isoliert festzustellen. Selbst bei ungünstigen Voraussetzungen ergeben sich gute Entwicklungsmöglichkeiten, die sich wiederum auf den Bereich Erziehen und Lernen auswirken und umgekehrt. Die Grenzen unter neuropsychologischem und -physiologischem Aspekt resultieren aus der noch „äußerst unvollständigen Kenntnis des Zusammenwirkens der strukturellen, physikalischen, physiologischen, biochemischen und psychischen Bedingungen" (Radigk 1998, 41). Ein System kann von jedem Punkt aus gestört werden. Damit kann wiederum das gesamte System negativ beeinflusst werden.

4.7   Konsequenzen für Erziehung, Förderung, Unterricht: Lernsituation und basale Lernprozesse

Selbstgestaltung   Jeder Mensch lernt individuell auf der Basis von Anlage, Umwelteinflüssen und der Dynamik der Persönlichkeit (Selbstentfaltungkräfte). Hierin liegt auch die Freiheit zur Eigenbestimmung des Lernprozesses durch das Subjekt begründet. „Der heranwachsende Mensch bestimmt den pädagogischen Prozeß seiner Entwicklung und Persönlichkeitsentfaltung im wesentlichen selbst." (Krawitz 1997, 220) Die „sokratische Kunst" ist Lehren im Hinblick auf diesen individuellen Wesenszug des Lernenden (Rombach 1969, 24). Aufgrund dieser Überlegungen erstaunt es fast, dass ca. 70 % der Schüler mit den Lernangeboten der Regelschule – von außen betrachtet – relativ problemlos zurechtkommen, auch wenn ihre Eigenaktivität, die Möglichkeit der Aneignung von Welt durch Selbsterfahrung und eigene Handlung im Rahmen einer Schulklasse nicht hinreichend berücksichtigt werden oder angesichts großer Schülerzahlen keine Berücksichtigung erfahren kann. Das herausfordernde Problem stellen die ca. 30 % der Schüler dar, die Schwierigkeiten im Rahmen dieses Erziehungs- und Lernsystems Schule haben.

Lernen geschieht immer individuell, d. h. jedes Kind als Subjekt und subjektiv betroffenes Wesen transferiert – auf Basis der mehrfach genannten Bedingungen im Zusammenhang mit Anlage, Umwelt und Eigendynamik der Persönlichkeit – Lernangebote auf sein eigenes kognitives System und verarbeitet sie dort unter Einbezug von kognitiven und emotionalen Prozessen individuell. Wenn Piaget vorwiegend Lernphasen und Lernmodi ganz bestimmten Altersdimensionen zuordnet, bedeutet dies, dass Kinder im überwiegenden Maße je nach Altersbereich – falls keine Entwicklungsverzögerung vorliegt – sensomotorisch, anschaulich, konkret etc. lernen. Was wirklich im Gehirn des Kindes, jedes einzelnen Kindes zwischen Medulla oblongata (verlängertes Mark, Teil des Hirnstammes), Thalamus (Zwischenhirn) und Cortex (Hirnrinde) geschieht, wie das Kind empfindet, begreift, verarbeitet, assoziiert, speichert, perzipiert, sich allgemein Welt aneignet, ist damit bei Piaget nicht detailliert beschrieben.

Phänomene wie autistische Verhaltensweisen und zahlreiche andere Besonderheiten des Lernens und Denkens, von denen Lehrerinnen und Lehrer gerade im sonderpädagogischen Arbeitsfeld immer wieder berichten, können weder mit Piaget, Gagné, Klafki noch mit Forschungen und Erkenntnissen der Neuropsychologie, Neurophysiologie, Entwicklungspsychologie oder sozialpsychologischen Erkenntnissen erklärt werden. Vor allem die Erfahrungen im Zusammenhang mit Lernvorgängen bei Kindern mit Behinderungen zeigen, dass Lernen individuelles Lernen ist. D. h. das Kind als Subjekt mit seinen ihm eigenen Möglichkeiten in motivationaler, kognitiver, motorischer und sozialer Hinsicht verarbeitet und lernt ganz individuell. **besondere Phänomene**

Wohlbefinden, Neugierde, Interesse, also Motivation, stellen die Basis für elementares Lernen dar. Frustration, Desinteresse, Angst, Druck, Hetze, Schreck (Stress) sind Faktoren, die die Aktivität der Synapsen blockieren, das Ingangsetzen sinnvoller Lernprozesse beim Kind, Jugendlichen, aber auch beim Erwachsenen verhindern, bereits Gelerntes vielleicht vernichten. Soll ein Reiz, besser ein Lernangebot, eine Information, den Filter des Ultrakurzzeitgedächtnisses passieren, das Kurzzeit- und das Langzeitgedächtnis erreichen sowie gut verarbeitet werden, müssen die speziellen Bedürfnisse des Kindes angesprochen werden.

Dies geschieht am ehesten durch ein gutes Lernklima. Gemeint ist hierbei die Beschaffenheit der Situation (Gruppe, in der gelernt wird, Handlungsräume, wie z. B. Gegebenheiten in der Alltagswirklichkeit, in der freien Natur). Wichtig ist auch eine gute Beziehung zwischen Kind und Lehrer. Ein Lerngegenstand kann an sich motivierend sein, **positive Beziehung** häufig jedoch tritt die Lehrerin oder der Lehrer als Vermittler zwischen Kind und Lerngegenstand auf. Lernen hängt von der Beziehung zum Kommunikationspartner oder Lerngegenstand ab, von der subjektiven Bedeutsamkeit einer Information und der Fähigkeit, eine Information zu entschlüsseln, mit ihr „innerlich" oder „äußerlich" etwas anzufangen, sie unter Einbezug emotionaler Prozesse in Handeln umsetzen zu können.

Kommunikation   Meist findet Lernen als kommunikativer Prozess statt. Entwicklung ist von der Umwelt insgesamt abhängig, die geistige Entwicklung und damit das Lernen in erster Linie von der Kommunikation. Der Weg zum Kind, zum Menschen überhaupt führt über die emotional bedeutsamen und beziehungsstiftenden Prozesse mitmenschlicher Kommunikation. Aber Kommunikation ist auch weit mehr als Nachrichtenübertragung zwischen Menschen und von Menschen produzierten Informationen und Botschaften (Musik, Malerei, Literatur). Auch mit Tieren, Pflanzen oder sonstigen unbelebten Objekten kommunizieren wir, wenngleich es sich hierbei um eine Einwegkommunikation handelt. Alles was unsere Rezeptoren aufnehmen, verarbeiten, im Zentralnervensystem widerspiegeln, gehört zum Kommunikationsvorgang. „Dabei wird der Prozess maßgeblich von den Bedingungen determiniert; vom Zustand des Organismus, seinem Vorwissen, den Normen und Regeln, ebenso von seiner Fähigkeit, Rollen zu übernehmen oder sich in fremde Rollen hineinzudenken." (Radigk 1998, 43)

Verknüpfung mit Erfahrungen   Die Weckung von Neugierde, Interesse und damit Motivation geschieht durch die Möglichkeit der Assoziation, also der Verknüpfung mit bisherigen Erfahrungen und Speicherungen. Ein Lernprozess sollte beim Kind mit einer Behinderung, vor allem aber bei Kindern mit schweren Behinderungen, Gefühle, Wünsche, Vorlieben, Vorgänge, Bedürfnisse ansprechen, die mit Erlebnisqualität verbunden sind, einen für das Kind bedeutsamen Sinn beinhalten, er sollte subjektiv „wichtig sein". Auch Gefühle kann man spüren, erfahren und somit prozesshaft lernen. Sei die Behinderung noch so schwer, in jedem Kind existiert die Sehnsucht nach Geborgenheit, nach sozialem Angenommensein, nach Liebe.

Lerntypen   Lernen erfolgt über unterschiedlich bevorzugte Wahrnehmungskanäle und besonders gut ausgeprägte Nervenbahnen. Je mehr Möglichkeiten der handelnden Begegnung und Auseinandersetzung, je mehr Arten der Erklärung angeboten werden, desto wahrscheinlicher wird Lernen. Je nach Lerntyp erreichen visuelle, auditive, taktil-kinästhetische, vestibuläre u. a. Reize die entsprechend ausgebildeten und bevorzugten Wahrnehmungskanäle. Es werden Informationen je nach

Kind unterschiedlich verarbeitet, vernetzt, gespeichert und verstanden. Eine wichtige Bedingung hierfür besteht darin, dass es sich dabei nicht um chaotische, schlecht strukturierte, das Kind überfordernde Angebote handelt. Es muss also versucht werden, die Ganzheit eines Lernprozesses in einem System äußerer (sozialer, motorisch-handlungsorientierter) und innerer (emotional-motivationaler bzw. kognitiver) Prozesse zu analysieren und zu begreifen.

Im Rahmen eines vom Verfasser durchgeführten Projektes in Diagnose- und Förderklassen zu Beginn der 1990er Jahre ergaben sich die folgenden **Aspekte basalen Lernens,** die sowohl für Lernprozesse bei Kindern mit schwerer Behinderung als auch bei Kindern mit leichten Lernproblemen grundlegend sind:

1. Die einem Kind angebotenen Reize, Stimulationen, Tätigkeiten, die zwecks Umsetzung in Handlung aufgenommen werden sollen, müssen einfacher Art sein. Einfach heißt, dass der Differenzierungsgrad so weit reduziert werden muss, dass der Reiz, d. h. das Handlungs- oder Lernangebot, für das jeweilige Kind mit seiner speziellen oder generellen Beeinträchtigung wahrgenommen werden kann. Um ein Kind für ein Lernangebot zu sensibilisieren, bedarf es weder zusätzlicher Kenntnisvermittlung noch Lernvorgänge oder neuer von außen induzierter Erfahrungen.

Wie kommt man zu den Lernvoraussetzungen eines Kindes? Auf- und Abwärtsdiagnose dienen dazu, diese Lernausgangslage zu suchen und zu beschreiben. Möglich wird dies auch durch Verhaltensbeobachtungen im Rahmen von Lernprozessen und Alltagshandlungen, überall, wo sich ein Kind verhält. Man beobachtet und fragt, wie das Kind sich mitteilt, kommuniziert, wie es an eine Situation, eine Handlung, eine Lernaufgabe herangeht, was es bereits über den Lerngegenstand weiß, wofür es sich interessiert, ob es Neugierde entwickelt, welche Voraussetzungen im Hinblick auf Motorik, Wahrnehmung, Sprache und Denken im Zusammenhang mit einem Lernprozess vorhanden sind.

2. Solche Möglichkeiten stellen die Basis für die Wahrnehmung und Förderung höherer komplexer „Reize" im Kontext mit Lernprozessen dar. D. h. die differenzierte Wahrnehmung und die Möglichkeit zur Strukturierung (Vernetzung) dieser Wahrnehmung – Schaffung eines gesicherten Abbildes im Zentralnervensystem – legen die Basis für die Wahrnehmungserweiterung und Lernen, für weitere Lernprozesse schlechthin.

3. Vor allem im Unterschied zur manchmal propagierten „passiven Reizung" bei Kindern und Jugendlichen mit schwerer geistiger Behinderung geschieht diese Art von „Reizangebot" (Lernangebot), im Sinne von Förderung, nicht passiv oder halb passiv, d. h., dass vom Kind her kaum eine sichtbare Reaktion/Aktivität zu erwarten ist. Vielmehr fällt der Lernimpuls in einen Prozessbereich des Kindes, in dem es bereits Aktivitäten zeigt, diese jedoch noch nicht hinreichend gefestigt und „automatisiert" sind.

4. Motivation für eine Reaktion auf Angebote („Außenreize"), für Handeln (Umsetzen in Motorik, Empfindung, Wahrnehmung, Denken, Sprache) liefern zunächst einmal die Angebote selbst, nämlich durch ihre Beschaffenheit (Aufforderungscharakter), auch durch die Möglichkeit, sie leisten, auf sie adäquat reagieren zu können. Motivation ergibt sich auch aus der zeitlichen Limitierung der Handlung, d. h. der Vorgang erstreckt sich lediglich auf eine (kurze) für das Kind leicht zu vollziehende Zeit- und Aufmerksamkeitsspanne. Motivation resultiert darüber hinaus auch aus der Art der Wahrnehmungsmöglichkeit (visuell, auditiv, taktil etc.), die je nach Kind und Reaktion bzw. Handlung unterschiedlich vernetzt ist. Die Handlung kann wiederum in verschiedenen Varianten in grob- und feinmotorischen oder sprachlichen Prozessen erfolgen. Schließlich ergibt sich Motivation auch aus der Abwechslung im Vergleich zu anderen im Unterricht geforderten Tätigkeiten wie Schreiben, Lesen, Rechnen. Motivation ergibt sich auch aus den sinnvollen Handlungsspielen.

5. Basal bedeutet, dass diese Reize und deren Umsetzung in Handlung nicht auf einen Funktionsbereich alleine begrenzt sind, vielmehr stets andere Prozesse gleichzeitig stimuliert werden. Wenn z. B. ein Kind gerne spielt, knetet, etwas ausschneidet, sind damit visuelle Wahrnehmungen (Erfassen einer Struktur, Wiedererkennen der Wesensmerkmale), Konzentration, Fein- und Grobmotorik sowie sonstige Übungs- und Speicherungsvorgänge, stets aber auch kommunikative Prozesse verbunden.

6. Basales Lernen meint zugleich auch Ingangsetzung von Prozessen – Erregung des Zentralnervensystems durch äußere und innere Vorgänge – in realisierbarem Maße, d. h. „etwas können", Initiierung von Akkommodations- und Assimilationsprozessen (Piaget), Innervierung von Afferenzen und Efferenzen (Vernetzung) im Unterschied zu passiv, überfordert, gestört sein.

7. Basale Aktivierung heißt weiterhin, dem Kind mit einer Behinderung Erfolgserlebnisse zu vermitteln, Leistungsängste abzubauen, Freude am Erfolg hervorzurufen und so zu einer Verbesserung seines möglicherweise gestörten Selbstbildes und zur Stärkung eines Selbstkonzeptes beizutragen. Mit jeder für das Kind positiv erlebten „Ansprache", mit jedem Erfolg geht quasi eine therapeutische Wirkung einher.

8. Basales Aktivieren und Lernen ist im Grunde genommen vergleichbar mit Sensomotorik im Sinne von Piaget.

„Empfindungen sind ‚Futter' oder auch ‚Nahrung' für das Nervensystem. Jeder Muskel, jedes Gelenk, jedes lebenswichtige Organ, jeder kleinste Hautabschnitt und die Sinnesorgane am Kopf senden ihre sensorischen Reize zum Gehirn. Jede einzelne Empfindung ist eine Form der Information [...] Ohne einen ausreichenden Bestand an Empfindungen der unterschiedlichsten Art kann sich das Nervensystem nicht adäquat entwickeln. Das Gehirn bedarf eines beständigen Informationsflusses mannigfaltiger Empfindungen als sensorische ‚Nahrung', um sich entwickeln zu können und in der richtigen Weise zu funktionieren." (Ayres 2002, 56)

Zusammenfassung: Es ergibt sich die Aufgabe, trotz vorhandener Behinderungen, vielleicht schwerer Mehrfachbehinderungen durch Lernprozesse in einem kommunikativen, ganzheitlichen Prozess Leben zu bereichern, „Nahrung" für das Nervensystem zu vermitteln, damit in der Orientierung am Kind die vorhandenen Möglichkeiten aktiviert und entfaltet werden und nicht verkümmern. Nicht nur das Recht auf Leben und Entfaltung von Möglichkeiten fordert Heilpädagogische Psychologie heraus, sondern auch die jedem Kind immanente Sehnsucht nach Leben und Verwirklichung.

4.8   Lernen – Querverbindungen und Zusammenhänge

Neben der Erziehung ist Lernen ein wichtiger Prozess im Leben eines Kindes. Lernen begleitet den Menschen während seines ganzen Lebens. Gefragt wird im Rahmen Heilpädagogischer Psychologie nach guten Bedingungen für Lernen. Die Erkenntnisse sowohl naturwissenschaftlich als auch geisteswissenschaftlich orientierter Disziplinen sprechen dafür, dass die emotionalen Bedingungen im Kind und die sozialen Prozesse (Lernklima) sowie der Lerngegenstand für Lernvorgänge wichtig sind. Diese Prozesse sind ganzheitlich zu sehen (s. Abb. 6).

Entwicklung
Aus der Art und Weise emotional-geistiger
Verarbeitung von Erfahrungen ergibt sich die Verhaltens-
und damit die Lernausgangsbasis

Förderdiagnostik	↓↑	**Therapien**
Suche nach An-knüpfungspunkten/-möglichkeiten	**Lernen**	Beseitigung und Aufarbeitung krankmachender
Beschreibung der Lernausgangslage	Frage nach optimalen Lernbedingungen/Lernen als Verarbeitung von	Ergebnisse von Fehlerziehung und negativen sozialen
Analyse behindern-der Bedingungen ⇄	Informationen/Wahr-nehmungen im Netzwerk sozialer, emotionaler	→ Erfahrungen und ← Erlebnissen, die zu psychischen
Ingangsetzung von Fördermaßnahmen in Richtung „Zone der nächsten Entwicklung"	und geistiger Prozesse (Assimilation/Akkomo-dation im Sinne Piagets)	Störungen und Lernhemmungen geführt haben
	↓↑	

Sozialpsychologie
Prozesse des Zusammenlebens
Analyse sozialer Bedingungen des Aufwachsens und
Werdens als Weg zum Verstehen des Kindes
in einer Notsituation

Abb. 6: Lernen – Querverbindungen und Zusammen-hänge

Vernetzungsprozess Lernvorgänge beeinflussen entscheidend die Entwicklung eines Kin-des. Aus der Kenntnis der individuellen Entwicklung kann auf die Lernausgangslage geschlossen werden. Handlungen und Verhal-ten weisen auf Können und Möglichkeiten eines Kindes hin, lassen gleichzeitig einen Schluss auf innere Vorgänge, auf kognitive Prozesse im Netzwerk des Nervensystems zu. Dieser innere Vorgang steht wie-derum in einem engen Vernetzungsprozess mit dem Außengeschehen, also mit den Begegnungen der Welt.

Verhaltensbereiche Man kann vor allem zwei Verhaltens- oder Tätigkeitsbereiche des Menschen unterscheiden, die sich im Hinblick auf Lernprozesse und Handlungen als bedeutsam erweisen: äußere, sichtbare, gegenständ-lich-praktische und innere Vorgänge, Prozesse der Informationsver-arbeitung:

● Das **äußere Verhalten** manifestiert sich z. B. in Alltagshandlungen, in Fer-tigkeiten, Arbeit, Spiel, sportlichen Aktivitäten, auch im Wissen, allgemein in der Darstellung von Gelerntem. Die Ausführungsorgane hierfür sind Motorik und Sprache.

● Die **inneren Prozesse** implizieren grob gesehen die Aufnahme von Infor-mationen, die Weiterleitung (Afferenzen), Kurzspeicherung, Verknüpfung mit vorhandenen Ein- und Vorstellungen im Zusammenhang mit Langzeitspeicherungen (Suchprozesse, Assoziieren), Abrufen und Umsetzen in Handeln (Efferenzen) durch die Effektoren Sprache und Motorik (Gagné 1980, 65 ff).

Störungen und Behinderungen äußern sich primär in den Bereichen Bewegung, Wahrnehmung, Denken, Sprache, Emotionen – gesehen auch immer unter dem Aspekt des Leistungs- und Sozialverhaltens. Lernbehinderungen lassen sich in der Regel durch ein weniger an Differenzierung und Strukturierung, schlechthin ein weniger an Qualität sowohl der inneren als auch der äußeren Verhaltens- bzw. Handlungsprozesse kennzeichnen. Indem zwischen diesen beiden Prozessen eine enge Wechselbeziehung besteht, beeinflussen sie sich mit generalisierender und kumulierender Tendenz. Das äußere Verhalten wird durch die inneren Prozesse (Abbild, Struktur) einer Handlung, durch die erfolgte Bildung von Schemata (Piaget) vorweggenommen, der innere Prozess durch äußeres Verhalten weiterentwickelt, verfeinert, differenziert, allgemein gesehen verändert, vielleicht auch korrigiert. Hier liegen Möglichkeiten der Sensibilisierung und der Einwirkung, des Ingangsetzens von Lern- und Förderungsprozessen, indem über den Außenbereich, also über das äußere Verhalten, innere Prozesse „angestoßen", „in Bewegung gebracht" werden. **Zusammenwirken**

Dass neben den Erkenntnis-, Willens- und Kontrollprozessen (Aufmerksamkeit, Konzentration) vor allem Interesse, Bedürfnisse, Motivation, Gefühlsprozesse schlechthin eine bedeutsame Rolle spielen, haben die in diesem Kapitel angeführten, unter neurophysiologischem und -psychologischem Aspekt betrachteten Vorgänge im Rahmen von Lernvorgängen gezeigt. Die ganze Person schafft sich die „Abbilder" von der äußeren Welt, vom Zustand und der Befindlichkeit des eigenen Organismus und von den Verbindungen bzw. Beziehungen des Individuums zur Umwelt.

Hier liegt nun das Kernproblem jeder elementaren Lernförderung: Gibt es basale Möglichkeiten der Aktivierung, die – wie auch immer bedingten – gestörten inneren Prozesse der Tätigkeits- und Informationsverarbeitung im Sinne der Erhöhung der Motivation, der Sensibilisierung für Wahrnehmungsprozesse, Verbesserung von Differenzierungs- und Strukturierungsvorgängen zu beeinflussen, also zu fördern? Anders ausgedrückt: Um äußere Signale (Reize) in den Dienst kognitiver, emotionaler und sozialer Prozesse stellen zu können, muss der Empfänger, das Kind in der Lage, sensibel, motiviert sein, sie aufzunehmen, zu analysieren, zu speichern, mit Gespeichertem zu vergleichen, zu assoziieren, schlechthin zu identifizieren (wahrzunehmen, **basale Möglichkeiten der Aktivierung?**

„Bedeutung", „Sinn" zu entnehmen) und in Handlung oder Tätigkeit (inneres oder äußeres Verhalten) umzusetzen.

Gibt es also Möglichkeiten, die hier angeführten Prozesse „in Gang zu setzen", zu differenzieren, zu festigen und zu beschleunigen? Kann man Kindern mit Beeinträchtigungen (Entwicklungsverzögerungen, Behinderungen) solche Basisprozesse, die mit großer Wahrscheinlichkeit im Bereich der Wahrnehmung und Emotionalität zu suchen sind, mit dem Ziel vermitteln, gleichzeitig die Grundlage für den Erwerb weiterer – höherer – Prozesse zu legen, wie z. B. differenzierte Motorik, Wahrnehmung, Sozialverhalten, Kulturtechniken (Schreiben, Lesen, Mathematik)?

Chancen durch Förderdiagnostik

Förderdiagnostik dient dazu, genauer zu beobachten und zu beschreiben, optimale Lernbedingungen zu erkunden (Lernsituation, Lerngegenstand, Voraussetzungen beim Kind, z. B. Bedürfnislage, bevorzugte Wahrnehmungs- und Handlungsbereiche). Förderdiagnostik sucht im heilpädagogischen Arbeitsfeld systematisch nach Anknüpfungspunkten und neuen Lernmöglichkeiten (z. B. bei Kindern und Jugendlichen mit schwerer geistiger Behinderung, bei Kindern mit autistischen Zügen, bei Kindern mit schweren psychischen Störungen oder Verhaltensauffälligkeiten. Hierbei spielt immer die Frage eine Rolle, was für ein Kind einfach und was schwer (komplex) ist. Dabei müssen Lernbarrieren im Sinne behindernder Bedingungen analysiert und nach Möglichkeit beseitigt werden. Vertieftes Verstehen eines Kindes und damit ein Begreifen seines – z. B. als gestört erscheinenden – Verhaltens und seines So-Seins insgesamt werden nur durch die Beschäftigung mit seiner Biographie unter Berücksichtigung der vielfältigen sozialen Prozesse und Erfahrungen möglich.

Häufig ergeben sich die Wege zur Veränderung und zu neuem Lernen aus der Kenntnis der Entwicklung (emotional-geistige Verarbeitung vielfältiger Erfahrungen) und aus der Analyse der sozialen Bedingungen des Aufwachsens und Werdens. Im Bedarfsfall kann eine geeignete Therapie einen Beitrag leisten zur Aufarbeitung zurückliegender und aktueller Probleme, zur Befreiung von psychisch – eigentlich psychosozial – bedingten Lernhemmungen und zur Aktivierung neuer Kräfte. Vielleicht ist dann ein Kind in der Lage, seine Situation neu wahrzunehmen und zukünftigen Lernangeboten offener zu begegnen als bisher.

4.9   Lernfragen zur Wiederholung von Kapitel 4

1. Welche wichtigen Prozesse finden beim Lernen statt?

2. Wie kommt man zu den Lernvoraussetzungen eines Kindes?

3. Welche behindernden Bedingungen gibt es im Hinblick auf Lernen?

4. Wie geschieht der Transfer vom Kurzzeit- in den Langzeitspeicher und welche Bedeutung hat die Wahrnehmung allgemein im Hinblick auf Langzeitspeicherung?

5. Welche Funktionen haben Synapsen?

6. Welche Bedeutung haben das limbische System und seine Subsysteme (Amygdala, Thalamus ...) bei Lernvorgängen, allgemein im Hinblick auf Emotionalität und Lernen?

7. Welche Beziehung besteht zwischen Emotionalität, Wahrnehmung und Lernen?

8. Nennen Sie wesentliche Aussagen der Gehirnforschung, der Humanistischen Psychologie und der Tiefenpsychologie über Emotionen und Lernen.

9. Wie funktioniert das Zentralnervensystem in Hinblick auf Lernen und Gedächtnis?

10. Auf welche Theorie gründet sich selbstgesteuertes Lernen?

11. Was heißt Orientierung am Kind im Hinblick auf Lernprozesse?

12. Nennen Sie vier Verursachungsmomente von Lern- und Wahrnehmungsstörungen.

13. Wodurch wird elementares Lernen gefördert?

14. Nennen Sie acht wesentliche basale Aspekte des Lernens.

15. Welche Querverbindungen bestehen zwischen Lernen, Entwicklung, Diagnostik, sozialen Bedingungen und Therapien?

5 Heilpädagogische Diagnostik als Förderdiagnostik

Lernziele

1. Die historische Entwicklung von der traditionellen Diagnostik zur Prozessorientierung (Modelle) in verschiedenen wissenschaftlichen Disziplinen,

2. Spezifika einer Förderdiagnostik und zentrale Leitlinien, wie beispielsweise Kompetenz-, Verstehens-, Bedürfnis- und Handlungsorientierung,

3. wichtige Prinzipien und Dimensionen der Förderdiagnostik,

4. Rolle und Bedeutung der Beratung im Rahmen der Förderdiagnostik,

5. Fehler- und Lernprozessanalysen im Rahmen schulischen Lernens.

Ausgangslage

Mit Beginn des dritten Jahrtausends ergeben sich neue Anforderungen an eine heilpädagogische Diagnostik. An diagnostischen Fragestellungen bestand im Zusammenhang mit bedrängenden Problemsituationen im pädagogischen Arbeitsfeld schon immer ein besonderes Interesse. Der diagnostische Handlungsbedarf hat angesichts zunehmender Leistungsorientierung des Schulsystems und anwachsender Störfaktoren im außerschulischen Umfeld von Kindern und Jugendlichen deutlich zugenommen (wie zusammenbrechende Familien, wechselnde Partnerbeziehungen mit Belastungen und Konfliktsituationen gerade für Kinder, Armut, Verunsicherung in Erziehungsfragen und unkritischem Medienkonsum), also infolge störungs- und behinderungsinduzierender Bedingungen bis hin zu gesellschaftlichen Umbrüchen.

Die Sonder- und Heilpädagogik an der Schwelle zum 21. Jahrhundert, und damit zu Beginn des dritten Jahrtausends, findet sich in einer völlig anderen Situation wieder, als dies in der Mitte des letzten Jahrhunderts vorauszusehen war. Die 1960er und 1970er Jahre waren primär durch den Versuch einer Strukturierung der Sonderpädagogik in Theorie und Praxis gekennzeichnet. Diese Strukturen wurden in den vergangenen Jahren immer wieder in der Fachwelt kritisiert. Natürlich haben diese Entwicklungen seit den 1950er Jahren auch zur Verbesserung des Schicksals von Menschen beigetragen, die es schwer haben, aufgrund von Beeinträchtigungen, aber vor allem auch im Zusammenhang mit behindernden Bedingungen sozialer und ökonomischer Art in einer hochkomplexen Alltagswirklichkeit zurechtzukommen. Die Erkenntnisse zur Hilfe und Unterstützung sind enorm gewachsen. Sonder- und Heilpädagogik benötigt verstärkt den Mut zum Wagnis des Übergangs vom Forschen und Wissen zum Tun und Handeln unter dem Aspekt eines wertorientierten Menschenbildes (Haeberlin 1996).

Heilpädagogische Diagnostik hat als Teilgebiet der Sonder- und Heilpädagogik die behindernden Bedingungen sowie helfende bzw. unterstützende Möglichkeiten zu erforschen, mit der Zielrichtung Auffindung bzw. Freilegung von Kompetenzen (Bundschuh 2003, 197–211; 2005, 330–336). Sie orientiert sich dabei am Wert allen menschlichen Lebens.

Schwerpunkt heilpädagogischer Diagnostik

Im Rahmen des Arbeitsfeldes Sonder- und Heilpädagogik werden theoretische und praktische Fragen der Erziehung von Menschen reflektiert, deren Personalisation und Sozialisation unter erschwerten Bedingungen erfolgen. Diese Erschwernisse können zum einen durch eine Beeinträchtigung (Behinderung, Störung) an sich, zum anderen aber auch – und dies in möglicherweise gleicher Stärke – durch Erziehungseinflüsse, sozialbedingte oder sozioökonomische Verhältnisse (Kommunikation / Handlungen) verursacht sein. Beeinträchtigungen – wie auch immer bedingt – wirken sich auf Erziehungsprozesse aus, die wiederum durch vielfältige Teilsysteme und Systeme oder Bezugsverhältnisse beeinflusst werden.

Erschwernisse tangieren z. B. den Bereich des Lernens (Wahrnehmung, Aufnahme, Strukturierung, Gedächtnis), somit den ganzen Bereich des Verarbeitens von Wahrnehmungen und Informationen, der in engem Zusammenhang mit Lernen und kognitiven Prozessen zu sehen ist (Denken: Unterscheiden, Urteilen, Kombinieren, Gliedern, Kategorisieren, Kritisieren). Ebenso berühren Erschwernisse den Bereich der Erziehung, alle Arten der verbalen, sachlichen, bewussten und unbewussten Beeinflussung durch Erziehung sowie den Bereich der Zuwendung zur Sachumwelt.

Sonder- und Heilpädagogen nehmen die Realität von Störungen und Behinderungen, ganz allgemein Beeinträchtigungen unterschiedlicher Art und Schweregrade in pädagogischer Verantwortung, also bewusst wahr und erheben sie zum Gegenstand intensiver wissenschaftlicher Auseinandersetzung und Reflexion.

5.1   Basisüberlegungen, Bezugsrahmen und Begriffsproblematik

Kinder werden mit Behinderungen geboren. Störungen, Hemmnisse, Erschwerungen der Entwicklung, der Erziehung können im Verlauf der frühen Kindheit, im vorschulischen Bereich, in der Schule und im Zusammenhang mit der Berufsfindung entstehen.

Diagnostik über die Lebensspanne

Unmittelbar nach der Geburt eines Kindes erstellt ein Arzt eine Diagnose, deren Ergebnis die Klassifikation des Säuglings nach den Kategorien „gesund" oder „krank", vielleicht auch schon „behindert" oder „nichtbehindert" bedeutet. So kommen z. B. Kinder zur Welt, deren Reflexe nicht richtig ablaufen, deren Sinnesfunktionen oder Bewegungsfähigkeit infolge motorischer Defizite beeinträchtigt sind. Während der Phase des Säuglings- und Kleinkindalters können durch Erkrankungen, Unfälle und sonstige exogene Einflüsse Schäden und Beeinträchtigungen auftreten, die sich auf die weitere Entwicklung negativ auswirken.

Als zweiter realer Komplex, in dem sich Probleme von Kindern manifestieren, ergibt sich der **vorschulische Bereich**. Im Zusammenhang mit dieser Altersstufe können beispielsweise Beeinträchtigungen der Sprachentwicklung, der Grob- und Feinmotorik, der Wahrnehmung, des Sozialverhaltens transparent werden. Möglicherweise bemerken und beobachten Eltern oder Erzieherinnen Auffälligkeiten, die dann von anderen Fachleuten, insbesondere von Medizinern und Psychologen, genauer diagnostiziert werden.

Während der **Schulzeit** fühlen sich Kinder oft überfordert, unverstanden, hilflos, ohnmächtig, depriviert. Sie resignieren, weil von ihnen einseitige Leistungen kognitiver Art, vor allem aber auch Anpassungsleistungen gefordert werden. Lern- und Leistungsstörungen treten insbesondere in den Fächern Deutsch (Lesen, Schreiben) und Mathematik auf. Häufig wird gegenwärtig von verhaltens-, teilleistungs-, konzentrations- und integrationsgestörten Kindern gesprochen (s. Kap. 1.3). Rückstellung vom Schulbesuch, Klassenwiederholung, die sogenannte „Überweisung" an eine Sonderschule ergeben sich als institutionelle Reaktion auf solche Probleme. Erkannt – oder vielleicht auch nicht wahrgenommen – werden solche und ähnliche Notsituationen und Probleme von Kindern durch Eltern, Lehrer, evtl. von

Mitschülern und vielleicht auch vom Kind selbst durch den Vergleich der eigenen „Leistungen" mit den Lern- und Verhaltensmöglichkeiten etwa gleichaltriger Kinder.

Ähnliche Problemsituationen können auch im **Jugendalter** im Zusammenhang mit der Berufsfindung oder im Ausbildungsbereich auftreten, im Zusammenhang mit Heimeinweisungen bei gravierenden Verhaltensproblemen, Drogen- und Alkoholmissbrauch und Delikten.

Solche Notsituationen von Menschen können natürlich ebenso – geht man entwicklungsorientiert vor – in der Folgezeit, also im **Erwachsenenalter**, spontan oder bereits „angebahnt" und hervorgerufen durch negative Einflüsse der sozialen Umwelt sowie kritische Lebensereignisse auftreten.

Zwei Möglichkeiten bieten sich an: Die erschwerte Situation ignorieren und nichts tun oder die Notsituation und damit verbundene Notsignale von Menschen bewusst wahrnehmen, die Rahmenbedingungen für das Auftreten solcher Probleme und Bedürfnisse in der Erziehungs-, Lebens- und Alltagswirklichkeit erkunden, sich mit der Komplexität dieser Schwierigkeiten auseinandersetzen, d. h. auch diagnostizieren. **Handlungsmöglichkeiten**

Über diesen Anlass – nämlich die Wahrnehmung von speziellen Bedürfnis- und Notsituationen – ergeben sich die Legitimation, der Auftrag oder auch die Ermächtigung für Unterstützung und Hilfe. Es ist sicherlich ein nicht näher zu begründendes Prinzip der Pädagogik, dass man die Not, die Bedürftigkeit von Menschen im Rahmen von Erziehung wahrnimmt, nach besten Möglichkeiten Unterstützung anbietet, Hilfestellung zur Selbsthilfe, zur weitergehend eigenständigen Lebensbewältigung gibt. Dieses Bedürfnis nach Erziehung gilt bei Kindern ohne Behinderung als selbstverständlich. Verwiesen sei auf Hegel und damit auf das „eigene Streben der Kinder nach Erziehung" als „das immanente Moment aller Erziehung". Gerade dieser „Hinweis Hegels auf die Erziehung als ‚Bedürfnis‘ der Kinder, ‚groß zu werden‘, ist vielleicht die tiefste anthropologische Begründung, die sich für ein edukandenorientiertes Konzept der Erziehung anführen läßt" (Loch 1982, 25). Ein solches Erziehungs- und Förderungsbedürfnis muss man ohne jedes weitere Hinterfragen erst recht bei Kindern mit Behinderungen annehmen, ganz allgemein bei Kindern, die unter behindernden Bedingungen gleich welcher Art aufwachsen und ihr Dasein bewältigen müssen. **Legitimation**

Auch unsere Gesellschaft, die sich als soziale Gesellschaft versteht, hat ein Interesse am Wohlergehen ihrer Mitglieder, auch sie ist bereit, ja, verpflichtet zu helfen, wenn Notsituationen vorliegen. Im Zusammenhang mit der Institutionalisierung solcher Hilfen besteht allerdings **gesellschaftlicher Beitrag** die Gefahr, dass etwas geschieht, was der Bedürftige unter Umständen gar nicht will, d. h., dass „Hilfe" in übertriebener Weise oder in einer Art gegeben wird, die sich der Hilfesuchende gar nicht wünscht – so z. B. wenn ein Kind gegen den ausdrücklichen Willen der Eltern in eine Sondereinrichtung (Förderschule) aufgenommen, wenn „erziehungsunfähigen Eltern" ein Kind weggenommen und in ein Heim eingewiesen wird. Dies könnte wider den Willen der Eltern und gegen den Willen des Kindes geschehen sein. Die Möglichkeit eines „Übermaßes an Hilfe" von institutioneller Seite her kann nicht bestritten werden.

Die Notwendigkeit für die Einleitung eines förderdiagnostischen Prozesses ergibt sich also aus der Problem- und Notsituation und aus den speziellen Bedürfnissen von Menschen. Dass hierbei manchmal Missbrauch oder Fehlinterpretationen möglich sind, wird nicht bestritten. Erziehung hat es auch mit Grenzsituationen zu tun. Mit diesen Kindern, möglicherweise auch Erwachsenen in Notsituationen, mit besonderen Erziehungsbedürfnissen schlechthin treten Erzieher im weiten Sinne in Interaktions-, Kommunikations- und Handlungsprozesse ein. Hierbei ist nicht zu übersehen, dass Kinder und Jugendliche mit Behinderungen erwarten, dass sie z. B. „gut" erzogen, optimal gefördert werden im Hinblick auf eine möglichst selbstständige, unabhängige Lebensbewältigung, die immer auch mit der Frage nach der Integration in Verbindung gebracht wird.

Diagnostik in Institutionen

Es existiert somit auch der ziemlich wirksame Bereich der Institutionen (Kindergarten, vorschulische Einrichtungen, Regel- und Förderschulen, Berufsschulen, Gymnasien), der Bereich der Behörden also, die ein bestimmtes Verhalten, im schulischen Arbeitsfeld „vorgeschriebene" und „geplante Leistungen" (Lehrplan) erwarten. Der Diagnostik im pädagogischen Arbeitsfeld wird gerade von den Vertretern der Institutionen die Rolle zugeschrieben, zu eruieren, welche Lern- und Verhaltensprobleme bei Kindern vorliegen, wie diese Probleme verursacht sein könnten, schließlich welche Förderungsprozesse zur Beseitigung oder zur Kompensation von Störungen und Behinderungen vorgeschlagen und verwirklicht werden.

Erwartungen

Die Erwartungen an die Diagnostik und Beratung etwa im sonder- und heilpädagogischen Arbeitsfeld, insbesondere im Bereich der Mobilen Dienste, der Diagnose- und Förderklassen, aber auch bezüglich der Kinder mit schwersten Mehrfachbehinderungen, erweisen sich als sehr hoch. Sieht man vielleicht von „Klassifikationsaufgaben" ab, wird man sich eingestehen müssen, dass Erwartungen an die pädagogische Diagnostik im Sinne des Auffindens optimaler Förderungswege in Richtung Therapie und „Heilung" nicht immer erfüllbar sind, möglicherweise auch überhaupt nicht im Interessenbereich des betroffenen Kindes liegen. Dennoch kann gerade eine kinderorientierte, d. h., für die wirklichen Probleme eines Kindes offene Diagnostik gute Dienste im Rahmen des Entwicklungs- und Erziehungsgeschehens leisten, vor allem durch die Möglichkeit der Beschreibung des Entwicklungsstandes, der Lernausgangslage und der Diagnose behindernder Bedingungen sowie der daraus hervorgehenden Ansätze zu deren Beseitigung. Insofern nimmt die Beschäftigung mit förderdiagnostischen Fragestellungen einen wichtigen Platz im Rahmen heilpädagogischer Überlegungen, speziell im Zusammenhang mit dem Fach Heilpädagogische Psychologie ein.

Pädagogische Diagnostik und Förderdiagnostik können niemals losgelöst, isoliert betrachtet werden, vielmehr ergeben sich enge Verbindungen zu Nachbardisziplinen, zu anderen psychologischen und pädagogischen Bereichen.

Akzentuiert betrachtet geht die Notwendigkeit einer Beschäftigung mit diagnostisch-förderdiagnostischen Fragestellungen im pädagogischen Arbeitsfeld im Rahmen theoretischer und praxisbezogener Überlegungen aus folgenden Aspekten hervor:

- **Problem- und Notsituationen** von Kindern vom postnatalen Stadium an über die Berufsfindung bis ins Erwachsenenalter. Die Aufgabe besteht in der Diagnose der behindernden Bedingungen und der entsprechenden Hilfestellung.
- **Erwartungen** von Institutionen an den im pädagogischen Feld arbeitenden Diagnostiker, wobei die Aspekte des betroffenen Kindes zuerst gesehen und berücksichtigt werden müssen.
- **Schutz** vor ungünstigen „Erziehungseinflüssen" (Vernachlässigung, Bedrohungen, körperliche Züchtigung, sexuelle Misshandlung…) oder institutionellen „Maßnahmen" im pädagogischen Arbeitsfeld.

Insbesondere unter dem Aspekt der Problemsituation (Bundschuh 2005, 319 ff) und den daraus hervorgehenden speziellen Bedürfnissen nach Unterstützung und Hilfestellung im Rahmen des Erziehungsgeschehens der Kinder mit Behinderungen ergibt sich die Notwendigkeit des **Reflektierens** diagnostischer Fragen und Probleme im Zusammenhang mit theoretischen und praktischen heilpädagogischen Überlegungen, speziell auch im Verlauf des Studiums des Faches Sonder- und Heilpädagogik.

Querverbindungen zur Allgemeinen Pädagogik, Heilpädagogik, Entwicklungspsychologie, Sozialpsychologie, Lernpsychologie und Klinischen Psychologie machen im Hinblick auf die Komplexität von

Behinderungen deutlich, dass Informationen, Kenntnisse und Erfahrungen auch aus diesen Bereichen für den diagnostischen Prozess von Bedeutung sind. Gleichzeitig können die im diagnostischen Bereich erworbenen Kenntnisse zu einem besseren Verständnis eben der genannten Nachbargebiete beitragen. Es handelt sich hierbei nämlich um wirklichkeits- und erfahrungsbezogene, an sich „empirische" Erkenntnisse, die stets zu einer Validierung theoretischer Überlegungen im Hinblick auf praktische Problemstellungen herausfordern. Gewarnt sei vor einer „Diagnosesucht", die gegenwärtig in allen möglichen Bereichen verbreitet ist, wie z. B. in der Technik, Medizin, Psychologie, nicht zuletzt in unterschiedlichen pädagogischen Arbeitsfeldern von der Vorschule bis hin zum Gymnasium.

Begründungen   Welche Begründungen und Überlegungen ergeben sich zum förderdiagnostischen Fragenkomplex aus dem wissenschaftlich-theoretischen Bezugsrahmen? Vorausschauend lässt sich sagen, dass theoretische und praktische Probleme der Förderdiagnostik in enger Beziehung zueinander stehen, dass die theoretischen Überlegungen stets ihre Bedeutung und Erweiterung durch praxisorientierte Fragestellungen erhalten. Die Erfahrungen in der Praxis, wie Häufigkeit, Umfang und Komplexität von Schülernöten sowie die Kritik aus der Sicht der im praktischen Arbeitsfeld tätigen Fachleute, geben wichtige Impulse für die Weiterentwicklung förderdiagnostischer Fragestellungen. Zumindest vorläufig muss im Zusammenhang mit dem Theorieproblem und zum Verständnis des gegenwärtigen Forschungsstandes in einem Problemaufriss die Frage nach dem Wandel, nach verschiedenen Aspekten des diagnostischen Verständnisses im pädagogischen Bereich unter spezieller Berücksichtigung heilpädagogischer Fragestellungen angesprochen werden. Mit **zwei Definitionen von Diagnostik im pädagogischen Arbeitsfeld** werden einige Probleme sowie Veränderungstendenzen verdeutlicht.

Def. 1: Die **Bund-Länder-Kommission** erklärt im Bildungsgesamtplan (1974, 75):

„Unter Pädagogischer Diagnostik werden alle Maßnahmen zur Aufhellung von Problemen und Prozessen sowie zur Messung des Lehr- und Lernerfolges und der Bildungsmöglichkeiten des Einzelnen im pädagogischen Bereich verstanden, insbesondere solche, die der individuellen Entscheidung über die Wahl der anzustrebenden Qualifikation der Schullaufbahn, des Ausbildungsganges im Tertiären Bereich und der Berufsausbildung sowie der Weiterbildung dienen." (Ingenkamp 2005, 12)

Bei näherer Betrachtung dieser Definition fällt die Betonung von Maßnahmen zur Messung des Lehr- und Lernerfolges und der Bildungsmöglichkeiten auf. Es wird hier davon ausgegangen, Lehr- und Lernerfolge ließen sich im Hinblick auf Bildungsmöglichkeiten messend erfassen. Es erhebt sich die Frage, ob sich Lernprozesse total quantifizieren lassen. Die Möglichkeit des hinsichtlich seiner kognitiven Fähigkeiten „messbaren" Menschen wird angesprochen. Zieht man das häufige Scheitern junger Menschen in Schulen, speziell in den Gymnasien (ca. 50 %!) in Betracht, scheint das Problem der Messung von Bildungsmöglichkeiten nicht lösbar zu sein. Zu wenig Berücksichtigung erfährt die Frage nach möglichen Störungen von Lernprozessen, nach der Komplexität von Lernen an sich, nach der in den Lernprozess stets ganz involvierten und somit (individuell) „betroffenen" Persönlichkeit.

Die diagnostischen Tätigkeiten intendieren darüber hinaus Maßnahmen und Hilfen bezüglich individueller Entscheidungen im Zusammenhang mit anzustrebenden Qualifikationen der Schullaufbahn und der Ausbildung. Hier steht Diagnostik primär im Dienste des hierarchisch gegliederten Schulsystems, mit dem sich ständig Fragen der Optimierung von Lernen und der Auslese (Selektion) für eine höhere oder niedrigere Qualifikation verbinden. Grob gesehen geht es um die zwei Problemkreise: Selektion und optimale Förderung, jedoch im Sinne von besserer Platzierung, Höhereinstufung, Wettbewerb im Schulsystem, um die Planung und Kontrolle von Lernprozessen innerhalb der Bildungshierarchie schlechthin. Diagnostik steht hier in engem Zusammenhang mit Planbarkeit, Machbarkeit, – einseitiger – Optimierung von Kindern und Erwachsenen. Welches Interesse haben die Betroffenen eigentlich an diesem Verständnis von Schule und Diagnostik? Der intendierte Aufgabenbereich in Richtung Messung, Planung und Selektion erweist sich aus pädagogischer sowie kind- und kinderorientierter Sicht als zu eng, einseitig und im Hinblick auf die Ganzheitlichkeit und Einheit einer Person nicht vertretbar.

Def. 2: Der genannten Beschreibung der Diagnostik seitens der Bund-Länder-Kommission soll die folgende **Definition gegenübergestellt** werden:

> „Gegenstand einer sonder- und heilpädagogischen Diagnostik sind Kinder, allgemein Personen, die bezüglich einer (optimalen) Entfaltung ihrer Möglichkeiten im geistigen, sozialen, emotionalen oder physischen Bereich gefährdet, bedroht, gestört oder

behindert sind. Einbezogen sind ausdrücklich Gefährdungen, Störungen und Behinderungen durch das soziale Umfeld. Impliziert werden in den Problembereich die Sozialrückständigkeiten der Gesellschaft, die in Form von Einstellungen, Verhaltensweisen, Gepflogenheiten, materiellen Bedingungen und gesetzlichen Regelungen, Gefährdungen, Störungen und Behinderungen teils verursachen, teils steigern, teils ignorieren und damit mögliche Hilfestellungen verhindern." (Bundschuh 2005, 37 ff)

Im Zentrum dieser Definition steht eine Person in ihrer Betroffenheit als Subjekt mit ihren Möglichkeiten. Es interessieren unter heilpädagogischem Aspekt gesehen nicht die Leistungsnormen gesellschaftlicher Institutionen, an die Kinder und ältere Personen ständig in „optimaler Form" angepasst werden sollen. Hier spielt zwar auch die optimale Entfaltung des Menschen eine dominierende Rolle, jedoch nicht im Sinne des Druckes und Zwanges von außen und der Leistungserwartungshaltung. Betont wird vor allem die Diagnostik und Analyse der behindernden Bedingungen und Verhältnisse sowie die soziale Umwelt. Diese möglicherweise negativen Umweltkräfte und -prozesse können sich auf die Entwicklung von Kindern und Jugendlichen in verschiedener Weise und damit behindernd auswirken.

 Von hier aus bietet es sich an, den Blick zur Förderdiagnostik zunächst im Sinne des Verstehens eines Kindes in seinem So-Sein zu öffnen. Nicht die Gesellschaft oder eine bestimmte Schule ist die eigentliche Norm, sondern das Kind mit seinen Problemen und Nöten, das in einer Gesellschaft mit ihren verschiedenen höchst komplexen Systemen zurechtkommen muss. Diagnostik heißt hier auch Diagnostik der Lebensbedingungen, die unsere bzw. eine Gesellschaft Kindern mit und ohne Behinderungen als Lebenswirklichkeit anbietet. Dabei stellt sich die Frage, ob diese Bedingungen unter dem Aspekt von Kindern ein Leben als lebenswert erscheinen lassen oder ob diese Bedingungen (z. B. Schulen, Behörden, Wohnungen, Spielplätze, bedrohte Natur) auf Kinder und Familien wie eine drückende oder gar erdrückende Last wirken. Insofern sollte Förderdiagnostik auch im Dienste der Integration von Kindern mit Behinderungen stehen. Heilpädagogische Psychologie und die zu ihr gehörende Förderdiagnostik stellen sich stets der Frage nach der Orientierung am Kind, seinen speziellen Bedürfnissen und Problemen (Bundschuh 2007a, 32–42).

Resümee: Ein kritischer Rückblick ergibt Folgendes: Herkömmliche psychologische Diagnostik hat sich in hohem Maße mit Zuordnungs- und Platzierungsfragen im Zusammenhang mit Einzelpersonen oder

Gruppen beschäftigt. Die psychologische Diagnostik hat sich bis in die Gegenwart hinein nicht von der Vorstellung gelöst, Prüfverfahren mit dem Ziel der Entscheidungsfindung und -vorbereitung erarbeiten zu müssen, z. B. im schulischen Bereich, bei der Zulassung für bestimmte Studiengänge, bei Einstellungen von Personen in Betriebe, für den Bereich der Berufsberatung schlechthin.

Im Laufe dieser „Geschichte" wurde immer wieder versucht, die mit Zuordnung verbundenen Klassifizierungen und Rangordnungen zu präzisieren und mit entsprechenden Messniveaus verbesserte quantifizierbare Maßstäbe zu entwickeln. Auch mit der Einführung des Terminus „pädagogische Diagnostik" hat sich an den Inhalten und Aufgabenstellungen wenig geändert.

Hier soll nun der Versuch unternommen werden, in sehr knapper Form, einige wesentliche Entwicklungsabschnitte pädagogischer Diagnostik bis hin zu einer förderungsorientierten Diagnostik aufzuzeigen. Damit soll ein gewisses Verständnis für Probleme, Grenzen, aber auch Möglichkeiten diagnostischer Prozesse im pädagogischen Arbeitsfeld vermittelt werden.

5.2 Entwicklungen diagnostischer Vorgehensweisen: Von der traditionellen zur prozessorientierten Diagnostik

Dieses Kapitel dient dem Aufzeigen verschiedener Modelle diagnostischen Vorgehens im pädagogisch-psychologischen Bereich zu einem besseren Verständnis gegenwärtiger förderdiagnostischer Vorstellungen. Es geht dabei keinesfalls explizit darum, eine Beziehung zwischen unterschiedlichen diagnostischen Denk- und daraus hervorgehenden Handlungsmodellen herzustellen. Vielmehr geht es um die akzentuierte Herausarbeitung von Unterschieden, um die Beschreibung von Entwicklungen, die zu einem Verständnis von Förderdiagnostik beitragen.

Die modellhafte Darstellung der einzelnen Inhalte soll zugrunde liegende Annahmen im Sinne einer strukturellen Analogie abbilden. Modelle sind in ihrer Aussagekraft auf der Grundlage struktureller Analogien im Vergleich zu Theorien begrenzt. Die Analogie zeigt sich in der Form des „als ob", sie soll zum besseren Verständnis, auch zur Wesenserfassung des noch unbekannten Phänomens beitragen. Ein Modell stellt ein Grundmuster dar, nach welchem für den konkreten Einzelfall schließlich Handlungskonzepte und -strategien

strukturelle Analogie

entwickelt werden. Mit diagnostischer Aufgabenstellung werden vor allem folgende Modelle in Verbindung gebracht: das medizinische, das traditionelle psychologische, das verhaltensdiagnostische und das gesellschaftswissenschaftliche oder interaktionistische Modell. Etwa Mitte der 1970er Jahre wurden diagnostische Ansätze mit didaktischer Orientierung erarbeitet. Hierzu gehören die strukturbezogene und qualitative Diagnostik, Lerndiagnostik, die prozess- oder handlungsorientierte Diagnostik. Neue Akzente setzt das epistemologische Subjektmodell, das von Erkenntnissen der humanistischen Psychologie sowie Piagets Theorie der kognitiven Entwicklung beeinflusst ist.

Ursachen im Individuum

Medizinisches Modell: Das medizinische Modell der klinischen Diagnostik lässt sich aus dem Krankheitsmodell der Medizin bzw. Psychiatrie ableiten. Dieses Modell wurde zumindest teilweise von der Psychologie und Pädagogik übernommen und wirkt sich bis in die Gegenwart auf das pädagogische Arbeitsfeld aus. Wenngleich dieses Modell klinischer Diagnostik in einer Vielzahl von Varianten vorliegt, dürfte der deutlich individualisierende und ontologisierende Aspekt dominieren. Die Verursachungsmomente einer Krankheit oder einer psychischen Auffälligkeit, einer Lern- und Leistungsproblematik werden primär im Bereich der betreffenden Person gesucht (Barkey 1976, 44). Das Individuum selbst ist Träger der Krankheit, der eigentliche „Verursacher" eines gestörten Verhaltens, einer beeinträchtigten Leistungsfähigkeit. Das Individuum (der Körper, die Psyche) erweist sich als Träger des fraglichen Verhaltens. Die Bedingungen (Ursachen) werden in der Person gesucht.

standardisierte Situation

Traditionelles psychologisches Modell: Das traditionelle psychologisch-diagnostische Modell erfasst die Persönlichkeitsmerkmale und Eigenschaften durch Konfrontation mit „standardisierten Reizen" in der standardisierten Situation, in der Regel durch psychologische Tests, die testtheoretischen Prinzipien (Gütekriterien wie Objektivität, Reliabilität, Validität, Normierung) entsprechen. Dies setzt die Möglichkeit und Notwendigkeit einer Definition und Abgrenzung bestimmter Persönlichkeitsmerkmale voraus. Das Ziel besteht in der Vorhersage von Verhalten. Das gemessene Merkmal wird jeweils mit den Bewertungen einer repräsentativen Bezugsgruppe verglichen.

Bei Kindern mit Beeinträchtigungen (Störungen, Behinderungen) besteht auf der Basis dieses Modells stets die Wahrscheinlichkeit, ja zwangsläufige Notwendigkeit einer defizitären Beschreibung aufgrund der Abweichung von der durchschnittlichen Norm. Kritisch anzumerken ist ferner, dass die Orientierung am traditionellen psychologischen Modell an sich keine direkten Möglichkeiten zur Ableitung von Fördermaßnahmen zulässt, denn es handelt sich um ein indirektes Modell der Diagnostik.

Verhaltensdiagnostisches Modell: Ziel des verhaltensorientierten oder verhaltensdiagnostischen Modells ist es, konkretes Verhalten in einer konkreten Situation zu erfassen. Menschliches Verhalten wird weitgehend durch die soziale Lerngeschichte und durch die aktuellen situativen Bedingungen sowie deren Konsequenzen bestimmt. Es handelt sich also in der Tat um ein direktes diagnostisches Modell (Bundschuh 1985, 36 ff).

situativ

Probleme wurzeln in der variierbaren Setzung der Veränderungs- und Beeinflussungsziele, d. h. in der Frage nach dem Maßstab für Veränderungsbedürftigkeit. Die Gefahr der Manipulation im Rahmen einer Verhaltensmodifikation ist stets gegeben. Als pädagogisch nicht vertretbar erweist sich die Nichtbeachtung der Genese (Ätiologie) einer Verhaltensproblematik. Einen deutlichen Fortschritt stellt im Rahmen dieses Modells das differenzierte „andere Strukturschema klinisch-psychologischer Arbeit" Kaminskis dar (1970, 35 f, 487 f), das sich am Individuum, seiner spezifischen Situation und dessen Problemen orientiert und Therapie bzw. Förderung intendiert.

Interaktionistisches Modell: Im gesellschaftswissenschaftlichen oder interaktionistischen Modell kommt die Wechselwirkung zwischen gesellschaftlicher Umwelt und dem Verhalten einer Person zur Geltung. Die Ursachen z. B. für das Auftreten devianten Verhaltens werden hier in (ungünstigen) sozialen Bedingungen gesucht. Aufgabe der Diagnostik muss es sein, das ganze Bedingungsgefüge in die Beobachtung miteinzubeziehen. Die sozialen Bedingungen eines Verhaltens werden „sowohl als Ursache als auch Wirkung" (Watzlawick et al. 2007) für das Auftreten von deviantem Verhalten bzw. Minderleistungen und für die Etikettierung von Abnormität angenommen.

soziale Bedingungen

Didaktisch orientierte Modelle: Zu den diagnostischen Ansätzen mit deutlich didaktischer Orientierung gehören die strukturbezogene oder qualitative Diagnostik, die Lerndiagnostik und die prozess- und handlungsorientierte Diagnostik. Hierbei geht es vor allem um die enge Verbindung und Verzahnung zwischen Diagnose und Förderung.

Diagnose und Förderung

Sachlogik des Lerngegenstandes

a) Strukturbezogene oder qualitative Diagnostik: Das didaktisch-diagnostische Bezugssystem zur Anleitung von Lernprozessen liegt in der Sachlogik eines Lerngegenstandes oder in der Entwicklungslogik einer kognitiven Struktur (Probst 1982, 113). Der psychischen Repräsentationsstufe auf der Seite des Kindes entspricht eine ganz bestimmte Sachstruktur des Lerngegenstandes. Voraussetzung dafür ist eine Analyse dieses Lerngegenstandes. Aus einer Diagnose ergibt sich die Notwendigkeit der Unterweisung des Probanden oder Schülers in „seiner Zone der nächsten Entwicklung" (Wygotski 1987, 83).

Die Probleme dieses Ansatzes liegen in den Fragen begründet: Was ist – auch vom Kinde aus betrachtet – einfach, was komplex, was ist leichter und was schwerer erlernbar? Es stellt sich auch das Problem der Möglichkeit für Eigenaktivität und Kreativität, wenn jeder Lerngegenstand im Hinblick auf das einzelne Kind strukturierbar und programmierbar wäre. Der ganzheitliche Einbezug einer Person in den Lernprozess lässt sich auf der Basis des vorliegenden Ansatzes unter Berücksichtigung emotionaler und motivationaler Vorgänge nur schwer analysieren, erklären und verstehen.

lernbegleitende Diagnose

b) Lerndiagnostik: Dieser Ansatz stellt einen Versuch der Abkehr von den Prinzipien der klassischen Testtheorie dar. Die Lerndiagnostik geht von einer lernbegleitenden Diagnose aus. Kognitive Fähigkeiten für den Vollzug eines Handlungsablaufes kann man bis zu einem bestimmten Grad diagnostizieren und gleichzeitig Möglichkeiten zur weiteren Entwicklung des Handlungsprogramms in Gang setzen. Schnotz reduziert die Aufgabe der Lerndiagnostik auf die Beantwortung zweier **Grundfragen**:

- „Welche der in dem geforderten Aktionsprogramm enthaltenen Operationen sind für den Probanden elementar und wie komplex sind diese Operationen?
- Vollzieht der Proband Operationen, die für die Aufgabenlösung nicht erforderlich sind, und – wenn ja – welche sind dies?" (Schnotz 1979, 106).

praxisbegleitende Diagnose

c) Prozess- und (be)handlungsorientierte Diagnostik: Schulische Probleme legen eine prozessorientierte Vorgehensweise im Sinne einer praxisbegleitenden Diagnose nahe. Die Durchführung curriculumbezogener Tests, um Informationen über Förderung zu erhalten, läuft einher mit unmittelbarer Beobachtung schulischen Lern- und Leistungsverhaltens sowie des sozialen Verhaltens und der Umsetzung in helfende und fördernde Maßnahmen didaktischer, pädagogischer und sozialer Art. Die Notwendigkeit prozess- und handlungsorientierten Vorgehens besteht vor allem in der Förderschule mit dem Förderschwerpunkt geistige Entwicklung, im Rahmen des Unterrichts in den Diagnose- und Förderklassen, an sich immer im Kontext mit der Erziehungswirklichkeit an Schulen für Kinder mit Behinderungen zwecks Erstellung, Realisierung und Evaluation von Förderplänen. In der Schulwirklichkeit empfiehlt sich auch die Anwendung „informeller" diagnostischer Verfahren.

Epistemologisches Subjektmodell: Das epistemologische Subjektmodell besagt, dass der Mensch grundsätzlich Herr über sein Tun und Denken sein kann. Er wird als aktiver Träger von Erkenntnisfähigkeiten und Erkenntnisfunktionen gesehen (s. Groeben / Scheele 1977). Die Humanwissenschaften, vor allem die Psychologie, fragen in diesem Zusammenhang nach den Bedingungen, die es ermöglichen und die es verhindern, dass jeder Mensch ein wissenschaftlich denkender und handelnder Mensch werden kann (Klaus / Buhr 1972, 1049). Wenn die Anforderungen und Angebote nicht den Lernbedürfnissen und Lernvoraussetzungen eines Schülers entsprechen, kann er sich – aus seiner Sichtweise – nicht sinnvoll betätigen, er kann oder will sich nicht mit dem angebotenen Lerngegenstand auseinandersetzen, ihm fehlen also die Möglichkeiten der freien (subjektiven) Persönlichkeitsentfaltung.

(Randnotiz: denkender und handelnder Mensch)

Wenn jeder Mensch „aktiver Träger von Erkenntnisfähigkeiten und Erkenntnisfunktionen" ist, wäre er so etwas wie ein potenzieller Wissenschaftler. Gilt dies etwa auch für Menschen mit geistiger Behinderung? Man kann diese Frage nicht verneinen. Jedes Kind mit einer geistigen Behinderung wird die Welt, in der es lebt, in einer ganz bestimmten subjektiven Weise erfahren, wahrnehmen und auch erkennen. Menschen mit geistiger Behinderung können ihre Mitmenschen mit sehr tiefsinnigen Fragen, Aussagen und Antworten in höchstes Erstaunen versetzen. Wenn wir darüber hinaus schrittweise, orientiert an den individuellen Möglichkeiten eines Menschen mit geistiger Behinderung, diesen in die Prinzipien wissenschaftlichen Denkens und Handelns einführen würden, wäre er vielleicht über sein Alltagsdenken und -handeln hinaus fähig, auch zu wissenschaftlichen Erkenntnissen zu gelangen. Pädagogisches Ziel ist es, jedem Menschen solche Kompetenzen zu vermitteln, die er benötigt, um zunehmend Einfluss auf seine Lebensgestaltung und seine soziale und dingliche Umwelt zu nehmen. Wissenschaftler und Praktiker, die an diesen Zielen orientiert Wissen vermitteln, tragen zur Verringerung von Machtunterschieden bei.

Auf weitere diagnostische Ansätze wie auf den „systemischen Ansatz", die „Normalisierungs- und Integrationsdiagnostik" sowie auf die „Bildbarkeitsorientierte Förderdiagnostik" wird verwiesen (s. Bundschuh 2007a, 64–72; Kobi 2003, 59–72).

Zusammenfassung: Ein Rückblick auf diese Entwicklungen zeigt, dass es eine Reihe von Ansätzen gibt, die zahlreichen Probleme einer traditionellen Diagnostik zu überwinden. Sie hat sich weitgehend als statische Diagnostik, Selektions-, Merkmals- und Eigenschaftsdiagnostik erwiesen und lieferte somit eher Festschreibungen und defizitäre Feststellungen anstelle notwendiger Förderungsimpulse im Zusammenhang mit sonder- und heilpädagogischen Problemstellungen. Die neueren Entwicklungen führen weg von der statischen, indirekten Vorgehensweise über den Einbezug behavioristischer, sozialwissenschaftlicher und entwicklungspsychologischer Einflüsse im weiten Sinne hin zu einer lernorientierten, „direkten" Diagnostik. Im Rahmen traditioneller Diagnostik bestand primär Interesse an dem, was ist, im weitgehend statischen Verständnis (relativ „stabile" Persönlichkeitsmerkmale und -eigenschaften). Dies erweitert sich nun zur Frage, was „soll", und wie dieses „Soll" erreicht werden kann. Zugrunde liegt jetzt eine dynamische Auffassung vom Menschen.

Als positiv etwa im Hinblick auf Menschen mit Behinderungen erweist es sich, dass nicht mehr die sozialen und leistungsmäßigen Bezugsnormen dominieren. Als Basis gilt vielmehr die individuelle bzw. intraindividuelle „Norm", d.h. das einzelne Kind ist Träger des, ja seines „Maßstabes", des eigentlichen Ausgangspunktes für Erziehungsgeschehen (s.a. „epistemologisches Subjektmodell"). Damit kann Diagnostik bei Kindern mit speziellen Entwicklungs- und Erziehungsbedürfnissen (special needs) nicht mehr Defizitdiagnostik sein. Es bahnt sich eine Abkehr vom normorientierten Denken der „klassischen Testtheorie" und eine Hinwendung zum Verstehen der subjektiven Betroffenheit eines in Probleme geratenen Kindes an.

5.3   Förderdiagnostik als mehrperspektivischer Ansatz

Die Diskussion der Problematik Diagnostik im pädagogischen Bereich erstreckt sich von der Forderung nach Abschaffung jedweder Art von Diagnose – es ergebe sich kein Gewinn für die Betroffenen, Diagnostizieren sei an sich schon schädlich – bis hin zu der Auffassung, Diagnostik sei ein notwendiger integraler Bestandteil pädagogischen und didaktischen Handelns, wenn sie in „rechter Weise" realisiert werde. Faktisch werden physische und psychische Bereiche des Menschen vom pränatalen Stadium bis ins hohe Alter diagnostiziert. Die Abkehr von traditionellen Modellvorstellungen der Diagnostik (medizinisches, psychologisches Modell) hin zu einer mehr lernorientierten, lernbegleitenden Diagnostik in Verbindung mit entwicklungspsychologischen Erkenntnissen, konnte die Kritik etwas neutralisieren und zeigt neue Wege und Möglichkeiten direkter Art auf.

Die angesprochene, einseitige Kritik basiert auf einer Verengung der diagnostischen Perspektive. Sie vernachlässigt die Berücksichtigung der Komplexität diagnostischer, speziell förderdiagnostischer Prozesse im Rahmen erzieherischen Geschehens in seinen verflochtenen sozialen Bezügen, d. h., dass eine letzte schlüssige Beweisführung richtigen Handelns bei erziehlichen und förderdiagnostischen Prozessen gleichermaßen im Zusammenhang mit der Frage nach den Wertmaßstäben nur teilweise möglich ist. Die „Grenzen" der Pädagogik werden transparent, wenn die Verbindung zwischen Ist- und Soll-Lage, zwischen Lernausgangslage und Lernziel im Sinne von Lehrplan bzw. Curriculumerfüllung, zwischen „Sosein" und Erziehungsziel unter Berücksichtigung der Subjektivität und Bedürfnislage eines Kindes logisch – im Sinne naturwissenschaftlichen, mathematischen Denkens – begründet werden soll (Bundschuh 2007a, 77–84). Darf diese sowohl in der theoretischen Reflexion als auch im praktischen Erziehungsfeld entstehende, also zum Wesen der Pädagogik gehörende Unsicherheit dazu führen, dass der Erzieher, der im pädagogischen Feld diagnostizierende Lehrer in seinem Handeln sich gänzlich paralysieren lässt, quasi zur Handlungsunfähigkeit verurteilt wird?

Gegenstand der hier angestellten Überlegungen ist die Frage, ob die explizite Beachtung pädagogisch-anthropologischer, sozialer, didaktischer, ggf. therapeutischer Dimensionen unter Berücksichtigung der Ganzheitlichkeit und Bedürfnislage eines in Not geratenen Kindes einen theoretischen sowie praktisch akzeptablen Gütemaßstab für förderdiagnostisches Handeln darstellen kann. Die folgenden akzentuiert aufgezeigten Überlegungen stellen eine Basis und einen Rahmen für eine pädagogisch vertretbare Förderdiagnostik im Kontext Heilpädagogischer Psychologie dar.

verschiedene Dimensionen

Die pädagogische Dimension: Als grundlegend erweist sich die pädagogische Dimension im Rahmen einer Förderdiagnostik. Diese wird verstanden als ein von der Pädagogik unmittelbar beeinflusster und beeinflussbarer Bereich. Die traditionelle pädagogische Fragestellung lässt sich heuristisch nach drei Aspekten hin aufschließen: „dem *anthropologischen* (was ist der Mensch?), dem *teleologischen* (was soll der Mensch werden?) und dem *methodologischen* (wie kann Erziehung dem Menschen dabei helfen?)" (Böhm 2005, 405). Die drei genannten Aspekte innerhalb der pädagogischen Fragestellung müssen bei allen förderdiagnostischen Problemen berücksichtigt werden. So fragt auch die Förderdiagnostik nach den Erkenntnissen der pädagogisch-anthropologischen Forschung im Hinblick auf das Wesen des Menschen. Ferner kann es keine pädagogische Diagnostik ohne Zielfrage geben, wobei ein Absolutheitsanspruch nicht erhoben werden kann. Die beabsichtigte Förderung hat sich an einem aus der ganzheitlichen Betrachtungsweise der Pädagogik abzuleitenden Ziel zu orientieren. Letztlich ist auch im Rahmen der Förderdiagnostik zu fragen, mit welchen Methoden die aus den individuell-speziellen menschlichen Bedürfnissen und Entfaltungsmöglichkeiten abgeleiteten Ziele erreicht werden oder neu zu finden sind.

Ein an der pädagogischen Fragestellung, somit an der Einheit von pädagogischer Theorie und Praxis orientiertes ganzheitliches förderdiagnostisches Vorgehen versucht, die Bedürfnisse, die Gesamtheit und Gesamtsituation eines Menschen wahrzunehmen und in den förderdiagnostischen Prozess zu implizieren (Bundschuh 2007a, 93–95). Die Aufgabe der Förderdiagnostik unterscheidet sich also bezüglich der zentralen Fragestellung überhaupt nicht von den Hauptaufgaben der Pädagogik oder Heilpädagogik, lediglich die methodischen Akzente hinsichtlich der Schwerpunkte werden unterschiedlich gesehen.

Die Hauptaufgabe der Förderdiagnostik im heilpädagogischen Arbeitsfeld beinhaltet neben der Hilfe bei Lern- und Entwicklungsproblemen leichter Art (Präventivbereich / Früherkennung / Frühförderung) die Notwendigkeit, „nach Möglichkeiten der Erziehung zu suchen, wo etwas Unheilbares vorliegt" (Moor 1974, 295f). In ähnlicher Weise besteht auch der Beitrag einer förderungsorientierten Diagnostik in der Unterstützung und Mithilfe zu einer angemessenen Erziehung dort, wo „erschwerende Bedingungen" vorliegen. In der Situation der Notlage begibt sich Förderdiagnostik auf die Suche nach Möglichkeiten, bietet z. B. bei Kindern, Jugendlichen und Erwachsenen mit schweren geistigen und / oder körperlichen Behinderungen Hilfen an. Es gibt kein Zurückweichen vor Erziehungs- und Förderproblemen und kein Zurückweisen von in Not geratenen Kindern.

Die anthropologische Dimension: Im Rahmen der anthropologischen Dimension (Bundschuh 2007a, 84 ff) ist an erster Stelle die prinzipielle Erziehungsbedürftigkeit des Menschen zu nennen. Zweitens hat der Mensch als erziehbares Wesen Freiheit, d. h. wichtig ist die Bildsamkeit des Menschen zur Selbstentscheidung. Erziehbarkeit ist aber nicht alles, da es individuelle Unterschiede gibt. Der Mensch ist nicht nur rationales Wesen, sondern Ganzes, Person, d. h., er ist in der Lage (er hat die Bedürfnisse und die Fähigkeit), Einsichten, Werte, Normen zu erleben und sich für sie entscheiden zu können (Roth 1971, 41–44). Auch Kinder mit schwersten Behinderungen haben die Freiheit und die Möglichkeit der Entfaltung und Verwirklichung ihrer Gefühle, wenn sie nicht durch Isolation daran gehindert werden. Darüber hinaus werden Denkvorgänge durch Emotionen, Gefühle und Bedürfnisse angeregt.

Prinzipiell gilt, dass das Lernwesen Mensch auf Lehrende und damit gleichzeitig auf Erziehende angewiesen ist. Ergeben sich beim Lernen Probleme, die zunächst als nicht überwindbar erscheinen, werden diese nicht als „Störungen" und „Behinderungen" an sich oder gar als absolute Grenze, vielmehr als Anreiz zu neuen, anderen, einfach besseren und individuum- bzw. kindorientierten Angeboten verstanden. Lernprobleme gelten prinzipiell als „pädagogisierbare Möglichkeiten". Dies trifft für Kinder mit schwersten Behinderungen wie für Kinder ohne Behinderungen gleichermaßen zu.

So kann sich z. B. in der Pflege ein Höchstmaß an förderdiagnostischer Intention verwirklichen (Bundschuh 1988, 251f). In der Pflege realisiert sich Begegnung. Der Mensch wird am Du zum Ich (Buber), erfährt sich durch das Gegenüber eines Du.

Erziehungsbedürftigkeit und Freiheit

Die soziale Dimension: Im Zusammenhang mit der sozialen Dimension (Bundschuh 2007a, 106–113) beziehen förderdiagnostische Aufgabenstellungen die jeweiligen Erziehungsfelder ein und berücksichtigen sie. Es geht nämlich darum, den Prozess als Ganzen zu begreifen, der das Aufwachsen des Kindes in seinem Umfeld so nachhaltig zu beeinflussen und zu verändern beginnt. Psychoanalytiker legen nahe, den Versuch zu unternehmen, auch die treibenden Kräfte im Hintergrund, die unbewussten Motive, den Wandel der Objektbeziehungen zwischen Erwachsenen und Kindern zu verstehen.

Jeder Entwicklungsprozess wird als Sozialisationsprozess aufgefasst. Förderdiagnostische Aufgabenstellungen berücksichtigen somit den sozialen Bezugsrahmen, wobei ein Kind mit Lern- und Verhaltensproblemen als integrierendes Unterganzes eines Kommunikations-

Erziehungsfelder

systems gesehen wird. Förderdiagnostik findet an jenem Ort und unter jenen Umständen statt, wo ein Kind angeblich versagt hat oder sich bewähren sollte. Gegenstand der Förderdiagnostik sind nicht Störungen, Behinderungen als solche, auch Kinder ohne Behinderung, sondern beeinträchtigte Erziehungsverhältnisse und behindernde Bedingungen.

Lernausgangslage und -prozesserweiterung

Die didaktische Dimension: Im Zusammenhang mit der didaktischen Dimension (Bundschuh 2007a, 113–134) interessieren die Fragen nach der Lernausgangslage und nach den Möglichkeiten der Erweiterung von Lernprozessen. Es geht also um das Problem der Umsetzung von Informationen über ein Kind mit Lernproblemen in pädagogisch-didaktisches Handeln.

Aber – und hier manifestieren sich deutlich Grenzen – noch weiß man zu wenig darüber, bzw. ist es unzureichend erforscht, wann und unter welchen Bedingungen eine gezielte Hilfe sinnvoll und erfolgversprechend ist und wann nicht, welche Lernangebote sich im Sinne der Beseitigung einer Problematik als effektiv erweisen könnten. Auch wären Überlegungen zu evtl. psychischen Problemen, die Lernhemmungen bewirken, anzustellen. Stets ergibt sich die Frage, welche Bedingungen vorliegen, damit die Lernausgangssituation in optimaler Weise gefunden und die Anfangssituation im Sinne eines adäquaten Angebotes gestaltet werden kann. Die systematische Suche nach der Ausgangsbasis beginnt mit der sensiblen Auf- und Abwärtsdiagnose vom entwicklungspsychologisch gesehen Einfachen zum Komplexen oder umgekehrt. Um der didaktischen Dimension im Rahmen förderdiagnostischer Fragestellungen einigermaßen gerecht zu werden, benötigt man neben Wissen und Informationen, z. B. aus den Bereichen Pädagogik, Didaktik und Psychologie, speziell Entwicklungs- und Lernpsychologie sowie Diagnostik, auch unmittelbare praktische Erfahrungen. Förderung tangiert darüber hinaus auch das Problem ob, wann und in welchem Maße ganzheitliches oder funktionales Lernen angezeigt erscheint.

kindorientierte Therapie

Die therapeutische Dimension: Der Einbezug einer therapeutischen Dimension (Bundschuh 2007a, 134–144) erweist sich nicht als zwingend. Zweifellos aber kann eine Therapie akzeptiert werden, die sich an den Bedürfnissen und Möglichkeiten eines Kindes orientiert, vom Subjekt ausgeht. Als konkrete Möglichkeiten sind zu nennen: therapiewirksame Gespräche, Rollenspiele, Psychodrama, einige Formen psychoanalytisch orientierter Therapie, Spieltherapie, evtl. auch einige Arten der lerntheoretisch ausgerichteten Therapie, wie z. B. Modelllernen, Selbstmodifikation, Aufbau von Verhaltensketten, wenn diese nicht zur Manipulation und Dressur führen und die Aspekte des Kindes in hinreichendem Maße berücksichtigt werden. In Spielgruppen und im Rahmen therapiewirksamer Spielformen z. B. kann sich eine unmittelbare Verknüpfung pädagogischer, didaktischer und förderdiagnostischer Prozesse auftun. Es geht um das Finden und „Aufgreifen des Möglichen", es bedarf der Wahrnehmung eines Bereiches, in dem die Möglichkeiten des Kindes flexibel aufgenommen und gleichsam zum „Sprechen" gebracht werden.

Will die Diagnostik der Komplexität der unterschiedlichen Formen und Schweregrade geistiger Behinderung, Lernbehinderung, körperlichen Beeinträchtigungen, sprachlichen Störungen, Sinnesbeeinträchtigungen, psychischen Störungen, Verhaltensprobleme etc. im sonder- und heilpädagogischen Arbeitsfeld gerecht werden, muss sie in diesem Bereich „multimethodal und multidimensional" (Hansen 1992, 10f), hinsichtlich der methodischen Vorgehensweisen offen und vielfältig, im Zusammenhang mit einer ganz bestimmten konkret vorliegenden Problematik auch kompetent und speziell sein. Neuere wissenschaftliche Erkenntnisse etwa in den Bereichen Neurophysiologie, Neuropsychologie, Lernen und Verhalten überhaupt sowie die Unmöglichkeit der Vorherbestimmung und Antizipation kindlicher, allgemein menschlicher Verhaltensweisen erfordern die Bereitschaft zur Offenheit für neue Erkenntnisse. In diesem Sinne erweist sich Förderdiagnostik in der Tat als „spannend". **Komplexität und Vielfalt**

Der hier vorgestellte Ansatz, der verschiedene Dimensionen berücksichtigt, versteht sich als „eklektische Vorgehensweise" mit pragmatischer Intention. Verschiedene theoretische Bezugssysteme, insbesondere die anthropologischen und pädagogischen Problem- und Fragestellungen gehen in die Überlegungen ein, um vor allem die Belange, die tatsächlichen Interessen und Bedürfnisse des betroffenen Subjekts in hinreichendem Maße zu gewährleisten. Als notwendig und akzeptabel erweist sich ein pragmatisch-eklektischer Ansatz vor allem deshalb, weil sich Diagnostik im heilpädagogischen Arbeitsfeld „mehr denn je in einem Netz verschiedener theoretischer Dilemmata" befindet (Hansen 1992, 10f), ja auch „verstrickt" ist, die bei Personen, die mit theoretischen und praktischen Fragen unmittelbar konfrontiert sind, Verwirrung stiften könnten. **eklektische Vorgehensweise**

Eine Grundlage und eine Ausgangsbasis für eine Neu- und Umstrukturierung dieser Probleme könnte auch in der Neudefinition des Verhältnisses „Diagnostiker" – der sich immer als „im pädagogischen, **dynamische, kindorientierte Diagnostik** infolge der sozialen Prozesse stets „dynamischen Feld" Handelnder verstehen muss, wie könnte er sonst die Zielfrage wahrnehmen – und Kind zu finden sein. In diesem „Verhältnis" verdichten sich die Fragen nach der Kompetenz, der Einstellung zum Kind oder „Orientierung am Kind" in seiner Notsituation (Bundschuh 2007a, 32 ff) sowie die Problematik „Institutionen", die – wie Erfahrungen im Schulbereich/-system immer wieder zeigen – viel Druck auf Schüler und Eltern ausüben können. Komplex wird die Dynamik dieses Verhältnisses, mit der sich auch „Personale Pädagogik" beschäftigt, dadurch, dass Erzieher und Kind gleichermaßen aus der Vergangenheit (jeweilige Biographie), in der Gegenwart (Existenz, Erziehungswirklichkeit) für eine subjektiv bedeutsame Zukunft (Sinngebung) leben. Förderdiagnostik muss sich im Rahmen solcher Überlegungen und Dimensionen bewegen, wenn sie die Ganzheit und Einheit der kindlichen, der menschlichen Persönlichkeit überhaupt berücksichtigen will.

5.4 Kritische Thesen zum Problembereich Diagnostik – Förderdiagnostik

Im Zusammenhang mit der Komplexität des Erscheinungsbildes „Störung" oder „Behinderung" kann es sich bei folgenden Thesen nur um das zusammenfassende Herausgreifen einiger wichtiger Aspekte des Problembereiches handeln:

These 1: Die Anwendung spezieller diagnostischer Messverfahren impliziert die Gefahr, das Verhalten von Kindern mit Behinderungen lediglich auf Teil- bzw. Funktionsbereiche zu reduzieren – Ganzheit und Verstehen bleiben weitgehend unberücksichtigt.

Rein psychometrisch orientierte Diagnoseinstrumente leisten an sich keinen direkten Beitrag zur Informationsgewinnung über den Grad der Selbstständigkeit in der Daseinsbewältigung in gegenwärtigen oder zukünftigen Lebenssituationen. Psychologische Tests sind in der Regel eng und linear ausgerichtet. Die Frage der Erziehung und Förderung wird im Zusammenhang mit standardisierten Verfahren nicht explizit angesprochen. Leben und Lebenlernen bei Kindern mit Behinderungen umfasst aber weit mehr als das Hinaufsteigen einer Leistungstreppe in den funktionalen Bereichen.

These 2: Diagnostische Messverfahren erfassen nicht die Lebens- und Alltagswirklichkeit von Personen, speziell von Kindern mit einem Förderbedarf. Sie diagnostizieren nicht, was z. B. ein Kind in einer schwierigen Situation bisher gelernt hat oder nicht, wo es, wie es und warum es handelt.

Lineare Aufgabenstellungen diagnostischer Messverfahren erweisen sich im Blick auf das Kind in der Regel als wenig motivierend, eher künstlich und realitätsfern. Psychometrische Tests prüfen kaum Handlungsvoraussetzungen. Für zukünftiges Lernen, Arbeiten und Leben schlechthin liefern sie direkt keine Information über Anknüpfungsmöglichkeiten. Die wichtige Aufgabe der Förderdiagnostik, zwischen Kind und Lerngegenstand bzw. Lernrealität zu vermitteln, wird nicht erfüllt. Lediglich die überlegte Auswahl von Aufgaben als diagnostische Messverfahren und die Variationen von Testbedingungen im Sinne qualitativer Diagnostik – orientiert an den Möglichkeiten und Problemen eines Kindes – können die förderdiagnostische Aufgabe unterstützen.

These 3: Das Verhalten eines Kindes mit einem Förderbedarf auch nur approximativ verstehen und interpretieren zu wollen setzt das Bemühen um eine Beziehung zum Kind voraus (anthropologisch-pädagogische Dimension).

Der „objektive", distanzierte, relativ willkürlich reagierende, das zu untersuchende Kind und sich selbst ständig kontrollierende Diagnostiker geht geradezu an den förderdiagnostisch fruchtbaren Situationen und Möglichkeiten vorbei. Das permanente Bemühen um Objektivität und Kontrolle verhindert die Offenheit zum Verstehenlernen, zur Begegnung, zur Wahrnehmung dessen, was ein Kind wirklich zeigen möchte. Jegliches wirklich förderdiagnostische Handeln setzt anthropologische und pädagogische Reflexionen voraus, schließt die Beachtung der Ganzheit der kindlichen Persönlichkeit, die sich im Dialog eröffnet, und die Orientierung am Kind sowie an seinen speziellen Bedürfnissen ein.

These 4: Als förderdiagnostisch relevant erweisen sich die Beobachtung und Beschreibung der Lernausgangslage, die systematische Suche nach Anknüpfungsmöglichkeiten, die Entdeckung von Lernwegen sowie die Prüfung der Effizienz versuchsweise initiierter Fördermaßnahmen (didaktische/therapeutische Dimension).

Die Suche nach Anknüpfungspunkten orientiert sich am Kind und seiner bisherigen Lernumwelt, an der Beziehung zwischen Kind und Person sowie an der Beziehung zwischen Kind und Gegenständen, Lernsituationen schlechthin.

> **These 5:** Die kindorientierte, individuelle Beschreibung der Lernausgangslage mit dem Ziel der Entfaltung von Möglichkeiten kann primär mit den Methoden der teilnehmenden Beobachtung in verschiedenen Alltagssituationen (Familie, Heim, Unterricht, Spiel- und Freizeitbereich), der Analyse der Biographie unter Einbezug der sozialen Prozesse (Anamnese) sowie der Analyse der aktuellen sozialen Situation geschehen (soziale Dimension).

Es besteht kein Zweifel, dass jedes So-Sein eines Kindes – mit oder ohne Behinderung – auch wieder in hohem Maße vermittelt ist. Die entsprechenden sozialen Prozesse zu erkennen, zu analysieren und für das Verstehen eines Kindes fruchtbar zu machen erweist sich gerade bei schweren Behinderungen als eine wichtige förderdiagnostische Aufgabe. Auf der Basis dieser Überlegungen begreift sich jegliches Verhalten von Kindern mit Behinderungen und psychischen Störungen und Auffälligkeiten als für diese zweckvoll und sinnvoll. So müssen Aggressionen, Autoaggressionen, Tics oder Apathie als Ausdruck der Befindlichkeit und Bedürfnisse dieser Kinder interpretiert werden, denn gerade diese Auffälligkeiten können Isolation, Frustration, Deprivation und Vernachlässigung signalisieren.

Kooperation und Integration

Der pädagogisch orientierte Diagnostiker versteht sich als flexibler Partner bzw. Begleiter, als Beobachter und Unterstützer bei Lern-, Arbeits- und Spielsituationen. Die Hinzunahme von Entwicklungsskalen, Screening-Tests und psychologischen Tests kann für das betroffene Kind nur hilfreich sein, wenn sie zusätzliche Informationen zur Förderung oder zur Aufdeckung von Lernbarrieren/-hemmungen sowie zur Analyse behindernder Bedingungen im sozialen Umfeld liefern. Selbstverständlich werden Informationen von Fachkräften eingeholt und in die förderdiagnostischen Überlegungen integriert. Der Diagnostiker und Pädagoge in Einheit steht als Subjekt unter Subjekten, als Koordinator der Informationen und der Förderungsintentionen, schlechthin als pädagogisch verantwortlicher Anwalt des Kindes in diesem Problembereich einer komplexen Erziehungswirklichkeit.

5.5 Prozessdiagnostik, Fehler- und Lernprozessanalyse

Prozessdiagnostik ist die flexible, variable individuumsorientierte Anwendung diagnostischer Verfahren oder Methoden über einen längeren Zeitraum hinweg mit dem Ziel der Analyse und Beseitigung behindernder Bedingungen bezüglich der kognitiven, emotionalen und sozialen Entwicklung der Persönlichkeit, die sowohl in der sozialen und dinglichen Umwelt als auch in der Person des Kindes (Lernhemmungen, psychische Schwierigkeiten, Entwicklungsverzögerungen) zu suchen sind.

Die durch ein hierarchisches Schulsystem hervorgerufenen Schwierigkeiten und Problemsituationen von Kindern legen eine erweiterte, offene prozessorientierte Vorgehensweise im Sinne einer praxisbegleitenden Diagnose nahe. Die Durchführung curriculumbezogener formeller und informeller Tests mit dem Ziel der Informationsgewinnung über Förderungsmöglichkeiten didaktischer, pädagogischer und sozialer Art verbindet sich mit unmittelbarer Beobachtung schulischen Lern- und Leistungsverhaltens sowie des sozialen und emotionalen Verhaltens.

Die Notwendigkeit prozess- und handlungsorientierten Vorgehens besteht im Frühförderbereich, vor allem im Rahmen des Unterrichts in den Diagnose- und Förderklassen, der Schule zur individuellen Lernförderung, in den Sonderpädagogischen Förderzentren, in integrativ unterrichtenden Schulen und Schulklassen, in der Schule zur individuellen Lebensbewältigung sowie in den Grund- und Hauptschulen der Regelschule, wenn Lern- und Leistungsstörungen oder auch Verhaltensauffälligkeiten auftreten. Allgemein gesehen ergibt sich Förderdiagnostik, insbesondere die unterrichts- und lernbegleitende Prozessdiagnostik, immer im Kontext der Erziehungswirklichkeit von Kindern, die sich in Notsituationen, also speziellen erziehlichen oder unterrichtlichen Bedürfnissituationen (special educational needs) und damit in besonderer Weise herausfordernden Erziehungssituationen, befinden. Es geht hierbei um die Erstellung, Realisierung und Evaluation von Förderplänen und -prozessen.

Indem Förderdiagnostik auf die bisherigen Lernprozesse im Kontext sozialer Erfahrungen und sozioökonomischer Bedingungen eines Kindes zurückblickt und eine systematische Verhaltens-, Lern- und Fehleranalyse vollzieht, wird auch der Blick für den zukünftigen Weg, für die so wichtige, Fortschritt vermittelnde Zone der nächsten Ent-

zukünftiges Lernen

wicklung geöffnet. Aus der **Analyse und Kenntnis der Fehler** (eigentlich Denk- und Lernprozesse des Kindes) ergibt sich – so paradox dies klingen mag – der entscheidende Prozess zukünftigen individuellen Lernens. Die bisherige Lernbarriere oder -grenze wird zur Möglichkeit im doppelten Sinne: Der Lehrer erfährt, wie es mit dem Kind weitergehen kann, er sieht neue Lern- und Entwicklungsmöglichkeiten, das Kind selbst spürt einen Fortschritt, eine Erweiterung seiner Möglichkeiten. Damit ergibt sich eine neue Wahrnehmung und Bewertung einer ursprünglich als „Grenze", „Barriere", „Lernhemmung" oder „Not" gesehenen und erlebten Situation. Die Möglichkeiten der Didaktisierung werden größer und flexibler. Dies wirkt auf Lehrer und Schüler befreiend, öffnend und ermutigend. Die Fehleranalyse bezieht den Schüler, die Sachstruktur, die Vermittlung und den Lehrinhalt ein (Bundschuh 1998b, 172–181; 2007a, 114–118).

Fragen zum Lernweg. Im Hinblick auf das Kind, seinen bisherigen Lernweg, sein Lernverhalten, den Lösungsweg und das Lösungsprodukt ist zu fragen:

- Inwieweit kann das Kind die gestellte Aufgabe erfüllen?
- Welche Teilschritte/-lösungen und Teilleistungen werden bereits erbracht? (Teilleistungen werden hier nicht als etwas Isoliertes, vielmehr als kleinste sinnvolle Handlungen im Zusammenhang mit einem Aufgabenlösungsprozess verstanden).
- Wie lässt sich das individuelle Lernverhalten beschreiben?
- Welche Besonderheiten zeigen sich in der Lösungsstrategie?
- Welche einzelnen Handlungen lassen sich beobachten, die für den Lernprozess eine Rolle spielen (Vergleichen, Einordnen)?
- Auf welche erworbenen logischen Begriffe (bzw. Denkstrukturen) lassen Handeln und Sprache des Kindes schließen?
- Bilden die angewandten Handlungen eine sinnvolle und effektive Lösungsstrategie, sagen sie etwas über die Denk- und Handlungsprozesse des Kindes aus?
- Fehlen Handlungen bzw. Verhaltensmöglichkeiten für eine komplette bzw. gute Lösungsstrategie?
- Sind Handlungen im Sinne des Lerngegenstandes falsch bzw. unpassend, werden sie ungünstig oder in ungünstiger Reihenfolge vollzogen?

Bezieht man all diese Fragen in die Vorüberlegungen ein, löst sich mit großer Wahrscheinlichkeit das Motivationsproblem von selbst.

Fragen zur Sachstruktur und Analyse. Im Hinblick auf Sachstruktur und Analyse der Anforderungen ist zu fragen:

- Welche Handlungsvollzüge bzw. welche Tätigkeiten und Denkvorgänge setzen Lerngegenstand und Lerninhalt voraus?
- Welche sachstrukturellen Kenntnisse, welches (Fakten-)Wissen sind für den aktuellen Lerninhalt Voraussetzung?

Hierzu ist etwa für den Bereich Mathematik eine Analyse hinsichtlich der vorhandenen – logischen – Begriffe bzw. Denkstrukturen (z. B. Klassifikation, Seriation) bezüglich Lösungsstrategien bzw. Handlungen (z. B. Vergleichen, Unterscheiden, Ordnen …) und im Hinblick auf Fachbegriffe (z. B. Reihenfolge …) erforderlich.

Fragen zur Vermittlung. Erst dann können die Fragen der Vermittlung gestellt werden:

- Welche Abstraktionsebene haben die Vermittlung und das Unterrichtsmaterial (anschaulich-abstrakt)?
- Inwieweit ist sprachliche Kompetenz erforderlich?
- Welche Fähigkeiten (Lesen, Zuhören, Abschreiben …) erfordert die Vermittlung?
- Welche Anforderungen stellt die Unterrichtsform (eigenständiges, kooperatives Arbeiten o. a.) und das Unterrichtsmaterial (Sorgfalt, Ausdauer etc.)?

Auf der Basis einer solchen Analyse, die hinsichtlich Kind und Lerngegenstand je nach Situation detaillierter Modifizierung und Differenzierung bedarf, lassen sich aus dem Lernverhalten Rückschlüsse bezüglich der aktuellen Entwicklungszone des Kindes ziehen. Aus den Diskrepanzen zwischen den aktuellen Entwicklungszonen eines Kindes und den gestellten Anforderungen lassen sich die Fehlerquellen identifizieren. Es ist also zu fragen, ob die vom Schüler angewendeten (inneren) Handlungen eine sinnvolle und effektive Lösungsstrategie darstellen, ob bestimmte Handlungen für eine komplette Lösung bzw. zur Strukturierung einer Lösungsstrategie fehlen, ob Handlungen und Zwischenschritte evtl. falsch bzw. unpassend sind, d. h., ob sie unsystematisch und in ungünstiger Reihenfolge vollzogen werden.

In der Möglichkeit des Ausgleichs dieser Diskrepanzen zwischen Lösungsproblematik und gestellter Aufgabe bzw. in der Möglichkeit der Angleichung des Lerninhaltes an die Fähigkeiten des Kindes auf der Basis der Abwärtsdiagnose liegen die Ansätze zur Förderung. Es geht also um die Analyse und Erforschung der aktuellen Entwicklungszone, die sich in der Lernausgangslage manifestiert, sowie um die Veränderung der Anfangssituation bzw. des Lehrangebotes, um den Lernprozess eines Kindes in Gang zu setzen und zu begünstigen. Immer wieder stellt sich die Frage nach den Faktoren, die am Lernen beteiligt sind und zum Lernerfolg beitragen bzw. welche Faktoren Lernerfolge verhindern.

Fragen zum Lern-und Lehrinhalt. Im Hinblick auf den Lerngegenstand ergeben sich folgende Fragen:

- Welche Aspekte bezüglich Lehrinhalt und Lösungsstrategie wurden vernachlässigt und müssen thematisiert werden?
- Welche Erinnerungsmöglichkeiten und -hilfen bieten sich im Zusammenhang mit den vernachlässigten Aspekten der Schülerlösungen an?
- Wie können Lernmaterial und Umgang mit diesem vereinfacht werden?
- Welche zusätzlichen, vereinfachenden Erklärungen sind denkbar?
- Wie lassen sich die sprachlichen Anforderungen vereinfachen?
- Wie lassen sich ein erworbener Sachverhalt und ein verbesserter Lernprozess manifestieren, üben, verfestigen, vielleicht automatisieren?
- Wie kann man bereits im Sinne neuer Lernschritte, also der Zone der nächsten Entwicklung, Anforderungen variieren?

Kein Zweifel, bei diesen förderdiagnostischen Analysen und Hinterfragungen (Aufbereitung und Strukturierung von Lernstoff, Diagnose des Entwicklungsstandes, Analyse von Fehlerstrukturen bzw. Lernprozessen im Ganzen) spielen die Überlegungen zum persönlichen Sinn, zu den affektiv-emotionalen und sozialen Aspekten dieses Lernprozesses, dieses Handelns bei den Schülern wie bei der Lehrperson eine wichtige Rolle. Es wäre fatal, den Lernprozess auf bloße Informationsverarbeitung im Sinne der Vermittlung primär kognitiver Strategien zu reduzieren und die so entscheidenden emotionalen, ganzheitlichen Prozesse eines Lernvorganges, in die auch die Beziehung und Interaktion zwischen Lehrendem und Lernendem einbezogen sind, nicht hinreichend zu berücksichtigen.

Eine an Kindern und Jugendlichen orientierte Verhaltens- und Lernprozessanalyse trägt wesentlich zur Neuwahrnehmung und Verbesserung einer wie auch immer gearteten Problemsituation bei.

Verhaltens- und Lernprozessanalyse heißt:

- von den Möglichkeiten, Fähigkeiten und Stärken ausgehen;
- Analyse des Lernprozesses, wobei sogenannte Fehler nicht als Defizit, sondern als implizites Moment eines Lösungsprozesses gesehen werden;

- Lernprozesse und Lernschwierigkeiten identifizieren, dabei auch unzweck-mäßige Teilhandlungen und Fertigkeiten prüfen;
- behindernde Bedingungen im Umfeld des Kindes diagnostizieren, analy-sieren und beseitigen;
- den individuellen kognitiven Stil bzw. den persönlichen Lern- und Hand-lungsstil im Umgang mit Handlungs- und Lernangeboten erfassen;
- nicht Bewertung einer Lernleistung, vielmehr verstehende Analyse des Lernweges nach folgenden Fragen: Welche der möglichen Lernwege wählt ein Kind, welche Angebote (Reize, Informationen) werden aufgenommen, welche Sinnes- und Informationskanäle werden bevorzugt benutzt, und zu welchem Ergebnis gelangt der Schüler durch seine Überlegungen und durch sein Handeln?
- die Dynamik des Lernprozesses so weit wie möglich erfassen;
- in erster Linie Beobachtung der qualitativen und nicht der quantitativen Dimension des Lernens;
- Neuwahrnehmung und -bewertung individueller Lernvorgänge und damit vertieftes Verstehen;
- Kommunikationsformen des Kindes erfassen, verstehen und erweitern;
- Hilfe und Strategien zur Selbsthilfe und damit zur Persönlichkeitsentfal-tung vermitteln (Bundschuh 1998a, 107).

Die Komplexität menschlichen Erlebens und Handelns schließt im Rahmen von Lernprozessen die Notwendigkeit der Berücksichtigung sozialer, emotionaler und motivationaler Prozesse im erzieherischen und damit unterrichtlichen Handeln ein. Wahrscheinlich ist ein Groß-teil der Probleme im Unterricht auf die Vernachlässigung dieser wich-tigen Prozesse zurückzuführen. Im Rahmen von Unterricht sind auch die unbewussten Ebenen des „erleidenden und handelnden Subjekts" zu berücksichtigen (Fries et al. 1990, 129).

Es wird deshalb darauf ankommen,

„in den diagnostischen Prozeß wie in das pädagogische Handeln generell auch und besonders sinnverstehende und nicht nur kausalerklärende Elemen-te einzubeziehen, also unter Einschluß der lebensweltlichen, lebensgeschicht-lichen (zeitlichen) und zwischenmenschlichen Dimension. Zu letzterer gehört zentral die Beziehung und Interaktion zwischen Kind und Pädagogen/in" (Fries et al. 1990, 129).

5.6 Beratung als wichtiger Bestandteil von Förderdiagnostik

Es ergibt sich in viel größerem Umfang als bisher ein für die sonder- und heilpädagogische Arbeit bedeutsames Aufgabenfeld, nämlich das der Beratung, um sowohl den Erziehungsberechtigten ein mehr an Au-

Orientierung

Beratung und Förderung

tonomie- und Entscheidungsrelevanz zu ermöglichen als auch allen anderen im pädagogischen Feld tätigen Personen Hilfestellungen und Unterstützung zu bieten (Bundschuh 2007a, 161 ff).

Als Orientierung für die Beratung sollten nicht in erster Linie von außen kommende Normen (altersadäquate Leistungen, Erwartungen der Schule) dienen, vielmehr die Gesamtsituation des Kindes unter Einbezug der sozioökonomischen Bedingungen, des Entwicklungsstandes und Möglichkeiten der Weiterentwicklung. Eine Beratungssituation ist vor allem gekennzeichnet durch die vorliegende Problemstellung meist komplexer Art und die damit verbundene Krisensituation, mit denen sich Eltern und ihr Kind konfrontiert sehen.

Aus der Beratung können dann Empfehlungen für individuelle Förderung, ggf. auch für therapeutische Maßnahmen hervorgehen. Die besondere Schwierigkeit hierbei stellt der Einbezug von Entwicklungsmöglichkeiten und -chancen des jeweiligen Kindes dar. Es handelt sich um einen Unsicherheitsfaktor. Man kann nämlich nicht in verallgemeinernder, wohl eher in hypothetischer Form prognostizieren, wie sich Umfeldverhältnisse in der Zukunft gestalten und wie sich das Kind bei entsprechender Unterstützung und Förderung unter Berücksichtigung seiner Autonomie und seiner Selbstentfaltungskräfte weiter entwickelt.

Die Zielsetzung von Beratung und förderdiagnostischen Maßnahmen steht in engstem Zusammenhang mit der Gütekontrolle. D. h., es müssen Gewinn und Nutzen für die betroffene Person deutlich werden, die die diagnostischen Informationen und die daraus abgeleiteten Fördermaßnahmen mit sich bringen. Dies gilt sowohl für pädagogisches Handeln als auch für die Beurteilung der Wirksamkeit eingesetzter Fördermaßnahmen.

5.7 Kompetenzen im Bereich Förderdiagnostik als Orientierungs- und Handlungsaspekt

Die für das Leben eines Kindes bedeutungsvollsten Entscheidungen werden getroffen, wenn es um die Aufnahme in ein Heim oder in eine besondere Schule (Förderschule) geht. Hier spielen Aspekte der Beobachtung und Beurteilung auch im Vorfeld der Grundschule eine Rolle. Wichtig erscheint im Rahmen dieser komplexen Problemstellungen der (heil-)pädagogische Aspekt und damit die Frage nach der Wertdimension und nach dem Menschenbild (Haeberlin 1996).

Kompetenzen

Zwar werden sich diagnostisch tätige Personen je nach Ausbildung in ihrer Fachlichkeit unterscheiden, ihnen gemeinsam ist aber die Erfordernis, in ihrem Aufgabenbereich professionelle Hilfe zu leisten und hierfür entsprechende Kompetenzen, sogenannte **Skills**, zu besitzen (Suhrweier/Hetzner 1993, 13; Bundschuh 2005, 330–336):

- fachliche Kompetenzen insbesondere über Entwicklung, Lernen, Förderung;
- diagnostische Kompetenzen (für diagnostisches Handeln unter besonderer Berücksichtigung erforderlicher Entscheidungen),
- beratende Kompetenzen (für Eltern, Lehrer und Förderung) allgemein;
- didaktische Kompetenzen (zum Verstehen und zur individuellen Vermittlung von Lernprozessen, zur Fehleranalyse und Erarbeitung von Fördervorschlägen, etwa gemeinsam mit dem bisherigen Lehrer) und
- therapeutische Kompetenzen (zur Beseitigung psychisch bedingter Lernhemmnisse, für die konstitutiv-aufbauende, innovatorische und emanzipatorisch-ganzheitliche Förderung).

Ein modernes Diagnose-Förder-Modell geht in deutliche Distanz zu traditionellen Sichtweisen (s. Tab. 2). Förderdiagnostische Fragestellungen beziehen die jeweiligen Erziehungsfelder ein. Es geht nämlich darum, den Prozess als Ganzen zu begreifen, der das Aufwachsen des Kindes in unserer Gesellschaft so nachhaltig zu beeinflussen und zu verändern beginnt. Jeder Entwicklungsprozess stellt einen Sozialisationsprozess dar. Förderdiagnostische Aufgabenstellungen berücksichtigen und analysieren den sozialen Bezugsrahmen, wobei ein Kind mit Lern- und Verhaltensproblemen als „integrierendes Unterganzes eines Kommunikationssystems" gesehen wird (Kobi 1977, 119). Hier entwickelt eine Person das für ihren Werdegang so entscheidende Selbstkonzept. Dieses Selbstkonzept und seine Interpretation stellen ein wichtiges Moment förderdiagnostischer Prozesse dar, denn es müssen vielleicht Hilfestellungen zu einer neuen Selbsteinschätzung oder zur Aufnahme neuer Inhalte in dieses Selbstkonzept gegeben werden, also in Richtung größerer Flexibilität, positiver oder zumindest positiverer Einschätzung als bisher. Bezogen auf die Schule besteht der Gegenstand förderungsspezifischer Diagnostik nicht primär aus den Merkmalen des Kindes, sondern das Bildungswesen mit seinen impliziten behindernden Bedingungen, die Schule und das gesamte Bedingungsfeld des schulischen Erfolgs oder Misserfolgs und damit die Kind-Umfeld-Diagnose gehen in die Überlegungen zu einem Diagnose-Förder-Modell des 21. Jahrhunderts ein.

Diagnose-Förder-Modell

Es geht jedenfalls nicht darum, Negativabstände oder Defizite im Vergleich zu Durchschnittswerten oder zur sogenannten Normalität zu diagnostizieren, sondern von den vorliegenden Handlungsmöglichkeiten auszugehen, diese unter Einbeziehung der sozialen Lebensbezüge

Tab. 2: Das Diagnose-Förder-Modell als Element der Heilpädagogik

Traditionelle Sichtweisen und Einstellungen	Ansätze zu einem Diagnose-Förder-Modell
Defektspezifische Sichtweise	Offene Einstellung, neue Wahrnehmung von Kindern mit individuellem Förderbedarf ausgehend von Lernvoraussetzungen und -möglichkeiten
Klassifizierung und Defizitorientierung	Orientierung am Subjekt und seinem speziellen Erziehungsbedarf kind- und kinderorientierte Sichtweise, im Hinblick auf Möglichkeiten (Können, Vermögen, Kompetenzen, Handeln)
Diagnose von Mängeln und Defiziten	Diagnose und Analyse behindernder Bedingungen und Verhältnisse im Umfeld betroffener Kinder
Diagnose des Kindes	Diagnose der Systeme (Mikro-, Meso-, Exo- und Makrosysteme), das Bildungs- und Schulsystem eingeschlossen
Selektion	Ermöglichung von Integration

zu erkunden und im Hinblick auf möglichst selbstständige Lebensbewältigung zu erweitern.

Die Krise der Diagnostik im pädagogischen Arbeitsfeld, speziell im Kontext sonder- und heilpädagogischer Fragen hat auch zu einem Wandel von Einstellungen und Handlungsweisen geführt. Förderdiagnostik steht durch die Möglichkeit der Analyse und Modifikation behindernder Gegebenheiten und Bedingungen im Dienste der Integration.

Kompetenz- und Kindorientierung

Eine an der Ganzheit des Kindes orientierte, pädagogische Förderung hat zum Ziel, die Persönlichkeitsentwicklung vor allem unter erschwerten Erziehungs- und Entwicklungsbedingungen zu ermöglichen und zu fördern. Entwicklung und Entfaltung von Persönlichkeit vollziehen sich dabei über den Erwerb und die Ausformung von Kompetenzen. Hierzu gehören die kommunikative Kompetenz, kognitive Kompetenz, soziale Kompetenz, moralische Kompetenz und die emotionale Kompetenz (Bundschuh 2005, 321 ff, 330 ff). Für die heilpädagogische Diagnostik stellen diese Kompetenzen einen wichtigen Orientierungs- und Handlungsaspekt dar. Ein Transfer der kompetenzorientierten Überlegungen in Richtung praxisrelevanter Notwendigkeiten liegt ansatzweise vor, muss aber stets in Orientierung an der individuellen Bedürfnislage modifiziert und realisiert werden (Bundschuh 2005).

Zusammenfassung: Generell geht es im Hinblick auf **Unterstützung und Förderung** immer um folgende Aspekte:

1. Differenzierte Diagnose und Analyse der vorliegenden Problematik (z. B. Wahrnehmung, Lese- und Rechtschreibprobleme / Schriftspracherwerb, Motorik, Sprache, Sozialverhalten, psychische Probleme).

2. Kind-Umfeld-Diagnose mit den Zielrichtungen: Verstehen des Kindes und Diagnose behindernder Bedingungen wie Armut, problematische Erziehungssituation, anregungsarmes Umfeld, belastende Ereignisse etc.

3. Differenzierte Analyse des Förderbedarfs nach folgenden Aspekten: Welche / -r Bereich / -e bedürfen der Förderung, wie groß ist der Förderbedarf, mit welchen Mitteln bzw. Möglichkeiten kann die individuelle Förderung unter Berücksichtigung der Ganzheit, d. h. der emotionalen, sozialen und kognitiven Bedürfnisse, erfolgen? Notwendig ist hierzu didaktische Kompetenz.

4. Entscheidung für den adäquaten Förderort nach den Kriterien:

- Verstehen von und Sensibilität für Problemsituationen,
- Kompetenzen der mit der Förderung betrauten Personen und
- qualitative Merkmale des Förderortes.

Kompetenzorientierung ermöglicht die Begründung der Verbindung zwischen einer förderdiagnostischen Vorgehensweise und Prinzipien der Pädagogik und Didaktik (Bundschuh 2007a, 93 ff), um den speziellen Erziehungs- und Lernbedürfnissen von Kindern und Jugendlichen mit Behinderungen gerecht zu werden. Dieser Ansatz setzt voraus:

Voraussetzungen für Kompetenzorientierung

- Wissen und Erfahrung, Arbeit „vor Ort", „im Feld";
- Notwendigkeit differenzierter Verhaltensbeobachtung in vielfältigen Situationen;

- Basiswissen über wichtige Bereiche wie Motorik, Arten und Prozesse der Wahrnehmung, Sprache, Sozialverhalten, Emotionalität, Kognition und deren Vernetzung, also über Lernen schlechthin;
- Kenntnisse über Möglichkeiten der Gesprächsführung und der Beratung;
- die Fähigkeit, sich auf Kinder mit einer Behinderung und damit sehr unterschiedlichen Verhaltensweisen, Möglichkeiten und Bedürfnissen einzustellen;
- Sensibilität für pädagogisch und didaktisch fruchtbare Situationen.

Eine Verbesserung der Alltagswirklichkeit und die Förderung der Persönlichkeitsentfaltung sind nur zu erreichen, wenn Forschung und Lehre sowie Ausbildung neue Wege gehen und sich den Herausforderungen einer noch offenen Erziehungswirklichkeit des 21. Jahrhunderts stellen. Die aus dem Paradigmenwechsel in der Sonder- und Heilpädagogik resultierende veränderte Zielrichtung förderungsspezifischer Handlungsprozesse erfordert ein hohes Maß an Kompetenz und Differenzierung. Neben einer Kompetenz- und Kindorientierung erweist sich ebenso eine verstehensorientierte Förderdiagnostik als umfassender Leitbegriff sowohl für den Bereich des Erziehers als auch für den zu Erziehenden.

5.8 Verstehens-, bedürfnis- und handlungsorientierte Diagnose

Das Verstehen eines Menschen setzt Achtung und Akzeptanz seines Verhaltens voraus. Diese Intersubjektivität bedeutet, dass der Pädagoge die Welt des Kindes in einer Notsituation versteht, zumindest bemüht ist, in einen Prozess des Verstehenwollens und -lernens einzutreten. Vom betroffenen Kinde her erscheint jede Handlung, jede Art von Verhalten als sinnvoll. Die Orientierung am Kind, an der subjektiven Bedeutsamkeit seines Verhaltens könnte der Schlüssel zum besseren Verstehen eines – als „auffällig", „gestört" oder „behindert" bezeichneten – Verhaltens sein. Man sollte im Kontext sonder- und heilpädagogischer Problemstellungen einer subjekt- und beziehungsorientierten Vorgehensweise den Vorzug geben.

Aspekte verstehensorientierter Diagnosen

An die Stelle einer eher statischen Etikettierungsdiagnostik tritt damit eine verstehens- und handlungsorientierte Diagnose mit einem Höchstmaß an Offenheit für zukünftige Entwicklungen (Theunissen 2005, 75; Bundschuh 2005, 319 ff), in die folgende Aspekte eingehen sollten:

- Lebensgeschichte mit Hilfe der Anamnese;
- Erfassung und Analyse „kritischer" Lebensereignisse, die auf ihre Bedeutung für den Menschen mit einer Beeinträchtigung (Störung, Behinderung) im Hinblick auf die subjektive Ereigniswahrnehmung und Bewertung validiert werden müssen;
- Beschreibung der individuellen Bewältigungsformen, sogenannte Coping-Fähigkeiten;
- Wahrnehmung
  - individueller Interessen, Bedürfnisse, Wünsche für die Zukunft, Lebensperspektiven;
  - des individuellen Lebensstils (Alltags- und Freizeitverhalten, Pflege von Hobbys);
  - sozialer Beziehungen (Freundschaft, Partnerschaft, Gruppe);
  - sozialer Kompetenzen (Hilfsbereitschaft, Selbsthilfeverhalten; Orientierung/Verhalten in der Öffentlichkeit/Gesellschaft);
  - individueller Kompetenzen, Stärken, Entwicklungspotenziale;
  - des Entwicklungsniveaus, der aktuellen Handlungskompetenz auf kognitiver, sensorischer, motorischer, emotionaler, kommunikativ-sozialer, lebenspraktischer und aktional-umweltbezogener Ebene;
- Beschreibung
  - der Identität (Selbst- und Fremdbild, Selbstwahrnehmung);
  - des Verhaltens der am Problem und am dialogischen Prozess beteiligten Bezugspersonen;
  - des Alltagserlebens, des Tagesablaufes sowie der konfliktfreien Zeiten;
  - der sozialen Ressourcen und protektiven sozialen Faktoren und
  - der Analyse des erweiterten sozialen Umfelds hinsichtlich seiner Bedeutung für das Problemverhalten.

Pädagogisches, speziell sonder- und heilpädagogisches Alltagshandeln ist zielorientiertes Handeln, das die Entwicklung eines Menschen durch Gestaltung geeigneter Lern- und Erfahrungsfelder anzuregen versucht.

Diagnose und Förderung bilden eine Einheit. Stärken und Kompetenzen auszuloten heißt, die im Rahmen traditioneller Sonderpädagogik fokussiert betrachteten Defizite und Schwächen nicht im Sinne einer Abweichung von der Normalität wahrzunehmen. Es heißt eher, die Lern- und Verhaltensbasis zu erkennen und zu diagnostizieren, d. h., am Kind und seinen individuellen, subjektiven Bedürfnissen, seinen wirklichen Möglichkeiten und Fähigkeiten anzuknüpfen und Hilfen sowie Anregungen zur weiteren Entwicklung, allgemein Entfaltung seiner Persönlichkeit zu geben.

Erziehung und Förderung ereignen sich nur auf der Basis vorhandener Möglichkeiten und Fähigkeiten. Sie werden auch als Lern- und Verhaltensbasis, Entwicklungsstand und Lernausgangslage, als individuell vorhandene Kompetenzen, als Konstruktion eigener Wirklichkeit bezeichnet und bedürfen der Erweiterung in Richtung Zone der nächsten Entwicklung. Dass hierbei bisherige Lern- und Erfahrungsfelder eine wichtige Rolle spielen, versteht sich von selbst. Deshalb bezieht Diagnostik stets die Kind-Umfeld-Erfahrungen und möglicherweise Behinderungen bedingende Erfahrungen oder auch behindernde Bedingungen in die Problemanalyse ein.

Aspekte von Kompetenzorientierung

Im Hinblick auf eine kompetenzorientierte Diagnose und Förderung erweisen sich in Anlehnung an Theunissen (2005, 115f) bei allen Kindern folgende Voraussetzungen und Aspekte als bedeutsam:

- Aufbau einer tragfähigen Beziehung;
- Anknüpfung an Fähigkeiten, Interessen und Bedürfnisse;
- Wahrnehmung, Diagnose und Unterstützung von Kompetenzen;
- blockierte Entwicklungspotenziale öffnen und stärken;
- Lernhemmungen abbauen;
- Aufbau und Stärkung von Selbstvertrauen und Selbstwertgefühl;
- Gestaltung des schulischen und außerschulischen Alltags in der Weise, dass täglich adäquate Angebote, Aufgaben oder Herausforderungen bestehen;
- soziale Integration, d. h. genügend soziale Kontakte anbieten oder zulassen;
- positive Signale erkennen und unterstützen;
- eine offen-neutrale Grundhaltung einnehmen und Schuldzuschreibungen vermeiden;
- konfliktfreie Zeiten pädagogisch nutzen;
- sozial bedeutsame Handlungen und Rollen aufgreifen.

5.9   Querverbindungen heilpädagogischer Diagnostik im Kontext von Erziehung und Förderung

Notsituation

Die Abbildung 7 zeigt die Bedeutung der Förderdiagnostik im sonder- und heilpädagogischen Erziehungs- und Arbeitsfeld auf. Förderdiagnostik leistet einen Beitrag zum besseren Kennenlernen und Verstehen von Personen in einer Notsituation. Gegenstand der Förderdiagnostik sind nicht Defizite oder „Mängel" des Kindes, einer Person, vielmehr die Notsituation selbst, die Entwicklung behindernder Bedingungen, ins Stocken geratene Erziehungs- und Lernprozesse sowie die Erkundung der aus der Notsituation entstandenen speziellen Erziehungs- und Handlungsbedürfnisse. Verwiesen sei hierbei auf die pädagogische Verantwortung und die Berücksichtigung der anthropologischen, pädagogischen, sozialen, didaktischen, ganzheitlichen und ggf. therapeutischen Dimensionen der Förderdiagnostik (Bundschuh 2007a, 134–144).

Entwicklungspsychologie
Beobachtung des Entwicklungsstandes; Förderung orientiert an
den Möglichkeiten des Kindes. Methoden: Verhaltensbeobachtung,
Anamnese, Entwicklungsskalen
Erhellung des Bedingungshintergrundes von Beeinträchtigungen

↓↑

Lernpsychologie	**Heilpädagogische Diagnostik**	**Klinische Psychologie Therapien**
Lernausgangslage/ Lernbasis	Förderdiagnostik	Abbau von Störungen des Erlebens und Verhaltens
Zonen der nächsten Entwicklung	*Ziel:* Verstehen- und Kennenlernen des Kindes, Fördermaßnahmen. Gegenstand:	Verstehen und
Beobachtung, wie ein Kind am besten lernt (Lerntyp, Lernmethode) →←	Notsituationen, ins Stocken geratene Prozesse, Erziehungsbedürfnisse. Berücksichtigung anthropologischer, pädagogischer, didaktischer, sozialer und therapeutischer Aspekte	←→ Erklären von Verhaltens- und Lernproblemen
Wichtig, *wie* und in welcher *Lernumwelt* ein Kind bisher gehandelt und gelernt hat		Anwendung kinderorientierter Therapiemethoden

↓↑

Sozialpsychologie/Soziologie
Verstehen durch Erkennen und Analysieren
bisheriger Kommunikations- und Interaktionsprozesse (Biographie)
Probleme des Zusammenlebens und des Werdens des Kindes
unter den gegebenen soziokulturellen und ökonomischen Bedingungen
analysieren

Abb. 7: Querverbindungen heilpädagogischer Diagnostik

Ausblick: Im Rahmen des entwicklungspsychologischen Aspektes erweist sich die Beobachtung sowie die Analyse des Entwicklungsstandes und die Frage nach dem Bedingungshintergrund für verzögerte Entwicklungsprozesse unter Einbeziehung entsprechender Methoden (Anamnese, Verhaltensbeobachtung, Entwicklungsskalen, Tests) als wichtig. Erkenntnisse über Entwicklungsprozesse und deren Beeinflussungsfaktoren sowie die Theorie Piagets (s. Kap. 3.3 und 3.5) gelten als grundlegend für den Förderungsansatz.

Der sozialpsychologische Aspekt dient der Erhellung sozialer Prozesse im Rahmen des Entwicklungsgeschehens. Gefragt wird nach sozialen Vorgängen, die das Entwicklungsgeschehen – möglicherweise negativ – beeinflussen, wie Vorurteilsbildung, Diskriminierung, Stigmatisierung und Separierung. Vordringlich ist die Kind-Umfeld-Analyse (Sander 2002; Bundschuh 2005) sowie die systematische Analyse behindernder Bedingungen. Gesucht wird im Rahmen sozialpsychologischer Überlegungen nach Möglichkeiten echter integrativer Erziehung und Unterrichtung von Kindern mit Behinderungen.

Heilpädagogische Psychologie bemüht sich auch um die Optimierung von Lernvorgängen. Erkenntnisse über Lernprozesse werden von der Lernpsychologie erwartet, um im Zusammenhang mit der Förderdiagnostik die individuelle Lernausgangsbasis eines Kindes beobachten und in Orientierung an den Möglichkeiten eines Kindes neue Lernwege erkunden zu können.

Als wichtig erweist sich hierbei die Kenntnis des bisherigen sozialen Umfeldes, des Handlungs- und Lernfeldes, um die aktuelle Situation besser verstehen zu können. Förderdiagnostik sollte bei Bedarf auch einen Beitrag zur Auswahl einer kinderorientierten Therapie zwecks Aufarbeitung und Beseitigung von Störungen des Erlebens und Verhaltens leisten.

5.10   Lernfragen zur Wiederholung von Kapitel 5

1. Welche wichtigen Phasen bezüglich Behinderungen und Erschwerungen der Entwicklung können Sie zwischen Geburt (perinatales Stadium) und Alter nennen?

2. Worin besteht die Notwendigkeit für Diagnostik im Hinblick auf Unterstützung sowie Förderbedarf?

3. Welche Erwartungen werden an die Förderdiagnostik gestellt?

4. Welche diagnostischen Vorgehensweisen können Sie von der traditionellen zur prozessorientierten Diagnostik unterscheiden?

5. Welche grundlegenden Prinzipien gelten als Basis der Förderdiagnostik (5 wesentliche Aspekte)?

6. Nennen und beschreiben Sie fünf kritische Thesen zum Problembereich Diagnostik.

7. Was wird unter Prozessdiagnostik verstanden?

8. Welche wichtigen Fragen stellen sich im Zusammenhang mit der Fehleranalyse bezüglich Lernweg, Lernverhalten, Sachstruktur sowie Vermittlung und Lehrinhalt?

9. Was heißt Verhaltens- und Lernprozessanalyse?

10. Welche Zusammenhänge bestehen zwischen Förderdiagnostik und Beratung?

11. Welche Bedeutung hat Kompetenzorientierung im Zusammenhang mit Förderdiagnostik?

12. Was versteht man unter verstehens-, bedürfnis- und handlungsorientierter Diagnose?

13. Zeigen Sie Querverbindungen zwischen Förderdiagnostik und wichtigen psychologischen Nachbardisziplinen auf!

6 Therapien im sonder- und heilpädagogischen Arbeitsfeld

Lernziele

1. Kenntnis und Anwendung therapeutischer Verfahren im sonder- und heilpädagogischen Arbeitsfeld,

2. verschiedene Störungs- und Normalitätsbegriffe,

3. Möglichkeiten und Gefahren der Integration psychotherapeutischer Kenntnisse in das (heil)pädagogische Arbeitsfeld,

4. Grundlagen der drei wichtigen psychotherapeutischen Schulen (Tiefenpsychologie, Verhaltenstherapie, humanistische Therapieansätze),

5. Anwendungsmöglichkeiten zuvor besprochener psychotherapeutischer Prinzipien und Techniken im Kontext Erziehung und Unterricht,

6. ausgewählte Therapiekonzepte (z.B. Musiktherapie, Kinderspieltherapie, Gestaltpsychologie) und ihre Anwendung bei Kindern und Jugendlichen.

Begründungen für Therapien

Es gibt im Zusammenhang mit psychischen Problemen und Auffälligkeiten viele Begründungen für die Beschäftigung mit der Frage nach den **Möglichkeiten und Grenzen von Therapien im Rahmen Sonder- und heilpädagogischer Problemstellungen.**

1. Sonder- und Heilpädagogen sollten über Kenntnisse, schlichtweg über ein Basiswissen bezüglich wesentlicher Psychotherapieformen verfügen. Die wissenschaftliche Literatur hat sich im sonder- und heilpädagogischen Bereich der Problematik Pädagogik und Therapien angenommen. Auch die praxisrelevante Literatur bietet Anleitungen zur Umsetzung psychotherapeutischer Ansätze für den Bereich Erziehung und Unterricht an. Wenn Lehrer und Erzieher Kinder erziehen

und unterrichten, die mit einer Therapie konfrontiert wurden, sollte man einschätzen können, welche Wirkung diese Therapie auf ein Kind hatte.

2. Es gibt zahlreiche Gelegenheiten zur praktischen Anwendung therapiewirksamer Prozesse im Erziehungsfeld. Lehrer, Sonder- und Heilpädagogen möchten sicherlich alle Möglichkeiten ausschöpfen, in Not geratenen Kindern zu helfen. Ich meine auch, dass viele Handlungsweisen im Rahmen von Unterricht und Erziehung auf der Basis therapeutischer Kenntnisse bewusster vollzogen werden.

Hierzu einige Beispiele:

- Vor dem Unterricht, im Zusammenhang mit Spiel- und Turnstunden sowie bei szenischen Darstellungen lassen sich zumindest ansatzweise therapiewirksame Prozesse einbringen. Der Unterricht, das Handeln mit Kindern in Heimen, die Beschäftigung in der Freizeit könnten getragen sein von einer bereits therapiewirksamen Haltung.
- Gesprächstherapeutische Elemente können in Einzelgespräche mit Schülern, Eltern, aber auch in Gruppengespräche einfließen. Konflikte von Kindern und Eltern können gemildert, vielleicht durch (Beratungs-)Gespräche auch ganz beseitigt werden.
- Im Unterricht selbst werden häufig – mehr oder weniger bewusst – Maßnahmen verwendet, die aus dem Bereich der Lerntheorien bzw. der Verhaltenstherapie hervorgehen: Verstärkung, Ermutigung, Aufbau von Verhaltens- und Handlungsprozessen sowie langsames Ausblenden von Unterstützung (s. Kap. 6.5) über die besondere Wirksamkeit verhaltenstherapeutisch orientierter Maßnahmen bei Kindern mit Verhaltensstörungen, Lernbehinderung oder geistiger Behinderung wird seit einigen Jahrzehnten im Zusammenhang mit dem Aufbau von Verhaltensweisen, aber auch der Beseitigung von Verhaltensauffälligkeiten diskutiert. Dabei bewegen sich die Meinungen zwischen Ablehnung und Begeisterung. Die Einstellung von Lehrern und Erziehern gegenüber Eltern und Kindern kann von der Kenntnis einer bestimmten Therapieform und der mit ihr zusammenhängenden Persönlichkeitstheorie positiv beeinflusst sein.

Zusammenfassung: Generell kann man sagen: Wissen über Therapien wird im Bereich von Schulen, speziell im heilpädagogischen Arbeitsfeld, zur Einzelfallhilfe, aber auch zur Betreuung von Gruppen benötigt.

Es gibt einige **therapiewirksame Einstellungen, Aktivitäten und Prozesse**, zu denen ich im Hinblick auf das sonder- und heilpädagogische Arbeitsfeld, speziell auch im Kontext Schule und Unterricht, ermutigen kann:

Unterrichtselemente

- therapiewirksames Malen,
- Musizieren,
- Schreiben (Träume, Erlebnisse, Probleme) ohne Benotung oder Bewertung,
- Konfliktverarbeitung im Rollen- und Entscheidungsspiel,
- Prozesse, wie sie beim Psycho- und Soziodrama ablaufen, inkl. szenischer Darstellungen,
- therapiewirksame Gespräche,
- Ermutigungs-, Selbstbehauptungs- und Selbstermutigungstrainings – auch zur Lösung von Konflikten in Unterricht und Erziehung durchzuführen,
- verhaltensmodifikatorisch wirksame Vereinbarungen und Maßnahmen mit dem Ziel der Veränderung von Lern- und Sozialverhalten.

Die hier zunächst vorläufig und sehr global angeführten Anregungen sollten nicht so verstanden werden, dass ein Lehrer z. B. mehrere therapiewirksame Aktivitäten in seinem Wirkungsfeld realisieren sollte. Vielmehr könnte man es zunächst mit einem Ansatz versuchen, von dessen Güte allerdings der / die Lehrer / -in auch überzeugt sein sollte. Voraussetzung für den Einbezug therapieorientierter Prozesse ist die pädagogische Akzeptanz und die Orientierung an den Problemen und Möglichkeiten des Kindes. Eine Einarbeitung im Rahmen der entsprechenden Ausbildung sollte vorangehen.

3. Die Kenntnis von und die Auseinandersetzung mit einer Therapieform ermöglicht, das eigene Verhalten bewusster zu hinterfragen, zu erleben und vielleicht auch zu gestalten. Beispielsweise könnte man sich die Frage stellen, warum man auf Kinder, speziell auch auf Kinder mit Behinderungen, in ganz bestimmter Weise reagiert; warum möglicherweise sogenannte Autoritätspersonen Verlegenheit, Unsicherheit, erzwungenes Verhalten hervorrufen; warum man sich selbst manchmal in seinen Reaktionsweisen gestört, eingeengt fühlt, nicht so gut denken und arbeiten kann; wie sich etwa psychische Probleme, speziell Angst, auf das Gesamtverhalten auswirken können.

Insbesondere kann ein Basiswissen eine Möglichkeit zur Erklärung der Genese, also der Entstehung einer bestimmten Problematik bieten. Ganz allgemein gesehen kann man vielleicht besser analysieren und verstehen, warum in einer konkreten Situation ein ganz bestimmtes Verhalten gezeigt wird. Wir können uns dessen bewusst werden, was es bedeutet, dass der Mensch aus der Vergangenheit, in der Gegenwart, für die Zukunft lebt. Was es heißt, dass sich in jeder Situation diese drei Momente in mehr oder weniger hohem Maße verdichten. Komplexe Phänomene wie Projektion, Übertragung und Gegenübertragung, bewusst und unbewusst motivierte psychische Prozesse können beispielsweise auf der Basis psychoanalytischer Kenntnisse leichter erkannt, hinterfragt und vielleicht auch verstanden und ertragen werden.

4. Beim Umgang mit Testverfahren erweisen sich manchmal Informationen über Therapieformen als hilfreich. Hierbei denke ich zum einen an solche Tests, bei denen Lernerfahrungen eine Rolle spielen (ein Großteil der Intelligenztests, Schulleistungstests), bei denen die Kenntnis behavioristischer oder lerntheoretischer Ansätze von Nutzen sein kann. Zum anderen geht es um Verfahren projektiver Art, die eigentlich nur auf dem psychoanalytischen Hintergrundwissen verstanden werden können.

5. Schließlich erweist sich die Beschäftigung mit Therapien generell im Rahmen der Studiengänge Pädagogik, Sonder- und Heilpädagogik als sinnvoll. Hervorzuheben ist die Bedeutung der Tiefenpsychologie zum besseren Verstehen der Genese von Verhaltensstörungen unter dem Aspekt der (frühen) Kindheit, zur Erziehungshilfe für Kinder mit Verhaltensauffälligkeiten in der Schulklasse.

Es kann hier keinesfalls darum gehen, die gegenwärtig unterscheidbaren und konkurrierenden, über 300 Therapieformen zu thematisieren. Vielmehr spielen zum einen historisch bedeutsame therapeutische Ansätze eine Rolle, zum anderen fließen Grundgedanken und -ideen dieser therapeutischen Richtungen in die zahlreichen gegenwärtig Verwendung findenden Psychotherapien ein.

Pädagogik statt Therapie

„Pädagogik statt Therapie" als Fragestellung (Krawitz 1997) weist auf den zeitlichen und inhaltlich-methodischen Vorrang von Pädagogik bzw. Erziehung vor Therapie hin und postuliert ihn. Ein Faktum bleibt die Unbestimmbarkeit, die Offenheit der Frage, „Was ist Pädagogik?" bzw. was bewirkt Pädagogik tatsächlich für die Erziehungswirklichkeit des einzelnen Kindes? Zahlreiche Konflikte, Nöte und Fehler im Zusammenhang mit Erziehung sowie die von der Gefahr des Zusammenbruchs bedrohten Erziehungsfelder erzwingen geradezu die Frage nach pädagogisch akzeptablen Therapien.

Grenzen

Es gibt zu viele Eltern, Erzieher und Lehrer, die auch angesichts der eigenen mit Problemen und Störungen angereicherten Biographie Probleme mit Kindern haben, die auf rein pädagogischer Basis nicht – mehr – lösbar sind. Elementare pädagogische Intentionen werden gegenwärtig durch Einflüsse von außen pervertiert: Personen, die Kinder durch ihr Verhalten sowie mit ihren verbalen Informationen missbrauchen, negative „Vorbilder", wertfremde und „wert"-lose, unsinnige, häufig nur auf Effekte zielende – virtuelle – Informationen in verschiedenen Medien (Gewalt- und Horrorvideos, Videospiele, Werbung) neutralisieren, ja pervertieren die wichtige Aufgabe der Erziehung.

Hilflosigkeit

Es gibt zahlreiche Kinder, die ihre Probleme/Störungen selbst bewusst wahrnehmen und benennen – verursacht durch eine von Technik, Hektik, Leistungsdenken etc. geprägte Alltagswirklichkeit, mitbedingt durch bedrängende Wirklichkeiten in Grund-, Haupt-, Realschulen, insbesondere Gymnasien, die von der Orientierung an Kindern und Jugendlichen weit entfernt sind. Aber die betroffenen, überforderten und damit gestörten Kinder und Jugendlichen sind angesichts mächtiger, mit viel Tradition angereicherter Systeme hilflos. Sie können die Angebote vorgegebener Bildungsmechanismen weder aktuell noch zukunftsbezogen persönlich sinnvoll verwerten oder pädagogisch-didaktisch so verändern, dass sie begreifbar und damit auch für sie innerlich-kognitiv handlungsfähig werden. Sie konstruieren – sich – eine Wirklichkeit, die sich nicht als psychisch tragfähig erweist.

Die Frage „Pädagogik statt Therapie" erweist sich als Problematisierung unter Fokussierung des Sinnes individualpädagogischen Sehens, Denkens und Handelns als pädagogisch bedeutsam. Nur sprechen diese Überlegungen die Realität des in negativen sozialen Systemen und virtuell-technisch-materialen Gegebenheiten verstrickten Kindes mit ihren permanent psychisch und physisch krank machenden Auswirkungen aufgrund der genannten Wirklichkeit nicht ganz an.

behindernde Bedingungen

Pädagogik muss auch die Bedingungen analysieren, die Kinder der Gegenwart beeinträchtigen, stören, ja psychisch und kognitiv schädigen. Pädagogik muss diese behindernden Bedingungen vor allem in den schulischen Alltagswirklichkeiten wahrnehmen und in der gebotenen Schärfe thematisieren und aufarbeiten. Vielleicht kann man erst dann wirklich von „heilender Wirkung" sprechen, wenn die krank machenden und therapiebedürftigen, sogenannten sozialen Wirkmechanismen unmittelbar in die Überlegungen zum Aufgabenbereich pädagogischer Handlungsmöglichkeiten impliziert werden. Die Kluft zwischen der „Idee individualpädagogischen Sehens, Denkens und Handelns" (Krawitz 1997, 7) und einer zerscherbten, eher kinder- und menschenfeindlichen Alltagswirklichkeit erscheint mir unüberbrückbar. Pädagogik muss scharf mit dem Blick auf krank machende Alltagswirklichkeit analysieren und diagnostizieren, wenn sie wirklich sehen will.

Der Einfluss der Pädagogik als Wissenschaft erweist sich auf den im pädagogischen Feld tätigen Praktiker mit seinen zahlreichen aktuellen Problemen und Konfliktsituationen wahrscheinlich im Lichte traditioneller Betrachtungsweise als gering.

Die Aufgaben „pädagogischer Praxis" wie Leib, Seele, Geist-Einheit, die Sinne nach innen wie nach außen richten, also individualpädagogische Förderung der Entfaltung der Sinne und Differenzierung der Wahrnehmung eines Kindes, Einbildungskraft und das Begreifen, die geistgelenkte Hand, Kommunikation und Meditation, Bewegung und Ruhe, die Freude, Glück, das Lieben, Leid und das Sterben, das Spiel und die Selbstinszenierung, Klang und Stille, Farbe und Licht, Wort und Text (Krawitz 1997, 306 ff) erreichen leider gegenwärtige Schulen als gelebte Prozesse selten bzw. nicht.

Kein Zweifel, die Verwirklichung dieser Aufgaben in der pädagogischen Praxis könnte eine heilende Wirkung haben, nur fehlt es an der Umsetzung in die Praxis. Das Problem der Vermittlung im Kontext Erziehung bleibt bestehen. Individuelle Eigenschaften von Kindern als solche sollten in stärkerem Maße als bisher akzeptiert und mit positiven Begriffen kompetenzorientiert beschrieben werden. Man sollte Erscheinungsweisen kindlichen Seins und Handelns einfach gelten lassen, vielleicht überhaupt nicht begrifflich fassen, im Sinne einer positiven Entwicklung stehend begreifen (Bundschuh 2005, 293–299), wenn diese Erscheinungsweisen aus dem Kinde hervorgehen und nicht über „erzieherische Techniken" wie Fernsehen und Videos über das Kind hereinbrechen.

6.1   Grundsätzliche Überlegungen zum Therapieproblem im pädagogisch-heilpädagogischen Bereich

Der Ruf nach Therapie wird laut, wenn im individuell-menschlichen, im zwischenmenschlich-kommunikativen Bereich etwas „nicht so abläuft", „funktioniert", wie es die von kulturellen Normen geprägte soziale Umwelt sich wünscht und vorstellt. Therapien befassen sich also mit Störungen und Abweichungen von Normen im Zusammenhang mit menschlichem Erleben und Verhalten. Dabei verstehen wir unter Verhalten zunächst die unmittelbar beobachtbaren Aktivitäten, von außen registrierbare Verhaltensformen, mit Erleben erschließbare innerpsychische Bereiche, wie jemand wahrnimmt, empfindet, fühlt und leidet im Sinne ganzheitlicher Prozesse. Hierzu sei auf die Zusammenhänge und die Ganzheitlichkeit von Verhaltens- und Erlebensprozessen hingewiesen (s. Kap. 2).

Vier Problembereiche deuten sich auf dem Hintergrund der Frage nach dem Therapiebedürfnis an:

Problembereiche der Therapiefrage

1. Der erste Problembereich zielt auf die Entstehung solcher Abweichungen, Störungen, auf das Bedingungsgefüge unter Berücksichtigung des sozialen Aspektes, d. h., welche Rollen spielen die Umwelt,
z. B. die Personen, die einem in früher Kindheit begegnen, die auf
eine Behinderung reagieren (Ätiologie, Pathogenese). Zu überlegen
ist aber auch hierbei, wie – kumulativ und generalisierend – sich Störungen auf die Individualentwicklung auswirken, inwiefern sie seitens der Umwelt als (noch) tragbar gelten. Ob vielleicht die soziale
Umwelt gestört ist und der als gestört Bezeichnete überhaupt nicht?
Jede Therapieform hat ihre eigene Vorstellung bzw. Theorie über die
Persönlichkeit, die Ätiologie psychischer Störungen oder sogenannter
Abweichungen von der Normalität.

2. Was kann man tun, um Störungen psychischer Art und deren Auswirkungen erst gar nicht entstehen zu lassen, welche Möglichkeiten
gibt es, vorzubeugen, präventiv und prophylaktisch zu handeln (Früh-
erkennungs- und Frühförderungsbereich, Grundschulzeit)? Hierbei ist
an frühe Beratung und Unterstützung gedacht. Möglicherweise kann
durch die Beschäftigung mit bestimmten Therapien hierauf eher eine
Antwort gegeben werden, was kind- und kinderorientiert erziehen und
lernen bedeutet.

3. Welche Möglichkeiten haben wir, Störungen und Abweichungen
im psychischen Erleben und Verhalten zu erkennen und zu beschrei-
ben? Es ist dies – ohne Stigmatisierung der betroffenen Person – eine
Frage der Diagnostik. Gerade dieser Problembereich erweist sich im
Hinblick auf eine mögliche verengte und fixierte Wahrnehmung in
Richtung Störung als äußerst sensibel.

4. Wie ist auf Störungen zu reagieren? Es ist die Frage der Beseitigung,
des „Abbaus", der Behandlung, der Therapie psychischer Störungen
und deren Auswirkungen auf Denken (kognitiver Bereich) und Handeln. Bei der Vielfalt therapeutischer Ansätze und Therapieformen besteht auch die Gefahr, Probleme zu vergrößern statt sie zu beseitigen.

Sinn und Nutzen   Im Zusammenhang mit den vier hier aufgeworfenen Problemstellen
(Entstehung / Ätiologie / Pathogenese, Prophylaxe / Prävention, Diagnostik und Behandlung / Therapie) stellt sich die Frage nach dem Sinn
und Nutzen der Beschäftigung mit Therapien in zweifacher Richtung:
Welchen Gewinn ziehen Pädagogen, speziell Sonder- und Heilpädagogen aus der Beschäftigung mit und aus der Kenntnis von Thera-

pien? Was hat die oder der Betroffene von diesem Wissen bzw. von der Umsetzung der Kenntnisse in Handlung, also Therapie? Will die betroffene Person den therapeutischen Prozess über sich ergehen lassen? Trägt sie letztlich diesen Prozess konstruktiv mit, oder wird sie eher manipuliert?

6.2 Kenntnisse psychotherapeutischer Ansätze – Möglichkeiten und Grenzen im Rahmen sonder- und heilpädagogischer Fragestellungen

In vielfacher Weise kann man zur Frage nach Nutzen und Gewinn Stellung nehmen, wobei sich zu jeder These zugleich eine Gegenthese formulieren lässt. Kenntnisse aus dem Therapiebereich können im Rahmen heilpädagogischer Arbeit dienlich sein, aber auch Probleme erzeugen:

> **These 1:** Sonder- und Heilpädagogen können psychische Störungen – mit möglichen Auswirkungen auf die Entwicklung und den Ablauf kognitiver Prozesse – **leichter erkennen** und vielleicht auch in angemessener Weise **reagieren**.

Gegenthese: Es kann manchmal wenig hilfreich, ja schädlich sein, wenn der Erzieher ein Verhalten allzu rasch als psychische Störung wahrnimmt und auf Auffälligkeiten intensiv reagiert. Zu bedenken ist hierbei die möglicherweise auch gestörte Wahrnehmung des Pädagogen, die schlechthin falsche Interpretation von Signalen des Interaktions- und Kommunikationspartners. Manchmal erweist es sich als – unter erziehlichem Aspekt gesehen – besser, man reagiert überhaupt nicht auf die vermeintliche Störung, und sie verliert sich von selbst. Es spricht eben doch vieles für die Hypothese: Diagnose und Störung/-en bedingen sich gegenseitig.

> **These 2:** Kenntnisse aus dem Therapiebereich können die **Weiterleitung** eines als „psychisch gestört" oder „verhaltensgestört" bezeichneten Kindes **an einen Therapeuten erleichtern** (Siebert/Sieland 1991, 8f).

Gegenthese: Eine zu rasche Überweisung an einen Therapeuten kann vielleicht eine relativ harmlose, vorübergehende Störung zu einem dauernden Problem werden lassen. Manche, von Psychiatern als

„Tics" oder „psychische Störungen" bezeichnete Verhaltensweisen können sich als vorübergehende Erscheinungsweisen, als Regressionen erweisen, denen nichts Pathologisches anhaftet. Vermeintliche „Einschlafstörungen" können mit einem individuellen Schlafverhalten, das nur die Eltern stört, Enuresis (Einnässen) mit Veränderungen (zu früher Kindergartenbesuch, Berufstätigkeit der Mutter) oder als Signal und Wunsch nach mehr Zuwendung und Liebe erklärt werden. Für das Auftreten von „Verhaltensstörungen" gibt es häufig Bedingungen und Erklärungsmöglichkeiten, die nicht im Bereich des Kindes liegen. Wer oder was ist also gestört? Häufig sind es die Verhältnisse und sich negativ auswirkende Beziehungen, die Auffälligkeiten und Störungen generieren.

These 3: Kenntnisse über Therapien könnten die **Zusammenarbeit mit einem Therapeuten** im Rahmen von Diagnose, Behandlung und Nachbehandlung **erleichtern**. Der Sonder- und Heilpädagoge ist über die Therapieform informiert, kann mit Hintergrundwissen und Begriffen umgehen. Hinsichtlich der Klassifikationen liegen Therapeut und Pädagoge bei einem entsprechenden Kenntnis- und Informationsstand auf einer vergleichbaren Ebene.

Gegenthese: Die ständige Zusammenarbeit mit einem Therapeuten bei Fragen der Diagnose, Behandlung und Nachbehandlung einer Störung birgt die Gefahr eines zu raschen Aufgebens pädagogischen Bemühens in sich. Der Heilpädagoge trägt quasi ständig die Bereitschaft in sich, einen Therapeuten zu konsultieren – pädagogisches Bemühen wird zugunsten der Therapie aufgegeben. Mit der Zunahme des therapeutischen Angebots könnte sich die Zahl der zu Therapierenden auch erhöhen.

These 4: Therapeutische Kenntnisse können zur **Verhinderung psychischer Fehlentwicklungen** beitragen, d. h. es können relativ früh Auffälligkeiten im Entwicklungsgeschehen und im Verhalten wahrgenommen werden.

Gegenthese: Zu frühes Eingreifen in die psychische Entwicklung kann auch bei „Normalentwicklung" mit vorübergehenden Störungen zu einer auf Dauer gestörten Entwicklung führen. Störungen im Verlauf der psychophysischen Entwicklung eines Kindes gehören eigentlich zur „Normalentwicklung" (z. B. entwicklungsbedingtes Stottern im Alter von ca. 3½–5 Jahren, Daumenlutschen, Nägelkauen als akzeptable Form von Aggression).

These 5: Kenntnisse über Therapien können beim **Verändern unerwünschter eigener Verhaltensweisen** hilfreich sein. Es geht hierbei um die Frage der Selbststeuerung und Selbsterziehung von Pädagogen sowie um die Möglichkeit der Verarbeitung eigener Misserfolge durch die Aufarbeitung und Neuwahrnehmung des Problems (z. B. Burnout-Syndrom im Sinne der totalen psychophysischen Erschöpfung, des inneren Ausbrennens). Tatsächlich ergeben sich auf der Basis neuerer Therapieansätze gute Möglichkeiten zur **Selbstanalyse und Selbsterfahrung** etwa im Rahmen von Gruppentherapien und zur Entspannung (autogenes Training). Im pädagogischen Sinne ist auch immer die Frage der „Selbsterziehung" des Erziehers angesprochen.

Gegenthese: Durch die Übernahme anderer Normvorstellungen im Zusammenhang mit Therapie- und Persönlichkeitskonzepten legt man an sich selbst möglicherweise so strenge Maßstäbe, dass die Toleranz dem eigenen Verhalten gegenüber stark eingeschränkt wird. Man fühlt sich nicht mehr wohl, weil dieses fremde „Ich" als zu streng erscheint. Diese Art der Fremdwahrnehmung lässt sich nicht in das eigene Selbstkonzept integrieren (s. Kap. 6.6.1). Es könnte aber auch sein, dass durch das hartnäckige Bemühen um die Änderung eigenen Verhaltens sich gerade – möglicherweise aus Angst vor einem Misserfolg – dieses Verhalten noch verstärkt und verfestigt. Die Kenntnis verschiedener Therapieansätze könnte die Pädagogin oder den Pädagogen sogar in noch größere Konflikte bringen, wenn etwa Möglichkeiten psychoanalytisch orientierter Therapien, des Psychodramas, der klientenzentrierten Therapie, der Spieltherapie bekannt sind, diese jedoch im pädagogischen Alltag oder in der eigenen Familie nicht erfolgreich eingesetzt werden können.

Zusammenfassung: Es lässt sich zusammenfassend konstatieren, dass unzweifelhaft einerseits Nutzen und Vorteile, andererseits Gefahren und Probleme bezüglich der Kenntnis und Anwendung therapeutischer Ansätze sehr nahe zusammen liegen. Der begrenzte Raum dieses Buches lässt es nur zu, dass lediglich die wesentlichen und grundlegenden Therapieformen vorgestellt werden können. Aber auch diese therapeutischen Richtungen können nur in akzentuierter Form eingebracht werden. Es wird zwar jeweils der Versuch unternommen, die

Bedeutung der weiter unten beschriebenen therapeutischen Ansätze für das heilpädagogische Arbeitsfeld auch im Hinblick auf pädagogische Vertretbarkeit und Anwendbarkeit aufzuzeigen. Das Problem bleibt jedoch bestehen, dass zwischen den ursprünglichen Konzeptionen und den Anwendungsmöglichkeiten noch sehr viele Informationen eingebracht und diskutiert werden müssten. Zumindest möchte ich darauf hinweisen, dass es zahlreiche Folgeansätze therapeutischer Vorgehensweisen gibt, die zweifellos für das sonder- und heilpädagogische Arbeitsfeld Bedeutung besitzen, die im Rahmen dieser Schrift jedoch nicht oder nur ansatzweise behandelt werden können. Hierzu gehören z. B. gestaltpsychologische und gestaltpädagogische Ansätze (Perls, Petzold), das Psychodrama (Moreno, Petzold), die Themenzentrierte Interaktion (TZI) nach Ruth C. Cohn, Gruppenverfahren mit unterschiedlicher Orientierung, Entspannung und Meditation, pädagogisch-therapeutische Spielgruppen (Rollenspiel, gruppendynamisches Vorgehen im Rahmen von Interaktionsspielen), die Prozess-Beziehungstherapie (Zaslow), kunst- und musiktherapeutische Ansätze sowie Familientherapie.

Obgleich viele Schwierigkeiten, ungelöste Fragen und Probleme im Zusammenhang mit klassischen Therapieformen und daraus hervorgehenden Ansätzen im Kontext heilpädagogischer Fragestellungen vorliegen, halte ich es aus Gründen der Information und Diskussion für wichtig, diese Thematik hier einzubringen. Vor allem soll damit angezeigt werden, dass keineswegs alle Möglichkeiten der Hilfe und Förderung im Bereich der Sonder- und Heilpädagogik ausgeschöpft sind. Darüber hinaus könnten durch Austauschprozesse Probleme im Bereich des (heil)pädagogischen Arbeitsfeldes im Zusammenhang mit Therapien weiterentwickelt, im Sinne der betroffenen Kinder besser analysiert und vielleicht auch teilweise einer Lösung zugeführt werden.

6.3 Störung, psychische Störung, Auffälligkeit, „Normalität"

Im Rahmen dieser Problematik kann es sich nicht um eine vertiefte, differenzierte Behandlung medizinischer, psychologischer, soziologischer Störungs- und Krankheitsbegriffe und in Abhängigkeit davon stehender therapeutischer Ansätze handeln, vielmehr wird hierzu bereits ein gewisses Vorverständnis vorausgesetzt. Es geht vor allem um die Problematisierung der Begriffe „Störung", „psychische Störung", „Auffälligkeit" und „Normalität".

Welche Bedingungen liegen in der Regel vor, damit Kinder beim Therapeuten vorgestellt werden? Es können recht unterschiedliche Gründe sein: Sie versagen in der Schule, stören zu Hause oder sind beängstigend still, sie haben beunruhigende Angewohnheiten wie etwa Nägelkauen, Stottern, Haareausreißen, Weglaufen, autistische Züge, sie schlafen schlecht, fürchten sich vor ziemlich harmlosen Dingen oder enurieren oder enkoprieren mit fünf bis sechs Jahren noch ins Bett.

Vorstellungsgründe

Bei manchen Kindern scheint eine körperliche Krankheit im Vordergrund zu stehen, wie etwa Asthma, Magen- oder Kopfschmerzen, wobei der behandelnde Arzt keinen organischen Befund feststellen kann, auf ein psychosomatisches Leiden schließt und eine Psychotherapie empfiehlt. Schwierigkeiten steigen erfahrungsgemäß in entwicklungsbedingten Problemzeiten an, wie etwa in der Pubertät: Jugendliche gehen ihre eigenen Wege, gehorchen nicht mehr, klauen in Geschäften oder äußern Suizidgedanken. Bei Kindern und Jugendlichen mit Beeinträchtigungen, die je nach Schweregrad als „Störungen", „Verhaltensauffälligkeiten" oder „Behinderungen" bezeichnet werden, besteht die Wahrscheinlichkeit des Auftretens solcher Störungen, pauschal formuliert, in noch stärkerem Maße. Die übermächtige, oft überfordernde Wirklichkeit einer „nichtbehinderten sozialen Umwelt" von Mitmenschen kann das Gefühl der ständigen Frustration mit allen Folgen hervorrufen.

Es ist wohl keine Frage, dass sich nur der Mensch mit Therapien konfrontiert sieht, der sich entweder selbst in seinem psychischen Erleben und Verhalten gestört fühlt oder den seine Umwelt als gestört empfindet und ihn auffordert, sich einer Therapie zu unterziehen. Wir müssen aber auch eine Erweiterung einbringen: Es ist vielleicht heutzutage normal, sich als „gestört" zu empfinden oder als „gestört" zu gelten! Ich denke dabei an die vielen Gruppen und Grüppchen, die sich jeweils am Wochenende treffen, um sich gegenseitig in irgendwelchen mehr oder weniger wirksamen gruppendynamischen Sitzungen zu therapieren, sich „in Ordnung" zu bringen. Sich selbst zu verstehen, zu einem besseren Selbstverständnis und auch Weltverständnis zu kommen, scheint die Devise zu sein. „Mir bricht die Decke über dem Kopf zusammen!", „Ich halte es nicht mehr aus!", „Ich fühle mich nicht gut!" etc. sind Formulierungen, die auf ein mehr oder weniger starkes Unwohlsein schließen lassen, wobei man nicht immer ernsthaft von psychischer Störung sprechen wird. Wo liegt aber die Norm für Normalität, ab wann spricht man von einer Störung?

„gestört" oder „normal"?

Zu Beginn dieses Kapitels wurde gesagt, unser Gegenstand umfasse auch Störungen des psychischen Lebens, Erlebens und Verhaltens. Es handelt sich um Störungen kognitiver, emotionaler und behavioraler Art, besser gesagt, sie machen sich dort bemerkbar. Die folgende

Klinische Psychologie

Definition umreißt einen Rahmen für die Störungsproblematik: „Klinische Psychologie ist jener Zweig der Psychologie, der die sozialbedingten und sozialrelevanten Störungen des psychischen Lebens und deren Modifikationen in Forschung, Lehre und Praxis zum Gegenstand hat." (Pongratz 1975, 47)

„sozialbedingt"   Das Adjektiv „sozialbedingt" deutet auf die Ätiologie hin. Es bringt zum Ausdruck, dass die Störungen, mit denen sich Therapeuten beschäftigen, primär auf (ungünstige) soziale Erfahrungen zurückzuführen sind. Dabei kann möglicherweise eine gewisse Disposition des Zentralnervensystems nicht ganz ausgeschlossen werden. Solche Momente kommen in der Regel jedoch erst zum Ausbruch und werden als „Störung" registriert, wenn negative Milieueinflüsse hinzutreten. (Bei Psychosen, psychotischen Störungen, überwiegt, so wird von Fachleuten im Allgemeinen gesagt, die anlagemäßige Disposition.)

„sozialrelevant"   „Sozialrelevant" weist darauf hin, dass von den Störungen des psychischen Lebens andere Menschen mitbetroffen sind, die Kontakte und Beziehungen werden durch die Störungen beeinflusst. Das auffällige Verhalten strahlt auf andere aus, es wird von der sozialen Umwelt als negativ, eben als „Störung" empfunden. Störungen dieser Art können sich zwischen Rückzug, Passivität, Kontaktscheue einerseits bis zu „merkwürdigen Verhaltensweisen", zur Aggressivität und Distanzlosigkeit andererseits bewegen, wobei es dazwischen noch viele Varianten gibt. Bei Auftreten solcher Verhaltensweisen, die als „gestört" oder „auffällig" gelten, wird dann der Ruf nach Veränderung, Modifikation oder Therapie laut. Wann also ist ein Mensch in seinem Verhalten, in seinem psychischen Leben gestört? „Eine Störung des psychischen Lebens ist dann gegeben, wenn das Erleben und Verhalten über eine Toleranzgrenze hinaus relativ dauerhaft von einer Norm abweicht." (Pongratz 1975, 48) Hinzu kommt das Moment der Belastung, das im Allgemeinen von außen herangetragen wird.

Toleranz vs. Norm   Zwei Problemstellungen bleiben offen: Wo liegt die Toleranzgrenze und wo die Norm? Normen hängen in hohem Maße von Beobachtern (Lehrerinnen, Lehrern, Psychologen, Therapeuten, Medizinern, Gruppen), allgemein gesehen von den jeweiligen Kulturkreisen ab. Diese wirken auch wieder bei der Definition des Toleranzbereiches mit. Bei Kindern, Jugendlichen und Erwachsenen mit Beeinträchtigungen würde man bei oberflächlichem Hinsehen zunächst relativ häufig zu der Feststellung „gestört", „nicht in Ordnung" oder „nicht normal" kommen. Die Frage nach der sogenannten „Normalität" ist jedoch gerade in diesem Zusammenhang falsch gestellt. Als wichtiger erweisen sich der Signalcharakter, die Bedeutung und das Verstehen einer

Auffälligkeit, vor allem Fragen wie: „Was ist gut für dich? Wie kannst du dich am besten selbst verwirklichen? Welche Möglichkeiten einer besseren Integration in die menschliche Gemeinschaft gibt es? Welche Unterstützung kann eine Therapie, ein therapeutischer Prozess dabei geben? Kann eine Therapie einen Beitrag zur **Verbesserung der Lebensqualität** leisten?

Ehe die Diskussion zum Störungsproblem erneut aufgegriffen wird, noch einige Beispiele:

- Ist eine zwölfjährige Schülerin dann in ihrem Verhalten psychisch gestört, wenn sie häufiger morgens zu spät zum Unterricht kommt, ihre Tasche durch das Klassenzimmer wirft und brüllt: „Ihr spinnt alle!"? Wenn man jedoch nach einer gewissen Zeit erfährt, dass diese Schülerin mit ihrem älteren Bruder ein Zimmer teilen muss, von ihm häufig geschlagen wird, die Mutter im Beisein des Lehrers sogar äußert: „Wenn du noch ein Wort sagst, haue ich dir die Fresse rein!", und diese Formulierung sich nicht nur als „leeres Schlagwort" erweist, wird man den Störungsbegriff hinsichtlich der Schülerin hinterfragen. Aus der Diagnose „extrem auffällig" oder „psychisch gestört" wird jetzt ein Verstehen. Das Verhalten der Schülerin lässt sich als ein Notsignal interpretieren. Schließlich wird man Zusammenhänge erkennen und von „gestörten Verhältnissen" im Bereich der Familie sprechen.
- Die häufig mit autistischem Verhalten, mit schwerer geistiger Behinderung verbundenen Schaukelbewegungen provozieren zunächst die Diagnose „gestört, behindert". Auf dem Hintergrund von Hospitalisierung, Ablehnung dieser Kinder durch manche Eltern von Geburt an mit zunehmender Verdichtung dieser Erfahrung, Mangel an Reizen (Wahrnehmung, sensomotorische Betätigung) und vor allem starke Beeinträchtigung der Kommunikationsfähigkeiten und -möglichkeiten stellt sich das Problem der Definition neu.
- Wenn ein elfjähriger Junge regelmäßig in der ersten, evtl. auch noch in der zweiten Unterrichtsstunde mitarbeitet, dann auffällig wird, indem er die Nachbarn schlägt, tritt, mit Schreibutensilien, ja mit Stühlen bewirft, um sich spuckt, wird man wohl von „hochgradiger Verhaltensstörung" sprechen. Aber was bedeutet der Zwang zum langdauernden Stillsitzen und Lernen für diesen Jungen mit einer möglichen hirnorganischen Schädigung wirklich?
- Vielleicht gilt im Verlauf der Zeit der mehrmals Depressive als gestört, weil er nicht mehr arbeiten kann, Suizidgefahr besteht. Möglicherweise wird eine Depression auf dem Hintergrund exogener Faktoren (Schicksalsschlag, enge Wohnung, Einsamkeit, Beziehungsstörungen) verständlich. Vielleicht sind viele Menschen für eine gewisse Zeit mehr oder weniger ausgeprägt depressiv gestimmt, möchten ihr Leben dennoch gestalten und leben, ohne als „gestört" oder „auffällig" beschrieben, definiert oder klassifiziert zu werden.

Störungen

„Störungen", „Auffälligkeiten", „psychische Abnormitäten" müssen auch immer auf dem Hintergrund der Genese, der mit Leid angereicherten Erfahrungen, subjektiver Betroffenheit und subjektiven Betroffenseins gesehen und verstanden werden. Häufig sind Auffälligkeiten, Störungen, Behinderungen Notsignale, Notrufe, Ausdruck eines psychischen Schmerzes, Leidensschreie. Für den naturwissenschaftlich orientierten Fachmann, der von Beobachtbarkeit, Operationalisierbarkeit, vom „objektiven Sachverhalt" ausgeht, differenzierte Begriffe für das binnendisziplinäre und interdisziplinäre Fachgespräch benötigt, mögen solche Denkweisen eine Zumutung sein. Aber bleiben solche Definitionen und Beschreibungen nicht theoretisch, oberflächlich, ja „unmenschlich", vielleicht sogar unwissenschaftlich, wenn die Person in ihrer Betroffenheit nicht zur Sprache gebracht wird, sondern nur über sie „verfügt" wird?

Ich möchte zunächst sagen, von welchem Störungsbegriff ich mich abhebe und zu welchem ich auf Distanz gehe. Die Ursache für eine psychische Störung im Leben eines Menschen ist nicht – wie etwa im Rahmen des medizinischen Modells – von der Person her zu sehen, die Ursachen sind keinesfalls in der betroffenen Person allein zu suchen. Man kann nicht von einer psychischen Krankheit sprechen, von einem spezifischen Prozess im Individuum, der sich nach naturgegebenen Gesetzmäßigkeiten vollzieht, als ob es die Umwelt nicht gäbe, die den Menschen schon vom pränatalen Stadium an begleitet und beeinflusst.

Eine Person mit einer psychischen Störung ist nicht – wie etwa häufig bei einem physischen Krankheitsprozess – der Problematik ausgeliefert, vielmehr kann sie sich mit Hilfe einer vielleicht schon verständnisvollen Beziehung mit einer anderen Person (Therapeut) von dieser Störung befreien. Man kann also bei der Erklärung einer psychischen Störung keinesfalls vom sozialen Umfeld, vom Gesamtsystem absehen, in dem ein Mensch lebt.

Wenn man – wie dies lange Zeit bei Psychiatern üblich war – psychisch auffällige Phänomene nur auf chemisch-physikalische Prozesse zurückführt, erweist sich dies als ein Irrtum. Auch Umweltreize, die sich auf die emotionale Befindlichkeit auswirken, erhöhen oder erniedrigen die Ausschüttung von Adrenalin oder Noradrenalin (z. B. Angstinduzierung durch Prüfungen, ungünstige Nachrichten und Informationen, wiederholte Misserfolge, die als subjektiv bedeutsam erlebt werden, Begegnungen mit Tieren, die Angst einflößen u. a.).

heilpädagogische Aspekte von Störungen

Folgende Aspekte erweisen sich zusammenfassend betrachtet für das heilpädagogische Arbeitsfeld als wichtig:

1. Die Feststellung einer Verhaltensauffälligkeit, Verhaltensstörung/psychischen Störung, eines „abnormen Verhaltens" steht in engem Bezug zu den Normvorstellungen des Beurteilers. Verhaltensstörung wird als Begriff primär auf Kinder und sonstige abhängige Personen (z. B. Menschen mit geistiger Behinderung) angewandt.

2. Unter Berücksichtigung der Gesamtsituation und der Befindlichkeit des Organismus gibt es fließende, z. T. kaum mehr als „Störung" zu kennzeichnende Übergänge zwischen sogenanntem auffälligen, gestörten, abnormen und normalen Verhalten. In empirischen Untersuchungen wurde die Häufigkeit sozial auffälliger Verhaltensweisen bei Kindern und Jugendlichen zwischen 2 und 50 % angegeben, wobei die Mehrzahl der Angaben zwischen 20 und 30 % lagen.

3. Auffälligkeiten, psychische Störungen und Belastungen sind – wie jedes Verhalten eines Menschen – das Resultat eines komplexen Geschehens zwischen mehreren Personen. Störungen können wiederum von zahlreichen psychischen, sozialen und auch materiellen Gegebenheiten abhängen.

4. Die sozialen Bedingungen, unter denen das als auffällig bezeichnete Verhalten entstanden ist und unter denen es weiter gezeigt wird, sind in die Diagnose und Therapie einzubeziehen. So kann sich möglicherweise bei der Diagnose ergeben, dass das auffällige Verhalten nicht mehr als gestört beurteilt wird, weil es dem Beurteiler nun als verständlich erscheint. Für die Behandlung erscheint es als sinnvoll, wenn das Verhalten der Interaktionspartner (z. B. Eltern) einbezogen und möglicherweise geändert wird, d. h. alle tragen Verantwortung. Der Therapeut sollte die Verantwortung für die Gesamtheit einer Behandlung tragen, d. h. auch die sozialen Bedingungsfaktoren einbeziehen.

5. Verhaltensauffälligkeiten stellen unangemessene Bewältigungsversuche der Realität durch die betroffenen Kinder dar, weswegen Ertle und Neidhart (1994) von „Kindern in Not" sprechen.

6. Neben den Entstehungsbedingungen, die potenziell für alle Kinder Gültigkeit haben, können Verhaltensauffälligkeiten bei Kindern mit Behinderungen als Bewältigungsversuch der Behinderung bzw. als eine unangemessene Reaktion der Bezugspersonen auf die Behinderung verstanden werden (Über- und Unterforderung, ambivalentes Verhalten, nicht altersgerechte Interaktionen).

7. Soweit auffälliges (abweichendes) Verhalten gegen bestehende Bestimmungen und Gesetze einer Institution oder Gesellschaft verstößt, wird es als Delinquenz (Vergehen) bezeichnet und führt zu entsprechenden Sanktionen.

Gefühls- und Verhaltensstörungen

Ergänzt werden können diese Merkmale durch die neuere amerikanische Fassung von **Gefühls- und Verhaltensstörungen**, wonach das Verhalten „über einen längeren Zeitraum in zwei verschiedenen Verhaltensbereichen (settings) auftritt, wobei mindestens einer dieser zwei Bereiche schulbezogen ist" (Opp 1993, 70). Es würde demnach nicht ausreichen, wenn nur die Schule ein Kind als verhaltensauffällig ansieht.

Funktionen von Auffälligkeiten und Störungen

Heilpädagogik begreift jedes Verhalten von Kindern mit (psychischen) Auffälligkeiten bzw. Störungen zunächst als für diese sinnvoll. So müssen Aggressionen, Autoaggressionen, Tics, Apathie und Passivität als Ausdruck der Befindlichkeit und Bedürfnisse dieser Kinder interpretiert werden, denn gerade diese Auffälligkeiten können Isolation, Frustration, Deprivation und vielleicht auch subjektive Vernachlässigung signalisieren. D. h. die unmittelbaren Bezugspersonen scheitern häufig an Barrieren der Kommunikation, der Wahrnehmung und damit des Verstehens.

Gerade aber auch Auffälligkeiten können sowohl im Zusammenhang mit dem Signalcharakter als auch Ausdruck der subjektiven Betroffenheit im Sinne einer Abwehrreaktion im Kontext Bedürftigkeit Ansatzmöglichkeiten für die Förderung darstellen. Es ist wichtig, die Notsignale zu erkennen und auslösende Bedingungen zu diagnostizieren und zu analysieren, um passende, individualisierende und entwicklungsfördernde Lebensbedingungen und Lernsituationen zu arrangieren. Diese Neuorientierung ist vom Ansatz her für die Heilpädagogik fruchtbar und wegweisend.

Theunissen geht davon aus, dass jeder Mensch als aktiv handelndes, sein Leben gestaltendes, kompetentes Individuum betrachtet und wertgeschätzt werden möchte. Somit geht es im Umgang mit Verhaltensauffälligkeiten darum, Kompetenzen, individuelle und soziale Ressourcen freizulegen und zu aktivieren, damit der Betreffende seine Situation möglichst autonom bewältigen und im persönlichen Leben Sinn erkennen kann. Es dürfte das Dilemma der Kinder und Jugendlichen mit Auffälligkeiten sein, dass die Vielfalt und die Möglichkeiten ihrer aktuellen Kompetenzen, die reichhaltige symbolische Repräsentation ihrer Erfahrungswelt häufig falsch verstanden und unterschätzt werden. „Was jeder Einzelne aus seinem kompetenten

Verhalten macht bzw. was im einzelnen inhaltlich daraus wird, hängt nicht etwa allein von der Person und ihren Potentialen ab, sondern von dem Zusammenspiel personaler (innerer) und sozialer (äußerer) Faktoren." (Theunissen 2005, 25) Heilpädagogik distanziert sich von traditionellen Störungsbegriffen.

Mit vielen psychischen Störungen geht wohl eine physiologisch-physische Veränderung einher (z. B. Bewusstlosigkeit mit Sauerstoffmangel im Gehirn, Anfälle, Lithiumspiegel bei Depressiven). Hierbei muss man auch die somatischen Prozesse erforschen. Aber selbst da könnte noch die soziale Umwelt eine Rolle spielen (epileptische Anfälle nehmen zu, wenn die Umwelt ungünstig wirkt). Bei relativ vielen psychischen Erscheinungen, die als „Störungen" klassifiziert werden, erweist sich eine medikamentöse Behandlung nicht als sinnvoll. Wenn Menschen, die in viel zu kleinen Räumen leben müssen, in starke Angstzustände geraten, kann man sedierende Medikamente verabreichen. Solange sie wirken, wird die Angst vermindert, wenn aber die Person in den engen Räumen weiterhin verbleibt, werden Angst und Beklemmung immer wieder auftreten. Die eigentliche Ursache für die Störung wird also durch die medikamentöse Beeinflussung nicht behoben. Ähnlich verhält es sich bei akuten sozialen Problemen, speziell bei Beziehungskonflikten (Partnerprobleme, Scheidungsprobleme, Lebenskrisen…) und im Kontext schulischer Lern- und Leistungsprobleme wie bei Konzentrationsstörungen, Auffälligkeiten in der Motorik, allgemeine Unruhe.

Medikamente

6.4 Tiefenpsychologische Grundannahmen in ihrer Bedeutung für die Heilpädagogische Psychologie

Zur Tiefenpsychologie gehören eine ganze Reihe von Varianten, die an sich von gleichen Grundannahmen ausgehen: die klassische Psychoanalyse Freuds, die Individualpsychologie Adlers, die analytische oder komplexe Psychologie Jungs, die Neoanalyse Schultz-Henckes, die Logotherapie oder Existenzanalyse Frankls, die Schicksalsanalyse nach Szondi, die Daseinsanalyse nach Boss und andere Tochterschulen der Psychoanalyse. Neuere amerikanische Richtungen, wie z. B. Erich Fromm und Karen Horney, führen den sozialen Aspekt in Annäherung an Adler in die Psychoanalyse ein.

verschiedene Ansätze

Was ist mit **Tiefe** gemeint? Topologisch gesehen ist alles tief, was unter einer anderen, höheren Schicht liegt. Je nach Bewusstseinsgrad lassen sich die Systeme unbewusst, vorbewusst und bewusst

Tiefe

unterscheiden (Freud, GW XV, 78f). Hier werden zunächst nur die Bereiche „unbewusst" und „bewusst" thematisiert. Das System „unbewusst" umfasst die dem Bewusstsein verborgenen, dunklen psychischen Kräfte. Das System „bewusst" ist frei von Dunkelheit, seine Inhalte sind kognitiv präsent. In dieser Vorstellung sind die unbewussten Prozesse „tief", d. h. sie sind dem Bewusstsein fern, gehen unwissentlich und unwillkürlich vor sich (GW XIV, 302f). Dieser Ausdruck „Tiefe" beinhaltet neben unbewussten, dunklen, seelischen Gehalten auch die verdrängten Triebe mit ihrer Dynamik, etwas Drängendes und Bedrängendes in uns, vielleicht ein Stück ungelebtes Leben (GW X, 247–303). C. G. Jung zufolge sind nicht so sehr verdrängte, unbewusste Triebe „tief", sondern angeborene Urbilder.

Die genetische Bedeutung von „Tiefe" meint jeweils – ähnlich der geologischen Schichtung – das Untere im Sinne des Anfänglichen (Primitiven), Früheren, Älteren, Vergangenen. Der Ausdruck „Tiefe" weist auf die ontogenetische Frühzeit, die entscheidenden ersten Lebensjahre hin. Im Sinne Jungs ist auf die stammesgeschichtlichen Anfänge der Menschheit zu verweisen, in die jeder Mensch als Homo sapiens verflochten ist. Aus der Bedeutung der Tiefe als onto- und phylogenetische Vergangenheit gehen verschiedene therapeutische Techniken hervor, wobei als Basis aller tiefenpsychologischen Therapien die biographische Methode (Anamnese oder Erhellung des Lebenslaufes) zu nennen ist. Hierbei geht man von der Annahme aus, dass gegenwärtiges Erleben und Verhalten in vergangenen, vor allem frühkindlichen Erfahrungen wurzelt und aus der Erkenntnis dieses Zusammenhanges geheilt werden kann. Der psychoanalytisch orientierte Therapeut sucht daher nach verschütteten, verdrängten Reminiszenzen.

Tiefe als das Primäre verweist auf eine zeitliche Bedeutung, wird aber auch im Sinne des Vordringlichen, Bedeutsamen, Wesentlichen, Entscheidenden verstanden. Nach Freuds Verständnis ist das Unbewusst-Tiefe „das Psychische an sich". Wer also etwas von seinem eigenen Wesen erfahren möchte, wird deshalb den Gang in die dunkle, unbekannte Tiefe seiner „Seele" wagen müssen. Der Schlüssel hierzu liegt in der Region des Unbewussten.

Aufgabe der Tiefenpsychologie

Zur therapeutischen Aufgabe der Tiefenpsychologie gehört es, den Weg zum Unbewussten zu zeigen. Sie bedient sich hierzu der biographischen Methode, der Traumanalyse, der Methode des freien Einfalls, der Amplifikation (Erweiterung von Traumbildern durch gerichtete Assoziationen, Einfallsströme) und der Erhebung des Lebensstils. Mit dieser möglicherweise pathogenen Vergangenheit kann sich eine Geschichte der Versagungen, Hemmungen, der Fehlschläge,

Leiden, Demütigungen enthüllen, hier können sich aber auch Quellen der Kraft auftun. In der Tiefe des Unbewussten liegen Heil und Unheil nahe beieinander (Pongratz 1983, 1–4).

6.4.1 Abhängigkeit und Dynamik zwischen Es – Über-Ich – Ich

Die **Latenzannahme** besagt, dass es psychische Zustände und Vorgänge gibt, die dem registrierenden Ich (Bewusstsein) verborgen bleiben, damit also unbewusst sind.

> „Die entscheidenden Determinanten des Verhaltens sind unbewußt." (Rapaport 1973, 50)

Diese Annahme gilt als charakteristisch für alle tiefenpsychologischen Schulen. Die Latenzannahme beinhaltet zugleich etwas über die **Ätiologie** einer psychischen Störung.

Mit Hilfe der Verdrängung bleiben Inhalte in hohem Maße latent. Das Wesen der Verdrängung besteht „nur in der Abweisung und Fernhaltung vom Bewußtsein" (Freud, GW X, 250). Verdrängung besagt, dass vom Bewusstsein etwas Peinliches ferngehalten wird. Eine Triebregung im Sinne einer an sich lustvollen Vorstellung wird verdrängt, weil sie mit Unlust gekoppelt ist, die sich im Zusammenhang mit Angst, nämlich Triebangst bedingt durch Angst vor Strafe, entwickelt hat (GW X, 256). Durch Erziehungs- und Kulturbedingungen wird das Auftreten von gewissen Triebregungen mit Strafen (Missbilligung) bedroht. Im Zusammenhang mit der Verdrängung stellen sich vor allem die folgenden **Fragen**:

Verdrängung

- **Wer** verdrängt (Frage nach dem Subjekt der Verdrängung)?
- **Was** wird verdrängt (Objekt der Verdrängung)?
- **Wohin** wird verdrängt (Raum / Ort der Verdrängung)?
- **Wann** wird verdrängt (Frage nach dem Zeitpunkt bzw. zeitlichen Ablauf)?

Der Veranschaulichung und dem besseren Verständnis dient das **freudsche Persönlichkeitsschema** (Abb. 8) (GW XIV, 302; XV, 83–86).

Das Ich ist im Freud'schen Modell „ein armes Ding", denn es steht in dreifacher Dienstbarkeit: Es sieht sich „Forderungen" des Es, des Über-Ich und der Außenwelt gegenüber. In sehr knapper Weise dargestellt, bedeutet dies: Das Es fordert Erfüllung seiner Triebwünsche, das Über-Ich Beachtung seiner Gebote und Verbote, die Außenwelt

Instanzenmodell

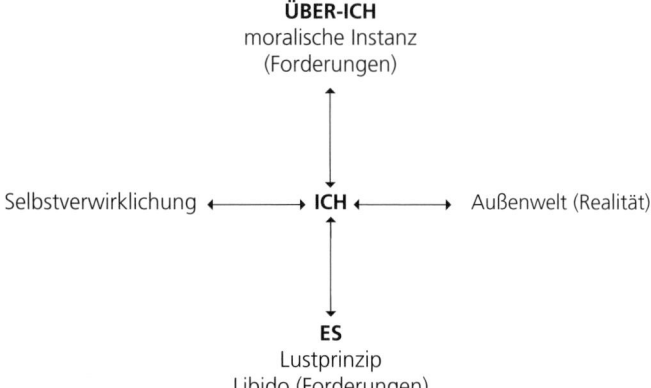

ÜBER-ICH
moralische Instanz
(Forderungen)

Selbstverwirklichung ←————→ **ICH** ←————→ Außenwelt (Realität)

Abb. 8: Das freud-
sche Persönlichkeits-
schema

ES
Lustprinzip
Libido (Forderungen)

Berücksichtigung der realen Forderungen (GW XV, 62–86). Das
strenge, rigorose, grausam verbietende und strafende Über-Ich wird
zum „Urheber aller Neurosen" (A. Freud 1952, 65; 1999, 62).

Sitz der Triebenergie **Das Es:** Für Freud ist das Es der Sitz der Triebenergie, „das große Re-
servoir der Triebe", in dem die angeborenen Triebe und Affekte in ihrer
ursprünglichen Form zu suchen sind. Das Es wird von den Trieben
gespeist. Unter dem Es wird auch das Gesamt der treibenden Kraft unseres Lebens verstanden (Freud, GW XV, 80–84). Als eine unbewusste
Instanz besitzt das Es alle Eigenschaften des Unbewussten. Diese Qualität „unbewusst" kommt auch allem zu, was im Laufe der Entwicklung
in das Es eingeht, vor allem das „Verdrängte". Von diesem sagt Freud,
es fließe mit dem Es zusammen, sei nur ein Teil von ihm (GW XIII).
Die Triebvorgänge im Es drängen nach Abfuhr und Befriedigung. Vor
allem zwei Triebe wollen verwirklicht werden: der Lebens- und der
Todestrieb. Das Es gilt für Freud als „ein Kessel voll brodelnder Erregung" (GW XV). Die psychoanalytische Therapie zielt vor allem auch
auf Ich-Stärkung, damit es sich besser mit dem Es auseinandersetzen
kann und nicht zu viel Zensur durch das Über-Ich nötig wird.

moralische Instanz **Das Über-Ich:** Das Über-Ich ist für Freud die moralische Instanz
schlechthin, der Niederschlag, das Ergebnis der langen Kindheitspe-
riode (GW XIII, 259–267). Die Wurzeln des Über-Ichs liegen in den
elterlichen Geboten und Verboten, in den Normen und Werten, den
Sitten und Gebräuchen, den Gesetzen und Bestimmungen des jeweils
herrschenden soziokulturellen Systems. Die Erwartungen der Gesellschaft und Kultur sind an der Über-Ich-Bildung der Eltern beteiligt

und werden im Erziehungsverhalten transparent. Eltern begegnen dem Kind im Zusammenhang mit Geboten und Verboten. Entspricht es ihnen, wird es gelobt und belohnt, folgt es ihnen nicht, wird es zurechtgewiesen oder bestraft. Das Über-Ich entscheidet, ob eine Handlung erlaubt ist oder nicht. An sich wäre eine Aggression gegenüber der Autorität nicht erlaubt. Das Über-Ich ist so etwas wie ein unbewusster Anteil des Ichs mit der Funktion eines Aufsichtsorgans. Es bestimmt, wie ich sein darf (Gewissen) und wie ich sein möchte (Idealfunktion). Das Über-Ich hat als Resultat der Erziehungs- und Sozialisationsgeschichte eine Licht- und Schattenseite. Die erwünschten und belohnten Verhaltensweisen bilden die lichte Seite des Ich-Ideals, die unerwünschten, bestraften gleichsam die Schattenseite des Angst- und Schuldgewissens. Das Ich-Ideal drückt aus, wie jemand sein möchte, sein sollte, was man an sich bejahen kann. Das Gewissen meldet sich, wenn das Verhalten den Eigenerwartungen zuwiderläuft.

Die aus dem Es ins Bewusstsein drängenden Triebe werden vom Über-Ich zurückgedrängt, wenn sie vom Inhalt her das Ich gefährden könnten. Die Verdrängung „es-hafter" Impulse verbindet sich nach Freud mit einem Energieaufwand, der dann unter Umständen dem Individuum bei der Durchführung anderer Aufgaben fehlt. Als Folge können Störungen auftreten. Die Entstehung des Über-Ichs ist im Zusammenhang mit dem Untergang des Ödipuskomplexes zu sehen. Während das Kleinkind nur tut, was ihm aufgrund des Lustprinzips Spaß macht, werden mit dem weiteren Heranwachsen von den Eltern Versagungen gefordert: Das Über-Ich übernimmt die Aufgabe bzw. die Stelle der Eltern.

Der Sozialisationsprozess kann in zweifacher Weise misslingen. Zum einen dominieren Straf- und Schuldangst, d. h. ein grausames Über-Ich versklavt die Ich-Instanz, hält es weiter im Zustand des „armen Dinges". Die Folge: zwangsneurotische und depressive Symptome. Andererseits könnte sich ein zu schwaches Über-Ich entwickeln. Hieraus können sich Symptome der Hysterie und Verwahrlosung ergeben.

Das Ich: Das Ich tritt als Vermittler im dramatischen Konflikt zwischen Trieb und Kultur (Es und Über-Ich) auf und findet sich dabei in (komplexe) Abhängigkeiten verwickelt (Freud, GW XIII, 246–267). Das Ich gilt als Instanz, die zwischen den Ansprüchen des Es und den Verboten durch das Über-Ich vermitteln muss. Seine Aufgabe besteht in der Sorge für eine realitätsangepasste Befriedigung der Triebe (Realitätsprinzip). „Das Ich repräsentiert, was man Vernunft und Besonnenheit nennen kann, im Gegensatz zum Es, welches die Leidenschaf-

Vermittler

ten enthält." (GW XIII, 253) An sich ist das Ich eine relativ schwache Instanz gegenüber dem Es (Trieben). Wird die Triebrepräsentanz zu stark, muss sich das Ich mit Hilfe der Zensur durch das Über-Ich schützen (Vorgang der Verdrängung). Der Kampf zwischen Es und Über-Ich wird auf dem Rücken des Ich ausgetragen. Ein schwaches Ich – Folge einer zu strengen oder überbehüteten Erziehung – kann einem strengen Über-Ich nichts entgegensetzen. Ein starkes Ich setzt sogenannte Abwehrmechanismen ein und überlistet quasi das Über-Ich. Dem Ich als Wille und Vorstellung fügt Freud später das Konzept des Ich-Triebes im Sinne von Selbsterhaltungstrieb hinzu.

ursprüngliche Fragen

Nun lassen sich die eingangs gestellten Fragen relativ kurz beantworten.

Wer verdrängt? Das Ich, das im Zusammenhang mit seiner Entstehung stets in Abhängigkeit vom Über-Ich (Normen, Kultur u. a.) gedacht werden muss, wehrt ab, weil ihm etwas „peinlich", „verpönt", „unangebracht", „verboten" ist.

Was wird verdrängt? Peinliches, Triebregungen, verpönte, infantile Triebwünsche, allgemein gesehen Triebregungen, die den Stempel des Peinlichen, Verbotenen, Strafwürdigen, Verpönten tragen. Vom Inhalt her sind es vor allem sexuelle Wünsche (Freud, GW XIII, 49 ff).

Wohin wird verdrängt? Mit dieser Fragestellung tangieren wir ein Kernstück psychoanalytischer Theorie: Die Lehre vom Unbewussten. Die genannten verpönten Triebimpulse werden vom Bewusstsein ferngehalten und in das Unbewusste verdrängt. Es ist das „dynamisch unbewußt Verdrängte" (GW XV, 82–86; Pongratz 1983, 93 ff).

Phasen der Libido-entwicklung

Wann wird verdrängt? Freud nennt verschiedene Phasen der Verdrängung, die gleichzeitig als Phasen der Libidoentwicklung gesehen werden können. Sie können hier nur in Form eines Überblicks schematisch angeführt werden (Freud, GW XV; Pongratz 1983):

- **Orale Phase** (ca. 1. Lebensjahr). Erogene Zone (Lustquelle) ist der Mund, das Objekt die Mutter / Brust, als Ziel gilt Saugen und Lutschen, die Befriedigung des Nahrungsbedürfnisses. Erworben werden Gefühle des Vertrauens (Ur-Vertrauen), der Entspannung. Störungen können durch hastige Abfertigung, Ablehnung, wenig liebevollen Umgang entstehen. Folgen könnten Frustration, geringe Frustrationstoleranz, Störungen der Wahrnehmung, Bezug zur Welt/Umwelt (Motivation, Neugierde, Lernen), evtl. übertriebene Angst vor Enttäuschungen und Schwierigkeiten sein. In jüngster Zeit wird im Hinblick auf eine gute Entwicklung der körperlich-seelische „Bezug" zur Mutter bereits im pränatalen Stadium betont.

- **Anale Phase** (ca. 2. Lebensjahr). Erogene Zone: Anus/After als Reizzone; das Objekt: die Exkremente, auch als Machtmittel mit Lustgewinn, „mächtig zu sein" gegenüber den Eltern (Verweigerung/Trotz, Autonomie, Scham, Unterwürfigkeit, Gefügigkeit); Ziel: Zurückhalten, Ausscheiden. Die Reaktionen der Eltern wirken stark prägend auf das Kind. Entstehung von Störungen: Bei zu früher Sauberkeitserziehung kann dies zur Unterwürfigkeit, zu Wasch- und Kontrollzwängen (Zwangsneurosen) führen. Entsprechende Charaktereigenschaften könnten Geiz, Pedanterie, Eigensinn, Zwänge, Aggressivität sein.
- **Genitale Phase** (ca. 3.–6. Lebensjahr). Die Libidoentwicklung richtet sich bereits auf die Betätigung der Geschlechtsorgane (Freud, GW IX, 156–160). Von der Mutterbrust verlagert sich die Libido auf den gegengeschlechtlichen Elternteil (Ödipuskonflikt). Lustquelle: Penis, Klitoris; Lustobjekte: Vater oder Mutter, das Kind selbst mit dem Ziel der Onanie; Ausbildung von Gewissen und Schuldgefühlen, Konflikte zwischen Wünschen und Verzichten. Aus dieser Phase können „Kastrationsangst" bei den Jungen und „Penisneid" bei den Mädchen hervorgehen. Hemmungen dieser Triebansprüche können aus tiefenpsychologischer Sichtweise zu Kontaktstörungen zum anderen Geschlecht, zu hysterischem Gehabe, Impotenz, Frigidität, ferner Angst vor Autoritäten, Vorgesetzten – Ähnlichkeiten mit dem dominierenden Vater – führen.
- **Latenzzeit** (ca. 6. Lebensjahr bis zur Pubertät). Sexuelle Gefühle treten zugunsten sachlicher Interessen zurück. Das Kind identifiziert sich mit dem gleichgeschlechtlichen Elternteil, es fügt sich den Geboten und Verboten der Autoritätsperson. Es kommt zum Aufbau des Über-Ich (GW V, 77 ff).
- Die **puberal-genitale Phase** (Geschlechtsreife) mit dem Ziel, das infantile Sexualleben in seine endgültigen normalen Formen zu überführen. Es besteht kein Zweifel, dass gerade in dieser Phase zahlreiche Konflikte zwischen den Instanzen und der Außenwelt (Realität) quasi „vorprogrammiert" sind.

Es entspricht der Logik der Trieb-, Verdrängungs- oder Phasenlehre Freuds, dass die einzelnen Phasen aufeinander aufbauen. D. h. eine Störung in einer früheren Phase wirkt sich meist auch störend auf die späteren Prozesse aus, wobei vor allem die frühen Phasen der Libidoentwicklung für das weitere Leben eines Kindes, Jugendlichen und Erwachsenen im Sinne Freuds bedeutsam sind. **Aufbau und Logik**

Es fällt schwer, Möglichkeiten der Therapie und der Behandlung im tiefenpsychologischen Sinne auf das sonder- und heilpädagogische Arbeitsfeld zu übertragen. Hier ist auch keine Anleitung zur Praxis tiefenpsychologischer oder analytischer Therapie intendiert. Deshalb erfolgen nur Hinweise auf den klassischen therapeutischen Ansatz. Der Therapeut verbündet sich quasi mit dem durch Es und Über-Ich geschwächten Ich des Patienten, um das Verdrängte freizulegen. Hierbei soll der Patient alles, so wie es ihm in den Sinn kommt, äußern, ganz gleich, „ob es unwichtig, sinnlos, peinlich oder wie immer er- **Anwendung** scheinen mag, egal auch ob sich die Inhalte auf die Therapie-Situation selbst, vergangene Erlebnisse, zukünftige Befürchtungen usw. beziehen mögen" (Kriz 2007, 33). Es geht also um die Stärkung des Ich durch die Aufdeckung unbewusster Inhalte. Methoden hierzu sind die freie Assoziation, Interpretation von Träumen und Fehlleistungen, Aufarbeiten, Durcharbeiten und Deuten von Widerständen und Deuten des gesamten sprachlichen und nichtsprachlichen Materials, z. B. Haltung, Blick, Verstummen, lautes Sprechen.

6.4.2   Die Individualpsychologie Alfred Adlers

zur Person Adlers

Alfred Adler (1870–1937) hat für die Heilpädagogische Psychologie eine große Bedeutung. Adler, anfänglich mit Freud verbunden, zerstritt sich später mit ihm und begründete eine eigene tiefenpsychologische Schule, die Individualpsychologie. Adler selbst war ein schwächliches, rachitisches Kind wenig bemittelter Eltern. Zunächst hielten ihn die Lehrer im Gymnasium für unfähig, bis er das Gegenteil bewies.

individualpsychologische Kernannahmen

Im Unterschied zu Freud betrachtete er den Menschen als Ganzes, als unteilbare Einheit (Individualpsychologie). Adler hat den Freud'schen Ansatz vor allem um die soziale Dimension erweitert und damit Anregungen für zukünftige Entwicklungen der Tiefenpsychologie gegeben. Für ihn ist der Mensch ein soziales Wesen. Minderwertigkeitsgefühl, Geltungsbedürfnis, Kompensation, Gemeinschaftsgefühl und Lebensstil bzw. Lebensleitlinie gehören zu den zentralen Begriffen.

Minderwertigkeit und Geltung

Als Kern des Minderwertigkeitsgefühls betrachtete er anfangs vor allem angeborene organische Mängel, z. B. im Bereich des Herzens, des Skeletts, des Nervensystems. Verminderte Leistungsfähigkeit und damit eine Beeinträchtigung des Selbstwertgefühles sind die Folge. 1907 erschien die „Studie über die Minderwertigkeit von Organen". Später wurden allerdings immer deutlicher (sozial)psychologische Gesichtspunkte berücksichtigt, wie etwa ein überbehütender Erziehungsstil, die ungünstige Position in der Geschwisterreihe oder die Geschlechterrolle.

Minderwertigkeit drückt sich subjektiv als Gefühl der Hilflosigkeit, des Schwächerseins und der Abhängigkeit im Zusammenhang mit anderen Menschen aus. Positiv gesehen besteht der Impuls zur Veränderung und zur Kompensation (Geltungsstreben, eigentliche Sicherung des Selbstwertgefühles). Glückt dieses Streben nach einem Ausgleich, nach oben (Macht) oder nach Geltung nicht, entwickelt sich ein **Minderwertigkeitskomplex**. Dieser Komplex in Form des

Minderwertigkeitsgefühles lässt sich nach Adler in allen seelischen Störungen erkennen.

Etwa bis zum fünften Lebensjahr wird auf der Basis der Konstella- **Lebensstil** tionen in der frühen Kindheit (ökonomisch-soziale Situation, Position in der Familie, körperliche Verfassung, elterlicher Erziehungsstil) die Form der Auseinandersetzung mit der Lebenswirklichkeit und den eigenen Minderwertigkeitsgefühlen gefunden und festgelegt. Adler nannte dies den „**Lebensstil**". Dieser Lebensstil bleibt als eine Art Leitlinie oder Lebensplan relativ konstant (Adler 1997).

Neben der Einmaligkeit und Einzigartigkeit des Individuums be- **Gemeinschafts-** tont Adler das Leben und Erleben im sozialen Umfeld, in der Gemein- **gefühl** schaft. Dieses Gefühl geht aus der Mutter-Kind-Beziehung hervor und dient der Vorbereitung auf die Aufgaben des Lebens. Mitmenschlichkeit, Liebe und Arbeit sind wesentlich für das **Gemeinschaftsgefühl**. An ihnen zeigt sich, ob ein Mensch psychisch gesund ist. Der Neurotiker fügt sich nicht in die Forderungen der Gemeinschaft ein – er möchte vielmehr seine Überlegenheitstendenz befriedigen, das unabänderliche Minderwertigkeitsgefühl in ein Gefühl der Gottähnlichkeit verwandeln (Adler 2006, 57).

In das therapeutische Konzept Adlers wird vor allem das **Gespräch** einbezogen. Es geht um das Verstehen, um Erklären des Lebensstils, insbesondere um Ermutigung. Es soll der Mut in die eigenen Fähigkeiten geweckt und gefördert sowie der Wert der eigenen Person erkannt werden. In den diagnostischen Prozess gehen erste Kindheitserinnerungen, Tag- und Nachtträume, Familienkonstellation, Verhaltensauffälligkeiten in der Kindheit und krank machende soziale Umweltfaktoren ein.

Vor allem durch die Auseinandersetzung mit dem Gefühl der Min- **Bedeutung für** derwertigkeit als wichtigem Impuls für das Kompensationsstreben **heilpädagogisches** und durch den Einbezug der sozialen Umwelt ist Adlers Ansatz von **Arbeitsfeld** überzeitlicher Aktualität für Therapie, Unterricht und Erziehung. Sein Konzept hat für das heilpädagogische Arbeitsfeld im Hinblick auf Kinder mit Verhaltensstörungen und Behinderungen im Lernen sowie für die Frage nach Integration (Gemeinschaftsgefühl) große Bedeutung. Freilich bleibt die Problematik der Ermutigung bestehen, wenn es schwerfällt, Erfolge angesichts großer Probleme bei Lernvorgängen oder einer möglichen schweren Behinderung zu verdeutlichen. Es gilt, „Individualpsychologie" im Sinne einer ganzheitlichen Betrachtungsweise der Persönlichkeit ernst zu nehmen.

6.4.3 Möglichkeiten und Probleme im sonder- und heilpädagogischen Arbeitsfeld: Spiel-, Zeichen- und Gruppentherapien

handlungsorientier-
ter Unterricht
Lehrerinnen und Lehrer vor allem im heilpädagogischen Arbeitsfeld können ähnlich wie im Rahmen eines therapeutischen Settings einen wertvollen Beitrag dazu leisten, dass Kinder Konflikte und Spannungen zum Ausdruck bringen. Allgemein gesehen kann es-hafte „Dynamik" durch Spiele, Musik und Musizieren, Malen, Kneten, Geschichtenerzählen, szenische Darstellungen, auch im handlungsorientierten Unterricht, durch jegliches kreative Tun freigesetzt werden. Es muss hierbei nicht verbal gedeutet werden, es genügt bereits die Handlung, in der sich sehr viel Symbolik ausdrücken und verbergen kann.

Das Spiel: Im Spiel werden Möglichkeiten der Freisetzung von Spannungen und der Übertragung gesehen. Das Kind kann hierbei frühere Konflikte und Emotionen wiederholen. Schuldgefühle, Ängste, Aggressionen, Hemmungen können und sollen sich im Spiel ausdrücken. Dem Spiel wohnt bereits eine therapeutische Funktion inne. Weiterhin ermöglicht es einen Zugang zum Unbewussten, vielleicht zur Bedürfnis- und Konfliktlage eines Kindes mit einer Behinderung oder bei vorliegender Verhaltensauffälligkeit. Durch die hervorragende Möglichkeit der Beobachtung hat das Spiel immer auch eine diagnostische Funktion und Bedeutung. Das Spiel erweist sich als eine Möglichkeit zum Handeln ohne Bestrafung, Es-haftes kann sich manifestieren, das Kind kann sich auf natürliche Weise abreagieren. Ein Durchleben und „Durcharbeiten" frühkindlicher / kindlicher Phasen (Katharsis) auch im Sinne des „Nachreifens" fixierter oder regressiver Verhaltensweisen wird vielleicht möglich. Selbstvertrauen, Vertrauen und Ich-Stärkung lassen sich anbahnen. Wichtig erscheint ebenso die spielerische Auseinandersetzung mit der Umwelt, allgemein mit der Wirklichkeit und die mögliche unbewusste Vorbereitung auf die Zukunft.

Hierzu finden sich zahlreiche Ansätze und Beiträge (Klein 1973, 151–168; Peller 1973, 45–53; Rambert 1973a, 434–442; von Staabs 1973, 456–463).

Das Zeichnen: Das Zeichnen ist ein spontanes Ausdrucksmittel des (kleinen) Kindes. Zeichnungen sind aber nicht nur Ausdrucksmittel, sie erleichtern auch die Auseinandersetzung, vielleicht die Bewusstwerdung von Konflikten. Sie ermöglichen das Eindringen ins Unbewusste, begünstigen das Abreagieren von Affekten mit kathartischer Wirkung (Rambert 1973b, 463–477; Pekny 1973, 487–492). Auch die Kombination von Musik- und Maltherapie ist möglich (Peltz 1973, 507–510).

Die Gruppenpsychotherapie: Weitere Anwendungsmöglichkeiten tiefenpsychologischer Elemente finden sich im Bereich der Gruppenpsychotherapie (Slavson 1972; 1973, 745–753). Kindliche Fehlentwicklungen wie Angst, Unsicherheit, Ich-Schwäche werden hier darauf zurückgeführt, dass das normale Wachstum gestört war, das Kind in seinem Streben nach Selbstentfaltung und Selbstvertrauen blockiert und überfordert, dem Kind im Elternhaus bzw. in Gruppenbeziehungen das Gefühl der Geborgenheit nicht hinreichend vermittelt wurde. Vorteile der Therapie in der Gruppe können sein:

- Beschleunigung in der Anfangsphase der Behandlung,
- Erleichterung der Übertragung auf den Therapeuten bzw. Gruppenmitglieder (Entladung der Gefühle),
- Unterstützung und Sicherheit durch die Gruppe.

Vier Typen von Behandlungsgruppen werden von Slavson unterschieden: Spielgruppen, Aktivitätsgruppen, Aktivitäts-Interview-Gruppen und Übergangsgruppen für sozial unangepasste Kinder. Als Ziele der Gruppentherapie werden Förderung der Persönlichkeit und soziale Anpassung genannt (1973, 747).

Das Psychodrama: Deutliche Einflüsse haben tiefenpsychologische Erkenntnisse auf das Psychodrama (Moreno), bei dem Kinder miteinander ihre eigenen Problemsituationen spielerisch darstellen, wobei sie auch die Rolle der störenden Beziehungsperson übernehmen können. Es handelt sich beim Psychodrama um die spontane szenische Darstellung interpersoneller und intrapsychischer Konflikte (Lebovici 1973, 771–777). Sozial-, lern- und tiefenpsychologische Elemente vereinen sich. Insofern handelt es sich um eine im Zusammenhang mit Kindern therapeutisch wirksame „integrative Methode".

Tiefenpsychologische Elemente finden sich vor allem auch im Gespräch, bei dem es im heilpädagogischen Arbeitsfeld häufig um die Aufarbeitung von Minderwertigkeitsgefühlen und Konflikten von Eltern, Kindern und Jugendlichen gleichermaßen geht.

Werden die psychoanalytisch orientierten Erkenntnisse im Zusammenhang mit Entwicklungsprozessen, dem Werden des Kindes und möglicher Störungen (Spitz 1992; Erikson 2005; Winnicott 1992) nicht auf die Sonder- und Heilpädagogik übertragen und könnten Lehrer dieses Wissen nicht mit eigenen Erfahrungen und im Umgang mit den Schülern in Verbindung bringen, bliebe es quasi ein totes Wissen. „Erkenne dich selbst" (Loch 1986, 41), lautet eine psychoanalytische Leitidee. Man kann in Anlehnung an Mannoni (1987) formulieren:

> Das Stück des Weges, das ein Lehrer mit dem Kind mit einer psychischen Störung zurücklegt, ist gleichzeitig Teil eines Weges, den der Lehrer mit sich selbst geht.

6.5   Lerntheoretische und verhaltenstherapeutische Ansätze

Entstehung

Die Verhaltenstherapie, im pädagogischen Arbeitsfeld häufig „Verhaltensmodifikation" genannt, geht aus der Lernforschung und Lernpsychologie hervor. Die Verhaltenstherapie nimmt eine Art Frontstellung gegen die herkömmliche Psychotherapie, speziell gegen die Psychoanalyse ein. Im Verständnis der Verhaltenstherapie sollen die klinisch-psychologische Diagnose und Therapie Ähnlichkeiten mit den **Bedingungen des Experiments** aufweisen. Hierzu gehören vor allem Planmäßigkeit, Überschaubarkeit der Bedingungen, isolierende Variation, Möglichkeiten der Wiederholung und intersubjektive Kontrollierbarkeit. Verhaltensstörungen werden als Ergebnisse verschiedener Arten des Lernens, als Ergebnisse von Lernvorgängen definiert, die Behandlungsmethoden demnach als verschiedene Möglichkeiten des Verlernens oder Neulernens. Neurosen und psychische Fehlhaltungen gelten als erlerntes Fehlverhalten, das mit lernpsychologischen Methoden wieder verlernt werden kann.

Geschichte

Die Geschichte der Verhaltenstherapie kann hier nur kurz skizziert werden. Zuerst ist *Pawlow* (1849–1936) als Vertreter der russischen Reflexologie zu nennen, der mit seinen berühmten Experimenten (Hund, Futter, Speichelabsonderung, Glockenzeichen) das Lernen durch den bedingten Reflex, die neurophysiologische Erklärung und die Extinktionalhypothese gefunden hat.

Bei dieser **klassischen Konditionierung** geht es darum, dass Reflexe eines Organismus auch ausgelöst werden, wenn vorher der unbedingte, also der auslösende Reiz mit einem Signalreiz mehrfach gekoppelt vorgegeben wurde.

Mit dem Experiment von *Watson*, dem Begründer des Behaviorismus, wurde 1920 erstmals bei einem Menschen, dem elf Monate alten Albert, eine phobische Neurose experimentell erzeugt. Man hatte vor dem Experiment festgestellt, dass Albert alle Zeichen der Angst zeigte, wenn hinter ihm mit einem Hammer auf Eisen geschlagen und dabei ein Gong erzeugt wurde. Während nun der Junge mit einer Albinoratte unbefangen spielte, wurde er mit dem Geräusch des Hammerschlages in Furcht versetzt. Beide Reize wurden wiederholt in dieselbe Situation gebracht. Albert reagierte nun allein auf das Erscheinen der Ratte mit allen Zeichen der Angst. Der konditionierte Reiz Ratte generalisierte sich bald nach dem Prinzip der Ähnlichkeit auf andere Tiere und pelz- oder fellartige Gegenstände.

Bekannt ist auch die Untersuchung von *Jones* im Zusammenhang mit Peter, einem Jungen im Alter von 2;10 Jahren, der als gesund und unauffällig beschrieben wird. Peter hatte aber eine Phobie vor Kaninchen, die sich bereits auf andere Objekte (Pelze, Felle, Federn) generalisiert hatte. Die Behandlung erfolgte bei Peter mit den Methoden der sukzessiven Approximation und der sozialen Nachahmung. Schokolade, die er gerne aß, diente als Angsthemmer. Ferner waren, als die Versuchsleiterin ein Kaninchen im Käfig in das Zimmer brachte, noch andere Kinder da, die keine Angst vor dem Kaninchen hatten. Das Tier wurde zunächst aus einer Entfernung gezeigt, die wenig Angst auslöste. Dies wurde dadurch deutlich, dass der Kleine seine Schokolade weiteraß. Langsam wurde der Abstand zu dem Tier verringert, so dass nach 45 Sitzungen Peter das Kaninchen an seinem Finger knabbern lassen konnte.

Dieses Vorgehen der allmählichen Heranführung an ein Angstobjekt kommt der Technik der **Desensibilisierung** nach *Wolpe* sehr nahe. Die Versuche mit Albert und Peter, die hier nicht kritisch hinterfragt werden können, sind die ersten Fälle der Verhaltenstherapie, deren Behandlungsgeschichte bekannt wurde. In beiden Fällen spielte eine Phobie eine Rolle – eine Neurosenform, die in der Verhaltenstherapie einen wesentlichen Platz einnimmt.

Desensibilisierung

Eine eigene Lerntheorie und damit eine Möglichkeit, Verhalten, insbesondere Verhaltensstörungen zu beeinflussen, entwickelte *Skinner*. Das besondere Merkmal an der Skinner'schen Therapie ist die Verbindung mit dem Medium des Verhaltens, des Tuns und der Motorik, also das Kennzeichen der Aktionalität bzw. Handlung. Diese Therapie ergibt sich aus seiner Theorie des **operanten Konditionierens** und der Verstärkung (Skinner 1973; 1974).

Von **operanten Verhaltensweisen** spricht man, wenn das Verhalten spontan aus dem Organismus hervorgeht, es sich also nicht um eine Reaktion auf (von außen) gesetzte Reize handelt. Ein operantes Verhalten kann positiv verstärkt werden, d. h. es werden solche Reize in die Situation eingebracht, die das Auftreten einer angestrebten Verhaltensweise mit hoher Wahrscheinlichkeit erwarten lässt. Es kann hier keine Besprechung der differenzierten positiven und negativen Verstärkerarten erfolgen. Wichtig ist, dass Verstärker entsprechend dem Zustand des Organismus als positiv oder negativ zu bezeichnen sind. Skinner konnte eine wesentliche Beschleunigung eines bestimmten Lernprozesses durch Verstärkung oder Bekräftigung (reinforcement) in Richtung eines erwünschten Verhaltens erzielen.

Anwendung operanten Konditionierens

Warum erweist sich diese Form des operanten Konditionierens gerade für Kinder mit Verhaltensauffälligkeiten oder mit Behinderungen als bedeutsam? Diese Therapieform bietet sich vor allem bei Kindern an, die verbal wenig beeinflussbar sind, z. B. bei Kindern mit geistiger Behinderung, wenn sie Ansätze z. B. zum selbstständigen Anziehen oder Essverhalten zeigen, bei Kindern mit autistischen Verhaltensweisen oder bei Kindern mit Verhaltensstörungen, die ansatzweise, vielleicht in bestimmten Situationen „akzeptables Verhalten" zeigen. Bei diesen Kindern werden kleinste Schritte in Richtung des erwünschten Verhaltens verstärkt (Gottwald/Redlin 1972; Kane/Kane 1984; Gräff/Fuchs 1976; Wegler/Albert 1976; Kuhlen 1974).

6.5.1 Beeinflussung des Verhaltens durch verschiedene Variablen, „kognitive Wende" und Imitationslernen

S-O-R-K-C

Je nach verhaltenstherapeutischer Richtung können die Variablen Situation/Reiz, Reaktion/Verhalten und Verstärkung beschrieben werden. Sowohl im wissenschaftlichen als auch im praktischen Bereich verbreitet und von den Anhängern anerkannt ist das Paradigma des operanten Konditionierens Skinners (1974). Es wird durch die folgende Verhaltensformel ausgedrückt: S-O-R-K-C, d. h. Verhalten wird hauptsächlich durch die nachfolgenden Konsequenzen gesteuert. Diese fünf Variablen gelten als notwendige und hinreichende Bedingung für die Erklärung und Veränderung von Verhalten. Die Reaktion (R) gilt als abhängig von dem vorausgehenden Stimulus (S), von den Bedingungen im Organismus (O), von der Konsequenz C auf das Verhalten und von K als Kontingenz, d. h. der Art der Beziehung zwischen Verhalten und Konsequenz. Pongratz unterscheidet im Hinblick auf therapeutisches Vorgehen konsequenterweise zwischen S-, C-, und R-Techniken (1975, 327–335).

Verhaltensanalyse

Bedenkenswert sind im sonder- und heilpädagogischen Arbeitsfeld alle hier angeführten Variablen unter ausdrücklichem Einbezug des

Organismus. Sonder- und Heilpädagogen erfahren nahezu täglich die Abhängigkeit der Leistung und des Gesamtverhaltens eines Schülers von der Befindlichkeit des Organismus. Der Verhaltensanalyse gehen folgende Aspekte voraus: die Zielanalyse, die Definition (Beschreibung) des Verhaltens, die Häufigkeit, die Stärke des Verhaltens und die Erkundung darüber, was vorher geschieht und was danach passiert. Zentrale Fragen im Rahmen einer Verhaltensanalyse lauten:

- Unter welchen Bedingungen tritt das – fragliche – Verhalten regelmäßig auf?
- Welche positiven oder negativen Konsequenzen beeinflussten bisher das Problemverhalten?
- Wie ist die Beschaffenheit des Organismus (müde, hungrig, Beeinträchtigung der Motorik, Medikamente, Drogen, Alkohol)?
- Durch welche vorangehenden und nachfolgenden Bedingungen wird das Verhalten, das nun als Erstes verändert werden soll, hauptsächlich bedingt?
- Wo soll man eingreifen?
- Welche Strategie und welche konkreten Maßnahmen sind zwecks Modifikation des Verhaltens zu planen? (Müller et al. 1980, 65–68).

Es wird deutlich, dass der Orientierung an Techniken der Verhaltensmodifikation auch immer die Gefahr der Manipulation von Kindern, Jugendlichen und Erwachsenen anhaftet. Weitere kritische Anmerkungen zu diesen Techniken werde ich später anfügen (s. Kap. 6.5.3).

Die Tiefenpsychologie geht davon aus, das neurotische Symptom, die psychische Störung sei nur die Oberfläche. Die eigentlichen Ursachen lägen dabei tiefer und müssten individuell erforscht werden, Heilung trete durch Aufarbeitung tiefer und möglicherweise lange zurückliegender Probleme ein. Dagegen formulieren die orthodoxen Behavioristen: Das Symptom ist die Neurose. Hieraus ergibt sich eine rein symptomatische Behandlung. Um der Kritik des Kurierens an den Symptomen, dem Vorwurf der Manipulation zu entgehen, aber auch aufgrund eigener Erkenntnisse hat die Verhaltenstherapie mehrere Entwicklungen vollzogen.

Seit Ende der 1960er Jahre wurden immer stärker die sogenannten **kognitive Wende** „kognitiven Methoden" verwendet, weil eben doch die Komplexität der Störungen den Einbezug innerer Stimuli (Gedanken, Gefühle) in die Therapie als notwendig erscheinen ließ. Ein wichtiges Moment spielte jetzt auch die Klient-Therapeut-Interaktion, also die „Beziehung", die bisher – als „subjektiver" Aspekt – von Verhaltenstherapeuten nur unzureichend beachtet wurde.

Anfang der 1970er Jahre konzentrierte sich die Entwicklung vor allem auf **Selbstkontrolltechniken,** die man – je nach theoretischem Standpunkt – anfänglich mehr dem operanten Konditionierungsprinzip, später dem kognitiven Ansatz zuordnete. Der Klient sei in der Lage, sich selbst zu steuern, ein selbstgesetztes Ziel zu erreichen, sich selbst mit Hilfe eines Therapeuten zu regulieren (Kanfer 1977). Der Mensch wird nun nicht mehr nur als ein sich verhaltendes, sondern als handelndes Wesen aufgefasst, das in der Lage ist, zielstrebig inneren Plänen zu folgen. Es wird jetzt auch auf die Genese eines Symptomes (Problems) geachtet und in einem Bezugsrahmen zum Gesamtverhalten erklärt.

Von der klassischen Verhaltenstherapie ist zwar die ganz bestimmte Art der Problemkonzeptualisierung geblieben, man kann aber sagen, dass der Abstand zu den psychoanalytischen Methoden sich verringert hat und sich wahrscheinlich in Zukunft noch weiter verringern wird.

Modelllernen

Beim Lernen am Modell oder Imitations-/Modelllernen handelt es sich um eine sehr ursprüngliche, natürliche und ganzheitliche Lernform, wenn man das Lernen im Säuglingsalter und in der frühen Kindheit in Betracht zieht. Gerade bei Kindern mit Behinderungen und bei Kindern mit Verhaltensauffälligkeiten kommt dieser Lernart eine besondere Bedeutung zu, wenn etwa ein Kind noch gar keine Ansätze für den Erwerb einer bestimmten Verhaltensweise zeigt. Vor allem komplexe Handlungsabläufe können auf der Basis klassischen und operanten Konditionierens nur schwer erklärt und vermittelt werden.

Modelllernen meint, dass eine Person durch Beobachtung einer oder mehrerer (Modell-)Person/-en Verhaltensweisen, Einstellungen und emotionale Reaktionen erwirbt bzw. übernimmt. Hierbei kommt es vor allem auf die Beziehung zwischen den Personen an, die den Prozess des Modelllernens intendieren. Zwei Prozesse sind wichtig: die Aufnahmephase (Beobachter selbst zeigt keine Reaktion, Aufmerksamkeit, Gedächtnisprozesse, gedankliches Probehandeln) und Ausführungsphase (Bandura 1976).

Anwendung des Modelllernens

Im heilpädagogischen Arbeitsfeld sollte Lernen am Modell so gestaltet sein, dass die individuellen Lernvoraussetzungen eines Kindes berücksichtigt werden, z.B. Sinnes-, Aufmerksamkeits-, Wahrnehmungsleistungen sowie motorische Voraussetzungen. Beim Lernen in der Gruppe erweist sich der enthemmende Effekt und der Mitreißeffekt etwa im Zusammenhang mit Angst vor etwas als bedeutsam (s. Kaninchenphobie im „Fall Peter" von Jones). Modelllernen stellt bezüglich zahlreicher Verhaltensweisen (Sprache, Sozialverhalten, Handlungen) ein wichtiges Argument für gemeinsame Erziehung und

Unterrichtung von Kindern mit und ohne Behinderungen dar. Günstige Bedingungen für Modelllernen sind die Identifikationsmöglichkeit mit dem Modell, eine emotional positive, entspannte Atmosphäre, das Gefühl der Freiwilligkeit bezüglich Annahme oder Ablehnung einer Handlungsweise.

6.5.2 Anwendungsmöglichkeiten verhaltensmodifikatorischer Prinzipien bzw. Techniken im Bereich Erziehung und Unterricht

Verhaltensmodifikation bedeutet Übertragung von Lernprinzipien auf die pädagogische Praxis. Bei aller Kritik an verhaltensmodifikatorischen Ansätzen und „Techniken" möchte ich doch auf einige Möglichkeiten hinweisen, die vor allem bei Kindern mit Störungen, Beeinträchtigungen und Behinderungen zu einer Erweiterung des Handlungsspielraumes und damit zu größerer Selbstständigkeit, vielleicht auch zu einem höheren Maß an Selbstverwirklichung beitragen können. Wichtig dabei ist, dass die Bedürfnisse der betroffenen Kinder berücksichtigt werden und eine gute Beziehung zum Erzieher, Heilpädagogen oder Therapeuten besteht. Man kann durch Eingriffe von außen auf das Verhalten einwirken. Erinnert sei an:

- **S-Techniken** (Situation, Stimulus, Reiz): an der Situation oder am Reiz wird an- oder eingegriffen;
- **R-Techniken:** direktes Eingreifen am symptomatischen Verhalten, an der Reaktion (z.B. Guidance, „Einschleifen" von Verhalten);
- **C-Techniken:** Änderung der Konsequenzen, auf die Einfluss ausgeübt wird.

Auf die Bedeutung der Organismus-Variablen (O) und auf unterschiedliche Möglichkeiten der Verstärkung sei hingewiesen.

Verhaltensformung / -ausformung: Zerlegung einer Handlungskette **Shaping** in kleinste und kleine, leicht ausführbare Schritte mit entsprechender gezielter Verstärkung (Kind lernt, z.B. sauber zu werden, sich anzuziehen, Ordnung zu halten; evtl. auch bei Kindern mit autistischen Zügen in kombinierter Form anzuwenden). Voraussetzung: Erste Ansätze zu einem Verhalten müssen beobachtet, entdeckt, evtl. gesucht werden (s.a. Förderdiagnostik; Verhaltensbeobachtung, Suche nach Anknüpfungspunkten). Ähnlich verhält es sich bei der sukzessiven oder schrittweisen Annäherung (Approximation) an das gewünschte Verhalten.

Chaining

Kettenbildung: Zerlegung einer Handlungskette in mehrgliedrige, leichte Sequenzen, wobei das vorausgehende Glied der Kette jeweils durch das nachfolgende, dem Ziel nähere verstärkt wird (z.B. zwei Minuten konzentriert arbeiten oder lernen).

Prompting

Hilfestellung geben: Schwache Schüler bekommen Lösungsansätze oder Teillösungen geliefert, es werden Hilfen angeboten; z.B. auch in Mathematik, Rechtschreiben oder im Turnen.

Priming

Ingangsetzen von Verhalten: z.B. durch Modellpersonen (s. „Fall Peter" – Kaninchen), auch durch „guidance" (Führung), evtl. bei schwerer geistiger Behinderung, wenn eine neue Handlung (z.B. alleine essen) erworben wird. Bei Säuglingen und Kleinkindern, aber auch später noch verhalten sich Eltern in ähnlicher Weise, auch im Sinne von „Prompting", und „Fading" (z.B. beim Klettern, beim Erlernen des Radfahrens, Schwimmens).

Fading

Langsames Ausblenden der Hilfestellung bei Unterscheidungslernen und Handlungen.

weitere Techniken

Gegenkonditionierung: Z.B. Angst wird durch gleichzeitige Entspannung abgebaut, die Angst eines Kleinkindes vor der Badewanne kann durch interessante Spielsachen, durch Singen und Spielen mit dem Kind (auch durch Kombination mit Modelllernen) verringert werden.

Kontingenzverträge: Abschließen von Verträgen mit dem Betroffenen, die festlegen, für welches Verhalten und wie die Verstärkung erfolgt (Homme et al. 1976).

Intermittierende Verstärkung: Unregelmäßige Verstärkung erweist sich als wirksamer als regelmäßige. Es sollte also nicht jede Reaktion im Sinne erwünschten Verhaltens verstärkt werden.

Selbstmodifikation: Intendiert wird die Selbstregulierung eines Verhaltens, Selbstbestimmung, Selbsterziehung, mehr Mündigkeit durch

- Festsetzung des Handlungszieles: „Ich will mich ändern!",
- Selbstbeobachtung bei der Handlungsdurchführung,
- Bewertung des eigenen Verhaltens,
- Austeilen angenehmer oder unangenehmer Reize je nach Verhaltensbewertung.

Selbstregulation auf der Basis eigener Einsichten und geeigneter **Selbstverstärkung** (Kanfer 1977; Meichenbaum 1977):

- Klienten umreißen ihr Problem im Detail (Zieldefinition),
- Suche nach Lösungsmöglichkeiten,
- rationale Auswahl des besten Lösungsweges,
- sich das entsprechende Verhalten explizit vornehmen,
- Gedanken, Gefühle und Verhaltensweisen bei der Handlungsdurchführung beobachten (protokollieren),
- Handlung danach beurteilen, ob sie dem Vorsatz entsprechend durchgeführt wurde,
- entsprechend der Handlungsbewertung selbst eine Verstärkung/Belohnung oder Bestrafung (bzw. Löschung) zufügen.

6.5.3 Kritische Anmerkungen zur Verhaltenstherapie / -modifikation

Die ursprüngliche Verhaltenstheorie erweist sich als zu eng angelegt, interne Prozesse des Menschen werden geleugnet, komplexes Verhalten (Handlungen) und komplexe Situationen, Emotionen sowie Motivationen können nicht hinreichend erfasst und beschrieben werden. Eine Gefahr im pädagogischen Bereich besteht darin, dass sich Lehrer zu sehr am äußerlich wahrnehmbaren Verhalten, also an Symptomen, orientieren, und diese nicht als Signale von Konflikten und Notsituationen wahrnehmen. Bei vielen Fachleuten hat Verhaltenstherapie den Ruf eines „zudeckenden Verfahrens".

Die Ergebnisse von Tierversuchen – in Käfigen, z. T. unter Extrembedingungen durchgeführt – auf den Menschen zu übertragen, kann in dieser Verallgemeinerung dem Wesen des Menschen nicht gerecht werden.

Der wohl am häufigsten zu hörende Einwand gegen die im Bereich der Pädagogik Anwendung findende Verhaltensmodifikation liegt im Manipulationsvorwurf. Verhaltensmodifikation als ein Instrument der Manipulation schränke den Freiheitsraum ein, verhindere Eigenaktivitäten, Einsichten, schlichtweg Möglichkeiten der Kreativität, Selbstentfaltung des Individuums. Tatsächlich muss gefragt werden, wer letztendlich die Normen für „richtiges", „störungsfreies", „angepasstes" Verhalten festlegt und ob nicht auch Missbrauch betrieben werden kann.

Im Bereich der ersten und zweiten Klasse Grundschule habe ich bis in die jüngste Zeit hinein völlig unsinnige Modifikationssysteme für ganze Klassen erlebt: Mehrsternchen-Systeme, „Gummibärchen-Lesen", wobei die Differenzierung von null, einem halben bis zu drei Gummibärchen reicht, Stempel mit weinendem und lachendem Gesicht. Warum ein weinendes Gesicht als Stempel unter einen Hefteintrag oder gar auf die Stirn (!), wenn das sechs- bis siebenjährige Kind mit Störungen der Feinmotorik, der optischen Differenzierung, der Auge-Hand-Koordination sich größte Mühe gibt? Wenn in einer Grundschulklasse mit 27 Schülerinnen und Schülern, in einem völlig homogenen Einzugsgebiet neun als psychisch gestört und auffällig gelten und für eine Therapie vorgeschlagen werden, muss man sich fragen, ob nicht die Lehrerin selbst oder ihre Wahrnehmung gestört ist.

Verhaltensmodifikation zur Anwendung für ganze Klassen zwecks Leistungssteigerung und Verhaltenssteuerung halte ich für nicht vertretbar. Kinder sind in der Regel hinreichend motiviert, können und wollen aktiv sein und bedürfen keines künstlichen Antriebes. Bei solchen „Drillsystemen", wie sie manchmal in Grundschulklassen zu beobachten sind, denke ich an militärische Systeme. Die Gefahr besteht, dass man am eigentlichen So-Sein dieser Kinder vorbeigeht. Nur wenn man aus erzieherischen Gründen bei einzelnen Kindern verhaltensmodifikatorische Maßnahmen für sinnvoll hält, kann man in sensibler Weise auf der Basis pädagogischer Verantwortung, orientiert an den Bedürfnissen und Möglichkeiten eines Kindes mit Lern- oder Verhaltensproblemen, im pädagogischen Arbeitsfeld von dieser Möglichkeit Gebrauch machen. Dabei sollte die Genese einer Problematik hinreichend berücksichtigt werden.

6.6   Klientenzentrierte Verfahren

Im Jahre 1942 trat – mit einer sehr komplexen Eigengestalt – die Client-centered-Therapy in den Bereich der Psychotherapien ein. Deutlich setzt sich diese neue Therapieform vor allem gegen die Verhaltenstherapie ab. Die Kontroverse „Freiheit gegen Verhaltenskontrolle" steht im Zentrum dieser gegensätzlichen Richtungen.

6.6.1   Geschichtliches und Menschenbild

Entstehung   Die klientenzentrierte Psychotherapie wurde in erster Linie von *Carl Rogers* konzipiert und entstand etwa zwischen 1938 und 1950 in den USA. Rogers erstes Buch zu dieser Therapieform hatte den Titel „Counseling and Psychotherapy" (1942). Rogers lehnt die Kontrolle in Richtung der von außen gesteuerten und geplanten Persönlichkeit entschieden ab. Er setzt Freiheit an die Stelle von Kontrolle, Selbststeuerung an die Stelle von Fremdsteuerung, das Individuum an die

Stelle des Kollektivs und das Werden und Reifen an die Stelle von Planung und Änderung. Reflexion von Gefühlen und nichtdirektive Techniken waren die primären Identifikationsmerkmale dieser Therapieform.

Der Begriff Klient wurde anstelle des Begriffs „Patient" verwendet. **Klient**
Dies sollte darauf hinweisen, dass es sich hier nicht um ein manipulatives oder medizinisch präskriptives Modell handelt. Der Mensch, der um Hilfe nachsucht, wurde als ein selbstverantwortlicher Klient wahrgenommen und geschätzt. Er sei in einem dazu günstigen Klima, wie es vom Therapeuten hergestellt wird, imstande, seine eigenen Entdeckungen zu machen und eigene Entscheidungen zu treffen. Der Klient ist nicht Objekt der Behandlung. Die ersten Klienten waren vorwiegend fehlangepasste und neurotische Studenten, Kinder und Eltern, die alle fähig waren, in der Gesellschaft zurechtzukommen. Je breiter die Erfahrung, adäquater die Theoriebildung und intensiver die Forschung wurde, umso mehr fand der Begriff „Client-centered-Therapy" (Rogers 1951) Anwendung. Es sollte damit hervorgehoben werden, dass die innere phänomenale Welt des Klienten den Mittelpunkt bildete.

Rogers (1959) entwickelte dazu eine strenge Therapie- und Per- **Persönlichkeits-**
sönlichkeitstheorie. Die Theorie impliziert, dass es sich hierbei nicht **theorie**
einfach um eine Form von Psychotherapie handelt, sondern um einen Ansatz, der für alle menschlichen Beziehungen bedeutsam ist. Carl Rogers ist die unumstrittene Persönlichkeit der Humanistischen Psychologie und Psychotherapie. Kein anderer Vertreter dieser Richtung hatte solchen Einfluss. Rogers selbst hält es wohl für seinen wichtigsten Beitrag, zu zeigen, wie sich das Potenzial eines Menschen bzw. einer Gruppe – Rogers gilt auch als „Vater" der Encounter-Bewegung – in einem günstigen psychologischen Klima entfalten kann.

Zentrale Annahmen der Humanistischen Psychologie sind: **Humanistische**
Psychologie

- Der Mensch gilt als integrierte Ganzheit (Verbindung von Tiefenpsychologie und Sozialpsychologie).
- Die Natur des Menschen gilt als grundsätzlich gut, Destruktivität ist auf die Umwelt zurückzuführen.
- Der Mensch besitzt von Natur aus ein kreatives Potenzial, ein kreatives Wachstum; die Kreativität kann dabei auch bescheiden sein.
- Die Betonung liegt auf der an sich vorhandenen bzw. anzustrebenden psychischen Gesundheit.
- Das Wissenschaftsverständnis orientiert sich an Wertvorstellungen über das menschliche Wesen.

Abb. 9: Die Struktur der Persönlichkeit (ähnliche Skizzen s. Rogers 2005 u. Goetze/Jaede 1975, 47)

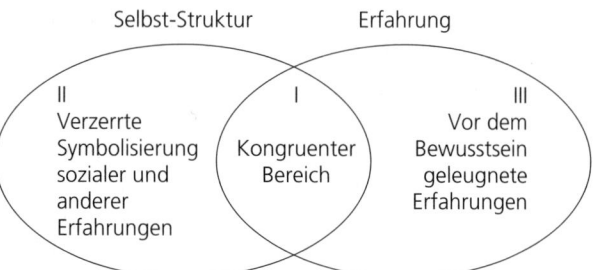

Selbst-Struktur   Erfahrung

II
Verzerrte
Symbolisierung   Kongruenter
sozialer und   Bereich
anderer
Erfahrungen

I

III
Vor dem
Bewusstsein
geleugnete
Erfahrungen

Rogers' Menschenbild

Wesentliche Aspekte des Menschenbildes und der Persönlichkeitstheorie sind in allen Schriften von Rogers enthalten. Hierzu einige **Basisannahmen:**

- Jedes Individuum existiert in einer sich ständig ändernden Welt. Es besteht ein fortwährender Informationszufluss.
- Ein Teil des gesamten Wahrnehmungsfeldes entwickelt sich nach und nach zum Selbst.
- Als Resultat der Interaktionen mit der Umgebung und insbesondere als Resultat wertbestimmender Interaktionen mit anderen wird die Struktur des Selbst geformt.
- Die Struktur des Selbst geht aus Erfahrungen hervor, die das Individuum im Umgang mit seiner Umwelt, vor allem während der ersten Lebensjahre macht. Es gibt drei Arten von Erfahrungen (Abb. 9):
  1. Solche, die mit der Selbst-Struktur in Einklang stehen und das Selbst erhöhen können. Sie werden symbolisiert, d. h. in das Selbst integriert.
  2. Solche, die ignoriert werden, weil sie nicht in Übereinstimmung mit der Selbst-Struktur stehen und deshalb auch nicht symbolisiert und integriert werden.
  3. Solche, die zum bestehenden Selbst-Konzept in Widerspruch stehen, aber doch in verzerrter Form symbolisiert (geleugnet, verdrängt) werden können.

6.6.2   Psychische Störungen, Beziehung und Haltung im Rahmen der Gesprächspsychotherapie

Entstehung psychischer Störungen

Psychische Störungen entstehen, wenn ein Widerspruch vorliegt zwischen dem ständig neue Erfahrung sammelnden Organismus einerseits und dem gerade diese Erfahrungen leugnenden Selbst. Hieraus geht hervor, dass bestimmte Bedürfnisse, die auf Befriedigung drängen, überhaupt nicht mehr zur Kenntnis genommen werden. Es entsteht ein Zustand der Inkongruenz und damit das Erlebnis psychischer Spannung.

Es kommt darauf an, Selbst-Struktur und Erfahrungen möglichst nahe zur Kongruenz zu bringen, wenngleich eine immerwährende totale Kongruenz zwischen Selbst und Erfahrung niemals erreicht wird. Als **„fully functioning person"** bezeichnet Rogers eine Person, bei der sich Selbst-Struktur und Erfahrung decken. Allerdings muss man dieses Therapieziel im Sinne eines Idealzustandes verstehen, der in der Lebenswirklichkeit wohl kaum zu erreichen ist. Psychische Anpassung besteht, wenn das Selbstkonzept so entwickelt wurde, dass alle Körper- und Sinneserfahrungen des Organismus auf einer symbolischen Ebene mit ihm übereinstimmen.

Therapieziel: „fully functioning person"

Bei Kindern mit Lernproblemen könnte dieser Zustand der Inkongruenz sehr rasch auftreten. Sie werden täglich mit der Erfahrung des Leistungsversagens im Zusammenhang mit Lehrern (Noten), Mitschülern, Eltern und ihrer eigenen Vorstellung von Können und Leistungsfähigkeit konfrontiert und geraten in Distanz zu ihrem Selbst. Wahrscheinlich erfahren sie ihre Situation als unerträglich (Teufelskreis Lernstörung, s. Kap. 1.3). Die Noten fünf und sechs lassen sich eigentlich aus pädagogischen und psychologischen Gründen, insbesondere auf der Basis des Konzeptes von Rogers, nicht rechtfertigen.

Lernstörungen

Psychische Fehlanpassung liegt vor, wenn vor dem Bewusstsein wichtige Körper- und Sinneserfahrungen geleugnet werden, also nicht in die Gestalt des Selbstkonzeptes organisiert werden. Dies führt zu einer grundlegenden oder potenziellen psychischen Spannung.

Vor allem werden Erfahrungen als Bedrohung wahrgenommen, die nicht mehr mit der Struktur des Selbstkonzeptes übereinstimmen. Dadurch wird die Selbst-Struktur starrer organisiert, um sich zu erhalten.

Die Gefahr der Konfrontation mit Erfahrungen, die zur Inkongruenz (Verleugnung, Verdrängung) mit dem Selbst führen, besteht bei Kindern, Jugendlichen und Erwachsenen mit Beeinträchtigungen körperlicher, emotional-affektiver, sozialer, geistiger oder auch ökonomischer Art in höchstem Maße. Sie erfahren permanent die Diskrepanz zwischen der „Welt" der sogenannten „Nichtbehinderten" und ihren eigenen Problemen. Der theoretische und praktische Ansatz von Rogers führt zu einem Weg des besseren Verstehens von Menschen in Notsituationen. Es müsste jedoch intensiver gefragt und geforscht werden, wie sich Menschen mit Behinderungen aktualisieren können.

Inkongruenzen

In Deutschland wurde das klientenzentrierte Persönlichkeitskonzept und die entsprechende Gesprächspsychotherapie vor allem durch das

Verbreitung in Deutschland

Ehepaar Tausch bekannt gemacht und weiterentwickelt. Zum besseren Verständnis der Gesprächspsychotherapie sind einige Informationen zur therapeutischen Beziehung und zu Haltungen des Therapeuten notwendig (Rogers 1994; 2005; Tausch/Tausch 1990).

3 Therapeuten-variablen

In der Entwicklung der klientenzentrierten Psychotherapie hat sich im Laufe der Zeit die Auffassung herausgebildet, dass der therapeutische Erfolg nicht primär von der Schulung in Techniken oder von technischen Fertigkeiten abhängt, sondern von bestimmten Haltungen im Therapeuten. Forschungsergebnisse lassen drei grundlegende Haltungen bzw. **Einstellungen auf Seiten des Therapeuten** für den Therapieerfolg am wichtigsten erscheinen:

- Uneingeschränktes Akzeptieren oder nicht an Bedingungen gebundene **positive Wertschätzung** des Klienten durch den Therapeuten bzw. **emotionale Wärme** (Akzeptanz, uneingeschränkte Wertschätzung),
- **Echtheit** oder Kongruenz des Therapeuten,
- ein sensitives und genau **einfühlendes Verstehen** der Gefühle durch den Therapeuten (Empathie).

Wirkungsweise

Die erste förderliche Haltung und Aktivität von „helfenden Personen" wird auch mit „Achten – Wärme – Sorgen" beschrieben (Tausch/Tausch 1990, 66–83). Die therapeutische Wirkung beruht darauf, dass aufgrund dieses Therapeutenverhaltens – **positive Wertschätzung** und emotionale Wärme – sich auch beim Klienten Gefühle der Achtung und Akzeptanz einstellen und äußern. Das Selbstkonzept wird in seinen positiven bejahenden Seiten erhellt, der Konflikt (mit sich selbst) entspannt sich. Ein höchst wichtiger Punkt ist die Haltung des Therapeuten gegenüber dem Wert und der Bedeutung des anderen.

Eine wichtige Grundlage bilden auch **Echtheit und Echtsein** – ohne Fassade-Sein (Tausch/Tausch 1990, 84 ff). Therapie ist am wahrscheinlichsten dann wirksam, wenn der Therapeut in der Beziehung das ist, was er ist, ohne sich zu verstellen oder hinter einer Fassade zu verbergen (Kongruenz). Der Therapeut ist also in der Beziehung zum Klienten für diesen transparent, verkörpert offen die Gefühle und Haltungen, die im Augenblick in ihm lebendig sind. Dies bedeutet, dass hier ein direkt persönliches Zusammentreffen mit dem Klienten stattfindet, also eine Begegnung auf rein menschlicher Ebene.

„**Einfühlendes Verstehen**", „Verständnis" oder „Empathie" (Tausch/Tausch 1990, 31–65) gilt als die dritte förderliche Haltung. Gemeint ist die Fähigkeit des Therapeuten, die Erfahrungen und Gefühle des Klienten und die Bedeutungen, die sie für ihn haben, genau und sensitiv zu verstehen. Der Klient soll dabei unterstützt werden, das gegenwärtig Erlebte zu fokussieren, so dass er sich dem Gegenüber in seinem Fühlen öffnen und es zu seinem vollen, ungehinderten Erleben kommen lassen kann. Für Rogers bedeutet dies, die persönliche Wahrnehmungswelt eines anderen zu betreten und „völlig in ihr zu Hause zu sein" (Tausch/Tausch 1990, 36).

Die Grobskizzierung eines therapeutischen Prozesses zeigt, wie sich die rigide Starrheit der Einstellungen (Konstrukte und Wahrnehmungen) in sieben Prozessphasen verändert:

therapeutischer Prozess

1. Phase: In den Konstrukten, die eine Klientin über sich selbst und ihre Welt bildet, herrscht eine starre Ordnung. Von dem unmittelbaren, in ihr selbst ablaufenden Erleben ist sie so weit entfernt, dass sie dieses Erlebens nicht gewahr ist.

2. Phase: Die Klientin ist imstande, sich zu nicht unmittelbar sie selbst betreffenden Themen zu äußern, auch über Probleme, die sie als external wahrnimmt. Gefühle werden zwar gelegentlich beschrieben, jedoch so, als habe man sie nicht selbst.

3. Phase: Wenn sich die Klientin in der zweiten Phase, so wie sie ist, als völlig angenommen erfährt, setzt eine Auflockerung ein. Es wird jetzt viel über Gefühle und persönliche Bedeutung gesprochen.

4. Phase: Gefühle werden als Objekt der Gegenwart beschrieben. Die Klientin exploriert sich, beginnt sich selbst als fühlendes, erlebendes Wesen zu erfahren.

5. Phase: Die Klientin fühlt sich sicher, hat weniger Angst vor dem, was sie bei sich entdecken könnte. Persönliche Gefühle und Bedeutungen treten ins Bewusstsein, werden in fast vollem Umfang erfahren – manchmal mit Angst, Misstrauen oder Verwunderung. Die Klientin möchte ihr „wirkliches Ich" sein.

6. Phase: Diese Phase gestaltet sich häufig dramatisch. Gefühle werden in voller Stärke erlebt und dabei akzeptiert (Tränen, Entspannung der Muskeln).

7. Phase: Es deutet sich eine Richtung, ein Ziel an. Diese Phase ist eine Beschreibung des voll erlebens- und handlungsfähigen Menschen, der „fully functioning person" (Rogers 2006, 136–154).

heilpädagogische Implikationen

Bemühungen um persönliche Wertschätzung, emotionale Wärme, Echtheit und Einfühlung/Verstehen sollten die Grundlage für die Begegnung mit Menschen mit Behinderungen bilden. Akzeptanz, Kongruenz und Empathie gehören zu den Grundhaltungen jedes Einzelgespräches, sei es mit den Erziehungsberechtigten oder mit den Betroffenen selbst. Dass es allerdings hierbei Widerstände und Probleme in der heilpädagogischen Wirklichkeit gibt, kann nicht bezweifelt werden. Vor allem die wissenschaftliche Forschung sollte sich stärker um die Erhellung dieser spezifischen zwischenmenschlichen Probleme bemühen. Sie sollte die Möglichkeiten, aber auch Probleme des Transfers dieser Therapieform in das heilpädagogische Arbeitsfeld (Schule zur Erziehungshilfe, Schulen für Kinder mit Behinderungen, Freizeitbereich, Alltagswirklichkeit) ins Bewusstsein heben. Die Atmosphäre des Akzeptierens, des Verstehens und des Respekts hält Rogers für die wichtigste Basis zur Förderung des Lernens. Hieraus lässt sich die Begründung eines schülerzentrierten bzw. schülerorientierten Unterrichts ableiten.

Im Zusammenhang mit spezifischen Erfahrungen, der individuellen Lerngeschichte und daraus hervorgehenden speziellen Erziehungs- und Förderungsbedürfnissen von Kindern mit Behinderungen empfehle ich ein „kind- oder kinderorientiertes" Erziehen und Unterrichten in einer „Schule für kinderorientiertes Lernen" (Bundschuh 1987b, 184–191; 1989, 235–245), die allen Schülern offenstehen könnte. Ein bestimmtes Maß an Erfahrungen, die nicht mit der Struktur des Selbstkonzeptes übereinstimmen, wird als Bedrohung wahrgenommen, hat eine Erstarrung der Selbst-Struktur und damit eine psychische Störung zur Folge. Diese Tatsache fordert Heilpädagogen heraus, sich mit den individuellen Erfahrungen, Wahrnehmungen und der subjektiven Bedeutsamkeit dieser Erfahrungen für Menschen mit Behinderungen intensiver auseinanderzusetzen als bisher. Dies gilt für Interaktionen mit Einzelpersonen und für die heilpädagogische Forschung im Allgemeinen.

6.7   Die Kindertherapie nach Virginia M. Axline

Ausgangsbasis: Ausdrucksprobleme

Kinder im Allgemeinen, insbesondere Kinder mit Behinderungen, haben manchmal Schwierigkeiten, sich sprachlich auszudrücken, Gefühle zu verbalisieren. Speziell für Kinder mit Lernschwierigkeiten und psychischen Problemen (Hemmungen, Passivität, Aggressivität, Nervosität, übertriebene Ängste, durch körperliche, sprachliche Beeinträchtigungen frustrierte Kinder, Kinder mit Sinnesbeeinträchtigungen, allgemein: „Problemkinder") stellt die Sprache zunächst kein günstiges Ausdrucksmedium dar. Mit der Übernahme und Weiterentwicklung des Konzeptes von Rogers durch Virginia M. Axline in Richtung Spieltherapie wurde eine kinderorientierte Therapie geschaffen.

Die Spieltherapie Axlines basiert auf der Persönlichkeitstheorie, dem Therapiekonzept und den Therapiezielen von Rogers. Acht Grundprinzipien bilden die Basis dieses Spieltherapiekonzeptes (Axline 1997, 73–131). Sie werden hier auszugsweise angeführt: **spieltherapeutische Grundprinzipien**

1. Der Therapeut muss eine warme, freundliche Beziehung zum Kind aufnehmen, die sobald wie möglich zu einem guten Kontakt führt.

2. Der Therapeut nimmt das Kind ganz so an, wie es ist.

3. Der Therapeut gründet seine Beziehung zum Kind auf eine Atmosphäre des Gewährenlassens, so dass das Kind all seine Gefühle frei und ungehemmt ausdrücken kann.

4. Der Therapeut ist wachsam, um die Gefühle, die das Kind ausdrücken möchte, zu erkennen – er reflektiert sie (…).

5. Der Therapeut achtet die Fähigkeit des Kindes, mit seinen Schwierigkeiten selbst fertig zu werden, wenn man ihm Gelegenheit dazu gibt (…).

6. Der Therapeut versucht nicht, die Handlungen oder Gespräche des Kindes zu beeinflussen. Das Kind weist den Weg, der Therapeut folgt ihm.

7. Der Therapeut versucht nicht, den Gang der Therapie zu beschleunigen.

8. Der Therapeut setzt nur dort Grenzen, wo diese notwendig sind (…).

Gerade im Zusammenhang mit Kindern mit schulischen Schwierigkeiten besteht oft wenig Verständnis und Einfühlungsvermögen für ihre Probleme seitens der Eltern oder Erziehungsberechtigten, diese Kinder gelangen möglicherweise zu keinem Gefühl von „Richtig-Sein" und „Selbstwert" (Axline 1997, 60f). Wenn man dies bedenkt, kann diese Therapieform eine gute Hilfe bedeuten. Die Kinder lernen sich schätzen, akzeptieren, kommen vielleicht mit ihren eigenen Problemen und den behindernden Bedingungen im Bereich der Umwelt besser zurecht. Sie lernen durch die spielerische Erfahrung und begleitet von positiven Gefühlen, Kontakt aufzunehmen, sich mitzuteilen. Sie werden vielleicht mutig, die Welt selbstständig zu entdecken.

heilpädagogisches Setting

Im sonder- und heilpädagogischen Arbeitsfeld sollte man diese Therapieform, speziell das Spiel- und/oder Gesprächsangebot den Voraussetzungen der Kinder entsprechend und unter Berücksichtigung der sozialen und erziehlichen Bedingungen variieren. Die Bedingungen seitens des Therapeuten oder der Erzieherin (einfühlendes Verstehen, Echtheit, Offenheit, Fassadenlosigkeit, emotionale Wärme, zum Ausdruck gebrachte Wertschätzung und Akzeptierung) sollen jedoch im Sinne Axlines beibehalten werden. Bei Anwendung in Förderschulen wird im Rahmen der „personenzentrierten Spieltherapie" die Einbettung in eine übergreifende pädagogische Konzeption empfohlen, „denn für alle Beteiligten, Kinder, Lehrer, Eltern sollte durchschaubar bleiben, dass letztendlich nicht primär therapeutische, sondern pädagogische Ziele verfolgt werden" (Goetze 1980, 199). Zu empfehlen sind spieltherapeutische Möglichkeiten an allen sonder- und heilpädagogischen Einrichtungen. Die äußeren Bedingungen hierzu (Spielraum, Spielmaterialien, Kooperation mit dem pädagogischen Personal) lassen sich relativ leicht herstellen, allerdings wird eine entsprechende Qualifikation verlangt.

Weiterentwicklung der Spieltherapie

Von Luxburg (1984) knüpft mit der „kindzentrierten Spiel- und Kommunikationstherapie" an die nichtdirektive Spieltherapie Virginia Axlines an. Der Therapeut strukturiert jedoch die Therapie, er bezieht nonverbale Kommunikation und Methoden der nonverbalen Lenkung mit ein. Die Zielgruppe sind Kinder mit einem Entwicklungsalter zwischen einem und drei Jahren, Kinder mit geringem Selbstwertgefühl, mit sozialen Ängsten, übermäßiger Abhängigkeit oder Kinder, die sich resignierend vom Kontakt zurückziehen. Voraussetzungen für die Therapie sind Personen- und Gegenstandswahrnehmung sowie die Fähigkeit des Kindes, einfache sensomotorische Tätigkeiten auszuüben.

„kindzentriert"

Es besteht gerade bei Kindern mit Verhaltensstörungen und bei Kindern mit geistiger Behinderung die Gefahr, dass sie sich in Deprivations- und Konfliktsituationen zurückziehen und damit ihre Möglichkeiten und Fähigkeiten zur Kontaktaufnahme nicht wahrnehmen. In der Therapie geht es darum, dem Kind zu helfen, Wertschätzung und Vertrauen in die eigenen Fähigkeiten zu entwickeln und es zur

Beachtung der eigenen Gefühle zu führen. „Kindzentriert" heißt, Ziele und aktuelle Bedürfnisse des Kindes zu beachten. Der Therapeut muss die Kommunikation an die Möglichkeiten des Kindes anpassen (vorwiegend nonverbal) und Spielaktivitäten anbieten, die dem Entwicklungsstand und den Interessen des Kindes entsprechen.

Das Spielmaterial sollte intensive und vielfältige Sinneserfahrungen ermöglichen, den Kontakt zur Gruppe erleichtern. Außerdem sollte es so gestaltet sein, dass das Kind selbstständig damit umgehen kann und klare Ergebnisse erzielt.

In der *ersten* Therapiephase geht es darum, einen guten emotionalen Kontakt zwischen dem Therapeuten und dem Kind aufzubauen, Umweltreize über die verschiedenen Sinneskanäle und angenehme Gefühle wahrnehmen zu lassen. In der *zweiten* Phase tritt der Therapeut zurück, lenkt weniger, spiegelt dem Kind seine Gefühle wider. Gleichaltrige Kinder sollten eine wichtige Bezugsgruppe werden.

Spieltherapiephasen

Folgende methodische Prinzipien sind wesentlich:

methodische Prinzipien

- Der Therapeut akzeptiert die Bedürfnisse des Kindes und kommuniziert auf seiner Ebene: Er lässt ihm Zeit, Kontakt aufzunehmen oder Tätigkeiten zu beginnen, ist bereit, die ihm angewiesene Rolle zu übernehmen, oder reflektiert und begründet im Falle einer Ablehnung seine Gefühle. Er teilt sich dem Kind widerspruchsfrei mit (Übereinstimmung von Sprechweise, Gestik, körperlicher Zuwendung) und begibt sich räumlich und mit seiner Sprache auf die Ebene des Kindes.
- Er übernimmt den Bewegungsrhythmus des Kindes, ahmt ihn nach oder erwidert ihn, leitet ihn ggf. in einen regelmäßigen Rhythmus über (z. B. Atemrhythmus).
- Der Therapeut „verankert" positive Gefühle: Er zeigt positive Gefühle bei Spiel und/oder Kontakt demonstrativ. Er verbindet positive Gefühle des Kindes mit anderen Signalen (Ausrufe, Berührungen), um Auslöser (Anker) aufzubauen.
- Er spiegelt dem Kind dessen Gefühle vorwiegend nonverbal, bei entsprechendem Sprachverständnis auch über Benennungen wider. Damit verdeutlicht er dem Kind, dass es beachtet wird (Rückmeldung), ohne es zu beurteilen (kein Lob) oder zu etwas aufzufordern.
- Er strukturiert das Spiel durch die Vorauswahl des Spielmaterials, indem er die Aufmerksamkeit des Kindes lenkt und gezielte Spielangebote wählt. Lenkung soll eingesetzt werden, wenn das Kind lange Zeit passiv, fern der Gruppe bleibt, sich mit Stereotypien beschäftigt oder aggressiv wird.

6.8   Gestaltpsychologie und therapeutische Ansätze

Eine mögliche Therapie für verschiedenartige psychische und psychosomatische Erkrankungen der Gegenwart (Neurosen, Essstörungen, Suizidgedanken …) stellt der gestaltpsychologische Ansatz von *Fritz Perls* dar.

> Für Perls gründen die Schwierigkeiten der Menschheit in der Unfähigkeit, „uns an uns selber zu freuen, unsere Kenntnisse im eigenen Interesse zu nutzen und unseren Sinn für Lebendigkeit und Wachstum zu entwickeln und zu weiten" (2007, 14).

Die Probleme der Menschen liegen auf der Basis dieses Ansatzes darin, dass sie sich in ihrem Leben zu sehr mit intellektuellen Prozessen beschäftigen. Der Mensch hat es verlernt, in der Gegenwart zu leben, sich auf das Jetzt zu konzentrieren. Er hat quasi verlernt, zu „leben".

Einheit

Die Gestaltpsychologie sucht die Körper-Geist-Trennung zu überwinden und betrachtet den Menschen als Einheit, als integriertes Ganzes, als einheitlichen Organismus (Hansen 1992; Hansen/Hansberg-Schröder 1990, 11). Psychische und physische Aktivitäten sind gleichwertig, bedingen und beeinflussen sich gegenseitig. Der Ansatz Perls geht in Anlehnung an Piaget (s. Kap. 3.5) von der Annahme aus, dass alles Leben und Verhalten von dem Prozess der „Homöostase" bzw. der Anpassung bestimmt wird. „Der homöostatische Prozess ist der Vorgang, durch den der Organismus ein Gleichgewicht und dadurch seine Gesundheit unter wechselnden Bedingungen aufrechterhält." (Perls 2007, 22)

Organismus-Umwelt-Feld

Auf der Basis dieses Ansatzes lassen sich Verhaltensstörungen als Störungen der organismischen Selbstregulation an der Kontaktgrenze im Organismus-Umwelt-Feld beschreiben. Dieses menschliche Organismus-Umwelt-Feld wird vom Ansatz der Gestaltpsychologie als ein biophysisches und soziales Feld verstanden, d.h. zu jeder Erfahrung gehören sinnliche, gesellschaftliche, kulturelle und historische Faktoren. Im Grenzbereich zwischen Organismus und Umwelt, zwischen Kind und Situation, in der es sich verhält, in der es lebt (spielt und lernt), werden Erfahrungen in der Gestalt-Kategorie des „Kontakts" gefasst als Ort und Prozess des Wechselspiels zwischen beiden. Falls es hier zu Störungen z.B. bei Verschmelzung, Überabgrenzung (Entfremdung) zwischen Organismus und Umwelt kommt, stagniert der (psychische) Wachstumsprozess der Persönlichkeit. Um im Gleichgewicht zu bleiben, müssen psychologische wie auch physiologische Bedürfnisse befriedigt werden.

Im Folgenden werden in akzentuierter Form die Störungen der Kontaktgrenzen vorgestellt, die nach Perls den meisten Neurosen zugrunde liegen. Anschließend werden sie kurz mit sonderpädagogischen Inhalten in Bezug gebracht. Perls unterscheidet vier Hauptstörungen: die Introjektion, die Projektion, die Konfluenz und die Retroflektion (2007, 53-59; Polster/Polster 2001; Larson 1983).

Kontaktstörungen

Introjektion: Für den Mechanismus der Introjektion trifft das Gefühl einer neurotischen Person, dass die Umwelt ihre Grenzen zu weit in sie hineinverlagert hat, am besten zu. Introjektion bedeutet, dass ein Individuum Einstellungen, Handlungsweisen, Gefühle und Wertungen unverdaut in sich aufgenommen hat. Solcherlei Einstellungen etc. sind nicht eigentlich „eigene" geworden, sondern in Wirklichkeit Fremdkörper, unkritisch von der Umwelt übernommen. Auf Kinder und Jugendliche übertragen bedeutet das, dass sie Normen ihrer Umgebung zu stark internalisiert haben, dass sie zunächst nicht fähig sind, eigene Bedürfnisse wahrzunehmen bzw. zu befriedigen.

Gerade bei Kindern und Jugendlichen mit Behinderungen besteht die Gefahr, dass die soziale Umwelt, die engeren und weiteren Bezugspersonen subjektiv als „übermächtige Umwelt" empfunden und die psychische Entfaltung stark eingeengt wird.

Projektion: Die Projektion ist die Umkehrung der Introjektion. Sie ist die Tendenz, die Umwelt dafür verantwortlich zu machen, was eigentlich im Selbst begründet liegt. In der Projektion verschiebt das Individuum die Grenzen zur Umwelt zu eigenen Gunsten – so kann es unliebsame Aspekte der Persönlichkeit verleugnen und auf andere projizieren.

Vor allem Kinder und Jugendliche mit einem starren, rigiden Selbstbild projizieren verdrängte und abgespaltene Anteile, wie z.B. Aggressivität oder Ängste, auf andere Personen und diskriminieren, verachten, beneiden oder idealisieren diese.

Konfluenz: „Wenn das Individuum überhaupt keine Grenze zwischen sich und der Umwelt fühlt, wenn ihm ist, als seien sie beide eins, dann ist es in Konfluenz mit der Umwelt. Die Teile und das Ganze sind voneinander nicht zu unterscheiden." Weil pathologisch Konfluente die Grenze zwischen sich und anderen überhaupt nicht kennen, können sie weder Kontakt zur Umwelt herstellen noch sich von ihr zurückziehen. Z.B. können Kinder und Jugendliche manchmal nicht zwischen sich und anderen unterscheiden. Unterschiede werden nicht wahrgenommen oder verleugnet, um die Angst vor Neuem, anderem, vielleicht auch Trennendem bewältigen zu können.

Retroflexion: Wenn eine Person ihr Verhalten retroflektiert, bedeutet das, dass sie sich selbst so behandelt, wie sie eigentlich gern andere Personen oder Objekte behandeln würde.

„Sie richtet ihre Energien nicht mehr nach außen und unternimmt keine Versuche mehr, die Umwelt zu manipulieren und Veränderungen herbeizuführen, die ihre Bedürfnisse befriedigen; stattdessen richtet sich ihre Aktivität nach innen und nimmt sich selbst anstelle der Welt als Zielscheibe für ihr Verhalten. Damit spaltet sie ihre Persönlichkeit in Täter und Opfer. Sie wird buchstäblich ihr eigener schlimmster Feind." (Perls 2007, 58)

Kinder und Jugendliche, die an dieser Art neurotischer Blockierung leiden, fügen sich selbst das zu, was sie gern anderen zufügen würden, oder wünschen, dass andere es ihnen zufügen.

Deflexion: Hierzu gehört auch die **Deflexion**, d. h., dass Kinder und Jugendliche sich direktem Kontakt oder direkter Kommunikation entziehen, aktuelle Kontaktmöglichkeiten abschwächen oder verringern.

Perls betont, dass die vier dargestellten Mechanismen, die einer Neurose zugrunde liegen können, sicher so gut wie nie alleine auftreten, sondern in verschiedener Intensität in einer Person vorkommen. In einem „Sprüchlein" verdeutlicht er die vier „Typen" noch einmal:

„Der Introjektor tut, was andere von ihm erwarten könnten; der Projektor tut anderen das an, was er ihnen vorwirft; der pathologisch Konfluente weiß nicht, wer wem was tut; und der Reflektor tut sich selbst das an, was er am liebsten den anderen antäte." (Perls 2007, 58)

Anwendung der Gestalttherapie

Der Gestalttherapie kommt insbesondere durch die Erklärungsmöglichkeit von Kontakt- und Kommunikationsstörungen sowie durch Erweiterungsmöglichkeiten dieses Ansatzes in Richtung systemischen Aspekten im Bereich Sonder- und Heilpädagogik zunehmende Bedeutung zu. Therapeutisch betrachtet, geht es in Perls gestaltorientiertem Ansatz um eine Wiederbelebung, um die Aktivierung des Selbst, um Wiedergewinnung von Lebensfreude im Rahmen ganzheitlicher Persönlichkeitsentfaltung. Eine hohe Relevanz kommt im Rahmen des therapeutischen Prozesses der Umwelt zu:

„Gewisse Spannungen oder Blockierungen können nicht gelöst werden, wenn nicht eine wirkliche Umweltveränderung neue Möglichkeiten eröffnet. Wenn die Institutionen und Sitten verändert würden, dann würde so manches störrische Symptom urplötzlich verschwinden." (Perls et al. 2006, 17)

Der gesttheherapeutische Ansatz *Violet Oaklanders*, der sich an Perls anlehnt, hat eine große Bedeutung für Kinder mit Verhaltensproblemen sowie auch für Kinder und Jugendliche mit Lernstörungen und Behinderungen generell.

Weiterentwicklung nach Oaklander

Ein wichtiges therapeutisches Prinzip stellt die **Intuition** dar. „Ich lasse mich von meiner Beobachtung und Intuition leiten und nehme mir die Freiheit, jederzeit die Richtung zu ändern." (Oaklander 1999, 10) Die primäre Intention Oaklanders besteht im Rahmen der Therapie mit Kindern und Jugendlichen darin, dem Kind zu helfen, seiner selbst und seiner Existenz in seiner Welt gewahr zu werden (1981, 73). Sie möchte dem Kind helfen:

therapeutische Ziele

- sich von äußeren, introjizierten Bewertungen und daraus resultierenden falschen Selbstvorstellungen zu lösen und sein „wahres Selbst" wiederzuentdecken, sein Selbstwertgefühl wiederaufzubauen;
- Fähigkeiten, die es als Säugling oder Kleinkind noch besessen hat, wiederzuerlangen (Wiedererwachen der Sinne, Bewusstwerden des Körpers);
- seine Kontaktfunktion zu stärken;
- durch die Hilfestellung innere Sicherheit und Selbstvertrauen zu gewinnen und das Wissen zu erlangen, dass sie selbst wählen können, wie sie in ihrer Welt leben, wie sie auf ihre Welt reagieren und wie sie ihre Welt beeinflussen wollen.

Oaklander betont, dass ihr „Arbeitsmodell" nur Vorschläge enthält, die keinesfalls mechanisch befolgt werden dürfen. Sie stellen nur eine von zahlreichen Möglichkeiten dar. „Therapie ist eine Kunst; wenn es dem Therapeuten bzw. der Therapeutin nicht gelingt, Technik, Wissen und Erfahrung mit einem inneren intuitiven und kreativen Gespür zu verbinden, wird wahrscheinlich nicht viel passieren." (Oaklander 1981, 243)

Ihr Arbeitsmodell bezieht sich auf das therapeutische Malen, das sie sehr gerne und erfolgreich anwendet. Dabei wird die therapeutische Arbeit als ein „sanfter, fließender Prozess – ein organisches Ereignis" verstanden. Hier einige wesentliche Schritte des **therapeutischen Prozesses** (Oaklander 1981, 73–77):

therapeutisches Malen

1. Oaklander lässt das Kind sagen, welche Erfahrungen es beim Zeichnen gemacht hat. Es soll seinen Prozess artikulieren, den es während

der Arbeit durchlaufen hat. Das Kind soll sich so selbst mitteilen. Sie gibt zu diesem Zweck bei der Stellung der Aufgabe gleich den Hinweis: „Stell fest, was du dabei empfindest."

2. Das Kind soll das Bild in eigenen Worten beschreiben. Manche Kinder geben ihren Bildern Titel. Oaklander begrüßt es, wenn die Kinder einen Satz nennen, der das beschreibt, was das Bild darstellen soll.

3. Als Nächstes versucht sie das Kind „auf einer tieferen Ebene in seiner Selbstentdeckung" zu unterstützen, indem sie es bittet, näher auf einzelne Teile des Bildes einzugehen, die Formen, Farben, gegenständlichen Darstellungen und Personen zu beschreiben.

4. Das Kind wird gebeten, das Bild zu beschreiben, als ob es selbst das Bild wäre, und dabei das Wort „ich" zu verwenden.

5. Es werden bestimmte Dinge im Bild herausgegriffen, mit denen sich das Kind identifizieren soll.

6. Nur falls nötig, werden dem Kind weitergehende Fragen gestellt, um es im Bewusstwerdungsprozess zu unterstützen, wenn es eine unangenehme Beziehung beschreibt, z. B.: „Wer benutzt dich? Zu wem hast du ein besseres Verhältnis?"

7. Sie versucht, die Aufmerksamkeit des Kindes weiter zu schärfen, indem sie einen oder mehrere Teile des Bildes übertreibt. Das Kind wird aufgefordert, sich so intensiv wie möglich mit einem bestimmten Teil zu identifizieren.

8. Als weitere Intensivierung lässt Oaklander das Kind ein Gespräch zwischen zwei Elementen des Bildes führen.

9. Die Kinder werden stets ermutigt, den Farben, die sie verwenden, Aufmerksamkeit zu schenken. Z. B. wird gesagt: „Denk an die Farben, die du verwenden wirst. Was bedeuten dunkle Farben für dich?"

10. Wie Perls achtet auch Oaklander sehr auf nonverbale Hinweise, die in der Stimmlage, der Körperhaltung, im Atmen und im Schweigen des Kindes liegen können.

11. Dieser Schritt ist nur mit viel Feingefühl und nicht bei allen Kindern in jeder Situation zu vollziehen: Das Kind wird dabei unterstützt, vorsichtig – falls es so weit ist – sich das, was es über das Bild gesagt hat, zu eigen zu machen, also darüber nachzudenken, inwieweit das auf sein eigenes Leben zutrifft, z. B. durch die Frage: „Fühlst du dich manchmal so?" „Tust du das manchmal?" „Passt das irgendwie zu deinem Leben?"

12. Oaklander entscheidet von Situation zu Situation, ob sie auf das eingeht, was für das Kind „Figur", also vordergründig und wichtig ist, oder ob sie das Interesse auf das lenkt, das ihr auffällt.

Wie wichtig dieser therapeutische Ansatz gerade für Kinder und Jugendliche mit Verhaltensstörungen ist, zeigt das Beispiel des zwölfjährigen Jeff. Dieser Junge beschreibt Disneyland und meint, dort habe er Spaß und dort sei alles glücklich. Als er nach Gesprächen über Disneyland gebeten wird, etwas von dem Teil seines Lebens zu erzählen, der nicht so viel Spaß mache, tut er dies nun bereitwillig, obwohl er es früher immer vermieden hat, unerfreuliche Bereiche seines Lebens zur Sprache zu bringen (Oaklander 1981, 18f).

Ausgangskriterium ist die normale (gesunde) Entwicklung von Kindern:

„gesunde Entwicklung"

„Ein Säugling lebt ganz unmittelbar mit seinen Sinnen: Er erlebt mit großem Vergnügen Gerüche und Geräusche, Licht, Farben, Gesichter, Berührungen und Geschmack. Er schwelgt in seiner Sinnlichkeit und entwickelt sich durch sie. Ein Säugling wird sehr früh seines Körpers gewahr [...] Gleichzeitig mit seinen Sinnen und seinem Körper wird er auch seiner Gefühle immer stärker gewahr. Ein Säugling versucht nicht, seine Gefühle zu verbergen, sondern drückt sie aus." (Oaklander 1981, 19)

Kein Zweifel, die gesunde, ungestörte Entwicklung der Sinne, des Körpers, der Gefühle und des Intellekts ist die grundlegende Voraussetzung für das Selbstgefühl und das Selbstwertgefühl des Kindes. Ein starkes Selbstgefühl trägt zum guten Kontakt mit der Umwelt und anderen Menschen bei.

    Kinder lernen jedoch sehr schnell, dass wir in einer unvollkommenen Welt leben, die voll von Widersprüchen ist. Kinder versuchen und lernen, damit fertig zu werden – manche erfolgreich, manche nicht. Bei Kindern können im Prinzip ähnliche neurotische Mechanismen vorliegen wie bei Erwachsenen. Oaklander beschreibt wie Perls „Kinder, die Hilfe brauchen" als Menschen mit beeinträchtigten Kontaktfunktionen. Speziell kleine Kinder jedoch machen noch nicht ihre Eltern oder die Umwelt für ihre Probleme verantwortlich. Sie glauben, sie selbst seien schlecht, hätten etwas falsch gemacht oder seien nicht hübsch oder intelligent genug. Mit Perls' Worten: Sie introjizieren das Chaos um sich herum (z. B. im Elternhaus) in ihr Innerstes und glauben, sie wären an allem schuld, z. B. an der Trennung der Eltern.

kindliche Reaktionen   Kinder haben den Vorteil eines normalerweise noch sehr starken Lebenswillens. Um sich vor Verletzungen zu schützen, reagieren Kinder verschieden:

- Sie ziehen sich zurück, z. B. in Sprachlosigkeit oder in Phantasiewelten;
- sie verdrängen alles Schmerzliche und tun so, als sei nichts geschehen;
- sie reagieren ihre Verletzungen aus, d. h. sie fallen durch aggressives oder sonst wie den Erwachsenen unangenehmes, störendes Verhalten auf.

Vertrauen als Basis   Viel Wert wird darauf gelegt, dass die Kinder Vertrauen gewinnen. Sie sollen sehen, dass der Therapeut fair und unparteiisch ist, sich sowohl für die Eltern als auch für das Kind interessiert, besonders aber für das Kind. Es wird versucht, nicht von oben herab mit dem Kind zu sprechen – Kinder, die zu ihr kommen, wurden oft von vielen Institutionen bereits von oben herab behandelt, z. B. von Nervenärzten, der Polizei oder Therapeuten. Zwar sprechen Kinder oft freiwillig über ihre Probleme oder ihr Leben, sie hören aber an einem bestimmten Punkt auf tiefer zu gehen. Es ergibt sich also die Notwendigkeit und Aufgabe, Methoden anzubieten, bildlich gesprochen: Türen und Fenster zur inneren Welt der Klienten zu öffnen.

„Ich muß den Kindern Möglichkeiten geben, ihre Gefühle und Ängste zu äußern, mit mir gemeinsam das an die Oberfläche gebrachte zu erarbeiten. So kann ein Kind eine Gestalt schließen, Entscheidungen treffen und Schwierigkeiten verringern, die immer größer werden, je länger sie ungelöst bleiben." (Oaklander 1981, 242)

Projektion   Ein wichtiger Schlüssel, die angesprochenen „Türen zu öffnen", stellt die Projektion dar. Mit den meisten Techniken, wie z. B. Malen, Zeichnen, Phantasiereisen, Modellieren, Holzarbeiten, Puppen- und Theaterspiel, Geschichten erzählen, wird dieser Vorgang der Projektion bewusst gefördert. Oft wird Projektion als Abwehrmechanismus gesehen, hier ist Projektion die Grundlage jeder künstlerischen und wissenschaftlichen Kreativität. Gleichzeitig erweist sie sich als ein sehr wertvolles Mittel in der Therapie.

„Da unsere Projektionen aus unserem Innern kommen, aus unseren eigenen
Erfahrungen, unserem Wissen und unseren Interessen, geben sie sehr viel Auf-
schluß über unser Selbstgefühl. Das, was nach außen verlagert wird, ist wichtiges Material, das mit Vorsicht behandelt werden muß." (Oaklander 1981, 242)

Es geht nicht darum, die Widerstände, die Kinder zu bestimmten Zeiten
der Therapie entgegenbringen, sofort zu überwinden. Ein solcher Widerstand kann auch bedeuten, dass das Kind nicht oder noch nicht bereit
ist, zu sehen, bewusst wahrzunehmen, was hier zum Vorschein gebracht
werden soll. Schließlich hat es sich nicht ohne Grund einen „Schutzwall"
aufgebaut, hinter den es nicht so schnell blicken lassen will und nicht
einmal selbst blicken will. Es wird als ein positives Zeichen betrachtet,
wenn man mit einem Kind in der Therapie an einen solchen Punkt gelangt ist, weil es ja Aufgabe des Therapeuten ist, Türen in diesem vom
Kind errichteten Schutzwall zu finden. Dieser Aspekt, den Oaklander
mit Fritz Perls' „impasse" vergleicht, wird als neuer Anfang betrachtet.

Gerade für Kinder und Jugendliche mit Problemverhalten erweist
sich der Ansatz Oaklanders als bedeutsam. Für viele Kinder gibt es
das, was man eine „glückliche", „unbeschwerte", „behütete", „un-
schuldige" Kindheit nennt, eben nicht. Besonders für aggressive,
hyperaktive, introvertierte, in sich gekehrte, ängstliche, unsichere,
einzelgängerische, einsame, außerhalb der Realität befindliche, autistische Kinder, für Kinder in Stresssituationen, mit Schuldgefühlen,
mit körperlichen Symptomen (Bettnässen, Kopf- und Magenschmer-
zen, nervösen Muskelzuckungen, Allergien, Asthma), mit Problemen
hinsichtlich Selbstachtung und Selbstbild wird diese Therapie nach
Oaklander empfohlen (Oaklander 1981, 256–353).

Häufig wird das intuitive Wissen als ein wesentliches Moment der Gestalttherapie bezeichnet. Es spricht vieles dafür, dass auch Oaklander
dieses „geniale Etwas" besaß, das an Perls so bewundert wurde. Das
Problem liegt darin, dass dieses Moment nicht hinreichend wissenschaftlich vermittelbar ist. Es bleibt eben ein Stück „Intuition", deren
wesentliche Implikationen sich letztlich nicht objektiv beweisen lassen.

**heilpädagogischer
Einsatz**

Viele Therapeuten kombinieren auch Gestalttherapie mit Program-
men anderer psychotherapeutischer Ansätze, z. B. „Atemtherapie und
Gestalt". Somit entzieht sich dieser Ansatz einer Kontrolle therapiewirksamer Effektivität zumindest im naturwissenschaftlichen Sinne,
dies würde auch der Gestalttherapie nicht entsprechen. Gestalttherapie in ihrer Vielfalt könnte eine Bereicherung für das pädagogische,
insbesondere heilpädagogische Arbeitsfeld darstellen (Gestaltpäd-

agogik). Vorausgesetzt wird jedoch eine intensive Einarbeitung in die Theorie und Praxis, der Erwerb persönlicher Kompetenz sowie die ständige Bereitschaft zur Selbsterfahrung der Lehrkräfte, als Prozess der Wahrnehmung und Integration eigener abgespaltener Anteile der Persönlichkeit, z. B. kindlicher, aggressiver, sexueller oder sonstiger Strebungen (Prengel 1993, 797).

Gestaltpädagogik intendiert „die Analyse des Hier-und-Jetzt eines jeden besonderen Organismus-Umwelt-Feldes und seiner Geschichte. Gestalttherapeutische Arbeitsweisen entstehen durch die kreative Suche nach angemessenen Lösungen" (Prengel 1993, 797) bei vorliegenden besonderen Konfliktsituationen, deren Bearbeitung zum Aufgabenfeld der Verhaltensgestörtenpädagogik gehört. Die Bearbeitung der Probleme in besonderen Konfliktsituationen wird in direktem Kontakt mit den Klienten ständig neu entwickelt, geht damit nach keinem starren Repertoire oder gar Schema vor.

Grob gesehen könnte der gestalttherapeutische Ansatz eine Möglichkeit für drei Gruppen von Kindern darstellen: Kinder aus soziokulturell benachteiligten, also armen und sozial eher „randständigen" Familien; aus problematischen Familienverhältnissen, in denen sie keine emotionale Stabilität entwickeln konnten; schließlich Kinder mit Lernbehinderungen im Sinne von Lernblockierungen und Lernhemmungen, die in ihrem Verhalten aufgrund der Misserfolge auffällig werden.

6.9   Möglichkeiten und Grenzen von Therapien im Rahmen sonder- und heilpädagogischer Aufgabenfelder

allgemeine Therapieziele

Therapie im sonder- und heilpädagogischen Arbeitsfeld bedeutet nicht „Heilung" vergleichbar mit Krankheit im medizinischen Sinne, vielmehr Unterstützung und damit Hilfe zu einer möglichst unabhängigen Lebensbewältigung, Vermittlung von Erlebnis-, Interaktions- und Handlungsfähigkeit. Neben den grundlegenden Aufgaben der Förderung von Wahrnehmung, Motorik, Sprache und Lernprozessen im Allgemeinen im vorschulischen und schulischen Bereich hat therapeutisches Vorgehen vor allem folgende **Ziele**, die jedoch keinesfalls isoliert intendiert werden sollten:

● **Identitätsförderung**, d. h. Stärkung der Persönlichkeit, des Selbstwertgefühls, der Frustrationstoleranz und der Realitätskontrolle im Sinne der Alltagsbewältigung.

- **Emanzipationsförderung**, d. h. Vermittlung von Strategien zur Lebensbewältigung, von „Anpassungsfähigkeit" im positiven Sinn bis zur Befähigung zum Widerstand (nicht alles mit sich geschehen lassen, es nicht zulassen, zum Objekt zu werden), zur Verwirklichung eigener Persönlichkeit, sei es allein oder solidarisch mit anderen. Grenzen liegen dabei im Bereich des Kindes (z. B. Sprache, Fähigkeit, sich mitzuteilen, allgemein Kommunikationsfähigkeit), im unmittelbaren sozialen Milieu bzw. Umfeld, das häufig selbst therapiebedürftig ist, sich aber nicht ändern will, in den behindernden Bedingungen der Gesellschaft und in der Person des Erziehers und Therapeuten (behinderte Wahrnehmung, mangelnde Empathie, fehlendes Verstehen des So-Seins eines Kindes mit einer Behinderung).

Als wichtig erweist sich, nichts in das Kind hineinzupressen, es möglicherweise vom Leistungsdruck bisheriger Überforderung der Unterrichtung und den Auswirkungen zu befreien, etwas im Kind zu entdecken und zu finden, was verdeckt worden war, öffnend und befreiend zu wirken. So verstandene Therapie begibt sich im Rahmen von Schule, Förderschule, heilpädagogischem Arbeitsfeld in die Nähe von emanzipatorischem Unterricht. Hierzu gehört aber auch die individuelle Ansprache. Therapie wendet sich – wie der Unterricht – an das einzelne Kind mit seinen teils spezifischen, meist gemeinsamen Schwierigkeiten in der Gruppe. Das Endziel eines therapeutischen Prozesses liegt darin, ihn überflüssig zu machen.

therapeutische Möglichkeiten

Therapie im schulisch institutionellen Rahmen wird den Bedürfnissen der Schüler erst gerecht, wenn sie – zumindest im Hinblick auf die Einstellung – als weitgehend hierarchiefreie, integrative, interdisziplinäre Zusammenarbeit von Erziehern, Sonder- und Heilpädagogen und Eltern verstanden wird. Im Mittelpunkt des gemeinsamen Interesses und der Bemühungen stehen die individuellen und speziellen Bedürfnisse von Schülerinnen und Schülern sowie erwachsener Personen, die mit Beeinträchtigungen leben müssen. Therapie darf niemals zum Selbstzweck werden!

Therapie im heilpädagogischen Arbeitsfeld mit dem Ziel der **Förderung von Identität, Selbstfindung und Emanzipation** betrifft den Einzelnen, die Schulklasse als Gruppe, erwachsene Personen in Familien und Heimen, den therapiewirksam unterrichtenden Lehrer, evtl. einen speziellen Therapeuten. Vielleicht kann auch die Schulklasse als Gruppe einen Beitrag zur individuellen Hilfe leisten. Therapeutisches Bemühen könnte, wenn dies vom Bedarf als notwendig erscheint, zunächst auch in der individuellen Situation geschehen. Es sollte aber stets die Eingliederung in die Gruppe, vor allem die **Integration** in

Lerntherapie

einer Schulklasse mit Schülern oder eine Gemeinschaft von Personen ohne spezielle Behinderungen zum Ziel haben.

Armin Metzger beschreibt hingegen zunächst die positiven Aspekte von Lernen wie die Möglichkeiten, Neues zu entdecken, die Ich-Kompetenz zu erweitern und die Erfahrung, dass man Leben auf der Basis neuer Lernprozesse gestalten kann. Offenbar verbinden Menschen mit dem Lernen nicht immer das lustvolle Lernen, sondern das „mühsame Lernen", das sogar mit Beklemmung und mit möglichen Versagensängsten verbunden sein kann. „So wird das Leben befrachtet mit der Sorge, dass das Leben letztlich nicht gelingen könnte – und da kann einem schon die Lust daran vergehen." (Metzger 2001, 9) Lerntherapie kommt dort zum Einsatz, „wo Menschen offensichtlich Probleme haben im Umgang mit dem zu Lernenden".

Auf dieser Basis entwickelt Metzger seinen handlungsorientierten lerntherapeutischen Ansatz, der vor allem im Hinblick auf die Persönlichkeit emanzipatorisch wirken soll. In diesem Kontext besteht offensichtlich Handlungsbedarf in den Bereichen „Lernstrategie und Lerntechniken" (Lerntherapie I) sowie „Prozessorientierung" unter Einbezug der Wechselwirkungen zwischen dem Fühlen und Denken des Lernenden einerseits und dem individuellen Lerngeschehen andererseits (Lerntherapie II). Es gibt ferner unbekannte Bedingungen für Lernprobleme: „exogen verursachte beziehungsweise reaktive Störungen" und „endogen verursachte Störungen". Hier wird im Rahmen der „Lerntherapie-Stufe III" versucht, Hintergründe und Zusammenhänge einer Befindlichkeit oder eines Verhaltens zu erfassen und zu verstehen (Metzger 2001, 33–41).

Im Kontext therapeutischer Prozesse darf keinesfalls der Blick für die außerschulische Wirklichkeit verlorengehen. D. h. es muss möglichst bald und oft der Kontakt mit Schülern ohne Behinderung und sonstigen Personen in Form gemeinsamer Aktivitäten im Sinne gemeinsamen Lebens und Erlebens gesucht werden. Emanzipation kann nur im Zusammenhang mit Veränderung einer Situation, Befreiung von isolierenden Lebensbedingungen in Richtung eines größeren Maßes an Autonomie und Lebensqualität geschehen. D. h. als Ziel werden die Integration in Regelschulen und das gemeinsame Leben mit Kindern und Erwachsenen ohne Behinderung gesehen.

therapeutische Grenzen

Wahrscheinlich ergeben sich bei den Bemühungen um Integration Probleme. Sie sollten jedoch als lösbar bzw. als Prozesse betrachtet werden, die im Rahmen pädagogischen Geschehens auftreten. Solche Probleme könnten sein:

- Heterogenität und unterschiedliche Schweregrade der Beeinträchtigungen;
- institutionelle Rahmenbedingungen wie Lehrpläne, Personalschlüssel, Verwaltungsarbeit, Kostenfrage, vielleicht auch der Wunsch nach Erhaltung spezieller Institutionen;
- Ausbildung entsprechender Lehrer mit besserer Verzahnung theoretischer und praktischer Fragestellungen, Befähigung zur Teamarbeit, therapeutische Ausbildung;
- Widerstände der Gesellschaft: Vorurteile, Stigmatisierung, Aussonderung statt Integration, Anpassung statt Emanzipation, falsches Mitleid.

Jeder im sonder- und heilpädagogischen Arbeitsfeld Tätige sollte sich im Rahmen seiner Ausbildung theoretisch und praktisch mit mindestens einer Therapieform beschäftigen und sie nach Möglichkeit auch zumindest ansatzweise flexibel anwenden. Therapeutische Prozesse sollten eine öffnende, befreiende und integrierende Wirkung haben.

6.10   Therapien – Querverbindungen und Zusammenhänge

Die Anwendung einer Therapie ist im Bereich der Wirklichkeit sonder- und heilpädagogischer Problemstellungen nicht zwingend. Die Behandlung dieser Problematik muss im Rahmen des Erziehungs- und Bildungsgeschehens gesehen werden. Fehlerziehung und ungünstige soziale Erfahrungen, die zu psychischen Störungen und Lernhemmungen führen, die Zuwendung zur Welt verhindern, rechtfertigen den Einbezug therapiewirksamer Prozesse in das Insgesamt erziehlichen Geschehens.

Diagnostik im heilpädagogischen Arbeitsfeld dient dazu, exogene Störfaktoren – im Sinne behindernder Bedingungen – und mögliche Auswirkungen auf betroffene Personen zu erkennen und zu analysieren. Auf dieser Basis kann auch in Orientierung an den individuellen Bedürfnissen und unter Einbezug nahestehender Bezugspersonen über Therapiemaßnahmen entschieden werden.

Aus der Kenntnis der Entwicklung des Kindes und aus dem Wissen über Entwicklungsvorgänge im Allgemeinen lassen sich mögliche Auswirkungen schädigender erziehlicher und sonstiger Einwirkungen, wie z. B. Gewalt, sexueller Missbrauch, jede Form von Unterdrückung sozialer Art, einschätzen. Hierbei spielen das Alter, die Entwicklungsphase des Kindes, Schwere und Dauer solcher Einwirkungen eine Rolle.

Die Sozialpsychologie hat prozesshaftes Geschehen im zwischenmenschlichen Bereich untersucht und liefert in enger Verbindung mit

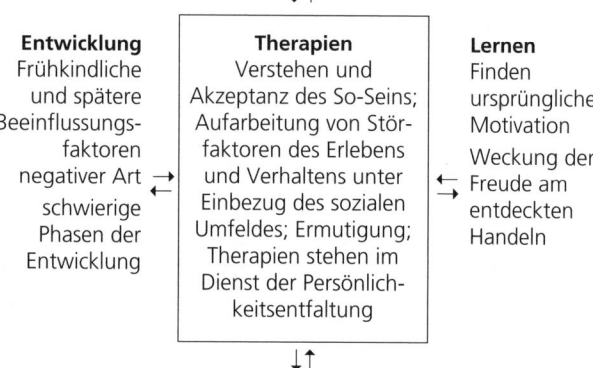

Heilpädagogische Diagnostik/Förderdiagnostik
Informationen über Ursachen psychischer Probleme
mittels Anamnese, projektiver Verfahren, Analyse von Gesprächen,
evtl. Tests und Fragebögen (z. B. bei Ängsten)

↓↑

Entwicklung	**Therapien**	**Lernen**
Frühkindliche	Verstehen und	Finden
und spätere	Akzeptanz des So-Seins;	ursprünglicher
Beeinflussungs-	Aufarbeitung von Stör-	Motivation
faktoren	faktoren des Erlebens	Weckung der
negativer Art →	und Verhaltens unter ←	← Freude am →
← schwierige	Einbezug des sozialen	entdeckten
Phasen der	Umfeldes; Ermutigung;	Handeln
Entwicklung	Therapien stehen im	
	Dienst der Persönlich-	
	keitsentfaltung	

↓↑

Abb. 10: Therapien
– Querverbindungen
und Zusammen-
hänge

Soziale Prozesse
Erkennen und Analyse von Negativzuschreibungen und
Stigmatisierungsprozessen. Änderung negativer Einstellungen
der Bezugspersonen, der sozialen Umwelt

der Soziologie Informationen über Einstellung, Vorurteilsbildung, Negativzuschreibung und Stigmatisierungsprozesse. Die ganze Art und Weise, wie ein Mensch sich selbst und wie er einen Menschen mit einer Beeinträchtigung (Behinderung) wahrnimmt, steht im Zusammenhang mit der Einstellung zu sich selbst und zur Lebenswirklichkeit von Menschen. Eine ungünstige Einstellung zu einem Kind mit oder ohne Behinderung seitens der Bezugspersonen kann verheerende Auswirkungen auf die Entwicklung haben. Therapiewirksame Prozesse könnten dazu beitragen, psychische Probleme aufzuarbeiten, Wahrnehmungsbarrieren (Lernhemmungen) abzubauen und die Freude an der Zuwendung zur Welt und damit am Lernen zu erwecken. Umgekehrt betrachtet werden Lernerfolge und damit Erweiterung der Handlungsfähigkeit und -möglichkeit befreiend und persönlichkeitsfördernd wirken. Abb. 10 verdeutlicht diese komplexen, interdisziplinären Zusammenhänge.

Im Rahmen der „Wirkperspektive" hebt Kobi „restaurative", „rekonstruktive" und „reparative" Aspekte von Therapien im Sinne von Wiederherstellung, Ausschalten von Ursachen und Herstellen des vorherigen Status hervor. Im Hinblick auf Erziehung könnte dies „konstitutiv" (aufbauend), „innovatorisch" (Neues erzeugend, weiterentwickelnd), „emanzipatorisch" (Vergrößerung an Selbstbestimmung und Mitverantwortung) wirken (Kobi 1978, 214–224). Im Zusammenhang mit Therapien geht es um die Akzeptanz des So-Seins eines Kindes, um das Finden und Aufgreifen, Wahrnehmen und Fördern des Möglichen. Es ergeht an uns der Aufruf, das Mögliche „zum Sprechen" zu bringen.

6.11   Lernfragen zur Wiederholung von Kapitel 6

1. Weshalb sollten Sonder- und Heilpädagogen über ein solides Grundwissen bezüglich Therapieformen verfügen?

2. Welche vier Problembereiche können Sie im Zusammenhang mit einem vorliegenden potenziellen Therapiebedürfnis unterscheiden?

3. Welche Fragen stellen sich im Zusammenhang mit psychischen Störungen, Störung allgemein, „Auffälligkeit und Normalität"?

4. Welche Aspekte muss man beachten, wenn man von „Verhaltensauffälligkeit", „Verhaltensstörung / psychischer Störung" und von „abnormem Verhalten" spricht?

5. Welche Bedeutung haben tiefenpsychologische Grundannahmen und -kenntnisse für das sonder- und heilpädagogische Arbeitsfeld?

6. Welche wichtigen Instanzen kann man im Zusammenhang mit dem Freudschen Persönlichkeitsschema unterscheiden?

7. Welche Bedeutung hat die Individualpsychologie Alfred Adlers für das sonder- und heilpädagogische Arbeitsfeld?

8. Inwiefern tragen psychoanalytische Grundkenntnisse zum besseren Verstehen und auch Fördern von Kindern und Jugendlichen mit Förderbedarf bei?

9. Auf welchen Grundlagen beruhen lerntheoretische und verhaltenstherapeutische Ansätze?

10. Welche Anwendungsmöglichkeiten verhaltensmodifikatorischer Prinzipien bzw. Techniken ergeben sich im Kontext Erziehung und Unterricht?

11. Inwiefern erfordert der Umgang mit Verhaltenstherapie / Modifikation eine kritische Einstellung?

12. Zeigen Sie Grundlagen und Menschenbild der Humanistischen Psychologie, speziell der klientenzentrierten Verfahren auf!

13. Welche Phasen eines therapeutischen Prozesses können wir im Rahmen der klientenzentrierten Therapie unterscheiden?

14. Welches sind die Grundprinzipien des Spieltherapiekonzeptes von Virginia Axline?

15. Welches sind die Grundlagen der Gestaltpsychologie sowie der entsprechenden therapeutischen Ansätze?

16. Welches sind die wichtigsten therapeutischen Prinzipien des gestalttherapeutischen Ansatzes nach Fritz Perls und Violet Oaklander?

17. Zeigen Sie Möglichkeiten und Grenzen von Therapien im Rahmen sonder- und heilpädagogischer Arbeitsfelder auf!

18. Welche Querverbindungen und Zusammenhänge ergeben sich zwischen Therapien und psychologischen Nachbardisziplinen?

7 Sozialpsychologische und soziologische Grundfragen im Rahmen der Heilpädagogischen Psychologie

Lernziele

1. Relevanz sozialwissenschaftlicher Inhalte und Perspektiven für den Umgang mit Menschen mit Behinderungen und Störungen anhand einschlägiger Modelle,

2. Behinderung und Störung unter sozialpsychologischen Aspekten,

3. Bedeutung sozialpsychologischer und soziologischer Erkenntnisse der Psychologie unter besonderer Berücksichtigung von Einstellung, Vorurteilen und Stigmatisierung,

4. Funktionen von Vorurteilen und der Vorurteilsbildung.

Es besteht kein Zweifel, dass soziale Aspekte, Themen und Diskussionen, Reflexionen und Forschungen immer stärker in das Zentrum der Fragen nach dem Menschen mit Behinderungen rücken. Bereits die grundlegenden Empfehlungen der Bildungskommission des Deutschen Bildungsrates „Zur pädagogischen Förderung behinderter und von Behinderung bedrohter Kinder und Jugendlicher" (1973) gründen ihre primären Überlegungen bis ins Detail auf Überlegungen sozialer Art. Die Forschung, die sich mit Problemen von Menschen mit Behinderung beschäftigt, aber auch Nachbarwissenschaften der Sonderpädagogik heben in zunehmendem Maße hervor, dass es nicht nur ein soziales Problem ist, ob man für Menschen mit Beeinträchtigungen (Behinderungen) etwas tut, sondern auch, wie man es tut und wie dabei Probleme, Hindernisse, schlechthin behindernde und „Behinderungen erzeugende" Barrieren zu überwinden sind. Wir sind gerade dabei zu entdecken, dass Menschen mit Behinderungen für sich selbst vieles bewirken können, wenn behindernde Bedingungen beseitigt werden.

Kritisch meint Jantzen, innerhalb der Diskussion der Behindertenpädagogik fehle weitgehend eine sozialwissenschaftliche Fundierung.

soziales Problem

Man suche zwar auf der Basis des pädagogischen Helferwillens unmittelbar dem Kind mit Behinderung zu helfen, es werde jedoch nicht reflektiert, inwieweit gesellschaftliche Verhältnisse seine Behinderung konstituierten, sie behandelbar oder aufhebbar machten.

„In einer rein individualistischen, nicht gesellschaftsbezogenen Auffassung bleibt diese Pädagogik ein ‚Sammelbecken emotional angereicherter Mitleidsbekundungen'. Das behinderte Kind, das in seinen gesellschaftlichen Verhältnissen nicht gesehen wird, bleibt andersartig, besonders, von anderer menschlicher Qualität. Man wendet sich ihm aus Humanität, Nächstenliebe, angewandtem Christentum zu." (Jantzen 1974, 1)

Vielleicht erweisen sich solche Motive allerdings nicht einmal als die schlechtesten. Man kann nicht von jedweder Person erwarten, dass sie sich Menschen mit Behinderung aus „reinem" innerem Antrieb zuwendet. Vielmehr sind auch Missverständnisse, Hemmungen, Überwindung nötig, wenn man sich intensiv mit Menschen mit Behinderungen beschäftigen, ihnen helfen will.

Die Tatsache, dass gesellschaftliche Einflüsse Behinderungen entstehen lassen oder begünstigen können, ist nicht neu. Sie ist auch durch wissenschaftliche Untersuchungen belegt worden. Hierbei ist etwa zu denken an das Phänomen der sozialen Deprivation, an soziokulturelle Vernachlässigungen als Kausalfaktor für Lernstörungen und Lernbehinderungen, an die Folgen von Fehlerziehung, aber auch von Fehlernährung in ökonomisch schwachen Familien oder ganzen Gebieten – auch die Auswirkungen von Armut überhaupt. Nachdem die Heilpädagogik vor allem in ihren Anfängen sehr stark unter dem bestimmenden Einfluss der medizinischen Krankheitslehre (Legitimation durch den „Schwachsinns"-Begriff) gestanden hatte, setzten sich in den letzten Jahrzehnten sozialwissenschaftliche Theorien und Erklärungsmodelle in diesem Arbeitsfeld dominierend durch. Die griffige Formel lautet:

„Vom ‚medizinischen Modell' zum ‚sozialwissenschaftlichen Modell'. Dieser Paradigmen-Wechsel entsprach dem erziehungswissenschaftlichen Ansatz; Erziehung ist soziales Handeln, und Heilpädagogik ist Pädagogik und nicht heilende Behandlung." (Speck 2003, 226)

Objekt des Handelns

Ein besonderes Problem liegt in der Gefahr, dass sowohl im Zusammenhang mit theoretischen Überlegungen als auch im praktischen Handeln, in der Interaktion „der behinderte Mensch", insbesondere aber „das behinderte Kind" zum bloßen Objekt des Handelns wird.

Die dem Menschen mit Behinderung eigenen subjektiven Prozesse (Motive, Bedürfnisse, Gefühle, Interessen) werden nicht gesehen, können also nicht zum Ausdruck kommen.

Kein Zweifel besteht darüber, dass „der behinderte Mensch" sowohl im pädagogischen Bereich als auch in den Nachbargebieten (Medizin, Psychologie, Anthropologie, Philosophie, Theologie, im juristischen Bereich), aber auch in gesellschaftspolitischen Überlegungen eine zunehmend größere Rolle spielt. Hierbei besteht immer auch die Gefahr der Manipulation, des Zum-Objekt-Machens. Selbst im wissenschaftlichen Bereich ist man nicht frei von dieser Gefahr. So wurden in den 1990er Jahren an allen Bewohnern eines Wohnstiftes für Menschen mit geistiger Behinderung in der Nähe Würzburgs ohne Einwilligung der Betroffenen durch Ärzte der Universitätsklinik Würzburg Blutuntersuchungen durchgeführt. Die Diskussion über medizinische Eingriffe bei Menschen mit geistiger Behinderung ohne deren Zustimmung ist bereits (wieder) im Gange. **Manipulation**

Nach einer Klassifikation der Weltgesundheitsorganisation (WHO) war folgende Dreiteilung üblich (1980, 27 ff, zit. n. Cloerkes 2007; Brackhane 1988, 22 ff): **WHO**

- **Impairment** (Schädigung): Störung auf der organischen Ebene (menschlicher Organismus allgemein).
- **Disability** (Behinderung): Störung auf der personalen Ebene (Bedeutung für einen konkreten Menschen).
- **Handicap** (Benachteiligung): Mögliche Konsequenzen auf der sozialen Ebene (Nachteile, durch die die Übernahmen von solchen Rollen in Bezug auf Alter, Geschlecht, soziale und kulturelle Aktivitäten als angemessen gelten.

> In neueren Klassifikationen der WHO wird der Begriff der Funktionsfähigkeit (Körperfunktionen und -strukturen) eingeführt, der drei verschiedene Dimensionen aufweist: Körperfunktionen und -strukturen, Aktivitäten und Partizipation.

Alle gesundheitsbedingten Störungen auf einer der Dimensionen werden dabei dem Oberbegriff Behinderung zugeordnet. Der Begriff der Partizipation wird dabei als Ergebnis der Wechselwirkung zwischen dem Gesundheitsstatus, dem Funktions- und Strukturstatus oder dem Aktivitätsstatus einerseits bestimmt und den Faktoren der sozialen und materialen Umwelt andererseits definiert. Die Partizipation steht im Mittelpunkt des bio-psycho-sozialen Modells (Abb. 11).

Abb. 11: Das bio-psycho-soziale Modell der Funktionsfähigkeit und Behinderung der WHO (ICIDH-2) (nach Schuntermann 1999, 18)

7.1 Die Notwendigkeit eines Einbezugs sozialpsychologisch-soziologischer Fragestellungen

Begründungen

Es gibt einige ganz bedeutsame Gründe, sozialpsychologische und soziologische Überlegungen in das theoretische und praktische heilpädagogische Arbeitsfeld einzubeziehen:

● Die Frage nach der Entwicklung, des Werdens und So-Seins und damit nach dem Verstehen von Menschen mit Behinderungen kann nur aus der Kenntnis der bisherigen sozialen Lebensbezüge und Prozesse unter Einbezug der primären und sekundären Erziehungspersonen (Familie, Heim, Wechsel der Erziehungsverantwortlichen) aufgeworfen werden.

● Im Zusammenhang mit einem besseren Kennenlernen und Verstehen der Menschen mit Behinderungen ist es wichtig, sich mit Problemen der gesellschaftlichen Beeinflussung der Menschen mit Behinderung intensiv auseinanderzusetzen (Einstellung der Gesellschaft gegenüber „Behinderten", Einstellung der „Behinderten" gegenüber „Nichtbehinderten", Vorurteilsbildung, Stigmatisierungsprobleme).

● Sozialpsychologen und Soziologen haben intensiv über Probleme des Zusammenlebens von Menschen nachgedacht und geforscht, d. h. es wurden auch Methoden geschaffen, mit deren Hilfe die Lebenserschwernisse

„Behinderter" in einer primär für Menschen ohne Behinderung geschaffe-
nen Umwelt präziser erkundet werden können.

● Vor allem die Soziologie der Behinderten beschreibt und analysiert die zu
beobachtende Lebensrealität von Menschen mit Behinderungen (Cloerkes
2007).

● Es hat sich in den letzten Jahren gezeigt, dass unter Wissenschaftlern und
bei Studierenden der Sonder- und Heilpädagogik ein starkes Interesse an
sozialpsychologischen, insbesondere soziologischen Fragestellungen besteht. Das Ziel ist dabei, die speziellen Probleme von Kindern, Jugendlichen
und Erwachsenen mit Behinderungen im Kontext ihrer sozialen und materialen Umwelt aufzudecken, zu erkennen und einen Beitrag zur Verbesserung der Situation der Menschen mit Behinderungen zu leisten.

Im Verlauf der Geschichte hat man versucht, die Tatsache der Existenz **historischer Um-**
von Behinderungen in irgendeiner Weise in gesellschaftliche Sinnzu- **gang**
sammenhänge einzubauen, indem man z. B. Behinderungen als „ver-
dient" bezeichnet hat (Motorradunfall nach zu schnellem Fahren, im
Bereich der Kriminalität, auch durch die Vorstellung, „Leid" sei zu
sehen als Bewährungsprobe für die Leidenden selbst wie auch für die
zum „Beistand" aufgerufene Umgebung, als „Strafe" Gottes). Man
kann davon ausgehen, dass alter Aberglaube und moderne Ressen-
timents diskriminierende Verhaltensmuster bzw. Isolationstendenzen
gegenüber Menschen mit Behinderungen begründen.

Beschäftigen sich Sozialpsychologen, Soziologen und auch Son- **Abweichung und**
der- und Heilpädagogen bis zu einem gewissen Grade mit sozialen **Normalität**
Systemen, Einstellungen, Erwartungshaltungen, Vorurteilen, Problemen des Zusammenlebens, Behinderung und sozioökonomischen
Bedingungen, Abweichungen, speziell auch mit der Problematik
„Behinderung und Gesellschaft", schließlich immer wieder mit der
sozialen Integration von Menschen mit Behinderungen, kommt dabei
stets auch Aspekten des „Besonderen", des „Aus-der-Rolle-Fallens",
des „Abweichens" und des Stigmas eine Bedeutung zu. Damit ist die
Frage nach der Norm, generell nach Normen im engeren Sinne, nach
Werten und Bewertungen im weiteren Sinne angesprochen.

Soziologen und Sozialpsychologen beschäftigen sich wohl primär
zunächst mit den „üblichen", sogenannten „normalen" Verhaltensweisen, sie konstatieren dann, inwiefern ein Individuum diese „Normalität" verlässt, nicht mehr hineinpasst. Sonder- und Heilpädagogen beschäftigen sich schwerpunktmäßig mit Bereichen und Fragen
außerhalb dieser sogenannten Normalität, also mit der Problematik,
wie sich der – so bezeichnete – „besondere", „gestörte", „behinderte", „abweichende", „auffällige" Mensch verhält, wie er gesehen wird
und wie er sich selbst und seine Umwelt sieht, wie es dazu kommt,

dass er sie in einer ganz bestimmten, vielleicht unerträglichen Weise wahrnimmt.

Wie erschreckend eng Normalität aussieht, vermag ein Beispiel Goffmans zu illustrieren, das sich wohl mühelos auch auf unsere Verhältnisse transferieren lässt. Es gibt „nur ein vollständig ungeniertes und akzeptables männliches Wesen in Amerika: ein junger, verheirateter, weißer, städtischer Vater mit Collegebildung, voll beschäftigt, von gutem Aussehen, normal in Gewicht und Größe und mit Erfolgen im Sport. Jeder amerikanische Mann tendiert dahin, aus dieser Perspektive die Welt zu sehen; dies stellt einen Sinn dar, in dem man von einem allgemeinen Wertsystem in Amerika sprechen kann" (Goffman 1980, 158).

Aber auch dieses Beispiel der „Normalität" trägt die Möglichkeit der Schwäche, des Abweichens in sich. Selbst der am meisten vom Glück begünstigte „Normale" hat wahrscheinlich einen halb versteckten Fehler – und für jeden kleinen Fehler gibt es eine soziale Gelegenheit, bei der er ein drohendes Aussehen annehmen kann und so eine schmachvolle Kluft zwischen virtualer und aktualer sozialer Identität schafft (z. B. ein Präsident der USA). Während bei sogenannten „Normalen" nur situativ, also gelegentlich Fehler evident werden, muss allerdings der vollständig und sichtbar Stigmatisierte, der „Körperbehinderte", „Geistigbehinderte", „psychisch Auffällige", „schlecht Gekleidete" oder „Arme" permanent diese spezielle Schmach erleiden, die er mit sich trägt, die ihm ins Gesicht oder auf den Leib geschrieben wurde. Jedermann wird nämlich in der Lage sein, bis auf den „Grund seiner Misere" zu sehen.

soziales Wesen   Im Zusammenhang mit der entwicklungspsychologischen Fragestellung wurde bereits auf die Bedeutung der sozialen und materialen Umwelt für die Entfaltung der Persönlichkeit eines Menschen hingewiesen. Der Mensch ist von Anfang an, ja wie neuere Forschungen gezeigt haben, bereits im pränatalen Stadium ein soziales, ein beeinflussendes und z. B. im Hinblick auf Wahrnehmung und Gefühle beeinflussbares Wesen. Nicht das einzelne Kind, eine Person kann für sich alleine betrachtet werden, vielmehr entwickelt sich jeder Mensch von Geburt an, ja bereits im pränatalen Stadium – und dies sehen auch Neurobiologen so (Roth 2000, 161) – in einem sozialen Bezugsrahmen, den wir „soziales Umfeld" nennen. Bereits der Säugling spürt vom ersten Lebenstage an die Gefühle seiner Umwelt. Er empfindet, was um ihn herum geschieht und wie gehandelt wird. Vor allem zur Mutter besteht eine enge Beziehung, in welcher der Säugling spürt, ob eine Mutter Ängste hat oder sich sicher und harmonisch verhält.

Babys erleben spannungsreiche, aber auch harmonische Situationen ihrer Eltern mit.

> „Säuglinge können vom Kummer ihrer Mutter richtig krank werden, zum Beispiel eine Erkältung bekommen, für die es sonst keine Gründe gibt [...] Der Säugling, können wir etwas vereinfacht sagen, wird in seiner Entwicklung von zwei Grundkräften entscheidend beeinflußt: von Liebe und Nicht-Liebe, das heißt genauer: Selbstverliebtheit des Erwachsenen, mit dem wissenschaftlichen Fachausdruck ‚Narzißmus‘ genannt." (Bittner 1979, 8)

Wie schlimm und tragisch müssen sich Nicht-Liebe, ja totale Ablehnung von Seiten der Eltern auf die Entwicklung von Kindern mit Behinderungen auswirken, wie man dies relativ oft in Heimen, speziell in Heimen für Kinder mit geistiger Behinderung, erfahren kann.

Heilpädagogische Psychologie sollte die jeweiligen „Erziehungsfelder" einbeziehen und berücksichtigen. Es geht nämlich darum, **sozialer Bezugsrahmen**

> „den Prozeß als Ganzen zu begreifen, der das Aufwachsen des Kindes in unserer Gesellschaft so nachhaltig zu verändern beginnt. Begreifen heißt für den Psychoanalytiker: die treibenden Kräfte im Hintergrund, die unbewußten Motive, den Wandel der Objektbeziehungen zwischen Erwachsenen und Kindern verstehen" (Bittner 1979, 106).

Jeder Entwicklungsprozess kann somit auch als Sozialisationsprozess aufgefasst werden. Insofern wird es im Kontext sonder- und heilpädagogischer sowie psychologischer Aufgabenstellungen notwendig, den sozialen Bezugsrahmen zu berücksichtigen, wobei ein Kind mit Lern- und Verhaltensproblemen als „integrierendes Unterganzes eines Kommunikationssystems" gesehen wird (Kobi 1977, 119).

Hier entwickelt eine Person das für ihren Werdegang so entscheidende Selbstkonzept. Beim Selbstkonzept geht es um das „interne Selbstmodell" der Betroffenen. Dieses Selbstmodell bestimmt das Erleben und Verhalten des Menschen entscheidend. Was jemand von sich denkt, ist richtungweisend für die Art und Weise, wie eine Person auf die „Welt zugeht". Aus der Vielzahl möglicher Einstellungen wird zunächst die „Beziehung" zu sich selbst „ausgewählt". Dieses Selbstkonzept, das hier weitgehend mit Selbstbild gleichgesetzt wird, steht in ständiger Wechselwirkung zum Fremdbild, das sich aus direkten Urteilen anderer über eine Person bildet. Es geht hervor aus Billigungen, Missbilligungen, Bewertungen schlechthin, aus subjektiven Interpretationen von Rückinformationen. Dieses Selbstkonzept und seine Interpretation stellt ein wichtiges Moment sonder- und heilpädagogischer sowie psychologischer Aktivitäten dar, denn es müs- **internes Selbstmodell** sen vielleicht Hilfestellungen und Unterstützungen zu einer neuen Selbsteinschätzung oder zur Aufnahme neuer Inhalte der Selbstwahrnehmung in dieses Selbstkonzept in Richtung größere Flexibilität, positive Einschätzung gegeben werden.

Lebensraum   Bezogen auf die Schule besteht der Gegenstandsbereich Heilpädagogischer Psychologie nicht so sehr aus den Merkmalen des Kindes, vielmehr geht das gesamte Bedingungsfeld des schulischen Erfolgs oder Misserfolgs in die unterstützenden Überlegungen ein. Insofern ist Förderdiagnostik immer auch „Lebensraum-Diagnostik". Sie findet an jenem Ort und unter jenen Umständen statt, wo ein Kind angeblich versagt hat oder sich bewähren sollte. Gegenstand solcher Überlegungen sind nicht Störungen, Behinderungen als solche, auch Kinder mit Behinderung, sondern beeinträchtigte Erziehungsverhältnisse sowohl im Einzelnen wie im Gesellschaftsganzen. Dies bedeutet, dass sozialpsychologische Gedanken stets weit über das einzelne Kind hinaus in seinen gesamten Lebensraum reichen.

Folgende **Aspekte sozialpsychologischer Erkenntnisse** im Hinblick auf Menschen mit Störungen und Behinderungen sind von Bedeutung (Kobi 1980, 79f):

- Es gibt keine Behinderung „an sich" im ahistorischen, unpolitischen, beziehungslosen Raum. Behinderungen erschließen sich als psychosoziales Funktionsnetz, nicht als ein „Gegenstand".
- Behinderungszustände (Defektivität) werden in kreisförmigen Interaktionsprozessen erzeugt, Abnormität wird via Normierungen, Definitionen, Zuschreibungen gesetzt (Labeling approach, d.h. jemandem etwas zuschreiben, jemanden auf einen Stand bringen). Zwischen der praktischen Intervention und deren intendiertem Subjekt besteht daher eine konstitutive Beziehung von der Art, dass das Interventionsobjekt Behinderung, Mensch mit Behinderung durch den Eingriff erzeugt wird.
- Kinder sind einem „labeling approach", also diesem Definitions- und Stigmatisierungsprozess, ziemlich wehrlos ausgeliefert: im Kampf um die Definition „erziehungsuntüchtige Eltern" versus „verhaltensgestörtes Kind" legen die Eltern die Indizes fest, in jenem zwischen „lehrbehinderter Lehrer" versus „lernbehinderter Schüler" die Lehrerschaft.
- Interaktionen sind nicht linear, sondern kreisförmig. „In dieser Beziehungsform ist kein Verhalten Ursache des anderen: jedes Verhalten ist vielmehr sowohl Ursache als auch Wirkung." (Watzlawick et al. 2007, 93, 122)
- Verschiedene Anfangszustände können zu denselben Endzuständen und gleiche Ausgangspositionen zu unterschiedlichen Ergebnissen führen. In Interaktionen gibt es keine strengen Wenn-dann-Gesetzlichkeiten. Z.B. kann sich aus einer MCD (Minimal Cerebral Dysfunction) später eine Lese-Rechtschreib-Störung, eine Störung der Grob- und Feinmotorik, eine Wahrnehmungsstörung ganz allgemein oder eine Verhaltensstörung entwickeln, um nur einige Möglichkeiten anzusprechen. Eine Verhaltensauffälligkeit im

schulischen Bereich kann möglicherweise auf Erzieherfehler, auf auftretende Spannungen in der Familie, auf Probleme bei schulischen Anforderungen, auf Schwierigkeiten beim Zusammenleben und -lernen mit einer
Klassengemeinschaft, auf eine MCD etc. zurückgeführt werden. Ähnliche
Überlegungen könnte man im Zusammenhang mit Lese-Rechtschreib-Stö-
rungen anstellen.

● „Der Behinderte", das ist eine Rollenzuschreibung auf diejenige Person,
an welcher ein Defekt abgelesen (oder vermutet) wird, „den man in einen
Kausalzusammenhang bringen zu können glaubt mit der Systemstörung".

Das Interaktionsmodell rückt neue Aspekte und Chancen für die Päd-   **Interaktionsmodell**
agogik und das Verstehen eines Schülers im Zusammenhang mit multidimensionalen sozialen Beziehungen, Verflechtungen, Bedingungen
und möglichen Kausalitäten ins Bewusstsein.

„Pädagogik hat es mit offenen, permutierenden perspektivischen, multipel-
dyadischen Kommunikationssystemen zu tun. Heilpädagogik hat es darüber
hinaus mit solchen Systemen zu tun, welche aufgrund einer gestörten Homöostase eine Neukalibrierung notwendig machen, da sie Gefahr laufen, sich in
polarisierenden, repetitiven, zerstörerischen (lähmenden, die perspektivische
Ausrichtung verlierenden) Verhaltensformen aufzulösen." (Kobi 1980, 81)

Diese äußerst komplexen Prozesse und Sachverhalte muss die sozialpsychologische Dimension einer Heilpädagogischen Psychologie
beachten. Möglichkeiten, Verflechtungen und Tiefen zahlreicher Beziehungen und Interaktionen einer Person mit Schwierigkeiten dürfen nicht negiert werden, es muss vielmehr damit gerechnet werden.
Heilpädagogische Psychologie sollte sich um die Erforschung und
Erhellung solcher Phänomene bemühen, auch wenn diese Aufgabe als
schwierig erscheint.

Dies macht z. B. die Frage nach der Lebensqualität von Menschen   **Beispiel**
mit Behinderungen deutlich, die seit Anfang der 1990er Jahre in der   **Lebensqualität**
Diskussion um Ziele und Perspektiven sonderpädagogischen Han-
delns immer breiteren Raum einnimmt. Als problematisch erweist sich
dabei die genaue Bestimmung bzw. Erfassung von Lebensqualität. Es
gilt mittlerweile als Konsens, dass Lebensqualität sowohl von objektiven Lebensbedingungen als auch – und dies in entscheidendem Maße
– von subjektiven Faktoren wie Glück, Wohlbefinden und Zufrieden-
heit beeinflusst wird (Glatzer/Zapf 1984; Beck 2000). Damit rücken
(wieder) Kommunikations- und Interaktionsprozesse zwischen Menschen mit Behinderungen und sozialer Umwelt in den Mittelpunkt
des Interesses (Seifert 2002a, b). Von deren Quantität, vor allem aber
Qualität hängt die Möglichkeit zur Konstituierung von Lebensqualität
ab. Um die Qualität dieser Kommunikations- und Interaktionsprozes-

se erfassen zu können, müssen die beiden Perspektiven der Beteiligten genau analysiert und ernst genommen werden.

Prinzip Offenheit Hierbei kann nicht mit vorbereiteten standardisierten Verfahren und quasi unangreifbaren Modellen gearbeitet werden. Als oberstes Prinzip muss die Offenheit für die jeweilige Situation gelten. Diese Offenheit kann auf folgende **drei Dimensionen** bezogen werden:

- Die Offenheit bezüglich der Phase des **Kennen- und Verstehenlernens**, des In-Kommunikation-Tretens. Für das Verständnis psychischer und insbesondere auch gestörter kognitiver Prozesse ist die Frage nach der Art und Weise zentral, wie Personen sich und ihre Welt wahrnehmen, einschätzen, erleben und begreifen.
- Die Offenheit bezüglich aller **Personen**, die irgendwie an einer Unterstützung und Förderung beteiligt sind.
- Die Offenheit bezüglich der Hilfe, der helfenden Vorgehensweise und **Unterstützung** (kein verbindliches Vorgehen im Sinne von „Festhalten an einem Konzept"). Hiermit sind zentrale Fragen der „Didaktik" und der „Therapie" angesprochen.

 Das Zusammenwirken verschiedener Dimensionen (z. B. Didaktik oder Therapie) im Rahmen eines förderdiagnostischen Prozesses wird ausführlich und kritisch in Bundschuh (2007a, 77 ff) diskutiert.

7.2 Sozialpsychologie und Soziologie im Kontext Heilpädagogischer Psychologie

Sozialpsychologie

Die psychologische Schule der Sozialpsychologie „befaßt sich mit der Person in der sozialen Umwelt. Ihr Interesse liegt beim Individuum, dessen Einstellungen, Motiven, Gefühlen, beim Lernen und bei der Wahrnehmung, geformt von der Gesellschaft und ihren Gruppen" (Mann 2001, 11). Es wird bei diesem Ansatz das betont, was „als Prozesse unter der Hautoberfläche" bezeichnet wird, also interne Vorgänge und Abläufe, die das Sozialverhalten bestimmen. Entsprechend kann man Sozialpsychologie als Wissenschaft von Individuen im sozialen Kontext beschreiben. Der Ausgangspunkt der Betrachtungsweise liegt also zunächst beim Individuum, der Persönlichkeit und den einzelnen Faktoren, die sie beeinflussen.

Soziologie

Die soziologische Schule der Sozialpsychologie, die an sich nicht von der Soziologie zu trennen ist, konzentriert sich hingegen besonders auf die Gruppe als Untersuchungseinheit und befasst sich mit der Person und ihrem sozialen Kontext: Dieser Ansatz fokussiert das, was zwischen Personen geschieht oder „zwischen den Hautoberflächen"

(Mann 2001, 11). Mann befasst sich hier also im Wesentlichen mit umfangreichen Erscheinungen wie Problemen der Gruppendynamik, des Verhaltens in Massen, sozialen Normen, Machtverhältnissen, Gerüchteverbreitung und Kommunikationsprozessen.

Ein Grund für die Tatsache, dass soziologisches Gedankengut bei **Popularität** einer großen Gruppe von Menschen (Jugendliche, Studierende, flexible Personen, Frauengruppen) auf sehr fruchtbaren Boden fällt, hängt sicherlich mit dem Faktum zusammen, dass es sich nicht um eine reine Theorie handelt, welche die bestehende gesellschaftliche Wirklichkeit nur erklärt. Vielmehr weist die Soziologie in ihrer Kritik der Gesellschaft auf Möglichkeiten der Entwicklung und Veränderung der Gesellschaft hin, sie trägt dazu bei, die Gesellschaft weiterzuentwickeln (z. B. durch von Studenten angeregte Demonstrationen in China im Frühjahr 1989; Veränderungen in den osteuropäischen Ländern vor allem in den Jahren 1989/90 und später; Gruppen, die mit Erfolg in der ehemaligen DDR „offeneres" und „freies Denken", Demokratie forderten).

Die Soziologie fragt nach den Zielen, Formen und Funktionen der **Aufgabenbereiche** Vergesellschaftung, den Mechanismen und Kräften des gesellschaft- **der Soziologie** lichen Zusammenhalts, wie den Ursachen, Formen und Funktionen sozialer Konflikte, den Ursachen und Determinanten der Bildung sozialer Klassen und Schichten. Sie fragt nach den Ursachen, Formen und Folgen sozialen Wandels. Sie analysiert nicht nur die Strukturen und Funktionen gesellschaftlicher Institutionen und Herrschaftsformen, sondern hinterfragt zugleich deren Legitimation. Man darf wohl davon ausgehen, dass die Soziologie dies nicht nur in neutraler Absicht tut, sie will vielmehr auch deutlich ihre Kritik äußern. Weiterhin untersucht die Soziologie die Wechselwirkung von Gesellschaft und Einzelnem und zeigt, in welcher Weise Verhalten und Handeln, Denken und Bewusstsein von der Gesellschaft geprägt werden.

Der Ausgangspunkt soziologischer Vorgehensweise ist also nicht in erster Linie das Individuum bzw. die Persönlichkeit, er ist vielmehr bei der Gruppe zu suchen. Gegenwärtige interessante Gruppierungen: Frauen nehmen sich als Gruppe verstärkt wahr, sie entdecken ihre Mächtigkeit; Menschen mit Behinderungen organisieren sich, grenzen sich aber auch gegenseitig ab, z. B. „Blinde" von „Geistigbehinderten"; „Körperbehinderte" betonen ihre geistige Unversehrtheit; Fanclubs in Fußballstadien; Gruppierungen ausländischer Mitbürger; eine unüberschaubare Anzahl von Selbsthilfegruppen.

Sozialpsychologen ist stärker daran gelegen, zuerst das individuale **Aufgabenbereiche** Verhalten zu kennen. Um komplizierte soziale Prozesse zu analysieren, **der Sozialpsychologie** ist es nämlich aus ihrer Sicht notwendig, das Verhalten einzelner, die am Prozess beteiligt sind, zu untersuchen. Der Kern der Sozialpsychologie ist „der Versuch, das Denken, Fühlen und Verhalten von Individuen zu verstehen und zu erklären, so wie diese durch die tatsächliche oder implizite Anwesenheit anderer menschlicher Wesen beeinflußt werden" (Allport 1971, 6). Der Mensch, wie er in sozialen Situationen denkt, fühlt und sich verhält, steht im Mittelpunkt. Im Rahmen der psychologischen Perspektive werden die innerpsychischen Bedingungen zum Gegenstand der Forschung und der Reflexion erhoben. Man geht Fragen im Bereich der Persönlichkeit von Menschen mit Behinderungen nach, z. B. inwieweit sich besondere psychische Folgemerkmale / Symptome aus körperlichen oder kognitiven oder emotionalen Beeinträchtigungen ergeben, ob sich die Dynamik der Persönlichkeit „Behinderter" von der „Nichtbehinderter" unterscheidet und welche pädagogischen Folgerungen für die Erziehung und Betreuung daraus abzuleiten wären (Jansen 1981; 1993; Kunert 1976; Steinhausen / Welfers 1977; Sandfort 1993).

Gesellschaft und Behinderung

Die soziologisch orientierte Fragestellung beschäftigt sich stärker mit dem Problemkreis Gesellschaft und Behinderung. Im Mittelpunkt steht die Frage, durch welche Einstellungen und Vorurteile der Bevölkerung oder durch welche gesellschaftlich-strukturellen Bedingungen „der behinderte Mensch" beeinflusst, zusätzlich zu seiner Behinderung und Schädigung psychisch behindert und stigmatisiert wird. Untersucht werden z. B. bei Menschen mit körperlichen Beeinträchtigungen die äußeren materiellen und sozialen Bedingungen, unter denen diese Menschen zu leben und zu leiden haben, sowie Rollenzuschreibungen, die sich aus den Behinderungen und Folgeerscheinungen ergeben. Das zentrale Problem der soziologischen Fragestellung ist also das „Stigma". Man geht davon aus, dass die Selbstdefinition der Betroffenen von den stigmatisierenden Bedingungen deutlich beeinflusst wird (Jansen 1981; Thimm 1975; Cloerkes 1985; 2007).

> Behinderung und damit der „behinderte Mensch" stellen sich angesichts der relativ statischen Denkweise der Gesellschaft als eine einseitig abhängige Größe dar. Der Abhängige ist stets „der Behinderte".

Behinderungsbegriff von Cloerkes

Hieraus ergeben sich Folgeerscheinungen, die unter den Aspekten und Begriffen „soziale Distanz", „soziale Insuffizienz", „Minoritäten" und „Dysfunktionabilität" wissenschaftlich abgehandelt werden (Cloerkes 1985; Speck 2003, 217 ff). Cloerkes (2007, 8) definiert Behinderung als

- „eine dauerhafte und sichtbare Abweichung im körperlichen, geistigen oder seelischen Bereich, der allgemein ein entschieden negativer Wert zugeschrieben wird.
- ‚Dauerhaftigkeit' unterscheidet Behinderung von Krankheit; ‚Sichtbarkeit' ist im weitesten Sinne das ‚Wissen' anderer Menschen um die Abweichung.
- Ein Mensch ist ‚behindert', wenn erstens eine unerwünschte Abweichung von wie auch immer definierten Erwartungen vorliegt und wenn zweitens deshalb die soziale Reaktion auf ihn negativ ist".

Die „soziale Reaktion" beinhaltet neben formalen Definitionsvorgängen, z. B. durch Diagnostik, insbesondere die Gesamtheit der Einstellungen und Verhaltensweisen auf der informellen Ebene zwischenmenschlicher Interaktionen. „Sichtbare" Abweichungen rufen besonders deutliche Reaktionen hervor. „Sichtbarkeit" bezieht sich aber nicht nur auf den rein visuellen Wahrnehmungsaspekt, sondern meist auf das Merkmal, das Stimulusqualität haben muss. Die Dauerhaftigkeit unterscheidet Behinderung vom vorübergehenden Zustand der Krankheit – ein Großteil chronischer Zustände, die meist als Krankheit bezeichnet werden, sind danach den Behinderungen zuzurechnen (z. B. Aids).

Ausdrücklich betont wird, dass die Bewertung von Behinderung **Bewertung und** und die Reaktion auf Menschen mit Behinderungen zweierlei und **Reaktion** strikt voneinander zu trennen sind. Der entscheidende Aspekt in dieser Definition von Behinderung ist die negativ bewertete Abweichung von sozialen Erwartungen. Daher wird auch von der „Relativität von Behinderung" gesprochen (Cloerkes 2007, 9f).

7.3   Einstellung, Vorurteil, Stigma

Jeder Mensch hat sich über seine soziale und physikalische Umwelt **Meinungsbildung** eine ganz bestimmte Meinung gebildet, die seine Einstellung und sein Verhalten beeinflusst. Dass diese Meinungsbildung in hohem Maße auf Erfahrungen im sozialen Kontext, also auch auf Lernprozesse zurückzuführen ist, die auf ganz bestimmte Dispositionen treffen, bedarf zunächst keiner Diskussion. Eine Einstellung, eine Meinung oder eine Werthaltung zu haben bedeutet die Bereitschaft, auf ein soziales (oder auch physikalisches) Objekt in einer ganz bestimmten Weise zu reagieren. Diese Reaktionen können in Form von positiven oder negativen Gefühlen verschiedenartig motiviert sein. Es ergeben sich Vorstellungen, die eben mit dem Eindruck der Wahrnehmung verbunden sind. Schließlich führt dies zu Aktionen, also Verhaltensweisen im Sinne unmittelbarer Reaktionen.

Unter psychologischem, speziell soziologischem und sozialpsychologischem Verständnis lassen sich zunächst **drei Einstellungskomponenten** unterscheiden: die kognitive, die affektive und die verhaltensmäßige Komponente (Krech et al. 1962; Herkner 1981, 213).

1. Die **Wissenskomponente** (kognitiv) zeigt sich in Wahrnehmungen, Vorstellungen, Ansichten, Überzeugungen, Stereotypien und bewertenden Urteilen des Individuums gegenüber einem Einstellungsobjekt. Häufig wird der Begriff „Meinung" anstelle der kognitiven Einstellungskomponenten benutzt, d. h. das „Einstellungsobjekt" wird in ganz spezifischer, individueller Weise wahrgenommen, z. b. „Zigeuner", „Ausländer", „Behinderte", „Aidskranke", „Altersheime", Atomkraftwerk, Natur, Wald, Auto usw.

2. Die **Gefühlskomponente** (affektiv) wird durch die Gefühle positiver oder negativer Art des Individuums oder der Individuen mit der Tendenz subjektiver Bewertung gegenüber dem Einstellungsobjekt definiert. Im wissenschaftlichen Bereich wird häufig die Auffassung vertreten, der emotionale Aspekt einer Einstellung sei die zentrale Wurzel, die wesentliche Komponente im Zusammenhang mit einer Einstellung. Gegenüber Modifikationsversuchen sei gerade die emotionale Komponente äußerst resistent.

3. Die **Verhaltenskomponente** (konativ) besteht in der Tendenz zu agieren bzw. zu reagieren. Verhaltensintentionen oder Handlungstendenzen des Individuums gegenüber einem Einstellungsobjekt gehören zu dieser Einstellungskomponente. Diese Komponente erweist sich insofern als operationalisierbar, wissenschaftlich zugänglich, als man jemanden befragen kann, was er zu tun gedenke, oder indem man beobachtet, was er tatsächlich tut. Gegenüber Aidsinfizierten z. B. könnte man im negativen Sinne für „Einsperren", „Ausschluss" aus der Gesellschaft, Kontaktvermeidung eintreten und entsprechend (z. B. als Politiker) auch so handeln.

Einstellung und Behinderung

Worin bestehen nun häufig die Einstellungen gegenüber Menschen mit Behinderungen? Man kann beispielhaft diese drei Komponenten der Einstellung auf die Einstellung mancher „Nichtbehinderter" gegenüber „Behinderten" transferieren.

Der **kognitive** Aspekt könnte die Meinung beinhalten: Der Mensch mit Behinderung ist anders. Die Wahrnehmung verengt sich nur auf die Behinderung, auf das Behindertsein, der ganze Mensch mit seinen unzähligen Möglichkeiten wird nicht wahrgenommen.

Der **emotionale** Aspekt könnte durch Gefühle wie „Ich mag ihn nicht leiden", „Diese körperliche Behinderung stößt mich ab", „Dies ist ein armer Mensch" bis hin zu Gefühlen der Aggression und der Resignation zum Tragen kommen.

Die **Verhaltenskomponente** könnte sich durch Vermeidungs- und Ablehnungsreaktionen in der Absicht äußern, „Ich möchte ihm nicht begegnen", „Ich vermeide es, in die Nähe von Behinderten zu kommen", „Ich gebe Geld, dann habe ich genug getan" (um Schuldgefühle zu unterdrücken). Im institutionellen und gesellschaftlichen Bereich könnte die Verhaltenskomponente durch den dezentralisierten Bau von Heimen und Schulen zum Ausdruck kommen.

Konsistenz-Konzeption

Es gibt aber auch die wissenschaftliche Hypothese über eine Konsistenz der drei genannten Komponenten. Sie besagt, dass das Individuum bemüht ist, diese drei Komponenten in Übereinstimmung zu bringen, so dass man von einer einheitlichen Reaktion auf das Einstellungsobjekt sprechen kann, die sich dann auch im tatsächlichen Verhalten niederschlägt (Cloerkes 1985, 16). Diese Konsistenz-Konzeption, die Einstellung primär als mehrdimensionales System versteht, wird von den Vertretern einer anderen Richtung abgelehnt. Hierbei wird Einstellung als eindimensionales Konzept gesehen, wobei die affektive Komponente dominiert (Fishbein 1963). Auch Cloerkes betont, im Hinblick auf Menschen mit Behinderungen sei die affektive Komponente als Kern einer sozialen Einstellung am wichtigsten (Cloerkes 2007, 104).

7.3.1 Einstellung

hypothetisches Konstrukt

Einstellungen können nicht direkt erfasst werden, vielmehr wird aufgrund bestimmter Verhaltensweisen oder Ergebnisse auf etwas, eben auf eine Einstellung, geschlossen. Insofern sprechen die Psychologen auch im Zusammenhang mit „Einstellung" von einem **hypothetischen Konstrukt**, d. h. es handelt sich um einen theoretischen Begriff, der sich nicht direkt auf beobachtbare Sachverhalte zurückführen lässt. Man kann jedoch mit Hilfe von Definition Beobachtungen beschreiben und aufeinanderbeziehen. Allerdings wird damit auch eine streng empirische Wissenschaftskonzeption überwunden. Einstellungen lassen sich weder bei uns selbst noch bei den Mitmenschen, deren Einstellungen oft interessieren, unmittelbar erkennen. Bei Einstellungen handelt es sich also um erschlossene Phänomene, d. h. man muss erst einen Zugang finden.

Einstellungen werden als Dispositionen zu psychischem Verhalten, als latente Bereitschaften bezeichnet, die den Charakter von „hypothetischen Konstrukten" tragen (von Bracken 1981, 8).

Einstellungen bestimmen vor allem das menschliche Verhalten, sie gelten als determinierende Tendenzen des Psychischen, erweisen sich als dauerhaft und resistent gegenüber Veränderungen. Für die Forschung impliziert diese relative Stabilität von Einstellungen Vorteile, weil man es bei gleichen Personen mit ziemlich konstanten Faktoren zu tun hat. Als erheblich problematisch erweist sich dieses statische Moment, wenn Versuche der Veränderung ungünstiger Einstellungen, z.B. gegenüber Personen, speziell im Hinblick auf Menschen mit Behinderungen, unternommen werden.

Charakterisierung　　Man kann Einstellungen nach mehreren Aspekten charakterisieren, z.B. nach **Richtungen** (positiv, negativ, evtl. neutral, ambivalent); nach der **Stärke und Intensität**, also nach der Bereitschaft für Flexibilität, d.h. der Möglichkeit einer Einstellungsänderung; nach dem **Bewusstheitsgrad** (psychoanalytisch orientierte Psychologen und Soziologen heben hervor, dass Einstellungen, Vorurteile und Stigmatisierungsprozesse auch als unbewusste Abwehrmechanismen fungieren); schließlich nach dem **relativen Anteil** der affektiven, kognitiven und konativen Komponenten.

Eindrücke　　Einstellung kann man als eine Art und Weise bezeichnen, wie neue Eindrücke oder Situationen „gesehen" und aufgenommen werden, besonders im Zusammenhang mit den Ein- und Nachwirkungen früherer Erlebnisse und Erfahrungen. Damit ergibt sich auch schon eine Form, eine Art und Weise der Reaktionsbereitschaft diesen erlebten Inhalten gegenüber, nämlich Verhaltensmuster für zukünftiges Verhalten in vergleichbaren Situationen (Hehlmann 1968, 111; Häcker/Stapf 2003, 234f).

Hier einige Studien zur Einstellungsproblematik (Seifert/Stangl 1981; Cloerkes 1985; Klauß 1996).

Die Einstellung gibt den wahrgenommenen Objekten quasi ein Bedeutungsprofil (Strukturierung), ohne selbst immer bewusst oder bewusstseinsfähig zu sein. Die Stimmungslage fließt in die Einstellung mit ein, eigentlich wird die Einstellung zu einem Filter für die Wahrnehmung unter Einbezug der Verarbeitung.

Unter dem Begriff **Einstellung**

Einstellung

„wird in den Sozialwissenschaften üblicherweise die Erscheinung verstanden, daß Menschen in bezug zu einem bestimmten Gegenstand oder einer bestimmten Gegenstandsklasse (z. B. mein VW – der VW als Kategorie – Autos), einer Person oder einer Kategorie von Personen (z. B. Herr Theodorakis – Arbeiter – Gastarbeiter – Grieche), oder zu einem bestimmten Meinungsgegenstand [...] überhaupt (z. b.: katholische Kirche, Kommunismus, Beamte, Krieg, Schule, Werbung, Parteiprogramm, Land, Hahnenkampf, das Rauchen, Genuß, BSE usw.) im Laufe ihrer Lern- und Erfahrungsprozesse bestimmte Reaktionsbereitschaften entwickelt haben, d. h. eine Geneigtheit zeigen, auf diese Gegenstände, Personen oder Personengruppen oder auch Sachverhalte in bestimmter Weise sowohl affektiv-emotional, wie auch in ihrem Verhalten (verbal, indem bspw. bestimmte Ansichten und Meinungen über den Gegenstand geäußert werden; handlungsmäßig, indem bspw. eine Person gemieden wird) über eine relativ lange Zeit hinweg relativ ähnlich zu reagieren" (Barres 1978, 25).

Mit „Einstellung" bezeichnen wir ein stabiles System von positiven oder negativen Bewertungen, gefühlsmäßige Haltungen und Handlungstendenzen in Bezug auf ein soziales Objekt (Krech et al. 1962, 177; Cloerkes 2007, 104)

Man kann anhand dieser Beschreibungen unschwer seine Einstellung etwa gegenüber „blinden", „körperbehinderten" oder „geistigbehinderten" Personen stärker ins Bewusstsein heben und somit die eigene, möglicherweise unterschiedliche, Sichtweise oder Einstellung hinterfragen.

7.3.2   Einstellung und Vorurteil

Von vielen im heilpädagogischen Arbeitsfeld arbeitenden Personen wird die Vorurteilsbildung gegenüber Menschen mit Behinderungen als eines der größten Probleme im Zusammenhang mit der Frage nach der Integration von Menschen mit Behinderungen in unsere Gesellschaft bezeichnet. Wenngleich durchaus viele unterschiedliche Definitionen des Vorurteilsbegriffes existieren, lässt sich doch bei den meisten Autoren die Tendenz feststellen, bei Vorurteilen handle es sich um eine emotional negativ besetzte, ja „feindliche" Einstellung.

„feindliche" Einstellung

„Das Vorurteil ist eine Form von Feindschaft in zwischenmenschlichen Beziehungen, das sich gegen eine Gruppe als ganze richtet oder gegen ihre einzelnen Mitglieder. Für seinen Träger erfüllt es eine spezifische, irrationale Aufgabe." (Ackermann/Jahoda 1950, zit. n. Ehrlich 1979, 11)

Gegenüber Menschen mit Behinderungen kann man aufgrund von Beobachtungen von emotional negativ gefärbten Einstellungen sprechen. Sie zeichnen sich zusätzlich und hervorgehoben durch die Merkma-

emotionale Einstellungen

le „hohe Stereotypisierung", „emotionale Geladenheit" und „starker Widerstand" gegen eine Änderung der Einstellung durch gegenteilige Informationen aus (Barres 1978, 33).

Auf „soziale" Prozesse bezogen und als sehr offen und weit betrachte ich die folgende Definition:

Vorurteile

> „Soziale Vorurteile sind klischeehafte und stereotype, im allgemeinen im Verlauf des Sozialisationsprozesses erlernte, kulturbedingte und von den gesellschaftlichen, wirtschaftlichen und politischen Faktoren, aber auch von Persönlichkeitsmerkmalen ihrer Träger abhängige, durch rationale Argumentation und Beweisführung nur schwer oder gar nicht zu beeinflussende, meist positiv oder negativ akzentuierte, moralisch wertende Urteile, Meinungen und Ansichten über Menschengruppen bzw. -kategorien und die ihnen zugehörigen Personen." (Horn 1969, 3743)

Beschreibungen und Definitionen des Vorurteils zeigen, dass die Vorurteilsforschung in den Bereich der Sozialpsychologie fällt, d. h. sie ist zwischen den Wissenschaftsdisziplinen Psychologie und Soziologie angesiedelt. Während von den Wissenschaftlern einerseits der Terminus Urteil als Oberbegriff für Vorurteil gesehen wird, heben andere Autoren stärker die Momente Antipathie oder gar „Feindschaft" hervor. Das Vorurteil wird zumeist als eine besondere Form von Einstellung mit emotionaler und negativer Färbung gesehen. Das Verständnis von Vorurteil ist auch – ähnlich der „Einstellung" als Oberbegriff – durch die Zusammensetzung aus den Komponenten „kognitiv", „affektiv" und „konativ" gekennzeichnet. Hinsichtlich der Abgrenzung des Vorurteils zur Einstellung wird das Vorurteil auch als „Sonderfall von Einstellungen" gesehen und durch „die Ausgeprägtheit vor allem negativer Bewertung, durch die Eigenart der kognitiven Prozesse bestimmt, die durch Starrheit (Resistenz gegenüber Änderung) und Fehlerhaftigkeit (Über-Verallgemeinerung) gekennzeichnet sind" (Schäfer/Six 1978, 17).

Merkmale des Vorurteils

Aufgrund der Analyse von Aussagematerial aus der Fachliteratur ergeben sich sechs wesentliche Merkmale, die ein Vorurteil charakterisieren:

> „1) Das Vorurteil ist immer ein falsches Urteil oder in seinem Wahrheitsanspruch zureichend abgewiesenes Urteil;
> 2) Das Vorurteil ist ein voreiliges Urteil, d. h. ein Urteil, das überhaupt nicht oder nur sehr ungenügend durch Reflexionen oder Erfahrungen gestützt wird oder auch vor aller solcher Erfahrung und Reflexion aufgestellt wird;
> 3) Das Vorurteil ist ein generalisierendes Urteil, d. h. es ist ein Urteil, das sich nicht auf den Einzelfall bezieht, sondern auf alle oder zumindest die meisten

Urteilsgegenstände (seien es Menschen, Dinge oder Ereignisse) gerichtet ist;
4) Das Vorurteil hat häufig den stereotypen Charakter eines Klischees, das immer leicht zur Hand ist und meistens in apodiktischer Weise formuliert und vorgetragen wird;
5) Das Vorurteil enthält neben beschreibenden oder theoretisch erklärenden Aussagen direkt oder indirekt auch richtende Bewertungen von Menschen, Gruppen oder Sachverhalten;
6) Um das Vorurteil gegen andere Urteilsgebilde und Urteilsformen abzugrenzen (z. B. von falschen Urteilen, Hypothesen oder auch Werturteilen), wird von einem Vorurteil erst dann gesprochen, wenn ein falsches, generalisierendes, bewertendes und behauptendes Urteil als falsch bestimmt und sein Anspruch wahr zu sein als hinreichend widerlegt gelten kann, trotzdem aber an ihm festgehalten wird und es auch weiterhin mit einem Wahrheitsanspruch vertreten wird." (Barres 1978, 20f)

Im Zusammenhang mit Vorurteilen spielen die Merkmale Starrheit und Irrationalität eine besondere Rolle. Dies lässt den Schluss zu, dass man mit vernünftigen und logischen Argumenten kaum solchen Einstellungen begegnen kann. Insofern stellt sich die wichtige Frage nach dem Bedingungshintergrund, der Genese und der Intention von Vorurteilen. **Starrheit und Irrationalität**

7.3.3   Funktionen von Vorurteilen

Sozialwissenschaftler interessieren sich stärker für die Funktion von Vorurteilen im gesellschaftlich-politischen Bereich. Auch im Hinblick auf Menschen mit Behinderungen müssen wir die Frage nach den Vorteilen, nach dem scheinbaren Nutzen für diejenigen stellen, die Vorurteile gegenüber Menschen oder Gruppen von Menschen mit ganz bestimmten Merkmalen bilden. Aus der Sicht der individuell sozialpsychologischen Ebene kann man fragen: Welchen Zwecken dient das Vorurteil als dynamischer Bestandteil der Persönlichkeit? Welche psychologische Bedeutung hat das starre und zähe Festhalten an Vorurteilen (Barres 1978, 117)? Offensichtlich können Einstellungen und Vorurteile auch gegenüber Menschen mit Behinderung für bestimmte Ziele und Absichten nutzbar gemacht werden, es können ihnen im inneren psychischen System einer Person bestimmte Bedeutungen zukommen. Insofern gilt zu überlegen und zu untersuchen, ob die folgenden fünf Funktionen und stereotypen Einstellungssysteme auch eine Bedeutung für die Vorurteilsbildung gegenüber Menschen mit Behinderungen haben könnten. **„scheinbarer Nutzen"**

1. Orientierungsfunktion: Hierbei gehen Sozialwissenschaftler von der Hypothese aus, dass der Mensch zwecks besserer Orientierung,

Handlungs- und Entscheidungsmöglichkeiten in seiner Umgebung gewisser Kenntnisse und Orientierung bedarf. Ein psychisches Unbehagen kann man in jeder Situation deutlich erleben, in der man nicht genau weiß, woran man ist.

„Das Gefühl der subjektiven Ungewißheit dürfte ein wesentlicher Grund dafür sein, daß besonders für solche Sachverhalte, Phänomene und soziale Gruppen, über die nur wenig objektive Informationen bekannt sind, Einstellungen und Vorurteile gebildet und akzeptiert werden." (Barres 1978, 116)

Vielleicht trägt diese Funktion des Vorurteils dazu bei, sich gegenüber „Behinderten" leichter zu „orientieren", die Problematik „Behinderung" zu vereinfachen durch Klassifizierung, Kategorisierung und Charakterisierung, da es sich hierbei um schwer durchschaubare Phänomene, Situationen und Sachverhalte handelt. Dass diese „Organisations- und Kategorisierungstendenz" im Hinblick auf das individuelle So-Sein der Menschen mit Behinderung gefährlich vereinfachend und gleichzeitig verallgemeinernd sein kann, versteht sich von selbst. Ich halte es für völlig normal, dass man Menschen mit Behinderungen gegenüber zunächst ein Gefühl der subjektiven Ungewissheit, der Unsicherheit und „Desorientierung" empfindet, dass es Kraft kostet, mit diesem Gefühl zurechtzukommen. So besteht die Tendenz, über bestimmte Personengruppen, wie z. B. Menschen mit körperlicher oder geistiger Behinderung, ein bestimmtes Urteil zu bilden und spätere Informationen im Sinne des ersten Urteils wahrzunehmen und zu organisieren. Es wäre jedoch völlig falsch, ungerecht, ja fahrlässig, aufgrund erster Eindrücke oder auch unreflektiert „einzuordnen", zu kategorisieren und zu typisieren, d. h. also das Vor-Urteil anstelle von Offenheit und bewusster Reflexion zu setzen.

Identifikation   *2. Anpassungsfunktion:* Ausgegangen wird hierbei von der These, „daß die Identifikation des Individuums mit den in seiner Gruppe bzw. seiner sozialen Umwelt herrschenden Einstellungen ein wichtiges Merkmal und Mittel der Anpassung des Einzelnen an die Gruppe ist" (Barres 1978, 117). Es gibt also auch die Möglichkeit des Draußen-Seins, außerhalb einer Gruppe zu sein, wenn man nicht in eine Gruppe passt bzw. die Gruppe eine Person erst gar nicht an- und aufnimmt. Es existieren wahrscheinlich Gruppen, zu denen „man" nicht so gerne gehören möchte. Das Gefühl und die – relative – Gewissheit, ein Mitglied der Gruppe der sogenannten „Normalen" und „Nichtbehinderten" zu sein, führen zur Identifikation speziell mit dieser Gruppe. Sie lassen es auch unter Berücksichtigung der affektiven, kognitiven und konativen Prozesse nicht zu, Probleme von Menschen mit Behinderungen wahrzunehmen, sich für sie zu öffnen. Der Mensch passt sich möglicherweise eher an die „nichtbehinderte Wirklichkeit" an, die es im Hinblick auf die Grenzen jedes Menschen im Grunde genommen gar nicht gibt. Sie ermöglicht es nämlich, jedenfalls für eine gewisse Zeit, Probleme der allgemein menschlichen Wirklichkeit nicht wahrzunehmen, ja zu verdrängen.

3. *Utilitaristische Funktion:* In der Regel sind die Opfer sozialer Vor- **Macht**
urteile und Diskriminierungen in einer Gesellschaft zahlenmäßige Minderheiten (z. B. Armenier in der Türkei, Sinti und Roma im europäischen Bereich, „Behinderte" in unserer Gesellschaft). Als utilitaristisch wird diese Funktion bezeichnet, weil diese Diskriminierungen der Majorität Privilegien, politische und wirtschaftliche Vorteile mannigfacher Art, schlichtweg Macht verschaffen und den Herrschenden in Krisenzeiten oder bei wirtschaftlichen Missständen die Möglichkeiten bieten, diesen Minderheiten für aufgetretene Missstände die Schuld zuzuschreiben (Barres 1978, 121).

Während des Naziregimes konnte man diese utilitaristische Funktion gegenüber Juden und „Behinderten" in gravierender Weise erkennen. Aber auch heute kann man beobachten, dass Menschen mit leichten Beeinträchtigungen („Lernbehinderte") verspottet werden, dass sie nicht in Spielgruppen integriert werden, die „Nichtbehinderten" ihre Überlegenheit genießen und zeigen. Auch mit Begriffen wie Leistung, Intelligenz, Begabung, Schönheit, Reichtum, ja sogar Gesundheit lassen sich vortrefflich Überlegenheit und Macht der Personen dokumentieren, die über solche Privilegien verfügen, gegenüber denjenigen, die darunter leiden, dass sie mit solchen Vergünstigungen nicht in dem beschriebenen Maße ausgestattet sind.

Ehemalige Schüler der Schule für Lernbehinderte scheitern im Rahmen ihrer Berufsausbildung oft an den theoretischen Anforderungen und werden später als minderqualifizierte Arbeitskräfte eingestellt und bezahlt, obgleich sie am Arbeitsplatz vieles leisten. Offensichtlich gibt es Menschen, die sich an der Spitze einer Hierarchie befinden und somit ein großes Interesse am Erhalt dieser Hierarchien haben. Sie fühlen sich dadurch privilegiert, verfügen über materielle Vorteile, genießen mehr Ansehen in der Gesellschaft. So wird z. B. die Funktion des Intelligenztests auch im Sinne des Ausbaus und Erhalts von Hierarchien und Machtstrukturen gesehen (Probst 1974, 151f).

Individualität

4. Selbstdarstellungsfunktion: Die Selbstdarstellungsfunktion und die anschließend noch zu besprechende Selbstbehauptungsfunktion von stereotypen, wertenden Einstellungen und Vorurteilen beziehen sich in ihrer Funktion stärker auf das psychische System der einzelnen Person selbst. Hiermit ist zunächst ganz allgemein das Streben einer Person gemeint, ihre Individualität zum Ausdruck zu bringen.

> „Eine Person, die keine Meinungen, keine Einstellungen, keine Auffassungen zu Problemen und Sachverhalten äußert, und die keine Stellung bezieht zu politischen, religiösen, künstlerischen, moralisch-ethischen, erzieherischen oder anderen aktuellen Kommunikationsthemen, gerät leicht in den Ruf eines noch Unfertigen, eines Wankelmütigen oder gar in den eines charakterlosen oder haltlosen Anpaßlings." (Barres 1978, 126f)

Das Individuum strebt nicht allein danach, sich den Anforderungen, Normen und Werten seiner Bezugsgruppen ganz anzupassen, sondern auch danach, in seiner sozialen Umwelt seine Individualität, seine personale Identität auszudrücken und durchzusetzen. Es wird hierbei sozusagen das Bewusstsein eines eigenen Standpunktes zum Einstellungsobjekt zum Ausdruck gebracht. Die persönliche Identität kann somit in der Gruppe gewahrt bleiben. Die Funktion des Vorurteils unter diesem Aspekt kann auch dazu dienen, dem Vorurteilsträger zu einer gewissen Sonderstellung zu verhelfen, wenn er seine Position als interessant, persönlich und individuell darstellen kann, ohne gegen den allgemeinen Gruppenkonsens und -kodex zu verstoßen.

Die Selbstdarstellungsfunktion im Rahmen der Vorurteilsbildung könnte erklären, warum Minoritäten, in der Gesellschaft als „schwach" geltende Gruppen, wie z. B. Menschen mit Behinderungen, sich weniger artikulieren, vielleicht verteidigen. Möglicherweise könnte dies auch auf ein unsicheres, psychisch nicht gefestigtes Selbstkonzept zurückgeführt werden. Es ist leicht verstehbar, dass Menschen mit Behinderungen manchmal unter der eigenen Einstellung (dem „Vorurteil") leiden, weniger wert zu sein. Deshalb fällt es ihnen auch schwerer, sich selbst in einer Gesellschaft darzustellen, die Leistung, Intelligenz, Aussehen, Gesundheit und Sportlichkeit hoch bewertet. Umgekehrt gesehen fördert dies Macht- und Überlegenheitsgefühle „Nichtbehinderter" gegenüber „Behinderten".

Stabilisierung

5. Selbstbehauptungsfunktion: Hierbei werden Vorurteile, insbesondere soziale Vorurteile und das hartnäckige Festhalten an ihnen, von der Psychoanalyse nahe stehenden Wissenschaftlern in dem Sinne interpretiert, dass innere, aus der Kindheit stammende und im Erwachsenenalter noch unbewusst wirkende ungelöste Konflikte und Ängste bewältigt würden. Im Rahmen dieses theoretischen Systems werden Merkmale wie das stereotype, intensive Kleben am Vorurteil als Abwehrdynamik aufgefasst, durch die eine Person ihre eigenen unbewussten Konflikte und Ängste zu verarbeiten sucht. Die Wurzeln solcher unbewusster Ängste wiederum sind in den Sozialisations- und Erziehungspraktiken der Kindheit zu suchen und fördern anscheinend die Entwicklung einer Persönlichkeitsstruktur, die gerne soziale Vorurteile übernimmt, vor allem an Vorurteilen haftenbleibt und damit zur Selbstbehauptung beiträgt. Die Funktion dieser Vorurteilsbildung liegt in der Stabilisierung, genauer in der Pseudostabilisierung der Persönlichkeit. Prozesse der Vorurteilsbildung dienen auch der Beruhigung des Gewissens, des Über-Ichs und wiederum – zumindest vorübergehend – der Stabilisierung der Persönlichkeit.

Es gibt emotionelle und kognitive Widerstände nicht deshalb, weil die Person nicht intelligent genug wäre, rationale Argumente in ihr Denken und Urteilen einzubeziehen, sondern weil im Abbau des Vorurteils die psychodynamische Stütze ihrer Selbstbehauptung und die eigene relative Ausgeglichenheit verlorengingen. Vorurteile im Sinne von Abwehrmechanismen erfüllen also bei den entsprechenden Personen eine „sinnvolle" psychodynamische Funktion (Barres 1978, 130). Auf Minderheiten, schwache Glieder unserer Gesellschaft können quasi eigene Bedürfnisse oder Eigenschaften projiziert werden, die man – aus Gewissensgründen – sich selbst nicht bewusst eingestehen darf, verdrängte Aggressionen können in verschobener Form an ihnen abreagiert werden, um so das eigene psychodynamische Gleichgewicht aufrechterhalten zu können.

Vorurteile erweisen sich deshalb als so starr, weil sie dem „Erhalt" **Pseudostabilität** (eigentlich dem Pseudoerhalt oder der Pseudostabilität) der Persönlichkeit dienen. Nicht nur der Versuch, Vorurteile bei solchen Personen zu beseitigen, muss auf Widerstand stoßen, sondern auch das Eingestehen eines Vorurteils für diese Personen ist kaum möglich, „denn ein Vorurteil zuzugeben hieße, sich selbst zu beschuldigen, unvernünftig und irrational zu sein" (Barres 1978, 131).

Vorurteile dienen der Machtausübung (gegenüber Schwächeren, Minoritäten) und dem Dominanzstreben (je fester und hartnäckiger das Vorurteil, umso größer die Chance, es durchzubringen). Es spricht vieles dafür, dass sie zunächst der Festigung der Persönlichkeit dienen, jedoch auch gleichzeitig ein Indiz für die Schwäche und „Zerbrechlichkeit" darstellen. Vor allem Abwehrmechanismen halten Vorurteile mühsam aufrecht. Starrheit und Irrationalität von Vorurteilen können Menschen eine

Hilfe sein, sich im Alltag zurechtzufinden, mit Problemen besser zurechtzukommen und ohne größeren psychischen Aufwand in einer Gruppe in
gewisser Weise „funktionsfähig" zu sein. Daraus ergibt sich eine weitere
Erklärung für die Merkmale „Starrheit" und „Irrationalität".

7.3.4   Der Stigmatisierungsansatz

Stigma

Der Begriff Stigma wird definiert als „Sonderfall eines sozialen Vorurteils gegenüber bestimmten Personen, durch das diesen negative Eigenschaften zugeschrieben werden" (Hohmeier 1975, 7).

Das griechische Wort „stigma" wird häufig mit „Brandmal" über-
setzt und meint ein Zeichen, das in den Körper geschnitten oder ge-
brannt wurde und so irreversibel jedermann anzeigte, „daß der Träger
ein Sklave, ein Verbrecher oder ein Verräter war – eine gebrandmark-
te, rituell für unrein erklärte Person, die gemieden werden sollte" (Goffman 1967, 9). Ähnlich wie beim „labeling approach" im Sinne einer
Merkmalszuschreibung geht es hier nicht um das absichtliche Verhalten (eines sogenannten „Devianten"), sondern um die Auswirkungen,
die mit der Zuschreibung (labeling) eines Stigmas, also eines negativ
definierten Merkmals, verbunden sind. In seiner wegweisenden Analyse umschreibt Goffman den ursprünglichen Wortsinn von „Stigma",
indem auch unsichtbare Stigmata mit sozial ähnlich brandmarkender
Wirkung einbezogen wurden (Goffman 1967, 9).

**aktuale vs. virtuale
soziale Identität**

Um das Zustandekommen des Stigmas besser zu verstehen, geht
man von Situationen aus, in der wir einem Fremden erstmals begegnen. Ohne uns ausdrücklich des Vorgangs stets bewusst zu sein, antizipieren wir seine Eigenschaften, seine Kategorie – wir entwerfen ein
Bild von ihm, formen seine „virtuale soziale Identität". Diese wird
dann im Verlauf der Interaktion abgelöst durch die tatsächlich erfahrene, die „aktuale soziale Identität" des Gegenübers. Zwischen beiden
könnte eine Diskrepanz bestehen:

> „Während der Fremde vor uns anwesend ist, kann es evident werden, daß er
> eine Eigenschaft besitzt, die ihn von anderen in der Personenkategorie, die
> für ihn zur Verfügung steht, unterscheidet; und diese Eigenschaft kann von
> weniger wünschenswerter Art sein [...] In unserer Vorstellung wird sie (die
> Person) so von einer ganzen und gewöhnlichen Person zu einer befleckten,
> beeinträchtigten herabgemindert. Ein solches Attribut ist ein Stigma, beson-
> ders dann, wenn seine diskreditierende Wirkung sehr extensiv ist; manchmal
> wird es auch ein Fehler genannt, eine Unzulänglichkeit, ein Handicap." (Goff-
> man 1967, 10f)

Es geht also um die Eigenschaft, die diskreditiert, unglaubwürdig macht, den guten Ruf stört. Allerdings muss hier auch gesehen werden, dass das „Stigma" ein sehr relationaler Begriff ist. Seine Bedeutung kann erst in einer Beziehung zwischen Menschen sinnvoll erkannt werden (Goffman 1967, 11), deshalb erweisen sich auch Stigmata als in „historischer und interkultureller Hinsicht außerordentlich variabel" (Hohmeier 1975, 8).

Drei deutlich verschiedene Typen von Stigma werden unterschieden: **Stigma-Typen**

- „Abscheulichkeiten des Körpers – die verschiedenen physischen Deformationen;
- individuelle Charakterfehler […] welche alle hergeleitet werden aus einem bekannten Katalog, zum Beispiel von Geistesverwirrung, Gefängnishaft, Sucht, Alkoholismus, Homosexualität, Arbeitslosigkeit, Selbstmordversuchen und radikalem, politischem Verhalten;
- die phylogenetischen Stigmata von Rasse, Nation und Religion." (Goffman 1967, 12)

Des Weiteren wird noch unterschieden zwischen Stigmata, die schon   **Bekanntheit**
bekannt oder unmittelbar ersichtlich sind – dieses Stigma drängt sich der Aufmerksamkeit auf –, und solchen, die zunächst weder bekannt noch unmittelbar wahrnehmbar sind: die Situation des Diskreditierbaren, aber noch nicht Diskreditierten.

Für beide Interaktionspartner, den Betroffenen und den Nichtbetrof-   **Unsicherheit**
fenen, sind Situationen der Begegnung mit Spannung und Unsicherheit verbunden. „Stigmatisierte" befinden sich häufig im Rahmen von Umweltkontakten im „sozialpsychologischen Neuland". Der Stigmatisierte weiß oft nicht, „wie sein Merkmal und das Stigma eingeordnet und beurteilt werden; der Nicht-Stigmatisierte fühlt sich, zumeist auf das Stigma seines Gegenübers fixiert, dem Kontakt nicht gewachsen" (Hohmeier 1975, 14). Gerade dieses Problem bringt für Menschen mit Behinderungen die Notwendigkeit mit sich, zunächst auch viel psychische Kraft in Begegnungen mit Menschen investieren zu müssen. Die vielfältigen Reaktionsmöglichkeiten der Stigmatisierten auf den von außen empfundenen „Makel", also die Frage „Wie antwortet die stigmatisierte Person auf ihre Situation?" (Goffman 1967, 18) wird im wissenschaftlichen Bereich als „Stigma-Management" behandelt.

Im Laufe der Zeit haben sich die Akzente etwas verschoben. Nicht   **Kontrollinstanzen**
mehr nur das diskreditierende Attribut und das individuelle Stigma-Management stehen im Vordergrund theoretischer Überlegungen und praktischer Maßnahmen, sondern die sogenannten gesellschaftlichen Kontrollinstanzen, die die unerwünschten Abweichungen ausfindig

machen, definieren, identifizieren, mit einem Etikett versehen („labeling") und somit das Stigma eigentlich erst schaffen bzw. fixieren. Einrichtungen der Sozialarbeit und des Gesundheitswesens, die Polizei, die Strafjustiz und der Strafvollzug, Schulen und auch Förderschulen stellen solche Kontrollinstanzen dar (Hohmeier 1975, 17).

Stigmata-Wandel   Für die Bundesrepublik werden folgende stigmatisierte Gruppen genannt: „Zigeuner, Gastarbeiter, Obdachlose, Zeugen Jehovas, Kommunisten, Wehrdienstverweigerer, uneheliche Mütter, sexuell Deviante, Rauschgiftkonsumenten, Strafentlassene, Körperbehinderte, Blinde, Alte, Geisteskranke und Sonderschüler" (Hohmeier 1975, 9). Solche Auflistungen machen deutlich, dass sich seit 1975 doch ein Einstellungswandel in den Behörden und in der Bevölkerung Deutschlands vollzogen hat. Manche Gruppen gelten gegenwärtig nicht mehr als Stigmatisierte, wie z. B. Wehrdienstverweigerer, uneheliche Mütter, sogenannte religiös Andersdenkende – andererseits aber sind möglicherweise neue Gruppen hinzugekommen, wie z. B. HIV-Infizierte.

Als eine Art kognitive Dissonanz erweist sich der folgende Aspekt: Einerseits existiert bei Institutionen, sozialen und öffentlichen Einrichtungen, leider auch im wissenschaftlichen, speziell im sonderpädagogischen Bereich, die Tendenz, „Behinderte" als Menschen mit „Besonderheiten", als irgendwie von der Norm „abweichend" zu definieren und damit zu stigmatisieren. Andererseits besteht das ethisch-rechtliche Postulat, Menschen mit Behinderungen zu integrieren und als gleichgestellt zu betrachten (Cloerkes 1980, 78).

Dynamik und Prozesshaftigkeit   Mir erscheinen sowohl im Hinblick auf die Betroffenen als auch bezüglich des eigentlichen Stigmatisierungsgeschehens verschiedene Aspekte der Dynamik und des Prozesshaften bedeutsam zu sein:

1. Variabilität unter historischem und zeitlichem Aspekt, d. h., dass sich in der Gesellschaft im Laufe der Zeit Einstellungsänderungen / -modifikationen ergeben.

2. Die gesellschaftlichen Kontrollinstanzen, die „unerwünschte Abweichungen" auch durch Formulare, Verordnungen, Verhaltenshinweise etc. ausfindig machen, definieren, identifizieren und mit einem Etikett versehen, tragen auch zur Hervorhebung, zur Präzisierung, Generalisierung, schlichtweg zur Ausbreitung solcher Probleme bei.

3. Hinsichtlich der individuellen Betrachtungsweise besteht die Gefahr, dass das negativ definierte Merkmal (z. B. „Körperbehinderung", „Behinderungen" schlechthin) auf die ganze Person (Cloerkes 1980,

72; 2007, 170), vielleicht auch Gruppe generalisiert wird. Es bleibt also nicht bei den Merkmalen, die zunächst als primäre Abweichungen gelten. Vielmehr wird das Stigma zum „Master Status", d. h. auf dem Weg der Generalisierung werden dem Stigmatisierten „weitere ebenfalls negative Eigenschaften zugeschrieben […] die mit dem tatsächlich gegebenen Merkmal objektiv nichts zu tun haben" (Hohmeier 1975, 7). Durch diese Generalisierung wird der stigmatisierten Person eine neue Rolle mit veränderter Identität zugeschrieben, die eine Art „sekundäre Devianz" zur Folge hat.

Der Charakter des Dynamischen und Prozesshaften, der das Stigmatisierungsgeschehen in besonderer Weise von anderen Etikettierungsansätzen abhebt, lässt sich eindrucksvoll am Beispiel der „Karriere" eines psychisch Kranken verdeutlichen (Keupp 1972, 176 ff): Auffällige oder für Mitmenschen unverständliche Verhaltensweisen mag ein jeder von uns zeigen („primäre Abweichungen"). Meist bleiben sie jedoch unbeachtet, erweisen sich als vorübergehend und verschwinden wieder („transistorische Abweichungen"). Allein der Laiendiagnose eines lieben Mitmenschen („Der ist verrückt!") ist es zu verdanken, dass die Umwelt auf einmal ihre Aufmerksamkeit auf jene Abweichung richtet.

Diese erhöhte Aufmerksamkeit kann zum Einbezug eines Psychiaters führen, welcher eine Einweisung in eine psychiatrische Klinik veranlasst, und sei sie nur vorübergehend und zu Beobachtungszwecken. Der dort „Patient" Genannte muss sich diversen Diagnoseverfahren unterziehen und wird letztlich mit einem Etikett versehen, wie z. B.: schizophrene Persönlichkeit. Jetzt erst, nachdem seine Krankheit diagnostisch erwiesen (= bewiesen?) ist, haben die Anstaltsärzte Grund, den Patienten unter weiterer Verwahrung zu halten. Damit ist auch die letzte Spur von Individualität des Patienten erstickt. Er verfällt in Abhängigkeit und fügt sich der Anstaltsroutine oder aber bäumt sich auf gegen die Zuschreibung seiner Patientenrolle, was nur einer Bestätigung der Diagnose gleichkommt („Der ist ja wirklich schizophren").

erhöhte Aufmerksamkeit

Soziale Abschottung durch den Klinikaufenthalt und die stigmatisierende Wirkung der Diagnose führen im Sinne einer „self-fulfilling prophecy" nun tatsächlich dazu, psychisch krank zu werden bzw. der angehafteten Rolle des Geisteskranken unwiderruflich verfallen zu bleiben.

self-fulfilling prophecy

Was in diesem Beispiel eines „psychisch Kranken" u. a. durch den Mechanismus einer „self-fulfilling prophecy" entstanden ist, ergibt sich an anderer Stelle im Fahrwasser gesellschaftlicher Institutionen und sozialer Rollen- bzw. Normenzuweisungen.

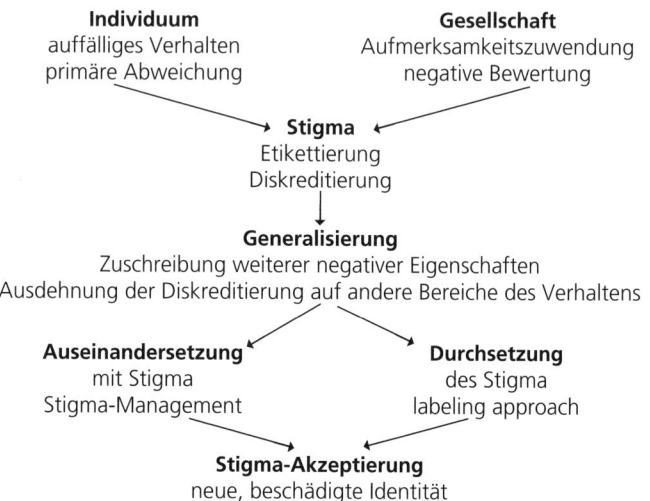

Individuum
auffälliges Verhalten
primäre Abweichung

Gesellschaft
Aufmerksamkeitszuwendung
negative Bewertung

Stigma
Etikettierung
Diskreditierung

Generalisierung
Zuschreibung weiterer negativer Eigenschaften
Ausdehnung der Diskreditierung auf andere Bereiche des Verhaltens

Auseinandersetzung
mit Stigma
Stigma-Management

Durchsetzung
des Stigma
labeling approach

Stigma-Akzeptierung
neue, beschädigte Identität

Abb. 12: Prozess der Stigmatisierung (Hensle 1979, 214, in Anlehnung an Hohmeier 1975)

Entstehung von Stigmatisierung

Über die tatsächliche Entstehungsweise von Stigmatisierungsprozessen lassen sich allerdings nur **Hypothesen** aufstellen (Hohmeier 1975, 21f):

● Die Belange von Staat und Kirche werden für Stigmatisierung verantwortlich gemacht: „So bringt etwa die Institution des Privateigentums den ‚Dieb‘, die christliche Kirche den ‚sexuell Devianten‘ hervor."
● Soziale Normen trennen die Stigmatisierten von den „Normalen". So führt beispielsweise die Norm, nur Zigaretten und Alkohol, nicht aber harte Rauschdrogen als Suchtmittel anzuerkennen, zur Stigmatisierung der Drogenabhängigen.
● Insbesondere Menschen mit Behinderung werden durch die „zunehmende Zweck-Mittel-Orientierung in allen gesellschaftlichen Teilbereichen", die „fortschreitende Rationalisierung" sowie durch das Unvermögen zur konformen Leistung stigmatisiert.
● Die „anthropologische Grundausstattung des Menschen" führt zur Entstehung von Stigmata durch das „Bedürfnis nach Unterscheidung vom Anderen, nach Triebentladung von Aggressionen, nach Projektion belastender Ansprüche sowie nach Entlastung durch Orientierung an übernommenen Vorurteilen", alles in allem also durch „Angst vor dem vermeintlich Andersartigen".

Stigmatisierungsprozesse dienen sowohl dem (Pseudo-)Erhalt der Persönlichkeit („pseudo" deswegen, weil eine Persönlichkeitsstabilisierung, die durch Machtausübung gegenüber dem Schwächeren zustande kommt, und ein Stabilisierungsversuch, der die eigene Menschlichkeit mit Fehlern und Schwächen nicht wahrnehmen will, niemals echt und dauerhaft sein kann) als auch der gesamtgesellschaftlichen Stabilisierung von Systemen. In diesem Stigmatisierungsansatz mit seiner personenorientierten Funktion ist im Kontext noch unklarer sozialer Interaktionen die Möglichkeit zur Projektion verdrängter Triebansprüche sowie zur Kanalisation von Aggressionen zur Bewahrung eines gefährdeten psychischen Gleichgewichts gegeben. Gesamtgesellschaftlich wird der Stigmatisierung die Funktion zugesprochen, sogenannte „Normale" herauszubilden, denn ohne „Stigmatisierte", ohne Sündenböcke gibt es auch keine weißen Schafe (Hohmeier 1975).

7.4 Querverbindungen der Sozialpsychologie / Soziologie zu anderen psychologischen Bereichen unter den Aspekten Erziehung und Förderung

Die Soziologie beschreibt und analysiert die zu beobachtende Lebensrealität und Alltagswirklichkeit von Menschen mit Behinderungen.

Die Sozialpsychologie versteht sich als eine Wissenschaft, die sich mit zwischenmenschlichen Interaktionen beschäftigt und zu erklären versucht, wie Einstellungen und Verhaltensweisen von Personen durch andere Personen beeinflusst werden. Nicht so sehr um die Gesamtheit sozialer Systeme geht es der Sozialpsychologie, sondern um die Wirkung des Einzelnen in der sozialen Umwelt auf die soziale Umwelt. Wenngleich auch der Einzelne nicht ohne Eingebundensein in soziale Gruppen existieren kann, wenngleich jede Person stets aufs Neue durch Interaktion und Kommunikation mit anderen Personen in Beziehung tritt, so strebt doch jede Person nach Selbstverwirklichung, Befreiung und Emanzipation. In besonderer Weise geht es also um die Bewusstmachung sozialer Prozesse, um Wahrnehmung von Interaktionen und Interaktionsstörungen, von Konflikten und Konfliktlösungen.

Für Menschen mit Behinderungen und soziale Randgruppen kann diese „soziale" Umwelt aufgrund ihrer „scheinbar" mehrfachen Überlegenheit zur Bedrängnis und zur Barriere werden. Die Bewertungskriterien der Gesellschaft (Einkommen, sozialer Status, Wertschätzung, Nützlichkeit, Schönheit etc.) passen nicht immer ganz zu Menschen mit einer Behinderung.

Entwicklungspsychologie
Entwicklung ist stets Sozialentwicklung, ein Prozess gegenseitiger
Beeinflussung, der Vermittlung von Fertigkeiten,
Einstellungen und Werten, Behinderungen können auch durch
Interaktionsprozesse via Zuschreibungen erzeugt werden
↓↑

Heilpädagogische Diagnostik Förderdiagnostik	Sozialpsychologie/ Soziologie	Klinische Psychologie/Therapien
Erkennen und Ausschließen von sozialen Störfaktoren. Beseitigung behindernder Bedingungen und Barrieren. Eröffnung neuer Möglichkeiten	Bewusstmachung der Bedeutung sozialer Prozesse. Erforschung der sozialen Umwelt aus der Sicht von Menschen mit Behinderungen (Einstellung zur Umwelt und zu sich selbst; Selbstkonzept). Menschen mit Behinderungen aus der Sicht der Gesellschaft: Vorurteilsbildung, Bewertungskriterien, Normenproblematik	Stärkung der Persönlichkeit. Befreiung von negativen Selbstattribuierungen, -stigmatisierungen, von einem ungünstigen, rigiden Selbstkonzept. Kompensationsmöglichkeiten

(→ ←) verbinden Heilpädagogische Diagnostik mit Sozialpsychologie/Soziologie, und Sozialpsychologie/Soziologie mit Klinische Psychologie/Therapien

↓↑

Lernpsychologie
Aufarbeitung umwelt- und behinderungsbedingter
Lern- und Erfahrungsdefizite. Erkundung neuer Lernmöglichkeiten
bzw. Lernwege trotz erschwerter Bedingungen

Abb. 13: Querverbindungen der Sozialpsychologie/ Soziologie zu anderen psychologischen Bereichen

Es besteht die Gefahr, dass vorhandene Einstellungen zu Vorurteilen, Etikettierung und Stigmatisierung zu verdeckt ablaufenden Interaktions- und Integrationsstörungen werden. Rollendifferenzierung und Normenkonformität innerhalb der Gesellschaft und ihren Subsystemen sowie die Orientierung am „Normalen" und „Gesunden" schaffen auf Schritt und Tritt konfliktträchtige Momente. Zwar ermöglichen die Übernahme von Rollen und die Einhaltung von Normen überhaupt erst ein Zusammenleben dort, wo zwei oder mehrere Personen miteinander interagieren – doch ist es nur zu verständlich, wenn die angestrebte Rollendifferenzierung und Normenkonformität in sozialen Systemen zu Spannungen und Konflikten zwischen den Gruppenmitgliedern führt. Vor allem diejenigen Gruppenmitglieder sind Konflikten in besonderer Weise ausgesetzt, die sich aufgrund individueller Gegebenheiten den gesetzten Normen eben nicht angleichen und ihrer Rollenerwartung nicht gerecht werden können.

Damit Menschen mit einer Behinderung nicht länger als „Außenseiter" klassifiziert werden, müssen Erzieher, Lehrer, Eltern und Mitmenschen unter dem Aspekt der Erziehung und Förderung verstärkt soziale Kontakte zwischen „Behinderten" und „Nichtbehinderten" schaffen. Dadurch fallen allmählich Vorurteile, Stigmata und andere Schranken, und auf dem Wege der Normalisierung wird das Ziel der Rehabilitation von Menschen mit einer Behinderung erreicht. Diese Forderung könnte durch eine sozialpsychologische Grundregel gestützt werden: „Wenn sich die Häufigkeit der Interaktionen zwischen zwei oder mehreren Personen erhöht, so wird auch das Ausmaß ihrer Neigungen füreinander zunehmen, und vice versa." (Homans 1978, 126) Die Verwirklichung und Bestätigung dieser „Grundregel" kann man im Hinblick auf die Häufigkeit der Interaktionen und im Zusammenhang mit besserem Verstehen für Menschen mit Behinderungen und anderen „Stigmatisierten" dringend wünschen.

pädagogische Herausforderung

Für das Verstehen von Menschen mit einer Behinderung ist zum einen die Erforschung der Frage wichtig, wie die Betroffenen ihre soziale und materiale Umwelt wahrnehmen und erleben, diese Umwelt, die primär so eingerichtet ist, als existiere sie nur für Menschen ohne eine Behinderung. Es geht um die Problematik der Erfahrung der sozialen Umwelt und der materialen Gegebenheiten (Wohnung, Verkehrsmittel, Einrichtungen, öffentliche Gebäude, Spielplätze) aus der Sichtweise der Menschen mit einer Behinderung und um die Genese, das Werden dieser Einstellungen zu einer Umwelt, zu ökologischen Systemen, die vielfach als Barriere, schlichtweg als behindernd, bedrohlich, jedenfalls überlegen erlebt wird.

Grundlagen des Verstehens

Zum anderen stellt sich die Frage, wie die Mitglieder unserer Gesellschaft ohne Behinderung Menschen mit einer Behinderung wahrnehmen, wenn als gängige Bewertungskriterien unserer Gesellschaft Leistung, Einkommen, sozialer Rang, Nützlichkeit, Tüchtigkeit, gutes Aussehen und Erfolg und vielleicht in neuerer Zeit auch Mobilität und Flexibilität gelten.

Ein bedeutsamer Zusammenhang zwischen **Entwicklungspsychologie** und Sozialpsychologie wird darin gesehen, dass die Entwicklungspsychologie etwa seit Mitte des letzten Jahrhunderts in immer stärkerem Maße die Bedeutung des Umfeldes, der sozioökonomischen Einflüsse und der Lernprozesse für die Entwicklung des Kindes erforscht und erkannt hat. Entwicklung und Sozialisation basieren auf Vermittlungs- und Aneignungsprozessen. Das So-Sein eines Menschen mit einer Behinderung zu verstehen und zu begreifen setzt die

interdisziplinäre Bezüge

Kenntnis und die mögliche Wirkung der Umfeldeinflüsse, speziell der sozialen Beeinflussungsfaktoren voraus.

Die **Lernpsychologie** vermittelt Kenntnisse über Möglichkeiten des Lernens und der Didaktisierung angesichts vorliegender Behinderungen. Hierbei geht es auch um die Frage der Phasen erhöhter Lernbereitschaft für bestimmte Verhaltensweisen sowie um die Förderung von Entwicklungs- und Lernprozessen auch unter dem Aspekt Frühförderung.

Förderdiagnostik hat die Aufgabe, die Bedingungen, die das Entwicklungsgeschehen negativ beeinflussen, vor allem Faktoren im Bereich des Umfeldes, zu diagnostizieren, an den Möglichkeiten des Kindes orientierte Fördermaßnahmen zu initiieren und mit Hilfe von Prozess- oder Begleitdiagnostik die Wirksamkeit dieser Förderungsprozesse zu beobachten.

Mit Hilfe **therapeutischer Möglichkeiten** können die durch Interaktionsprozesse, aber auch durch die Behinderung selbst verursachten psychischen Störungen des Erlebens und Verhaltens besser verstanden, aufgearbeitet und teilweise gemildert werden. Auf dem Wege der Befreiung von negativen Selbstattribuierungen und -stigmatisierungen geht es hierbei vor allem um die Erweiterung des Selbstkonzepts, um die Vermittlung eines positiven Selbstbildes und um die Stärkung der Persönlichkeit insgesamt.

7.5 Lernfragen zur Wiederholung von Kapitel 7

1. Wie klassifiziert die Weltgesundheitsorganisation (WHO) den Begriff Behinderung?

2. Inwiefern ergibt sich die Notwendigkeit eines Einbezugs sozialpsychologisch-soziologischer Fragestellungen in die Sonder- und Heilpädagogische Psychologie?

3. Welche wichtigen sozialpsychologischen Erkenntnisse lassen sich im Hinblick auf Menschen mit Störungen und Behinderungen benennen?

4. Welche Einstellungskomponenten kann man – auch im Hinblick auf Auswirkungen auf Menschen mit einer Behinderung – unterscheiden?

5. Inwiefern haben die fünf wesentlichen Funktionen der Vorurteilsbildung auch eine Bedeutung für Menschen mit Behinderungen?

6. Gibt es eine Berechtigung für die Behauptung, dass Stigmatisierung prozesshaft verläuft?

7. Inwiefern ist die Kenntnis von Querverbindungen zwischen Sozialpsychologie / Soziologie zu anderen psychologischen Bereichen
   unter den Aspekten Erziehung und Förderung im Hinblick auf Verstehen von Biographien und daraus hervorgehendem Verhalten und
   sonderpädagogischem Förderbedarf von Bedeutung?

8   Ausblick

Die Aufgabenbereiche Heilpädagogischer Psychologie gehen aus den speziellen Erziehungserfordernissen bei vorliegenden Lern- und Erziehungshindernissen (Behinderungen und soziale Benachteiligungen) hervor, sie erweisen sich insofern als sehr komplex und weitreichend. Heilpädagogische Psychologie bezieht sich auch auf alle Institutionen für Kinder, Jugendliche und Erwachsene mit speziellem Erziehungs- und Bildungsbedarf. Zwar hat Heilpädagogische Psychologie durchaus wissenschaftliche Eigenkompetenz, die Beziehungen zu den Nachbardisziplinen, insbesondere zu bedeutsamen Teildisziplinen der Psychologie, stellen aber eine notwendige, im Hinblick auf Fragen der Zukunft auch *dynamische* Ergänzung dar.

Es wird in immer stärkerem Maße Orientierungswissen gefragt sein angesichts der Erfahrung, dass die Dimensionen des Menschlichen, insbesondere die physische oder psychische Vulnerabilität, von den gegenwärtig so dominanten Naturwissenschaften mit deren einseitigen Betonung der Effizienz nicht mehr angemessen berücksichtigt werden.

Die Not der Auswahl bestimmter Inhalte erfordert schließlich auch den Mut zur Lücke, den jeder aufbringen muss, der das Wagnis auf sich nimmt, eine Heilpädagogische Psychologie zu schreiben.

Neuorientierung   Kein Zweifel, wissenschaftlich und gesellschaftspolitisch gesehen befindet sich die Sonder- und Heilpädagogik in einer Zeit des Wandels, der Veränderung, des Um- und Aufbruchs, dynamischer Entwicklungen, schlichtweg der Neuorientierung. Diese Teildisziplin der Pädagogik ist in eine vielschichtige komplexe Diskussion geworfen, ja sie muss sie mit den ihr zur Verfügung stehenden Methoden und Mitteln führen und vorantreiben. Sie muss bedrängende Fragen im pädagogischen Feld aufgreifen und in ihrer Verantwortung für Kinder, Jugendliche und Erwachsene nach zukunftsträchtigen und zukunftstragenden Lösungen suchen, auch wenn die Grenzen und Widerstände manchmal unüberwindbar scheinen. Gegenwärtige Erziehungs-, Bildungs- und Lernangebote sollten – auch im Kontext einer Pädagogik der Vielfalt – so beschaffen sein, dass sie sich für die Zukunft als tragfähig erweisen.

Heilpädagogik nimmt daher stets das Kind mit seinen speziellen Nöten und Bedürfnissen sowie die behindernden Bedingungen und

Verhältnisse, in denen es lebt – wie Armut, Benachteiligung, Erziehungsnöte, Familienprobleme – bewusst und verantwortungsvoll wahr. Diese Bereiche werden im Zusammenhang mit heilpädagogischen Aufgabenstellungen hinterfragt im Hinblick auf Prophylaxe / Prävention (Vorbeugung, Vorsorge, Verhütung von Störungen / Behinderungen), Erklären von Zusammenhängen aus den Bedingungen (gegenwärtige Problemlage, Biographie, damit verbundene soziale Prozesse) und Beratung, Förderung und Therapie (Unterstützung, Hilfe für eine bestmögliche Entfaltung des Kindes). Als bedeutsam erweist sich für die Begegnung das Verstehen der Kinder sowie das Verstehen der Konflikte und Probleme der Eltern und der weiteren Bezugspersonen.

Es ergibt sich für uns alle die Forderung, in einen Lernprozess einzutreten, indem wir uns bemühen, sensibler zu werden für die Nöte und Bedürfnisse des Menschen mit einer Behinderung in seiner Lebenswelt. Diese stellt eine Wirklichkeit dar, die der Mensch ohne Behinderung faktisch nie erfahren hat und somit nicht kennt. Was wissen wir wirklich über den Menschen mit einer Behinderung im Sinne von gesicherten Erkenntnissen? Wir stehen erst am Anfang dieses Lernprozesses. Den Ausgangspunkt von Forschung und Lehre bilden Fragen, die eine komplexe Lebenswirklichkeit, das Handeln schlechthin an eine theoretische Reflexion für die Praxis darstellt. Nicht zuletzt aus diesem Grunde sollten Lehre und Forschung in diesem Bereich mit der Zielrichtung auf die speziellen Erziehungsbedürfnisse, die Lebenswirklichkeit und Lebensqualität von Menschen mit Beeinträchtigungen und deren Familien angelegt sowie auf Berücksichtigung einer ganzheitlichen Sichtweise gerichtet sein. Wir müssen mit dem Bewusstsein leben, dass „Wahrheit" sich ständig ändert, „einfach weil jede neue Erkenntnis schon wieder den Keim zu einer Metamorphose ihrer selbst in sich trägt" (Vester 1997, 274).

Wichtig scheint daher einerseits ein „vernetztes" und strukturiertes Denken „in Regelkreisen" zu sein (Vester 1997, 272), weil wir sonst mit der Vielfalt nicht zurechtkämen. Mannigfaltigkeit und Wesentliches müssen zusammengebracht und integriert werden. Dies erfordert auch Wissensmanagement. Andererseits erweisen sich Impulse nach Öffnung, Entfaltung und Erkenntnissen als grundlegend für die Verbesserung der Lage von Menschen in Notsituationen. Geschriebenes ist immer Vereinfachung und Verdichtung einer – gelebten – Wirklichkeit. Information ist weder raum- noch zeitgebunden. Die Komplexität von Prozessen in der Wirklichkeit kann niemals gleichzeitig unter Berücksichtigung subjektiver Betroffenheit erfasst und betrachtet werden. Insofern kommt es darauf an, möglichst nahe und dicht

Lernprozess

die Gesamtsituation zu erfahren und zu erkennen, sie schlichtweg zu verstehen. Auf den ersten Blick fällt unter dem Aspekt „Wissenschaftlichkeit" der Zugang zum Verstehen schwer. Die moderne, rational orientierte Wissenschaft lehnt mit scheinbar einsichtigen Begründungen unsichere Begriffe wie „Begegnung", „pädagogischer Bezug", „heilpädagogische Beziehung" und auch „Verstehen" ab. Im Mittelpunkt des wissenschaftlichen Interesses steht die Definierbarkeit von Begriffen.

Kategorie „Verstehen"

Mit „Verstehen" wird dagegen eine Denk- und Handlungskategorie angesprochen, die in wissenschaftlichen Publikationen bisher zu wenig Raum einnimmt. Einen Menschen verstehen heißt, seinen bisherigen Weg gedanklich und empathisch nachzuvollziehen und ihn in seinem So-Sein anzunehmen – ihn also in seinem Werden und in den Bedingungen des Werdens zu verstehen. Dabei geht es auch um eine Einstellung, die das Verhalten des anderen und sein So-Sein achtet und akzeptiert, die unter Beachtung seiner Subjektivität versucht, ihn in seiner Lebenswelt immer vertiefter zu verstehen. Die sich dabei aufbauende Intersubjektivität impliziert, dass der Heilpädagoge die Welt des anderen in seiner individuellen Lebenssituation begreift, zumindest bereit ist, in einen Prozess des Verstehenwollens und Verstehenlernens einzutreten.

Vom anderen her gesehen erweist sich jede Handlung, jede Art von Verhalten als sinnvoll. Insofern heißt Verstehen auch Achtung vor der Unerschließbarkeit und Unverfügbarkeit des anderen. „Auffälliges Verhalten" ist Ausdruck einer bestimmten Befindlichkeit, stellt ein Signal mit Aufforderungscharakter dar, dieses Verhalten ernst zu nehmen und – vielleicht – gemeinsam zu handeln. Verstehen heißt dabei aber immer auch, mit den Grenzen der Eigen- und Fremdwahrnehmung zu leben.

Interpretation und Bemühen um Verstehen von Zeichen und Signalen gehören zur genuinen Aufgabe des Sonder- und Heilpädagogen. Heilpädagogisches Denken erfordert Flexibilität, Offenheit, Offensein für alle Möglichkeiten einer Lebensgeschichte, bereit sein, den von uns persönlich bevorzugten Standpunkt in Frage zu stellen. Für den Heilpädagogen ist dieses „Auf-dem-Wege-Sein" (Paul Moor) wichtiger als das Wissen um das Ziel. Aus dem Verstehen heraus können sich Impulse zur Veränderung ergeben. Es lässt sich ein – fast triviales – allgemeines Ziel ableiten: Die besondere Situation eines Menschen fordert immer wieder aufs Neue zum Handeln auf.

Theoretisch und wissenschaftlich ausgedrückt vollzieht sich ein solcher **Perspektivenwechsel** auch im Sinne einer veränderten Wahrnehmung und Einstellung gegenüber der Problemsituation von Menschen mit Beeinträchtigungen. Wahrnehmen bedeutet hier die Aufmerksamkeit auf das So-Sein eines Menschen mit oder ohne Behinderung zu richten, ihn zu beachten, sein Leben in seiner speziellen Situation zu analysieren, seine Lebenssituation mit dem Blick auf Verstehen und Unterstützen zu reflektieren. Wahrnehmung wird zum einen durch das wahrnehmende Subjekt konstruiert, zum anderen aber auch durch die Gemeinschaft sozial mitbestimmt. Sie ist kontextgebunden, weshalb die mit Erfahrungen angereicherte Biographie und das situative soziale Umfeld stets gemeinsam zu analysieren sind.

Traditionelle Sonderpädagogik hat vor dem Hintergrund medizinisch-psychiatrischer Betrachtungsweisen den Menschen mit einer Behinderung in erster Linie als defizitär, mit Mängeln behaftet wahrgenommen. Der Blick auf die Ganzheit der Person war dadurch eingeengt. **Neuwahrnehmung** heißt hier, Möglichkeiten, Fähigkeiten, Eigenaktivitäten und Kompetenzen kognitiver, sozialer, emotionaler und motorischer Art – trotz Beeinträchtigung – in den Vordergrund der Wahrnehmung eines Individuums zu stellen. Erziehung und Bildung dürfen nicht vom unversehrten, vollkommenen menschlichen In-der-Welt-Sein als Voraussetzung und Zielsetzung ausgehen. Jeder – ganz gleich in welcher Form und Schwere mit einer Behinderung lebende Mensch – trägt die ganze Würde des Menschen in sich und ist in seinem So-Sein zu achten und zu akzeptieren.

> Die Heilpädagogische Psychologie möchte ihren Beitrag dazu leisten, das Handeln und die Handlungsfähigkeit des Menschen zu erweitern und seine Autonomie zu fördern. Der Mensch entwickelt und gestaltet seine Persönlichkeit in der erlebenden und handelnden Begegnung mit der konkreten, in bestimmter Weise strukturierten und sich dynamisch verändernden Welt, die wir als Alltagswirklichkeit bezeichnen. In diesem prozesshaften Geschehen liegt die Herausforderung.

Ethik

Nicht vergessen werden sollte in diesem Zusammenhang die Bedeutsamkeit ethischer Fragestellungen. Der Verfasser geht von einer ethischen Haltung aus, welche ausnahmslos jeden Menschen für bildbar hält und den Bildungsbegriff an die individuellen Bedürfnisse und Voraussetzungen des einzelnen Kindes anpasst. Jedes Kind – ausdrücklich einbezogen das Kind mit schwerer Schädigung und einer daraus resultierenden schwersten Behinderung – erlebt Prozesse körperlicher, geistiger, emotionaler und sozialer Entwicklung und entwickelt sich durch den Einfluss der Erziehung. Wir alle sind aufgerufen, dass solche Prozesse des Werdens einer Person als Anruf an die Erziehung verstanden werden, dass ein Eingriff in das Leben eines wehrlosen Säuglings – habe er auch noch so eine schwere Behinderung – Euthanasie oder Mord bedeutet. Im Gehen eines Weges deutet sich bereits das Ziel an. Wir müssen wachsam sein, dass die im Bereich Sonder- und Heilpädagogik begangenen Wege nicht den Blick verengen, vielmehr öffnen für den Menschen in Not. Die leider auch heute noch zu beobachtende Tendenz einer negativen Einstellung zum Leben unter erschwerten Bedingungen widerspricht der sozialen Verpflichtung der Gesellschaft. Aus heil- und sonderpädagogischer Sicht führt nur eine positive Einstellung zum Leben unter erschwerten Bedingungen zu einer Verbesserung von Lebenssituationen. Der Wert menschlichen Lebens kann eben nicht im Rahmen einer Güterabwägung gefasst werden. Fragen hinsichtlich der ethischen Tragweite von Forschung im Kontext Pränataldiagnostik, Präimplantationsdiagnostik, Klonen von Embryonen oder beispielsweise Genomforschung müssen insbesondere im neuen Jahrtausend gestellt und beantwortet werden.

Die Heilpädagogische Psychologie hat mit wissenschaftlichen Mitteln zur differenzierenden und gleichzeitig verstehenden Klärung der individuellen und sozialen Lebenslagen beizutragen. Dabei geht es nicht nur um die Beschreibung, Erklärung, Analyse und Interpretation der Situation. Es geht auch um die Begründung und das Aufzeigen spezieller Förderungs- und Unterstützungsmöglichkeiten als Ausweg aus einer Problemlage, in die Kinder, Jugendliche und auch Erwachsene im Zusammenhang mit zunehmenden Risiken und Vulnerabilitäten angesichts einer häufig schon nicht mehr erträglichen „sozialen Umwelt" geraten.

Menschliches Leben und damit auch ein Leben im Kontext von Behinderung ist immer durch Schwäche, Leid, Vulnerabilität und Abhängigkeit gekennzeichnet. Deshalb sind wir aufgefordert, unterstützend und gleichzeitig emanzipatorisch zu wirken, so dass aus der Förderung sinnvolle Selbstkonstruktionen mit der Zielrichtung einer guten Persönlichkeitsentfaltung für eine bessere Zukunft entstehen.

Literatur

Abé, I., Graf, S., Kode, W., Kutzer, R., Probst, H., Wacker, G., Wagner, H. (Hrsg.) (1974): Kritik der Sonderpädagogik. 2. Aufl. Gießen, Achenbach

Abele, A., Nowack, W. (1975): Einstellung und Stigmatisierung. In: Brusten/Hohmeier (1975), 145–167

Ackermann, N. W., Jahoda, M. (1950): Anti-Semitism and Emotional Disorder: A Psychoanalytic Interpretation. Harper, New York

Adler, A. (2006): Praxis und Theorie der Individualpsychologie. 12. Aufl. Fischer, Frankfurt
– (1999): The practice and theory of individual psychology. Routledge, London
– (1997): Der Sinn des Lebens. Fischer, Frankfurt
– (1977): Studie über die Minderwertigkeit von Organen und ihre seelische Kompensation. Fischer, Frankfurt

Aebli, H. (2000): Einführung. In: Piaget (2000), IX–XXI
– (1980): Die geistige Entwicklung als Funktion von Anlage, Reifung, Umwelt und Erziehungsbedingungen. In: Roth (1980), 151–191

Affolter, F. (1975): Wahrnehmungsprozesse, deren Störungen und Auswirkungen auf die Schulleistungen, insbesondere Lesen und Schreiben. Zeitschrift f. Kinder- und Jugendpsychiatrie 3, 223–234

Aggleton, J. P. (1993): The contribution of the amygdala to normal and abnormal emotional states. Trends in Neuroscience 16, 328–333
– (1992): The Amygdala: Neurobiological Aspects of Emotion, Memory and Mental Dysfunction. Wiley-Liss, New York

Allport, G. W. (1971): Die Natur des Vorurteils. Kiepenheuer und Witsch, Köln

Artelt, C. (2000): Strategisches Lernen. Waxmann, Münster

Asperger, H. (1952): Heilpädagogik. Einführung in die Psychopathologie des Kindes für Ärzte, Lehrer, Psychologen, Richter und Fürsorgerinnen. Springer, Wien.

Axline, V. (1997): Kinder-Spieltherapie im nichtdirektiven Verfahren. 9. Aufl. Ernst Reinhardt, München
– (1991): Dibs – Die wunderbare Entfaltung eines menschlichen Wesens. Scherz, Bern
– (1973): Spieltherapie im nichtdirektiven Verfahren. In: Biermann (1973), 185–192

Ayres, A. J. (2002): Bausteine der kindlichen Entwicklung. 4. Aufl. Springer, Berlin
– (1979): Lernstörungen. Sensorisch-integrative Dysfunktion. Springer, Berlin

Bach, H. (Hrsg.) (1995): Sonderpädagogik im Grundriß. 15. Aufl. Marhold, Berlin
– (1989): Verhaltensstörungen und ihr Umfeld. In: Goetze/Neukäter (1989), 3–35
– (1985): Grundbegriffe der Behindertenpädagogik. In: Bleidick (1985), 3–24
– (1980): Erziehung und Therapie: Probleme einer Abgrenzung unter gesellschaftlichem Aspekt. In: Holtz (1980), 9–19
– (1979): Personenkreis Geistigbehinderter. In: Bach, H. (Hrsg.): Handbuch der Sonderpädagogik. Bd. 5. Pädagogik der Geistigbehinderten. Marhold, Berlin, 3–18
– (1974): Geistigbehinderte unter pädagogischem Aspekt. In: Deutscher Bildungsrat (1974), 17–115

Baier, H. (1980): Einführung in die Lernbehindertenpädagogik. Kohlhammer, Stuttgart

Bandura, A. (1976): Lernen am Modell. Klett, Stuttgart

Barber, B. K., Olsen, J. E., Shagle, S. C. (1994): Associations between parental psychological and behavioral control and youth internalized and externalized behaviors. Child Development 65 (4), 1120–1136

Barkey, P. (1981): Direkte versus indirekte Modelle sonderpädagogischer Diagnostik. In: Kornmann, R. (Hrsg.): Diagnostik bei Lernbehinderten. Schindele, Neuburgweier, 20–35
– (1976): Modelle in der pädagogischen Diagnostik. In: Barkey, P. et al. (Hrsg.): Pädagogisch-psychologische Diagnostik am Beispiel von Lernschwierigkeiten. Huber, Bern, 22–58

Barres, E. (1978): Vorurteile. Leske und Budrich, Opladen

Bäumler, F. (1974): Grundfragen der modernen Entwicklungspsychologie. Klinkhardt, Bad Heilbrunn/Obb.

Beck, I. (2000): Das Konzept der Lebensqualität: Eine Perspektive für Theorie und Praxis der Hilfen für Menschen mit einer geistigen Behinderung. In: Jakobs/König/Theunissen (2000), 348–388

Begemann, E. (1984): Schüler und Lern-Behinderungen. Zum pädagogischen Auftrag des Lehrers. Ein Studienbuch. Klinkhardt, Bad Heilbrunn/Obb.

– (1978): Wer sind die „Hilfsschüler" (Lernbehinderten)? In: Thimm (1978), 66–83

– (1970): Die Erziehung der sozio-kulturell benachteiligten Schüler. Schroedel, Hannover

Bellebaum, A. (2001): Soziologische Grundbegriffe. 13. Aufl. Kohlhammer, Stuttgart

Berger, P. L., Luckmann, T. (1970): Die gesellschaftliche Konstruktion der Wirklichkeit. Fischer, Frankfurt

Betz, D., Breuninger, H. (1998): Teufelskreis Lernstörungen. 5. Aufl. Urban und Schwarzenberg, München

Bierbaumer, N. (1975): Physiologische Psychologie. Springer, Berlin

Biermann, G. (Hrsg.) (1969–1976): Handbuch der Kinderpsychotherapie. Band I–III. Ernst Reinhardt, München

Bittner, G. (1988): Das Unbewußte – ein Mensch im Menschen. Königshausen und Neunmann, Würzburg

– (1979): Tiefenpsychologie und Kleinkinderziehung. Schöningh, Paderborn

Bleidick, U. (1988): Sonderschule oder allgemeine Schule? Bildungspolitische Diskussion um den zukünftigen Lernort der pädagogischen Förderung von Behinderten am Beispiel Hamburgs. Zeitschrift für Heilpädagogik 39, 541–558

– (Hrsg.) (1985): Theorie der Behindertenpädagogik. Marhold, Berlin

– (1984): Pädagogik der Behinderten. 5. Aufl. Marhold, Berlin

– (1977): Pädagogische Theorien der Behinderung und ihre Verknüpfung. Zeitschrift für Heilpädagogik 28, 207–229

Bloom, B. S. (1964): Stability and change in human characteristics. Wiley, New York

Boekaerts, M. (1999): Self-regulated learning: Where we are today. International Journal of Educational Research (31), 445–475

Böhm, W. (2005): Wörterbuch der Pädagogik. 14., überarb. Aufl. Kröner, Stuttgart

Bollnow, O. (1982): Studien zur Hermeneutik. Band I: Zur Philosophie der Geisteswissenschaften. Alber, Freiburg

Borchert, J. (Hrsg.) (2000): Handbuch der Sonderpädagogischen Psychologie. Hogrefe, Göttingen

Bowlby, J. (1951): Maternal care and mental health. World Health Organization. Monogr. No. 2, Genf

–, Ainsworth, M., Boston, M., Rosenbluth, D. (1971): The effects of Mother-Child-Separation: A following study. In: Corah/Gale (1971)

Brack, U. (Hrsg.) (1999): Frühdiagnostik und Frühtherapie. 2. Aufl. Beltz, München

Bracken, H. v. (1981): Vorurteile gegen behinderte Kinder, ihre Familien und Schulen. 2. Aufl. Marhold, Berlin

Brackhane, R. (1988): Behinderung, Rehabilitation, Rehabilitationspsychologie: Terminologische Vorbemerkungen und Begriffsklärungen. In: Koch/Lucius-Hoene/Stegie (1988), 20–34

Breuer, H., Weuffen, M. (1990): Gut vorbereitet auf das Lesen- und Schreibenlernen? 7. Aufl. VEB, Berlin-O.

Brezinka, W. (1995): Erziehungsziele, Erziehungsmittel, Erziehungserfolg. 3. Aufl. Ernst Reinhardt, München

Bronisch, F. W. (1979): Die Reflexe und ihre Untersuchung in Klinik und Praxis. 5. Aufl. Thieme, Stuttgart

Brusten, M., Hohmeier, J. (Hrsg.) (1975): Stigmatisierung 1 und 2. Luchterhand, Neuwied

Buber, M. (1997): Elemente des Zwischenmenschlichen. In: Buber, M. (Hrsg.): Das dialogische Prinzip. 8. Aufl. Schneider, Gerlingen, 268–298

Buggle, F. (2001): Die Entwicklungspsychologie Jean Piagets. 4. Aufl. Kohlhammer, Stuttgart

Bundschuh, K. (2007a): Förderdiagnostik Konkret. Theoretische und praktische Implikationen für die Förderschwerpunkte Lernen, geistige, emotionale und soziale Entwicklung. Klinkhardt, Bad Heilbrunn/Obb.

– (2007b): Lernen. In: Bundschuh/Heimlich/Krawitz, (2007a), 189–192

- (2007c): Kompetenzorientierte Diagnostik in der Sonder- und Heilpädagogik. Eine Analyse unter besonderer Berücksichtigung sozialer und emotionaler Störungen. In: Mutzeck, W., Popp, K. (Hrsg.): Professionalisierung von Sonderpädagogen – Standards, Kompetenzen und Methoden. Beltz, Weinheim, 333–351
- (2005): Einführung in die sonderpädagogische Diagnostik. 6. Aufl. Ernst Reinhardt, München
- (2003): Emotionalität, Lernen und Verhalten. Ein heilpädagogisches Lehrbuch. Klinkhardt, Bad Heilbrunn / Obb.
- (2002): Sonderpädagogische Diagnostik und geeigneter Förderort – Eine Herausforderung zukünftiger Entwicklung. In: Mutzeck, W. (Hrsg.): Förderdiagnostik: Konzepte und Methoden. Beltz, Weinheim, 25–38
- (Hrsg.) (2000): Wahrnehmen – Verstehen – Handeln. Perspektiven für die Sonder- und Heilpädagogik im 21. Jahrhundert. Klinkhardt, Bad Heilbrunn / Obb.
- (1998a): Zum Begriff und Problem der Lernprozessanalyse. In: Eberwein / Knauer (1998), 94–108
- (1998b): Analyse behindernder Bedingungen als Grundlage für selbstorganisiertes Lernen. In: Eberwein / Knauer (1998), 165–181
- (1997): Das Diagnose-Förder-Modell als Element einer Heilpädagogik der neunziger Jahre. Die neue Sonderschule 42, 179–192
- (1996a): Zukünftige Herausforderungen an die Heilpädagogische Psychologie. In: Opp / Freitag / Budnik (1996): Heilpädagogik in der Wendezeit. Ed. SZH / SPC, Luzern, 65–73
- (1996b): Schulische Erziehungsangebote für Kinder mit besonderen Lernbedürfnissen: Trends und Perspektiven. In: Opp / Peterander (1996), 65–71
- (1995): Praxiskonzepte der Förderdiagnostik. 2. Aufl. Klinkhardt, Bad Heilbrunn / Obb.
- (1990): Educandenorientierte Erziehung und Schulwirklichkeit. In: Möckel / Müller (1990), 65–80
- (1989): Kinderorientierte Pädagogik statt „Sonderpädagogik". In: Sasse / Stoellger (1989), 235–245
- (1988): Vermittlung als pädagogische Aufgabe bei schwerer geistiger Behinderung. VHN 57, 243–254

- (1987a): Basale Aktivierung als förderdiagnostischer Prozeß. In: Rumpler (1987), 105–113
- (1987b): Warum nicht – „Schule für kindorientiertes Lernen"? Behindertenpädagogik in Bayern 30, 184–191
- (1985): Dimensionen der Förderdiagnostik bei Kindern mit Lern-, Verhaltens- und Entwicklungsproblemen. Ernst Reinhardt, München
- (1976): Der intelligente Schulversager. 2. Aufl. Schindele, Heidelberg
-, Heimlich, U., Krawitz, R. (Hrsg.) (2007a): Wörterbuch Heilpädagogik. 3. Aufl. Klinkhardt, Bad Heilbrunn / Obb.
-, -, - (2007b): Integration. In: Bundschuh / Heimlich / Krawitz (2007a), 142–145
-, -, - (2007c): Behinderung. In: Bundschuh / Heimlich / Krawitz (2007a), 38–40
-, Lindmeier, C. (2007): Notsituationen, Problematische Erziehungssituationen. In: Bundschuh / Heimlich / Krawitz (2007a), 202–##
Bybee, R. W., Sund, R. B. (1986): Piaget for Educators. Bell und Howell, Columbus

Ciompi, L. (1997): Die emotionalen Grundlagen des Denkens. Entwurf einer fraktalen Affektlogik. Vandenhoeck und Ruprecht, Göttingen
Cloerkes, G. (2007): Soziologie der Behinderten. 3. Aufl. Schindele, Heidelberg
- (1985): Einstellung und Verhalten gegenüber Behinderten. 3. Aufl. Marhold, Berlin
- (1980): Einstellung und Verhalten gegenüber Körperbehinderten. 2. Aufl. Marhold, Berlin
Collatz, J., Flatz, G. (Hrsg.) (1976): Geistige Entwicklungsstörungen. Huber, Bern
Collins, N. L., Read, S. J. (1994): Cognitive representations of attachment: The structure and function of working models. Advances in Personal Relationships 5, 53–90
Corah, N. L., Gale, E. N. (Hrsg.) (1971): The origins of abnormal behavior. Addison-Wesley, Massachusetts
Cummings, E. M., Davies, P. (1996): Emotional security as a regulatory process in normal development and the development of psychopathology. Development and Psychopathology 8, 123–139

Datler, W. (Hrsg.) (1987): Verhaltensauffälligkeit und Schule. Lang, Frankfurt

Deutscher Bildungsrat (Hrsg.) (1974): Sonderpäd-
agogik 3. Klett, Stuttgart
– (Hrsg.) (1973): Empfehlungen der Bildungs-
kommission: Zur pädagogischen Förderung
behinderter und von Behinderung bedrohter
Kinder und Jugendlicher. Bonn
Dilthey, W. (1961): Gesammelte Schriften. 3. Aufl.
Teubner, Stuttgart
Dollase, R. (1985): Entwicklung und Erziehung.
Angewandte Entwicklungspsychologie für
Pädagogen. Klett, Stuttgart

Eberwein, H., Knauer, S. (Hrsg.) (1998): Hand-
buch Lernprozesse verstehen. Wege einer neu-
en (sonder-)pädagogischen Diagnostik. Beltz,
Weinheim
Eccles, J. C. (1990): Das Gehirn des Menschen. 6.
Aufl. Piper, München
Edelmann, W. (1980): Entwicklungspsychologie.
Kösel, München
Eggert, D. (1998): Von den Stärken ausgehen...:
Individuelle Entwicklungspläne in der Lernför-
derungsdiagnostik. Borgmann, Dortmund
– (Hrsg.) (1980a): Familie, Umwelt und Persön-
lichkeit geistig Behinderter. Huber, Bern
–, Kiphard, E. J. (1980b): Die Bedeutung der Mo-
torik für die Entwicklung normaler und behin-
derter Kinder. 4. Aufl. Hofmann, Schorndorf
Ehrlich, H. J. (1979): Das Vorurteil. Ernst Rein-
hardt, München
Eikmann, J. (1991): Die Psychoanalyse nach Sig-
mund Freud. In: Sieland/Siebert (1991), 38–68
Ellger-Rüttgardt, S. (Hrsg.) (1990): Bildungs- und
Sozialpolitik für Behinderte. Ernst Reinhardt,
München
Erikson, E. H. (2005): Kindheit und Gesellschaft.
14. Aufl. Klett-Cotta, Stuttgart
Ertle, C., Neidhart, W. (Hrsg.) (1994): Unterricht
mit Kindern in Not. Klinkhardt, Bad Heil-
brunn/Obb.

Feldmann, S. S., Weinberger, D. A. (1994): Self-
restraint as a mediator of family influences on
boys' delinquent behavior: A longitudinal study, Vol. 65 (1), 195–211
Ferber, C. v. (1978): Der behinderte Mensch und
die Gesellschaft. In: Thimm (1978), 30–41
Feser, H. (1981): Psychologie für Sozialpädagogen. Ernst Reinhardt, München

Feuser, G. (1986): Stereotypien und selbstver-
letzendes Verhalten bei autistischen Kindern.
Ursprung, Ausformung und Behandlung. In:
Flehmig/Stern (1986), 243–254
– (1981): Beiträge zur Geistigbehindertenpädago-
gik. Jarick, Solms-Oberbiel
Filipp, S.-H. (1995): Kritische Lebensereignisse.
Psychologie Verlags-Union, Weinheim
Fishbein, M. (1963): An investigation of the relati-
onship between beliefs about an object and the
attitude towards that object. Hum. Rel. Vol. 16,
233–240
Flehmig, I. (1996): Normale Entwicklung des
Säuglings und ihre Abweichungen. 5. Aufl.
Thieme, Stuttgart
–, Stern, L. (Hrsg.) (1986): Kindesentwicklung
und Lernverhalten. Fischer, Stuttgart
Florin, I., Tunner, W. (1972): Behandlung kindlicher
Verhaltensstörungen. Goldmann, München
Foerster, H. v. (1987): Erkenntnistheorien und Selbst-
organisation. In: Schmidt, S. J. (1987), 133–158
Forschungsgemeinschaft „Das körperbehinderte
Kind" e. V. (Hrsg.) (1976): Frühförderung kör-
perbehinderter Kinder – Forschungsergebnisse
und Zielsetzungen. Schindele, Rheinstetten (3.
Aufl. 1993)
Frankenburg, W., Thornton, S. M., Cohrs, M. E.
(Hrsg.) (1992): Entwicklungsdiagnostik bei
Kindern. 2. Aufl. Thieme, Stuttgart
Freud, A. (1999): Das Ich und die Abwehrmechanismen. 15. Aufl. Kindler, München
– (1991): Wege und Irrwege in der Kinderent-
wicklung. 5. Aufl. Klett, Stuttgart
Freud, S. (1973): Abriß der Psychoanalyse. GW
XVII. Fischer TB, Frankfurt
– (1940): Gesammelte Werke, Bd. I–XVIII. Ima-
go Publ. Co., LTD London; Fischer, Frankfurt
(zit. als GW)
– (1933): Neue Folge der Vorlesung zur Einführung in die Psychoanalyse. GW XV
– (1923): Das Ich und das Es. GW XIII
Friedlmeier, W. (1999): Emotionsregulation in der
Kindheit. In: Friedlmeier, W., Holodynski, M.
(Hrsg.): Emotionale Entwicklung. Spektrum
Akademischer Verlag, Heidelberg, 198–218
Fries, A., Weiß, H., Dirnberger, W. (1990): Denken
in Teilleistungsstörungen – Kritische Anmerkungen zu einem in Mode gekommenen Konzept. In: Möckel/Müller (1990), 102–135

Fröhlich, A. D. (Hrsg.) (1981): Wahrnehmungsstörungen und Wahrnehmungstraining bei Körperbehinderten. Schindele, Rheinstetten

Fuchs, W. (Hrsg.) (1995): Lexikon zur Soziologie. 3. Aufl. Westdeutscher Verlag, Opladen

Furth, H. G. (1981): Piaget für Lehrer. 3. Aufl. Schwann, Düsseldorf

Gadamer, H.-G. (1960): Wahrheit und Methode. Mohr, Tübingen

Gagné, R. M. (1980): Die Bedingungen des menschlichen Lernens. 5. Aufl. Schroedel, Hannover

– (1970): The conditions of learning. 2. Aufl. Holt, Rinehart and Winston, New York

Galperin, P. J. (1966): Die geistige Handlung als Grundlage für die Bildung von Gedanken und Vorstellungen. In: Galperin, P. J., Leontjew, A. N. (Hrsg.): Probleme der Lerntheorie. VEB, Berlin, 33–49

Gazzangia, M. (Hrsg.) (1995): The Cognitive Neurosciences. MIT Press, Cambridge

Georgens, J. D., Deinhardt, H. M. (1861/1863): Die Heilpädagogik mit besonderer Berücksichtigung der Idiotie und der Idiotenanstalten. 2 Bde. Fleischer, Leipzig

Ginsburg, M., Oppers, S. (1998): Piagets Theorie der geistigen Entwicklung. 8. Aufl. Klett, Stuttgart

Glasersfeld, E. v. (1998): Radikaler Konstruktivismus. Ideen, Ergebnisse, Probleme. 2. Aufl. Suhrkamp, Frankfurt

– (1995): Aspekte einer konstruktivistischen Didaktik. In: Landesinstitut für Schule und Weiterbildung (1995), 7–14

Glatzer, W., Zapf, W. (Hrsg.) (1984): Lebensqualität in der Bundesrepublik Deutschland. Objektive Lebensbedingungen und subjektives Wohlbefinden. Campus, Frankfurt

Goetze, H. (1980): Personenzentrierte Spielgruppentherapie mit Sonderschülern. In: Holtz (1980), 197–204

–, Jaede, W. (1975): Nicht-direktive Spieltherapie. Eine wirksame Methode zur Behandlung kindlicher Verhaltensstörungen. 2. Aufl. Kindler, München

–, Neukäter, H. (Hrsg.) (1989): Handbuch der Sonderpädagogik. Bd. 6. Pädagogik bei Verhaltensstörungen. Marhold, Berlin (2. Aufl. 1993)

Goffman, E. (1967): Stigma. Über Techniken der Bewältigung beschädigter Identität. Suhrkamp, Frankfurt (4. Aufl. 1980)

Gottschaldt, K. (1980): Begabung und Vererbung. Phänogenetische Befunde zum Begabungsproblem. In: Roth (1980), 129–150

Gottwald, P., Redlin, W. (1972): Verhaltenstherapie bei geistig behinderten Kindern. 2. Aufl. Hogrefe, Göttingen

Gräff, P., Fuchs, W. (Hrsg.) (1976): Praxis der Verhaltensmodifikation in Sonder-, Grund- und Hauptschulen. Marhold, Berlin

Graumann, C. F. (Hrsg.) (1969/1972): Handbuch der Psychologie. 2 Bde. Hogrefe, Göttingen

Groeben, N., Scheele, B. (1977): Argumente für eine Psychologie des reflexiven Subjekts. Steinkopf, Darmstadt

Gröschke, D. (2005): Psychologische Grundlagen der Heilpädagogik. 3. Aufl. Klinkhardt, Bad Heilbrunn/Obb.

– (1989): Praxiskonzepte der Heilpädagogik. Ernst Reinhardt, München (2. Aufl. 1997)

Haeberlin, U. (1998): Allgemeine Heilpädagogik. Haupt, Bern

– (1996): Heilpädagogik als wertgeleitete Wissenschaft. Haupt, Bern

Häcker, H. O., Stapf, K.-H. (Hrsg.) (2003): Dorsch Psychologisches Wörterbuch. 14. Aufl. Huber, Bern

Hanselmann, H. (1976): Einführung in die Heilpädagogik. 9. Aufl. Rotapfel, Zürich

Hansen, G. (1992): Die Misere der sonderpädagogischen Diagnostik – Bestandsaufnahme und Vermittlungsversuch. In: Hansen, G. (Hrsg.): Sonderpädagogische Diagnostik. Centaurus, Pfaffenweiler, 9–30

–, Hansberg-Schröder, D. (1990): Analytische Gestalttherapie. Klinkhardt, Bad Heilbrunn/Obb.

Hartmann, J. (1987): Massenhaft ignoriertes Schülerleid. Die Zeit, Nr. 53, 48

Hasselhorn, M., Mähler, C. (1990): Lernkompetenzförderung bei „lernbehinderten" Kindern: Grundlagen und praktische Beispiele metakognitiver Ansätze. Heilpädagogische Forschung 16, 1–13

Heese, G., Wegener, H. (Hrsg.) (1969): Enzyklopädisches Handbuch der Sonderpädagogik. Marhold, Berlin

Hehlmann, W. (1968): Wörterbuch der Psychologie. 6. Aufl. Kröner, Stuttgart

Heidingsfelder, M., Fröhlich, A. D. (1981): Materialien zur Förderung wahrnehmungsgestörter körperbehinderter Kinder. In: Fröhlich (1981), 134–143

Heimlich, U. (2007): Lernschwierigkeiten. In: Bundschuh/Heimlich/Krawitz (2007a), 181–184

Hentig, H. v. (1985): Wie frei sind freie Schulen? Gutachten für ein Verwaltungsgericht. Klett-Cotta, Stuttgart

– (1972): Cuernavaca oder: Alternativen zur Schule? Kösel, München

Herkner, W. (1981): Einführung in die Sozialpsychologie. Huber, Bern (4. Aufl. 1988)

Hetzer, H. (1995): Angewandte Entwicklungspsychologie des Kindes- und Jugendalters. 3. Aufl. Quelle und Meyer, Heidelberg

Hoffman, M. L., Hoffman, L. W. (Hrsg.) (1964): Review of child development research. Vol. I. Russell Sage Foundation

Hohmeier, J. (1975): Stigmatisierung als sozialer Definitionsprozeß. In: Brusten/Hohmeier (1975), 5–24

Höhn, E. (1980): Der schlechte Schüler. Sozialpsychologische Untersuchungen über das Bild des Schulversagers. 2. Aufl. Piper, München

Holtz, K. L. (Hrsg.) (1980): Sonderpädagogik und Therapie. Schindele, Rheinstetten

Homans, G. C. (1978): Theorie der sozialen Gruppe. 7. Aufl. Westdeutscher Verlag, Opladen

Homme, L., Csanyi, A. P., Gonzales, M. A., Rechs, J. R. (1976): Verhaltensmodifikation in der Schulklasse. 2. Aufl. Beltz, Weinheim (3. Aufl. 1979)

–, –, –, – (1972): Verhaltenstherapie bei geistig behinderten Kindern. Grundlagen, Ergebnisse und Probleme der Verhaltenstherapie retardierter, autistischer und schizophrener Kinder. 2. Aufl. Hogrefe, Göttingen

Horn, H. (1969): Vorurteile, soziale. In: Heese/Wegener (1969), 3743–3748

Hurlock, E. B. (1972): Die Entwicklung des Kindes. 3. Aufl. Beltz, Weinheim

Hurrelmann, K., Ulich, D. (Hrsg.) (1998): Handbuch der Sozialisationsforschung. Beltz, Weinheim

Ingenkamp, K. (2005): Lehrbuch der Pädagogischen Diagnostik. 5. Aufl. Beltz, Weinheim

– (1985): Drei Dekaden Pädagogischer Diagnostik in Deutschland: Entwicklungen, Kontroversen und Perspektiven. In: Jäger/Horn/Ingenkamp (1985), 13–40

Inhelder, B. (1978): Die kognitive Entwicklung und ihr Beitrag zur Diagnose einiger Erscheinungsformen geistiger Behinderung. In: Inhelder/Chipman (1978), 252–260

–, Chipman, H. (Hrsg.) (1978): Von der Kinderwelt zur Erkenntnis der Welt. Akademische Verlagsgesellschaft, Wiesbaden

Jacobi, P. (1981): Entwicklung der Wahrnehmung. In: Remschmidt/Schmidt (1981), 101–110

Jäger, R., Horn, R., Ingenkamp, K. (Hrsg.) (1985): Tests und Trends 4. Beltz, Weinheim

Jänig, W. (1987): Vegetatives Nervensystem. In: Schmidt, S. J. (1987), 221–274

Jakobs, H., König, A., Theunissen, G. (Hrsg.) (2000): Lebensräume – Lebensperspektiven. 3. Aufl. Afra-Verlag, Butzbach-Griedel

Jankowski, P., Tscheulin, D., Fietkau, H. J., Mann, F. (Hrsg.) (1976): Klientenzentrierte Psychotherapie heute. Hogrefe, Göttingen

Jansen, G. W. (1993): Identitätsfindung unter erschwerten Entwicklungsbedingungen – Ergebnisse aus einem Forschungsprojekt. In: Forschungsgemeinschaft „Das körperbehinderte Kind" e. V. (1993), 324–336

– (1981): Die Einstellung der Gesellschaft zu Körperbehinderten. 4. Aufl. Schindele, Rheinstetten

– (1977): Forschungsergebnisse zur Psychologie körperbehinderter Kinder. In: Forschungsgemeinschaft „Das körperbehinderte Kind" e. V. (1977), 27–41

Jantzen, W. (1980a): Geistig behinderte Menschen und gesellschaftliche Integration. Huber, Bern

– (1980b): Menschliche Entwicklung, allgemeine Therapie und allgemeine Pädagogik. Jarick, Solms-Oberbiel

– (1974): Sozialisation und Behinderung. Focus, Gießen

– (1973): Theorien zur Heilpädagogik. Das Argument. Sonderband Nr. 80, 152–169

Jetter, K. (1987): Auf dem Weg zu einer kooperativen Pädagogik. In: Schönberger/Jetter/Praschak (1987), 11–68

– (1985a): Förderdiagnostik als kooperative Rekonstruktion bedeutsamer Handlungserfahrungen. VHN 54, 280–294
– (1985b): Leben und Arbeiten mit behinderten und gefährdeten Säuglingen und Kleinkindern. 2. Aufl. Bernhardt-Pätzold, Stadthagen
– (1975): Kindliches Handeln und kognitive Entwicklung. Huber, Bern

Kahle, W. (1991): dtv-Atlas der Anatomie. Bd. 3. Nervensystem und Sinnesorgane. 6. Aufl. dtv, München (7. Aufl. 1997)
Kaminski, G. (1970): Verhaltenstheorie und Verhaltensmodifikation. Zytglogge, Stuttgart
Kane, J. F., Kane, G. (1984): Geistig schwer Behinderte lernen lebenspraktische Fertigkeiten. 3. Aufl. Huber, Bern
Kanfer, F. H. (1977): Selbstmanagement-Methoden. In: Kanfer/Goldstein (1977), 350–406
–, Goldstein, A. P. (Hrsg.) (1977): Möglichkeiten der Verhaltensänderung. Urban und Schwarzenberg, München (2. Aufl. 1979)
–, Philipps, J. S. (1975): Lerntheoretische Grundlagen der Verhaltenstherapie. Kindler, München
Kanter, G. O. (1977): Pädagogik der Lernbehinderten. Marhold, Berlin
– (1974): Lernbehinderungen, Lernbehinderte, deren Erziehung und Rehabilitation. In: Deutscher Bildungsrat (1974), 117–234
–, Langenohl, H. (Hrsg.) (1981): Physikunterricht an der Lernbehindertenschule. Texte zur Lernbehindertendidaktik. Bd. 6. Marhold, Berlin
–, Speck, O. (Hrsg.) (1980): Handbuch der Sonderpädagogik. Bd. 4. Pädagogik der Lernbehinderten. 2. Aufl. Marhold, Berlin
Kautter, H., Klein, G., Laupheimer, W., Wiegand, H. S. (Hrsg.) (1998): Das Kind als Akteur seiner Entwicklung. 4. Aufl. Schindele, Heidelberg
–, Munz, W. (1974): Das Verfahren der Aufnahme und Überweisung in die Sonderschule – schwerpunktmäßig dargestellt an der Schule für Lernbehinderte. In: Deutscher Bildungsrat (1974), 235–360
Keller, H., Meyer, H. J. (1982): Psychologie der frühesten Kindheit. Kohlhammer, Stuttgart
Kephart, N. C. (1977): Das lernbehinderte Kind im Unterricht. Ernst Reinhardt, München
Kesselring, T. (1999): Jean Piaget. 2. Aufl. Beck, München

Keupp, H. (1972): Psychische Störungen als abweichendes Verhalten. Urban und Schwarzenberg, München
Klaus, G., Buhr, M. (Hrsg.) (1972): Philosophisches Wörterbuch. Kröner, Berlin
Klauß, T. (1996): Ist Integration leichter geworden? Zur Veränderung von Einstellungen für die Realisierung von Leitideen. Geistige Behinderung 35, 56–68
Kleber, E. W. (1978): Abriß der Entwicklungspsychologie. 2. Aufl. Beltz, Weinheim
Klee, E. (1981): Behinderten-Report 1 und 11. Fischer, Frankfurt
Klein, F., Meinertz, F., Kausen, R. (1999): Heilpädagogik. 10. Aufl. Klinkhardt, Bad Heilbrunn/Obb.
Klein, G., Mäckel, A., Thalhammer, M. (Hrsg.) (1982): Heilpädagogische Perspektiven in Erziehungsfeldern. Schindele, Heidelberg
Klein, M. (1973): Die psychoanalytische Spieltechnik, ihre Geschichte und Bedeutung. In: Biermann (1973), 151–168
KMK (1994): Empfehlungen zur sonderpädagogischen Förderung in den Schulen in der Bundesrepublik Deutschland. Bonn
Kobi, E. E. (2000): Hintergründe und Vordergründiges in den epochalen Wandlungen der Heilpädagogik. In: Bundschuh (2000), 21–33
– (1993): Grundfragen der Heilpädagogik. Eine Einführung in heilpädagogisches Denken. 5. Aufl. Haupt, Bern
– (1985): Heilpädagogische Diagnostik. VHN 54, 238–250
– (1983): Grundfragen der Heilpädagogik und der Heilerziehung. 3. Aufl. Haupt, Bern
– (1980): Heilpädagogik als Dialog. In: Leber (1980), 61–94
– (1978): Therapie aus heilpädagogischer Sicht. VHN 47, 214–224
– (1977): Einweisungsdiagnostik – Förderdiagnostik: eine schematische Gegenüberstellung. VHN 46, 115–123
–, Bürli, A., Broch, E. (Hrsg.) (1984): Zum Verhältnis von Pädagogik und Sonderpädagogik. Verl. der Schweizer Zentralstelle für Heilpädagogik, Luzern
Koch, K. (2000): Der Baumtest. Der Baumzeichentest als psychodiagnostisches Hilfsmittel. 10. Aufl. Huber, Bern

Koch, U., Lucius-Hoene, G., Stegie, R. (Hrsg.) (1988): Handbuch der Rehabilitationspsychologie. Springer, Berlin

Koch, S. (Hrsg.) (1959): Psychology: a study of science. Vol. III. Mc Graw-Hill, New York

Kochanska, G. (1995): Children's temperament, mothers discipline and security of attachment: Multiple pathways to emerging internalization. Child's development 66 (3), 597–615

Köhler, G. J., Egelkraut, H. G. (o. J.): Münchner Funktionelle Entwicklungsdiagnostik für das 2. und 3. Lebensjahr, München

Kornmann, R., Meister, H., Schlee, J. (Hrsg.) (1994): Förderungsdiagnostik. Konzept und Realisierungsmöglichkeiten. 3. Aufl. Schindele, Heidelberg

Krawitz, R. (1997): Pädagogik statt Therapie. Vom Sinn individualpädagogischen Sehens, Denkens und Handelns. 3. Aufl. Klinkhardt, Bad Heilbrunn/Obb.

Krech, D., Crutchfield, S., Ballachey, E. L. (1962): Individual in Society. A Textbook of Social Psychology. Mc Graw-Hill, New York

Kriz, J. (2007): Grundkonzepte der Psychotherapie. 6. Aufl. Psychologie Verlags Union, München

Krohn, W., Küppers, W. (Hrsg.) (1992): Emergenz: Die Entstehung von Ordnung, Organisation und Bedeutung. Suhrkamp, Frankfurt

Kuhlen, V. (1974): Verhaltenstherapie im Kindesalter. Grundlagen, Methoden und Forschungsergebnisse. 4. Aufl. Juventa, München

Kultusministerium Rheinland-Pfalz (Hrsg.) (1984): Schulversuche und Bildungsforschung. Berichte und Materialien. Verhaltensauffälligkeiten in der Schule. Hase und Koehler, Mainz

Kunert, S. (1976): Verhaltensstörungen und psychologische Maßnahmen bei körperbehinderten Kindern. 3. Aufl. Schindele, Neuburgweier

Landesinstitut für Schule und Weiterbildung (Hrsg.) (1995). Lehren und Lernen als konstruktive Tätigkeit. Beiträge zu einer konstruktivistischen Theorie des Unterrichts. Kettler, Bönen

Larson, K. (1983): Verhaltensprobleme in der Schule aus der Sicht einiger Gestaltprinzipien. In: Prengel (1983), 218–227

Lauth, G., Schlottke, P. (1988): Die Förderung kognitiver Kompetenzen bei lernbehinderten Kindern mit Hilfe von Mediatoren. Unveröffentlichtes Arbeitsmanuskript

Leber, A. (Hrsg.) (1983): Reproduktion der frühen Erfahrung. Fachbuch für Psychologie. Frankfurt

– (Hrsg.) (1980): Heilpädagogik. Wissenschaftliche Buchgesellschaft, Darmstadt

Lebovici, S. (1973): Das Psychodrama mit Kindern und Jugendlichen. In: Biermann (1973), 771–777

Le Doux, J. (1998): Das Netz der Gefühle. Wie Emotionen entstehen. Carl Hanser, München

Lefrançois, G. F. (1994): Psychologie des Lernens. 3. Aufl. Springer, Berlin

Lempp, R. (1981): Eine Pathologie der psychischen Entwicklung. 4. Aufl. Huber, Bern

Leontjew, A. N. (1982): Tätigkeit, Bewußtsein, Persönlichkeit. Klett-Cotta, Köln

– (1973): Probleme der Entwicklung des Psychischen. Athenäum, Frankfurt (6. Aufl. Berlin 1985)

Leyendecker, C. (1992): Zutrauen und Verantworten: Ein praxisnaher Essay und empirischer Aufweis der Prinzipien „Hoffnung" (Bloch) und „Verantwortung" (Jonas) in der Pädagogik Körperbehinderter. Zeitschrift f. Heilpädagogik 43, 656–666

Lewin, K. (1935): A dynamik theory of personality. Mc Graw-Hill, New York

Litt, T. (1967): Führen oder Wachsenlassen. Eine Erörterung des pädagogischen Grundproblems. 13. Aufl. Klett, Stuttgart

Loch, W. (1986): Perspektiven der Psychoanalyse. Hirzel, Stuttgart

– (1982): Zur Anthropologie der Lernhemmung. In: Klein/Mäckel/Thalhammer (1982), 20–42

Lösel, F. (1975): Prozesse der Stigmatisierung in der Schule. In: Brusten/Hohmeier (1975), 7–32

Luhmann, N. (1993): „Was ist der Fall?" und „Was steckt dahinter?" Die zwei Soziologien und die Gesellschaftstheorie. Zeitschrift f. Soziologie 22, 245–260

– (1990): Konstruktivistische Perspektiven. Westdeutscher Verlag, Opladen

– (1973): Zweckbegriff und Systemrationalität. Über die Funktion von Zwecken in sozialen Systemen. 2. Aufl. Suhrkamp, Frankfurt

Luxburg, J. v. (1984): Kindzentrierte Spiel- und Kommunikationstherapie. Geistige Behinderung 1, 40–51

Maier, H. W. (1983): Drei Theorien der Kindheitsentwicklung. Harper and Row, New York

Mandel, H., Friedrich, H. F. (Hrsg.) (1992): Lern- und Denkstrategien. Analyse und Intervention. Hogrefe, Göttingen

Mann, L. (2001): Sozialpsychologie. 2. Aufl. Beltz, Weinheim

Mannoni, M. (1987): „Scheißerziehung" – Von der Antipsychiatrie zur Antipädagogik. 5. Aufl. Syndikat, Frankfurt

Maslow, A. H. (2005): Motivation und Persönlichkeit. 10. Aufl. Rowohlt, Reinbek b. Hamburg

Maturana, H. (1997): Was ist erkennen? 2. Aufl. Piper, Zürich

– (1987): Kognition. In: Schmidt, S. J. (1987), 89–118

–, Varela, F. J. (1990): Der Baum der Erkenntnis. Die biologischen Wurzeln des menschlichen Erkennens. 2. Aufl. Scherz, Bern

Mead, G. H. (2005): Geist, Identität und Gesellschaft. 14. Aufl. Suhrkamp, Frankfurt

Meichenbaum, D. (1977): Methoden der Selbstinstruktion. In: Kanfer/Goldstein (1977)

Meinertz, F., Kausen, R., Klein, F. (1987): Heilpädagogik. 7. Aufl. Klinkhardt, Bad Heilbrunn/Obb.

Metzger, A. (2001): Lerntherapie. Wege aus der Lernblockade – Ein Konzept. 2. Aufl. Haupt, Bern

Miessler, M., Bauer, I., Thalmeier, K. (1985): Neues Lernen mit Geistigbehinderten. Das bin ich. 2. Aufl. Dürrsche Buchhandlung, Bonn

Minsel, W. R. (1976): Das therapiewirksame Beratungsgespräch mit Schülern, Eltern und Kollegen. In: Seiß (1976), 122–138

– (1974): Praxis der Gesprächstherapie. Böhlen, Wien

Möckel, A. (2007): Geschichte der Heilpädagogik. 2. Aufl. Klett-Cotta, Stuttgart

– (1984): Das Verhältnis von Pädagogik und Sonderpädagogik. In: Kobi/Bürli/Broch (1984), 36–46

–, Müller, A. (Hrsg.) (1990): Erziehung zur rechten Zeit. Bentheim, Würzburg

Montada, L. (1998a): Fragen, Konzepte, Perspektiven. In: Oerter/Montada (1998), 1–71

– (1998b): Die geistige Entwicklung aus der Sicht Jean Piagets. In: Oerter/Montada (1998), 518–560

– (1982): Einführung. In: Oerter/Montada (1982), 3–88

– (Hrsg.) (1979): Brennpunkte der Entwicklungspsychologie. Kohlhammer, Stuttgart

Montessori, M. (1999): Kinder sind anders. 14. Aufl. Klett-Cotta, München

Moor, P. (1974): Heilpädagogik. Ein pädagogisches Lehrbuch. 3. Aufl. Huber, Bern (Studienausgabe 1994)

Müller, R., Klauß, T., Heimberg, U., Mittmann, A. (1980): Verhaltensmodifikation in der Praxis. Ernst Reinhardt, München

Myschker, N. (2005): Verhaltensstörungen bei Kindern und Jugendlichen. 5. Aufl. Kohlhammer, Stuttgart

Nickel, H. (1979/1982): Entwicklungspsychologie des Kindes- und Jugendalters. 2 Bde. Huber, Bern

Niedecken, D. (1998): Namenlos. Geistig Behinderte verstehen. Piper, München

Oaklander, V. (1981): Gestalttherapie mit Kindern und Jugendlichen. Klett-Cotta, Stuttgart (11. Aufl. 1999)

Oerter, R. (1987): Moderne Entwicklungspsychologie. 21. Aufl. Auer, Donauwörth

– (1981): Entwicklung und Sozialisation. 2. Aufl. Auer, Donauwörth

–, Hagen, C. v., Röper, G., Noam, G. (Hrsg.) (1999): Klinische Entwicklungspsychologie. Psychologie Verlags Union, Weinheim

–, Montada, L. (Hrsg.) (1982): Entwicklungspsychologie. Urban und Schwarzenberg, München (4. Aufl. Psychologie Verlags Union, Weinheim 1998)

–, Noam, G. (1999): Der konstruktivistische Ansatz. In: Oerter/v. Hagen/Röper/Noam (1999), 45–78

Oevermann, U. (1980): Schichtenspezifische Formen des Sprachverhaltens und ihr Einfluß auf die kognitiven Prozesse. In: Roth (1980), 297–356

Opp, G. (1996): Die ungebrochene Modernität des Modellversuchs „Differenzierte Grundschule". In: Opp/Peterander (1996), 359–368

– (1993): Verhaltensstörungen in den Vereinigten Staaten: Fragestellungen, Begriffsdiskussion –

Implikationen für die Deutsche Diskussion. Sonderpädagogik 23, 60–78

–, Freitag, A., Budnik, I. (Hrsg.) (1996): Heilpädgogik in der Wendezeit. Ed. SZH/SPC, Luzern

–, Peterander, F. (1996): Focus Heilpädagogik. Ernst Reinhardt, München

Pechstein, J. (1968): Frühkindliche Deprivation durch Massenpflege. Fortschritte der Medizin 86, 409–412

Pekny, L. (1973): Die Bedeutung des Fingermalens in der Kinderanalyse. In: Biermann (1973), 487–492

Peller, L. (1973): Das Spiel als Spiegel. In: Biermann (1973), 45–53

Peltz, H. D. (1973): Musik-Maltherapie. In: Biermann (1973), 507–510

Perls, F. S. (2007): Grundlagen der Gestalt-Therapie – Einführung und Sitzungsprotokolle. 12. Aufl. Pfeiffer, München

– (1993): Gestalt-Therapie in Aktion. 7. Aufl. Klett-Cotta, Stuttgart

–, Hefferlin, R. F., Goodman, P. (2006): Gestalttherapie. 2 Bde. 7. Aufl. Klett-Cotta, Stuttgart

Peters, U. W. (1980): Wörterbuch der Tiefenpsychologie. Kindler, München

Pfeffer, W. (1988): Förderung schwer geistig Behinderter. Eine Grundlegung. Bentheim, Würzburg

Pflüger, P. M. (Hrsg.) (1977): Tiefenpsychologie und Pädagogik. Klett, Stuttgart

Piaget, J. (2000): Psychologie der Intelligenz. 10. Aufl. Klett-Cotta, Stuttgart

– (1997): Das Weltbild des Kindes. 5. Aufl. Klett, Stuttgart

– (1996): Einführung in die genetische Erkenntnistheorie. 6. Aufl. Suhrkamp, Frankfurt

– (1976): Die Äquilibration der kognitiven Strukturen. Klett, Stuttgart

– (1975): Der Aufbau der Wirklichkeit beim Kinde. Gesammelte Werke 2. Klett, Stuttgart

– (1973): Das Erwachen der Intelligenz beim Kinde. 2. Aufl. Klett, Stuttgart

– (1972): Sprechen und Denken des Kindes. Schwann, Düsseldorf

– (1969): Nachahmung, Spiel und Traum. Die Entwicklung der Symbolfunktion beim Kinde. Gesammelte Werke 5. Klett, Stuttgart (4. Aufl. 1996)

– (1954): Das moralische Urteil beim Kinde. Rascher, Zürich

–, Inhelder, B. (1980a): Von der Logik des Kindes zur Logik des Heranwachsenden. Walter, Olten

–, – (1980b): Die Psychologie des Kindes. Klett, Stuttgart

–, Szeminska, A. (1994): Die Entwicklung des Zahlbegriffes beim Kinde. Gesammelte Werke 3. 2. Aufl. Klett, Stuttgart

Polster, E., Polster, M. (2001): Gestalttherapie. Theorie und Praxis der integrativen Gestalttherapie. Fischer, Frankfurt

Pongratz, L. J. (1984): Problemgeschichte der Psychologie. 2. Aufl. Francke, Bern

– (1983): Hauptströmungen der Tiefenpsychologie. Kröner, Stuttgart

– (1975): Lehrbuch der Klinischen Psychologie. Psychologische Grundlagen der Psychotherapie. 2. Aufl. Hogrefe, Göttingen

Prengel, A. (1993): Gestaltpädagogik. In: Goetze/Neukäter (1993)

– (Hrsg.) (1983): Gestaltpädagogik – Therapie, Politik und Selbsterkenntnis in der Schule. Beltz, Weinheim

Probst, H. (1985): Zur qualitativen Diagnose der Lesetechnik. VHN 54, 319–338

– (1982): Strukturbezogene Diagnostik. In: Probst, H. (Hrsg.): Kritische Behindertenpädagogik in Theorie und Praxis. Jarick, Oberbiel, 113–338

– (1974): Die scheinbare und die wirkliche Funktion des Intelligenztests im Sonderschulüberweisungsverfahren. In: Abé/Graf/Kode/Kutzer/Probst/Wacker/Wagner (1974), 107–183

Radigk, W. (1998): Kognitive Entwicklung und zerebrale Dysfunktion. 4. Aufl. Modernes Lernen, Dortmund

– (1982): Lernen als Kommunikationsprozeß – zu einer Lerntheorie auf kommunikationstheoretischer Grundlage. In: Klein/Mäckel/Thalhammer (1982), 108–116

Rambert, M. (1973a): Das Puppenspiel in der Kinderpsychotherapie. In: Biermann (1973), 434–442

– (1973b): Das Zeichnen als therapeutisches Mittel in der Kinderanalyse. In: Biermann (1973), 463–477

Rapaport, D. (1973): Die Struktur der psychoanalytischen Theorie. Klett, Stuttgart

Reinartz, A., Reinartz, E., Reiser, H. E. (Hrsg.) (1994): Wahrnehmungsförderung behinderter und schulschwacher Kinder. 4. Aufl. Marhold, Berlin

Remplein, H. (1965): Die seelische Entwicklung des Menschen im Kindes- und Jugendalter. 13. Aufl. Ernst Reinhardt, München (17. Aufl. 1971)

Remschmidt, H., Schmidt, M. (Hrsg.) (1981): Neuropsychologie des Kindesalters. Enke, Stuttgart

Rexrodt, F. W. (1981): Gehirn und Psyche. Hippokrates, Stuttgart

Reykowski, J. (1973): Psychologie der Emotionen. Auer, Donauwörth

Riegel, K. F. (1980): Grundlagen der dialektischen Psychologie. Klett-Cotta, Stuttgart

Robbins, T. M., Everitt, B. J. (1995): Arousal systems and attention. In: Gazzangia (1995), 243–262

Rogers, C. R. (2006): Entwicklung der Persönlichkeit. 16. Aufl. Klett, Stuttgart
– (2005): Die klientenzentrierte Gesprächspsychotherapie. Kindler, München
– (1996): Therapeut und Klient. Fischer, Frankfurt
– (1994): Die nicht-direktive Beratung. Counseling and psychotherapy. Kindler, München
– (1988): Lernen in Freiheit. Fischer, Frankfurt
– (1984): Encounter-Gruppen. Das Erlebnis menschlicher Begegnung. 6. Aufl. Kindler, München
– (1959): A theory of therapy, personality and interpersonal relationships, as developed in the client-centered framework. In: Koch (1959), 184–256
– (1951): Client centered therapy: its current practice implications, and theory. Mifflin, Boston
– (1942): Counseling and psychotherapy. Mifflin, Boston

Rohmann, J. A. (1982): Entwicklung und Handlung. Beltz, Weinheim

Rombach, H. (1969): Anthropologie des Lernens. In: Willmann-Institut (1969), 3–46

Rosenthal, R., Jacobson, L. (1974): Pygmalion im Unterricht. 2. Aufl. Beltz, Weinheim

Roth, G. (2000): Das Verhältnis von Wahrnehmen, Denken und Handeln aus neurobiologischer Sicht. In: Bundschuh (2000), 153–167
– (1992): Kognition. Die Entstehung und Bedeutung im Gehirn. In: Krohn/Küppers (1992), 104–133

Roth, H. (Hrsg.) (1980): Begabung und Lernen. 12. Aufl. Klett, Stuttgart
– (1971): Pädagogische Anthropologie. Bildsamkeit und Bestimmung. Bd. 1. 3. Aufl. Schroedel, Hannover

Rousseau, J. J. (1962): Emil oder über die Erziehung. Buch I–V. 2. Aufl. Schöningh, Paderborn

Rueter, M. A., Conger, R. D. (1995): Interaction style, problem solving behavior and family problem-solving effectiveness. Child Development 66 (1), 98–115

Rumpler, F. (Hrsg.) (1987): Zur Theorie und Praxis sonderpädagogischer Diagnose- und Förderklassen. Edacta, Erlangen

Salkowsky, R. (1981): Zur Entwicklung kognitiver Fähigkeiten bei Regelschülern und Lernbehinderten. In: Kanter/Langenohl (1981), 32–77

Sander, A. (2002): Kind – Umfeld – Analyse: Diagnostik bei Schülern und Schülerinnen mit besonderem Förderbedarf. In: Mutzeck, W. (Hrsg.): Förderdiagnostik. Konzepte und Methoden. 3. Aufl. Beltz, Weinheim, 12–24

Sander, E. (1981): Lernstörungen. Ursachen, Prophylaxe, Einzelfallhilfe. Kohlhammer, Stuttgart

Sandfort, L. (1993): Seelische Verarbeitungsprobleme bei plötzlich einsetzender erheblicher körperlicher Behinderung. In: Forschungsgemeinschaft „Das körperbehinderte Kind" e. V. (1993), 320–323

Sasse, O., Stoellger, N. (Hrsg.) (1989): Offene Sonderpädagogik – Innovationen in sonderpädagogischer Theorie und Praxis. Lang, Frankfurt

Schäfer, B., Six, B. (1978): Sozialpsychologie des Vorurteils. Kohlhammer, Stuttgart

Schäfer, G. E. (1980): Pädagogik oder Therapie? Psychoanalytisch orientierte Spielgruppenarbeit im Zwischenraum. In: Holtz (1980), 213–222

Schenk-Danzinger, L. (1993): Entwicklungspsychologie. 22. Aufl. Bundesverlag, Wien

Schlee, J. (1985): Zum Dilemma der heilpädagogischen Diagnostik. VHN 54, 256–279

Schmalohr, E. (1968): Frühe Mutterentbehrung bei Mensch und Tier. Ernst Reinhardt, München (3. Aufl. Kindler, München 1980)

Schmidt, H. D. (1970): Allgemeine Entwicklungs-psychologie. VEB, Berlin

Schmidt, R. F. (Hrsg.) (1987): Grundriß der Neuro-physiologie. Springer, Berlin

Schmidt, S. J. (Hrsg.) (1987): Der Diskurs des radikalen Konstruktivismus. Suhrkamp, Frankfurt

Schmidtchen, S. (2001): Kinderpsychotherapie: Grundlagen, Ziele, Methoden. 2. Aufl. Kohlhammer, Stuttgart

– (1980): Klientenzentrierte Spieltherapie. Neuausg. 2. Aufl. Beltz, Weinheim/Basel

Schneewind, K. A. (1998): Familienentwicklung. In: Oerter/Montada (1998), 128–166

– (1995): Familien gestern und heute. Ein Generationenvergleich über 16 Jahre. Quintessenz, München

Schneider, W. (1992): Zum Erwerb von Organisationsstrategien bei Kindern. In: Mandel/Friedrich (1992), 79–98

– (1989): Zur Entwicklung des Metagedächtnisses bei Kindern. Huber, Bern

Schnotz, W. (1979): Lerndiagnose als Handlungsanalyse. Beltz, Weinheim

Schönberger, F. (1987): Kooperation als pädagogische Leitidee. In: Schönberger/Jetter/Praschak (1987), 69–139

–, Jetter, K., Praschak, W. (Hrsg.) (1987): Bausteine der kooperativen Pädagogik. Teil 1. Bernhardt-Pätzold, Stadthagen

Schraml, W. J. (1976): Einführung in die Tiefenpsychologie für Pädagogen und Sozialpädagogen. 5. Aufl. Klett, Stuttgart

Schröder, H. (1994): Erziehungsziel: Persönlichkeit. Beiträge zum Erziehungsauftrag der Schule. Arndt

– (1992): Grundwortschatz Erziehungswissenschaft. Ehrenwirth, München

Schröter, G. (1981): Psychologische Grundlagen der Didaktik. Schwann, Düsseldorf

Schuchardt, E. (1982a): Soziale Integration Behinderter. 2 Bde. 2. Aufl. Westermann, Braunschweig

– (1982b): Soziale Integration Behinderter. Krise, Krankheit, Behinderung – eine Lernchance? In: Klein/Mäckel/Thalhammer (1982), 191–200

Schuntermann, M. (1999): Behinderung und Rehabilitation. Die Konzepte der WHO und des deutschen Sozialrechts. [abrufbar unter http://bidok.uibk.ac.at/texte/schuntermann-who.html (Stand 17.12.01)]

Schwanitz, D. (2002): Bildung: alles, was man wissen muß. Eichborn, Frankfurt

Schwarz, D., Sedlmayr, E. (1973): Befreiung von der Neurose. Kindler, München

Schwarzer, C. (1980): Gestörte Lernprozesse. Analyse von Leistungsschwierigkeiten im Schulsystem. Urban und Schwarzenberg, München

– (1979): Einführung in die pädagogische Diagnostik. Kösel, München

Seifert, H., Stangl, W. (1981): Einstellungen zu Körperbehinderten und ihrer beruflich-sozialen Rehabilitation. Huber, Bern

Seifert, M. (2002a): Lebensqualität und Wohnen bei schwerer geistiger Behinderung. Theorie und Praxis. Diakonie-Verlag, Reutlingen

– (2002b): Wohnalltag von Erwachsenen mit schwerer geistiger Behinderung. Eine Studie zur Lebensqualität. Diakonie-Verlag, Reutlingen

Seiler, T. (1968): Die Reversibilität in der Entwicklung des Denkens. Klett, Stuttgart

Seiß, R. (Hrsg.) (1976): Beratung und Therapie im Raum der Schule. Klinkhardt, Bad Heilbrunn/Obb.

Sidman, R. L., Rakic, P. (1973): Neuronal migration with specifical reference to developing human brain. Brain Research 62, 1–35

Siebert, H. (1999): Pädagogischer Konstruktivismus: eine Bilanz der Konstruktivismusdiskussion für die Bildungspraxis. Luchterhand, Neuwied

Siebert, M., Sieland, B. (1991): Wozu Klinische Psychologie für Pädagogen? In: Sieland/Siebert (1991), 6–16

Sieland, B., Siebert, M. (Hrsg.) (1991): Klinische Psychologie für Pädagogen. 2. Aufl. Hahner Verlagsgesellschaft, Aachen-Hahn

Simons, P. R. J. (1992): Lernen, selbständig zu lernen – ein Rahmenmodell. In: Mandel/Friedrich (1992), 251–264

Singer, K. K. (1977): Die Übertragung in der wechselseitigen Beziehung zwischen Schüler und Lehrer. Unbewußte Konflikte als Störung des pädagogischen Bezugs. In: Pflüger (1977), 63–75

Singer, P. (1984): Praktische Ethik. Reclam, Stuttgart

Skinner, B. H. (1974): Die Funktion der Verstärkung in der Verhaltenswissenschaft. 2. Aufl. Kindler, München
– (1973): Wissenschaft und menschliches Verhalten. Kindler, München
Slavson, S. R. (1973): Meine Technik der Gruppentherapie mit Kindern. In: Biermann (1973), 745–753
– (1972): Einführung in die Gruppentherapie von Kindern und Jugendlichen. Vanderhoeck und Ruprecht, Göttingen
Speck, O. (2003): System Heilpädagogik. Eine ökologisch reflexive Grundlegung. 5. Aufl. Ernst Reinhardt, München
– (1990): Selbstauflösung der Sonderpädagogik als gesellschaftspolitische Konsequenz. In: Ellger-Rüttgardt (1990), 38–48
Spitz, R. A. (1996): Vom Säugling zum Kleinkind. 11. Aufl. Klett-Cotta, Stuttgart
– (1992): Die Entstehung der ersten Objektbeziehungen. 5. Aufl. Klett, Stuttgart
– (1945/1946): Hospitalism. Psychoanalytic study of the child 1 (1945), 53–74, und 2 (1946), 113–117
Staabs, G. v. (1973): Die Rolle des Scenotests in der Kinderpsychotherapie. In: Biermann (1973), 456–463
Steinhausen, H.-C., Welfers, D. (1977): Körperbehinderte Kinder und Jugendliche. Empirische Untersuchung zur Psychologie der Körperbehinderung. Beltz, Weinheim
Stendler-Lavatelli, C. (1976): Früherziehung nach Piaget. Ernst Reinhardt, München
Straßmeier, E. (1997): Frühförderung konkret. 4. Aufl. Ernst Reinhardt, München
Suhrweier, H., Hetzner, R. (1993): Förderdiagnostik für Kinder mit Behinderungen. Luchterhand, Neuwied

Tausch, R., Tausch, A. (1990): Gesprächspsychotherapie. 9. Aufl. Hogrefe, Göttingen
Thalmann, H.-C. (1974): Verhaltensstörungen bei Kindern im Grundschulalter. Klett, Stuttgart (2. Aufl. 1974)
Theunissen, G. (2005): Pädagogik bei geistiger Behinderung und Verhaltensauffälligkeiten. 4. Aufl. Klinkhardt, Bad Heilbrunn/Obb.
Thimm, W. (Hrsg.) (1978): Soziologie der Behinderten. Schindele, Neuburgweier-Karlsruhe

– (1975): Lernbehinderung als Stigma. In: Brusten/Hohmeier (1975), 125–144
–, Funcke, E. H. (1980): Soziologie der Lernbehinderung. In: Kanter/Speck (1980), 581–611
Thomae, H. (Hrsg.) (1972): Handbuch der Psychologie. Bd. 3. Entwicklungspsychologie. Hogrefe, Göttingen
Thomas, D. (1980): Sozialpsychologie des behinderten Kindes. Ernst Reinhardt, München
Thomas, R. M., Feldman, B. (1994): Die Entwicklung des Kindes. 4. Aufl. Beltz, Weinheim/Basel
Trautner, H. M. (1992): Lehrbuch der Entwicklungspsychologie. Bd. 1. Hogrefe, Göttingen

Varela, U. (1987): Autonomie und Autopoiese. In: Schmidt, S. J. (1987), 119–132
Vester, F. (1999): Denken, Lernen, Vergessen. 26. Aufl. dtv, München
– (1997): Leitmotiv vernetztes Denken. 6. Aufl. Heyne, München
Voß, R. (Hrsg.) (1991): Helfen – aber nicht auf Rezept. 2. überarb. Aufl. Ernst Reinhardt, München

Wadsworth, B. J. (1979): Piagets theory of cognitive development. 2nd ed. Longman, New York
Walter, H., Oerter, R. (Hrsg.) (1979): Ökologie und Entwicklung. Auer, Donauwörth
Watson, J. B. (1968): Behaviorismus. Kiepenheuer und Witsch, Köln
Watzlawick, P., Beavin, J. H., Jackson D. D. (1974): Menschliche Kommunikation. Huber, Bern (11. Aufl. 2007)
Wegler, M., Albert, B. (1976): Verhaltenstherapeutisches Kooperationstraining mit verhaltensgestörten Schülern. In: Baier, H. (Hrsg.): Beiträge der Behindertenpädagogik in Forschung und Lehre. Schindele, Rheinstetten, 231–274
Weiß, H. (1994): Armut, Entwicklungsgefährdung und „frühe Hilfen". Frühförderung interdisziplinär 13, 145–165
– (1989): Familie und Frühförderung. Ernst Reinhardt, München
Wember, F. B. (1986): Piagets Bedeutung für die Lernbehindertenpädagogik: Untersuchung zur kognitiven Entwicklung und zum schulischen Lernen bei Sonderschülern. Schindele, Heidelberg

Wendeler, J. (1976): Psychologische Analysen geistiger Behinderung. Beltz, Weinheim

Werner, H. (1970): Einführung in die Entwicklungspsychologie. 4. Aufl. Barth, München

Wiegand, H.-S. (1998): Piagets Entwicklungsbegriff und seine pädagogischen Konsequenzen – Sechs Thesen zur Frühförderung. In: Kautter/Klein/Laupheimer/Wiegand (1998): Das Kind als Akteur seiner Entwicklung. 4. Aufl. Schindele, Heidelberg, 143–173

Willmann-Institut (Hrsg.) (1969): Der Lernprozeß. Anthropologie, Psychologie, Biologie des Lernens. Herder, Freiburg

Winnicott, D. W. (1992): Kind, Familie und Umwelt. 5. Aufl. Ernst Reinhardt, München

Wocken, H., Antor, G., Hinz, A. (Hrsg.) (1988): Integrationsklassen in Hamburger Grundschulen. Curio, Hamburg

Wollersheim, H.-W. (1993): Kompetenzerziehung. Lang, Frankfurt

Wygotski, L. S. (1993): Denken und Sprechen. Fischer TB, Frankfurt

– (1987): Ausgewählte Schriften. Bd. 2. Pahl-Rugenstein, Köln

Yarrow, W. J. (1964): Separation from parents during early childhood. In: Hoffman/Hoffman (1964), 89–136

Zecevic, N., Rakic, P. (1976): Differentiation of Purkinje cells and their relationship to other components of the developing cerebellar cortex in man. The Journal of Comparitive Neurology 167, 27–48

Zielinski, W. (1998): Lernschwierigkeiten. Verursachungsbedingungen, Diagnose, Behandlungsansätze. 3. Aufl. Kohlhammer, Stuttgart

Zihl, J. (2000): Neuropsychologie der Wahrnehmung. In: Bundschuh (2000), 231–237

Ziler, H. (1997): Der Mann-Zeichen-Test. In detailstatistischer Auswertung. 9. Aufl. Aschendorff, Münster

Zulliger, H. (1991): Heilende Kräfte im kindlichen Spiel. 6. Aufl. Klett, Stuttgart

– (1977): Schwierige Kinder. 7. Aufl. Huber, Bern

– (1966): Bausteine zur Kinderpsychotherapie und Kinderpsychologie. 2. Aufl. Huber, Bern

Sachregister

Leseprobe
Konrad Bundschuh:
Einführung in die sonderpädagogische Diagnostik

3 Begriff, Aufgaben, Funktionen und Bereiche der sonder- und heilpädagogischen Diagnostik

Lernziele:
1. Den Begriff „Psychodiagnostik" kennen lernen.
2. In der Lage sein, zwischen Psychodiagnostik und sonderpädagogischer Diagnostik zu differenzieren.
3. Die Einsicht gewinnen, dass der Aufgabenbereich sonderpädagogischer Diagnostik in unmittelbarem Zusammenhang mit dem pädagogischen Feld (Problembereich) beeinträchtigter, gestörter und behinderter Kinder steht.
4. Erkennen, dass sonderpädagogische Diagnostik primär „Förderdiagnostik" sein sollte.

Zur Orientierung:
In diesem Abschnitt wird es um die Klärung des Begriffes Psychodiagnostik, um die Abgrenzung der sonderpädagogischen Diagnostik von der Diagnostik im Bereich der Medizin, aber auch der Psychologie gehen; schließlich werden Aufgabenbereich und Funktion sonderpädagogischer Diagnostik im Hinblick auf den Aspekt der Förderdiagnostik besprochen.

3.1 Zum Begriff „Psychodiagnostik"

Der Begriff „Diagnose" stammt aus dem Griechischen und bedeutet soviel wie „Unterscheidung", „Entscheidung". Im medizinischen Sinne ist das Erkennen einer Krankheit gemeint oder ganz allgemein die Erkenntnis der Beschaffenheit eines psychischen oder physischen Zustandes aufgrund von Symptomen. Bei der medizinischen Diagnostik handelt es sich, obgleich gegenwärtig sehr viel von „Vorsorge" gesprochen wird, mehr oder weniger um die Feststellung eines momentanen Zustandes.

☒/ reinhardt
www.reinhardt-verlag.de

Dagegen soll die Psychodiagnostik im Allgemeinen überdauernde Eigenschaften bestimmen. Die Psychodiagnostik ist daher weitgehend nicht nur Diagnose, sondern vor allem auch Prognose (Vorhersage). So zielt „das traditionelle Vorgehen in der Persönlichkeitsdiagnostik...primär auf ein Verstehen der dem Individuum zugrunde liegenden Persönlichkeitsmerkmale und Eigenschaften ab, um auf diesem Weg Verhalten vorherzusagen" (Goldfried, M. R; Kent, R. N. 1976, 4). Es ergibt sich die Frage, ob die Psychodiagnostik, vor allem die traditionelle Psychodiagnostik, mit der Vorhersage von Verhalten nicht in hohem Maße stärker eine „Selektionsstrategie" im Sinne einer Optimierung durch geeignete Auswahl von Personen und/oder Bedingungen betrieb als eine „Modifikationsstrategie" im Sinne einer „Optimierung durch eine Veränderung des Verhaltens und/oder von Bedingungen" (Pawlik 1982, 15f).

Selektionsstrategie im Zusammenhang mit Personenselektion würde im engeren Sinne realisiert, wenn es z. B. um Aufnahme oder Ablehnung, um die Platzierung eines Bewerbers bei der Personaleinstellung oder im pädagogischen Bereich um die Selektion durch Vorschultestung (Schulreife) oder um die Aufnahme in eine Sonder-, jetzt „Förder"-Schule geht.

Zu fordern wäre auf jeden Fall im pädagogischen Bereich eine Betonung der Modifikationsstrategie, obgleich die Realität teilweise nur so etwas wie eine „Mischstrategie" (Pawlik 1976, 16) zuzulassen scheint. Nachdem an dieser Stelle der Problemkreis „Strategien der Psychodiagnostik" nur tangiert werden kann, sollen einige Forderungen an die Psychodiagnostik im pädagogischen Bereich in akzentuierter Form angeführt werden:

Die Verwendung psychodiagnostischer Methoden muss dem jeweiligen Problemfall angepasst sein. So kann z. B. die Intelligenzleistung eines sprachgestörten Kindes nicht erschöpfend mit dem Hawik-III (2000) erfasst werden. Weiterhin darf das Ergebnis einer psychodiagnostischen Untersuchung für die betroffene Person nicht „Festlegung" bedeuten, vielmehr den Ansatz zur Hilfe, zur Emanzipation. Diagnostik muss also Information zwecks Förderung, ggf. Therapie, d.h. effektive Hilfe für die betroffene Person bedeuten.

Diagnose und damit auch Prognose implizieren den Impuls zu weiteren diagnostischen Maßnahmen in einem späteren Zeitpunkt. So versteht Pawlik alternativ zur „Diagnostik als Messung" die Diagnostik in einem „übergreifenden Ansatz als Einbringen von Information für und über Behandlung ... Zielsetzung bei der Konstruktion psychodiagnostischer Verfahren und bei

ℛ reinhardt
www.reinhardt-verlag.de

ihrer Gütekontrolle muss daher der Gewinn (Nutzen, „utility") sein, den diese diagnostische Information 1. für die Auswahl einer geeigneten Behandlung der untersuchten Person und/oder 2. für die Beurteilung der Effektivität der danach realisierten Behandlung bringt. Dabei ist mit „Behandlung" … jede Handlung gemeint, die der Psychologe, der Proband selbst und/oder andere Personen mit Wirkung für den Probanden setzen (1982, 34).

Welcher Methoden bedient sich nun die Psychodiagnostik? Diagnostiziert wird aufgrund von Anamnese (med. Aspekt: Ermittlung der Krankengeschichte; psychol. Aspekte: Erhellung des Lebenslaufes im Hinblick auf eine Störung, Ermittlung der Lebensgeschichte einer Person; objektive Daten über die Entwicklung: Geburtsverlauf, vorschulische Phase, Schulbesuch, Krankheiten, Berufsausbildung…), Exploration (das Aufsuchen, Erforschen, Erfragen psychischer oder physischer Besonderheiten; heute mehr durch Gespräch, Interview als Stellungnahme zu den erhobenen Anamnesedaten, zu Testdaten sowie zu dem jeweiligen Problem gedacht), Verhaltensbeobachtung, durch vorliegende Befunde, ganz allgemein durch Tests. Der Tests, in all ihren Formen, bedient sich die Psychodiagnostik je nach vorliegender Fragestellung in verschiedener Auswahl immer häufiger, ja ausschließlicher, um möglichst objektive und umfassende Informationen zu erhalten. Historisch gesehen entstand die Leitidee von einer Wissenschaft der psychologischen Diagnostik im Zusammenhang mit der Entwicklung des Testbegriffes. Seit der Erscheinung des Rorschachbuches mit dem Titel „Psychodiagnostik" im Jahre 1920 setzte sich dieser Begriff immer mehr durch. Rorschach verstand sein Verfahren einmal als „Test" oder „Prüftest", zum anderen aber auch als „wahrnehmungsdiagnostisches Experiment", d. h., aufgrund der Art der Wahrnehmung sollten psychische Krankheiten erkannt werden (vgl. R. Heiß, 1971, 8f). In der Folgezeit erschienen Werke über „psychologische Diagnose", Lehrbücher wurden geschrieben mit den Titeln „Psychodiagnose", „psychologische Diagnose", „diagnostische Psychologie". Robert Heiß versteht unter diesen Bezeichnungen und speziell unter dem Begriff psychologische Diagnose „…die Gesamtheit aller Verfahren …, welche der Erkundung der individuellen psychischen Struktur dienen" (1971, 9).

Die Diskussion der Frage, ob durch diese „Erkundung" und durch Vorhersage von Verhalten nicht „festgeschrieben", „selegiert", statt modifiziert wird, erfolgt an anderer Stelle.

ℝ reinhardt
www.reinhardt-verlag.de

3.2 Gegenstands- und Aufgabenbereich sonderpädagogischer Diagnostik

Wohl am besten gelingt der Zugang zu dem angesprochenen Problembereich, wenn zunächst die Personengruppe beschrieben wird, mit der die sonderpädagogische Diagnostik konfrontiert wird.
Traditionell gesehen lässt sich die sonderpädagogische Diagnostik dadurch kennzeichnen, dass sie es mit – möglicherweise – psychisch-kognitiv oder auch physisch behinderten Kindern und Jugendlichen zu tun hat, die in ihrer geistigen, emotionalen, sozialen, möglicherweise auch motorischen und sensomotorischen Entfaltung beeinträchtigt, gestört oder behindert sind, d. h. von so genannten durchschnittlich entwickelten oder nichtbehinderten Kindern hinsichtlich Lern- und/oder Sozial- und Emotionalverhalten abweichen. Dabei ist auf die Problematik des Verständnisses und damit auf die Relativität und auf das unterschiedliche Verständnis von „Störung" und „Behinderung" hinzuweisen. Kleber (1976, 11) spricht etwa im Zusammenhang mit Schülern mit Lernbehinderungen von einer „Zielgruppe", die unterhalb der durchschnittlichen Leistungsfähigkeit liegt, wobei sonderpädagogischer Förderbedarf nach den KMK-Empfehlungen von 1994 eben nicht nur an speziellen Sonder- oder Förderschulen eingebracht werden kann, vielmehr an allen Schulen denkbar ist, z. B. im Bereich der Grund- und Hauptschule bis hin zu Gymnasien etwa bei vorliegenden Lern-, Leistungs- und Verhaltensstörungen, wie auch immer verursacht. Die spezielle Bedürfnis- und Notsituation von Kindern fordert gegenwärtig verstärkt vor allem im Präventivbereich psychologische, speziell diagnostische und allgemein didaktisch-fachliche Kompetenzen im Hinblick auf Diagnose und Erkennung der Problematik sowie Unterstützung des Kindes und der Erziehungspersonen und mit der Zielrichtung Förderung.
Wenn auch die Gruppe der Schüler mit Lernbehinderungen und/oder Verhaltensstörungen den größten Bereich der mit sonderpädagogisch-diagnostischen Maßnahmen zu Konfrontierenden umfasst, geht es nicht allein und primär um diese Gruppe, vielmehr steht die Frage der Hilfe, Unterstützung und Förderung aller Kinder mit einem besonderen Förderbedarf im Vordergrund der Überlegungen.
Traditionell gesehen hat es die sonderpädagogische Diagnostik mit allen Personen zu tun, mit denen sich die allgemeine Sonderpädagogik beschäftigt, also mit allen „Formen der Beeinträchtigung", wie sie von Bach be-

ℝ/ reinhardt
www.reinhardt-verlag.de

schrieben wurden (1995, 8f). Wenn man vom Schweregrad ausgeht, müsste man die teilweise nicht oder kaum objektiv feststellbare Form der „Gefährdung" (Auffälligkeit) sowie das Bedrohtsein von Behinderung an den Anfang stellen und als gravierende Form die Behinderung nennen.

Bach definiert „Beeinträchtigung" als „die Erschwerung" der Personalisation und Sozialisation eines Menschen (…). Sie ist durch besondere Herausforderungen an Erziehung und Förderung bei Erziehungsprozessen in Familie, Schulen, ggf. auch in Heimen gekennzeichnet.

Liegt noch keine objektive Feststellung vor, wird erst von bloßer Auffälligkeit gesprochen. Der Übergang zwischen regelhaften und erschwerenden, unregelhaften Gegebenheiten des Erziehungsprozesses ist fließend, Beginn und Ausmaß der einzelnen Beeinträchtigungen sind nicht präzise zu fixieren. Beeinträchtigungen müssen unter dem Aspekt subjektiver, sozialer, situativer und temporärer Relativität gesehen werden.

Im diagnostischen Bereich wird es notwendig sein, die Probleme eines Kindes sowie die behindernden Bedingungen im Umfeld in differenzierter Form zu erkennen und zu analysieren. Traditionell gesehen wurde zwischen einzelnen Formen von Beeinträchtigungen unterschieden, demgemäß zwischen Schweregraden von Beeinträchtigungen.

Kinder mit Behinderungen waren auf der Basis der Überlegungen des Deutschen Bildungsrates der 70er Jahre dadurch gekennzeichnet, dass ihre individuellen Beeinträchtigungen, „umfänglich", (d. h., mehrere Lernbereiche sind betroffen), „schwer" (d. h., graduell mehr als ein Fünftel unter dem Regelbereich liegend) und „langfristig" (d. h. eine Angleichung an den Regelbereich ist voraussichtlich innerhalb von zwei Jahren nicht möglich) waren. Die Frage wäre natürlich, ob z. B. alle „Lernbehinderten" „behindert" waren im Sinne dieser Definition.

Heute beschäftigt sich die Diagnostik im Arbeitsfeld Sonder- und Heilpädagogik vor allem mit der Problemsituation des einzelnen Kindes im Kontext der Beeinflussung durch das Umfeld, speziell mit der Frage nach dem individuellen Förderbedarf – im Unterschied zu Klassifizierungen und Zuordnungen zu „Schweregraden von Beeinträchtigungen".

Die sonderpädagogische Diagnostik befasst sich auch mit Kindern mit Lern- und Verhaltensstörungen bzw. -auffälligkeiten. Bach definiert Störungen als „individuale Beeinträchtigungen, die partiell (d. h. nur einen Lernbereich betreffend), oder weniger schwer (d. h. graduell weniger als ein Fünftel vom Regelbereich abweichend) oder kurzfristig (d. h. voraussichtlich in bis zu

ℛ𝒱 reinhardt

www.reinhardt-verlag.de

zwei Jahren dem Regelbereich anzugleichen) sind" (1995, 9f). Auch hierbei geht es in erster Linie – wiederum traditionell betrachtet – um Zuordnungen.

Bei Kindern mit Lernstörungen und Verhaltensauffälligkeiten kommt der sonderpädagogischen Diagnostik primär die Aufgabe zu, Störungen hinsichtlich ihrer Ätiologie, vor allem im Kontext behindernder Bedingungen zu analysieren, das Kind zu stützen und eine für das Kind positive Veränderung im Umfeld zu bewirken.

Die nächste Personengruppe, mit der sonderpädagogische Diagnostik konfrontiert wird, sind Kinder und Jugendliche mit Gefährdungen. Gefährdungen bezeichnet Bach als „Beeinträchtigungen, die in der Form somatischer, ökonomischer oder sozialer Lernbedingungen mit erschwerendem Charakter Störungen oder Behinderungen zu bewirken oder zu verstärken angetan sind" (1995, 10). Im Zusammenhang mit Gefährdungen sind vor allem „Prävention" und „Prophylaxe" von Bedeutung. So wäre es dringend nötig, dass im vorschulischen Stadium (Kindergarten, Vorschule, Schulkindergarten oder schon früher) Gefährdungen erkannt und aufgrund von Verhaltensbeobachtungen und Entwicklungsskalen Möglichkeiten kompensatorischer Erziehung im Hinblick etwa auf Lernreize und soziales Verhalten entworfen und realisiert werden.

Schließlich ist es auch notwendig, „Sozialrückständigkeiten" zu diagnostizieren, d. h. Beeinträchtigungen der Gesellschaft, die in der Form von Einstellungen, Verhaltensweisen, Gepflogenheiten, materiellen Bedingungen und gesetzlichen Regelungen, Gefährdungen, Störungen und Behinderungen teils verursachen, teils steigern und teils ignorieren und damit mögliche Hilfestellungen verhindern (vgl. Bach 1995, 19). Gegenwärtig wird die „Diagnose behindernder Bedingungen" (Bundschuh 1998d, 165–181) verstärkt gesehen und erforscht.

Es ist darauf hinzuweisen, dass die angeführten Formen der Beeinträchtigung häufig in Verbindung unterschiedlicher Kombinationen mit wechselseitigem Verstärkungscharakter auftreten und dass zwischen „Behinderungen und Störungen, zwischen Störungen und Gefährdungen und zwischen Gefährdungen und Sozialrückständigkeiten (…) fließende Übergänge" (Bach 1995, 10) bestehen können.

Aufgabe des vorliegenden Buches ist es nicht primär, über eine Grundlageninformation hinausgehend, Probleme und Kritik der aufgezeigten „Beeinträchtigungen" mit der Vielfalt wechselseitiger Bezüge und Verflechtungen

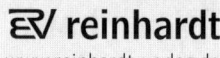

EV reinhardt
www.reinhardt-verlag.de

zu diskutieren und zu erörtern. Hierzu sei auf kritische Literatur im Bereich Sonderpädagogik verwiesen, die sich mit Detailfragen bezüglich Beeinträchtigungen, Störungen und Behinderungen unter dem Aspekt historischer und gegenwärtiger Problemstellungen auseinandersetzt.

Resümierend ist hervorzuheben, dass es nicht nur zum Gegenstandsbereich sonderpädagogischer Diagnostik gehören kann, besondere Strategien der Diagnose in Anlehnung an verschiedene Arten und Schweregrade vorkommender Beeinträchtigungen zu entwickeln, vielmehr wird der Schwerpunkt auf der differenzierten und individuellen Diagnose der kindlichen Problematik und der Bedürfnisse (vgl. Bundschuh 1994, 24–29) unter Einbezug des Umfeldes im Sinne des Helfens, Förderns, Kompensierens und des Lernens liegen. Demnach wird die sonderpädagogische Diagnostik in flexibler, dynamischer und differenzierter Weise aktiv werden im Rahmen einer Erziehung unter „erschwerten Bedingungen" bei vorliegender Behinderung, im Rahmen einer „Fördererziehung" bei vorliegender Störung, im Rahmen einer „Vorsorgeerziehung" bei Gefährdung und im Rahmen der „Gesellschaftserziehung" bei vorliegender Sozialrückständigkeit mit dem Schwerpunkt der Analyse behindernder Bedingungen im Umfeld des Kindes unter Berücksichtigung der gesellschaftlichen Bedingungen.

Aufgrund dieser weiten Aufgabenbereiche kann es nicht genügen, wenn der im Bereich der Sonderpädagogik tätig werdende Diagnostiker nur psychologisch-diagnostisch „in Aktion tritt" oder handelt, er muss vielmehr zuerst auch als pädagogischer und didaktischer Fachmann ausgewiesen sein.

Zusammenfassend gesehen umfasst das sonder- und heilpädagogische Arbeitsfeld unter Berücksichtigung institutioneller Entscheidungsbereiche primär die folgenden Personengruppen:

1. Kinder, die in früher Kindheit und im vorschulischen Alter als auffällig, teilweise auch als „entwicklungsverzögert" bezeichnet werden. Pädagogisch relevante Stichworte sind „Früherkennung", „Früherfassung" und „Frühbetreuung", wobei in diesem Zusammenhang auf die ungelöste Problematik der frühen Erkennung bzw. Diagnose und Förderung hinzuweisen ist.

2. Kinder, die bei der Einschulung individuellen sonderpädagogischen Förderbedarf aufweisen wie z. B. bei offensichtlichen geistigen, sozialen, emotionalen oder körperlichen Beeinträchtigungen.

ℛ reinhardt

www.reinhardt-verlag.de

Leseprobe

3. Kinder, die in der Regelschule auffällig werden infolge partiellen oder auch generellen Nichtleistenkönnens (Leistungs- und Schulversagen im Hinblick auf den vorgegebenen Lehrplan, an sich ein „Versagen" der Schule) in Unterrichtsfächern, wobei keinesfalls gesagt ist, dass diese Kinder in eine „besondere Schule"/Förderschule aufgenommen werden müssen. Andere Möglichkeiten spezieller Hilfe und Förderung wären unterrichtliche Maßnahmen, Änderung der Einstellung von Eltern und Lehrern gegenüber dem Kind, Überweisung an eine Erziehungsberatungsstelle, therapeutische Maßnahmen. Optimal wären wohl Förder- und Stützmaßnahmen durch Regel- und Sonder- bzw. Förderschullehrer in der Grund- und Hauptschule nach einem gemeinsam erstellten Förder- und Therapieplan.

4. Kinder, die aufgrund ihres Verhaltens in der Regelschule „als nicht mehr tragbar" gelten. Zu denken wäre dabei an erziehungsschwierige oder verhaltensgestörte Kinder.

5. Kinder, die irgendwelche die Lernleistung und das Sozialverhalten beeinträchtigende Sinnesschädigungen aufweisen (Hör- und Sehstörungen bzw. -behinderungen);

6. körperbehinderte oder hinsichtlich ihrer Motorik beeinträchtigte Kinder;

7. sprachgestörte und -behinderte Kinder;

8. beeinträchtigte Schüler, die vor der Berufswahl stehen. Ihnen sollte bei der Berufsfindung und -ausbildung geholfen werden.

9. Allgemein gesehen Kinder, Jugendliche und Eltern, die sich im Rahmen von Erziehung und Unterricht (Lernen) in Notsituationen befinden, vielleicht unter behindernden Bedingungen leben, individuelle Beratung, Hilfe und Unterstützung in Erziehungs- und Lernfragen suchen.

Auszug aus (S.35-42):

Konrad Bundschuh
Einführung in die sonderpädagogische Diagnostik
6., aktual. Aufl. 2005. 421 Seiten. 7 Abb. 2 Tab.
UTB-S (978-3-8252-0999-5) kt

www.reinhardt-verlag.de

Thomas Hülshoff
Medizinische Grundlagen der Heilpädagogik

2005. 429 Seiten. 18 Abb. 2 Tab. 31 Übungsfragen
UTB-M (978-3-8252-2698-5) kt

Dieses Lehrbuch bietet eine breit gefächerte Übersicht über die medizinischen Aspekte von Entwicklungsprozessen, Entwicklungsstörungen und Behinderungen. Es führt anschaulich in neurophysiologische Grundlagen ein und erläutert die Entwicklung des Zentralen Nervensystems und des kindlichen Gehirns. Krankheit, Behinderung und die daraus resultierenden Belastungen werden vom medizinischen Standpunkt aus definiert. Unter heilpädagogisch relevanten Aspekten werden Funktionen und Störungen von zentralen Sinnesleistungen, Motorik, Sprache, Denken und Fühlen sowie die wichtigsten Interventionsformen beschrieben.

 reinhardt

www.reinhardt-verlag.de